国家出版基金项目

分卷主编　臧运祜

中华民国时期
外交文献汇编
1911—1949

第六卷

上

中华书局

本卷说明

本书系《中华民国时期外交文献汇编 1911—1949》之第六卷，主要反映 1931 年—1937 年间，国民政府在"九一八"事变以后到"七七"事变以前的外交历程。

1931 年 9 月 18 日，日本为实现其近代大陆政策之"满蒙政策"，由关东军挑起柳条湖事件、攻占沈阳城，进而开始发动侵占中国东北三省的"九一八"事变。1932 年初基本攻陷东三省之后，日军又在中国上海地区挑起了"一·二八"事变。随后，日本关东军在东北地区扶植建立了以溥仪为首的傀儡政权。

"九一八"事变是日本从局部到全面侵华的"十五年战争"的开端。1933 年初，日军又挑起山海关事件，随后攻占热河省、进攻长城地区。1935 年初，日军又在华北地区制造一系列事端，并在此基础上策划所谓"自治运动"，企图使华北五省从中国本土分裂出去，最终在 1937 年7 月 7 日的卢沟桥事变以后，从华北开始发动一场全面的侵华战争。从"九一八"到"七七"，从东北到华北到全中国，这是日本军国主义走向全面侵华战争的必然过程和自然结果。

"九一八"事变开始了日本以侵略战争变中国为其殖民地的历史阶段，中日两国的民族矛盾逐渐上升为中国社会的主要矛盾，中国人民开始了从局部到全面的抗日战争。国难当头之际，国民政府在救亡图存的总目标之下，开始了对外政策的重大调整和对日外交方针的逐步转变。

从"九一八"到"七七"，对日外交始终是国民政府外交的首要和主要任务，其成败得失亦成为左右中国外交乃至于内政的核心问题。

"九一八"事变期间，以张学良为首的东北当局奉行了"不抵抗"的方针,国民政府对于日本也采取了不交涉的方针,而将希望完全寄托于国际联盟。中国虽然在国联外交上取得一定成效,但是国联并没有、也不可能制约日本的侵华行径,终于随着日本的退出国联而暂告失败。日本终于侵占了中国东北四省和内蒙古东部的部分地区,卵翼伪满洲国以实施其殖民统治。

"一·二八"事变以后,蒋介石与汪精卫合作的国民政府,对于日本采取了"一面抵抗、一面交涉"的方针,直到1933年上半年。其间,中国政府在组织淞沪抗战、长城抗战的同时,又与日本方面进行谈判,最终分别签订了"上海协定"与"塘沽协定"。此后,国民政府继续奉行"攘外必先安内"的国策,与日本谋求亲善的同时,对于其一手制造的华北事变采取妥协、退让方针,相继与之签订了"何梅协定"与"秦土协定"。

随着华北事变后民族危机的加深和国际国内形势的改变,在国民党"五全大会"之后,改组后的国民政府在"最后关头"到来之前,一面加强抗战的全面准备工作,一面继续展开对日外交谈判,终于在绥远抗战的胜利和西安事变的和平解决之后,走向了全面对日抗战的道路。

"九一八"事变以后,国民政府在主要开展对日外交的同时,除了继续加强与国际联盟的技术合作之外,将对外战略进行了重大调整,对于苏联与欧美大国开展了一系列外交活动,以制约和抵御日本的不断侵华。

在日本发动"九一八"事变和扶植伪满洲国之后,与此有密切关系的中苏两国,迅速恢复了因中东路事件而断绝的外交关系,随后开始了为签订两国互不侵犯条约和商约而进行的艰苦的外交谈判。由于苏联对华政策服从于对德、日的政策,国民政府又把改善中日关系放在首位,双方的互不信任和原则分歧都很明显。再加上在此期间,苏联在新疆、中东路、外蒙古等问题上损害中国主权的一些行为,造成了两国关系顺利发展的障碍。但是,中苏之间战前持续进行的外交活动和国家关系的逐步改善,无疑也为抗战爆发之后两国迅速签约、共同抗日,奠定了相当的基础。

国民政府成立后，1928 年 8 月，德国新任驻华公使卜尔熙抵达南京，与国民政府外交部长王正廷签署了《关税条约》，正式承认中国政府。外交关系的确立为德国军事顾问来华创造了良好的条件。1928 年 11 月，鲍尔率领助手来华，19 日在南京就任德国军事顾问团总顾问之职，德国军事顾问团正式成立。随着《关税条约》的签订和德国军事顾问团工作的开展，中德关系在"九一八"后得到迅速发展，两国间的经贸往来也进入了一个新的阶段。中国不但通过出口原料换来德国大批工业品和军火，而且在军事和工业发展方面得到了德国的许多帮助。这为中国正在进行的抗战准备工作，打下了一定的基础。与德国关系密切的同时，国民政府也加强了与意大利的关系，1934 年 9 月 26 日，两国关系最先升格为大使级。

"九一八"事变后，国民政府尤其注意加强与英、美的合作。1933 年 4 月开始，时任行政院副院长兼财政部长的宋子文，对欧美进行了长达四个月之久的访问，不但赢得了美、英、意、法等国在道义上的支持，还与美国签署了 5000 万元的棉麦借款，密切了中美经济关系。1934 年 4 月，日本发表旨在独占中国的"天羽声明"，引起了英美等国的广泛关注。1934 年下半年开始，中国由于白银大量外流发生了严重的金融危机，不得不进行币制改革，以摆脱困境。拥有最大在华利益的英国出于对中国金融崩溃的担忧，最先介入南京政府币制改革方案的制订过程并予以了支持，但由于自身缺乏经济实力及美国操纵白银价格等因素，它企图通过币制改革控制中国金融的希望最终落空。为获取新通货稳定运行的储备金，南京政府与美国签订了《中美白银协定》，使得中国货币实质上与美元挂钩，这在客观上有助于币制改革后国内金融秩序的稳定，而美国的在华经济优势亦随之大增。

国民政府在"九一八"到"七七"期间的上述一系列外交活动，配合了国内的"安内"之举和各项建设事业的开展，在一定程度上延缓、牵制了日本的局部侵华行动，为全面抗战期间"战时外交"的继续开展，无疑奠定了一定的历史基础。

本卷的编纂宗旨就是要以大量的中外外交档案为主,辅以其他相关历史资料,力图全面、系统、完整地反映国民政府从"九一八"到"七七"的上述外交过程。

收入本卷的中方史料,主要有中国第二历史档案馆馆藏、编纂、出版的相关外交档案和资料,以及台湾方面编辑出版的相关档案史料与"国史馆"、中国国民党党史馆馆藏的部分资料。国外史料则主要有日本、苏联、美国、英国、德国的外交文献及其中文翻译资料。部分收录了当时的《外交部公报》等官方文书、中方主要的报刊资料以及有关重要人物的史料。详见各章的资料来源说明。

本卷主编人臧运祜,具体编辑分工如下:

第一、二、三章,臧运祜

第四章,栾景和主编,臧运祜补充、加工

第五章,杜承骏

第六章,李珊

由于水平与能力所限,再加上时间的关系,本卷的不足与错误之处在所难免。我们诚挚期待各位方家和读者的批评与指正。

目 录

目　录　　　31

一、日本发动"九一八"事变与国民政府的应对

说明:1931 年 9 月 18 日深夜,日本关东军制造了"柳条湖事件",随后进攻中国东北军驻地北大营,次日凌晨占领奉天城,由此发动了旨在实现其大陆政策之满蒙政策的"九一八"事变。在日本政府和军部的支持与支援之下,日军不断发动进攻,到 1932 年 2 月 5 日攻陷哈尔滨,在四个多月里,侵占了中国东北三省(含东省特别行政区)110 多万平方公里的土地,并开始扶植傀儡政权。面对日本帝国主义的侵华行径和中华民族的"国难",以张学良为首的东北当局和东北军奉命采取了"不抵抗主义"的方针,听凭东三省大好河山沦落敌手;南京国民政府对日采取了"不交涉"的政策,企图依据《国联盟约》、《九国公约》和《非战公约》等国际法,寄望和依赖于国际联盟和美国的干预,然而终归无效。

"九一八"事变是日本局部侵华和"十五年战争"的开端,也是中国人民历时十四年的抗日战争的起点,具有重要的历史标志意义。本章所收外交资料,主要反映日本发动"九一八"事变和中国方面的外交应对过程,其主要资料来源如下:

〔日〕小林龙夫、岛田俊彦编:《现代史资料》(7)满洲事变,东京:みすず书房,1964 年;〔日〕外务省编纂:《日本外交年表并主要文书》下卷,东京:原书房,1978 年。该两书所载日文资料之翻译件,分别选自:复旦大学历史系日本史组编译《日本帝国主义对外侵略史料选编》(1931—1945),上海人民出版社,1975 年;章伯锋、庄建平主编:(中国近代史资料丛刊)《抗日战争》第一卷"从九一八到七七",四川大学出版社,1997 年,邹念之译

中国第二历史档案馆编:《中华民国史档案资料汇编》第五辑第一

编《外交》,江苏古籍出版社,1994年;《民国档案》1985年第1、2期

《中美关系资料汇编》第1辑,世界知识出版社,1957年

中国国民党中央委员会党史委员会编,秦孝仪主编:《中华民国重要史料初编——对日抗战时期》绪编(一),台北"中央"文物供应社,1981年;刘维开编:《国民政府处理九一八事变之重要文献》,台北:中国国民党中央委员会党史委员会,1992年

《国民政府公报》、《外交部公报》;《中央日报》、《大公报》、《国闻周报》。

（一）日本发动"九一八"事变

说明:关于日本关东军阴谋与策划、发动与扩大"九一八"事变的历史过程,战后仅存的关东军参谋部总务科大尉片仓衷的日记《满洲事变机密政略日记》,留下了较为翔实的第一手记录;日本驻奉天总领事林久治郎在事变之初发给币原外相的电报,也是关东军发动事变的最好佐证。日本政府在满洲事变之后曾一再宣称要采取"不扩大"方针,但是它在9月24日、10月26日发表的两次声明,足以证实其真正的态度。中国政府代表顾维钧于1932年6月8日向国际联盟调查团提交的说帖,详述了日本侵占东三省的历史事实与过程。

《满洲事变机密政略日志》摘译

1931年9月18日—22日

关东军参谋部总务课　大尉　片仓衷

9月18日　晴

进攻奉天城的决心和前后的经过

根据当晚11时过后奉天附近日、中士兵冲突的急报,和当天为商量中村事件而刚巧到奉天去的板垣(征四郎)参谋及时采取果断行动

的报告,本军决定迅速出动,给中国军队以打击,在完成该任务的同时,决定加以讨伐。

参谋长(三宅光治)和石原(莞尔)、新井(匡)、武田(寿)、中野(良次)等参谋、竹下(义晴)中佐、片仓(衷)大尉急忙赶到参谋部,批准上述方案。接着,参谋长亲自打电话请军司令官(本庄繁)作出决定,一面立即实行必要的部署,一面考虑到随着本军作战地区的扩大,而产生的维持治安问题,要求朝鲜军赴援。

当时,军司令官还没有下决心进攻,但内心也想先将本军主力集中至奉天,以便解除中国军队的武装。而幕僚却提出了这样的方案:在当天已经交战的奉天城,将攻击任务委令第二师团长予以部署;营口、凤凰城,先断然实行解除武装;对长春,则可予以监视。军司令官表示同意。另外,长春的兵力不能全部抽掉,应留下该地旅团的主力,以备万一。这是军司令官所希望的。由作战主任立即发出命令,对以后吉林军队的反击及顽抗必须进行打击,并作妥善处理。

当晚,在奉天的板垣参谋、花谷(正)少佐、矢崎(喜双)少佐、须田少佐、今田(新太郎)大尉的行动,能够充分鼓舞独立守备队和第二十九联队的士气,采取适应时机的措施。和田劲等的活动也应当大书特书。

另外,满铁佐伯(文郎)中佐及满铁工作人员,根据本军的要求神速地提供列车,实在是令人高兴的。

(预定的昭和六年度临时检阅的情况和这次事变极为近似,这时各个部队恰好正在部分地实行预习,他们由于中村事件又处于极为紧张的状态,要是仔细玩味,明眼达识之士当可道破其中奥妙。)[1]

9月19日　晴

下午,接到已攻进奉天附近、营口和凤凰城,完全解除敌军武装,只有长春附近仍在激战中的报告。东北当局已四散逃避。

---

[1]　据《满洲事变》原编者于《凡例》中所说,括号内是原件上的眉批。

军司令官了解到上述情况，认为如果没有接受幕僚的献策，不把事态扩展到今日这样严重的地步而一举解决满蒙问题，则将贻恨百年，徒劳后悔。下午 5 时 40 分，以关参（关东军参谋部的简称）第 376 号电致（陆军）大臣、（参谋）总长，建议本军有必要积极负责维持全满洲的治安，要求增兵三个师团。又让参谋长以关参 378 号电致（参谋本部）次长（二官治重）、（陆军省）次官（杉山元），说明细节，特别强调说明，将来本军负责维持全满洲的治安，经费可以自给自足。

9 月 20 日　晴

建川少将的献策

19 日夜半，和本军幕僚会见的建川少将，20 日初次访问本军司令官参谋课长，陈述意见如下：鉴于中东铁路的性质和目前一般形势，虽然可以不向长春以北派兵，但尽快打击吉林、洮南等，应该是有利的。同时，消灭现有东北政权，树立以宣统皇帝为盟主、接受日本支持的政权，当为上策。下午 4 时，以关参第 385 号电致大臣、总长，陈述了上述意见。

9 月 22 日　晴

参谋长三宅少将根据军司令官的意思，采纳了板垣参谋关于收拾今后时局当以一贯方针进行的建议，于上午 8 时，在沈阳馆一号室参谋长住处，召集土肥原大佐、板垣大佐、石原中佐、片仓大尉进行讨论。会上，土肥原大佐提出一个方案，建议应当成立一个以日本人为盟主的满蒙地区的五族共和国。结果，以板垣、石原、片仓等互相交换的意见为根据，确定了一个在目前状况下容易收到实际效果的方案。

关参 411 号

满蒙问题解决方案

第一　方针

建立由我国支持，领土包括东北四省及蒙古，以宣统皇帝为元首的中国政权，成为满蒙各民族的乐土。

第二　要领

一、根据新政权的委托,国防和外交由日本帝国掌管。交通、通讯的主要部分也加以管理。

关于其他内政,由新政权自行处理。

二、关于元首及我帝国在国防和外交等方面所需要的经费,由新政权负担。

三、为负责维持地方治安,大致起用下列人员为镇守使:

熙洽(吉林地方)

张海鹏(洮索地方)

汤玉麟(热河地方)

于芷山(东边道地方)

张景惠(哈尔滨地方)

(以上这些人原属于宣统帝一派,与本军有联络关系)

四、地方行政,由省政府任命新政权的县长①。

[日]《现代史资料》(7)满洲事变,第182—190 页

选自《日本帝国主义对外侵略史料选编》(1931—1945),第14—18 页

驻奉天总领事林久治郎致币原外务大臣的电报(三份)

1931 年 9 月 19 日

1931 年 9 月 19 日上午发,同日上午外务省收到

第 624 号(密码)

关于前发第 623 号电所述问题,由于中国方面屡次提出要求希望事件得能圆满解决,本职遂以电话与板垣参谋磋商:本职言称,刻下日中两国尚未正式进入交战状态,而中国方面业已发表声明完全采取不

---

①　[日]角田顺编:《石原莞尔资料·国防论策》(东京:原书房,1971 年)也载有这个方案(第85 页),但后面多了一条石原莞尔的注文:"本意见是在知道中央对9 月 19 日提出的占领满蒙的意见置之不顾,甚至建川少将对此也完全不同意,终究无法实行之后,含泪吞声,退让到满蒙独立国方案,这是最后的阵地。但期待有好机会到来,终于有实现满蒙领土论之一日。"

抵抗之方针,故此时亟应努力防止事态扩大,应通过外交途径妥善处理;该参谋答称,此事与我国及我军的威信有关,对于外国侨民固应努力加以保护,但此次事件系由中国军队向我军发起攻击所挑起,故必须彻底予以痛击,此乃我军之方针,等等,对本职之进言毫无采纳之意。故本职再次申明上述意旨,以促其加以注意。

特此报闻。

1931 年 9 月 19 日上午奉天发,同日上午外务省收到

第 625 号(密码、特急、绝密)

关于前发第 618 号电所述问题:

现综合自各方获得的情报,概可察知军方业已拟定由满铁沿线各地一齐发动积极行动的方针。本职现正在设法通过现在大连的内田总领事①采取措施唤起关东军司令官之注意;希我政府中枢亦能火速采取切实措施制止关东军之行动。

谨此再闻。

1931 年 9 月 19 日上午发,同日下午外务省收到

第 630 号(特急,绝密)

据报,参谋本部建川部长于 18 日下午 1 时乘火车进入本地。对此,军部方面虽绝对保守秘密,但事实看来确有此事。

另据满铁木村理事内线告知,外传为中国方面所破坏之满铁铁道路段,满铁当局曾派员工前往修复,但军方不许接近现场。据此可以推想,此次事件纯属日本军方的计划行为。

特此再报。

《日本外交年表并主要文书》下卷,第 180—181 页

选自(中国近代史资料丛刊)《抗日战争》第一卷"从九一八到七七",第 145—146 页

---

① 内田康哉,时任满铁总裁。此处之"总领事",应为"总裁"之误。

日本政府关于满洲事变的第一次声明
1931 年 9 月 24 日

一、帝国政府一向以敦睦日华两国邦交,实现共存共荣为既定方针,并为实现这一方针而始终不懈地苦心努力。不幸近数年来,中国官民的言行,屡屡刺激我国国民的感情。尤其最近以来,在与我国利害关系最为紧密的满蒙地区频频发生不快事件,竟使我国国民在心理上产生这样的印象——即我国公正友好的政策不能得到中国方面的同样精神的回应。在此舆情鼎沸当中,9 月 18 日夜半发生了在奉天附近一部分中国军队破坏南满铁路、袭击我守备队的事件,以至引起双方冲突。

二、当时,守备满铁沿线的日本军兵力,总计不过 1.04 万人,与此相反,四周的中国军队不下 22 万余众,事态立告紧迫。而居于该地的百万帝国臣民却陷入严重的不安状态,有鉴及此,我国军队认为有必要先制机宜、铲除危险的根源。为此目的,迅速开始行动,排除抵抗,解除了附近中国驻军的武装。关于当地之地方治安,则督励中国的自治机关负责维持。

三、我国军队在达成上述目(地)〔的〕之后,大部分均已撤回集结于铁路附属地内。刻下,附属地以外如奉天城内、吉林等地尚留有若干部队,其他几个地点亦驻有少数兵员,但均是为了执行警戒任务而非军事占领。现外界所传各风闻:或谓帝国官员业已占领营口海关或盐务所,或谓四平街至郑家屯间及奉天至新民屯间的中国铁路已被接管等等,全系流言;又说我国军队已向长春以北或间岛方面出动云云,更是事实无根。

四、帝国政府于 9 月 19 日召开内阁紧急会议,已经决定极力防止上述事态扩大的方针,陆军大臣已向满洲驻屯军司令官发出训令。9月 21 日虽有一部分军队由长春向吉林出动,但这也只是为了排除满铁路线从侧面遭受威胁,绝非军事占领。此项目的达成后,所派部队的大部必将立即撤回长春。又,鉴于满铁沿线的不安状态,9 月 21 日虽由朝鲜驻屯军调出一个混成旅团兵员 4000 并入满洲驻屯军司令官麾下节制,但其兵力总数依然停留在条约规定的限度之内,故在对外关系上绝不能谓为扩大事态。

五、帝国政府对于满洲毫无领土欲望,此点已毋庸反复论述。我国的期望,仅在使帝国臣民各得生息,从事各项和平事业,以其资本或劳力得有参加地方开发的机会而已。保护和维持自国及自国臣民所享有之正当的权利利益,乃是政府当然的职责,排除对满铁的危害,其目的亦在于此。帝国政府自必尊重日华两国间的睦邻之谊,恪守既定方针,务期此次不祥事件不致破坏两国邦交;并进而为断绝祸根于未来,探求建设方策起见,帝国政府真诚希望并决心与中国政府协作,以打开目下两国间之难局,如此转祸为福,实为帝国政府无上之欣幸。

《日本外交年表并主要文书》下卷,第 181—182 页

选自《中国近代史资料丛刊》《抗日战争》第一卷"从九一八到七七",第 147—148 页

日本政府关于满洲事变的第二次声明
1931 年 10 月 26 日

一、对于十月二十二日提交国际联盟理事会的有关帝国政府把军队撤回南满铁路附属地问题和日华开始直接谈判问题的决议案,日本理事提出包括几点意见的修正案。十月二十四日表决的结果,上述修正案和决议案均未得全体会议一致同意,未能通过。

二、帝国政府曾屡次声明,此次满洲事变,完全起因于中国军事当局的挑衅行动。目前,帝国军队的少数部队仍驻扎在南满铁路附属地以外的几个地点,这是为了保护帝国臣民的生命财产,出于万不得已。这当然不可能成为帝国强迫中国接受的解决纠纷的条件而采取的一种手段。帝国政府丝毫没有预想用军事压力来对待和中国的谈判。

三、帝国政府对日华关系的全局早就加以研究,曾在各种场合一再声明,表明了,在形成日中紧密复杂的政治和经济关系的各种成分中,

绝不允许对帝国国民生存有关的权益有所改变的立场。不幸,近来中国的所谓收回国权运动渐趋极端,并在各级学校教科书中公然鼓吹排日思想,根底已深;现在更显然出现了不顾条约和历史,甚至有企图逐步破坏有关帝国国民生存权益的倾向。此时,如帝国政府单凭中国政府的保证,把军队全部撤回南满铁路附属地内,则更会使事态恶化,并使帝国臣民的安全濒于危险。多年来的历史和中国目前的国情,显然证明确实有此种危险存在。

四、因此,帝国政府认为,为了确保在满洲的帝国臣民的安全,首先只有采取措施,消除两国国民的反感和疑惑,并准备与中国政府协商这方面所必要的基本大纲。此意已于十月九日外务大臣致中国驻日公使的照会中加以说明,并通知国际联盟理事会。帝国政府坚信,只有根据以上见解才能收拾局面,在理事会的讨论中也始终一贯这样主张。帝国政府所考虑的协商大纲是:(一)否定互相侵略的政策和行动;(二)尊重中国的领土完整;(三)彻底取缔妨碍相互通商自由和煽动国际之间憎恶对方的有组织的行动;(四)对于在满洲各地的帝国臣民的一切和平业务予以有效的保护;(五)尊重条约上规定的帝国在满洲的权益。帝国政府毫不怀疑,以上各项完全符合国际联盟的目的和精神,应该成为建立远东和平的基础的当然原则,必然可以取得世界舆论的支持。帝国代表之所以没有把它作为议题在国际联盟理事会上提出,那是因为帝国认为它在性质上应属于日华直接谈判的问题。

五、为日华两国的前途深思熟虑,当务之急应为双方合作,迅速设法收拾时局,由此走上共存共荣的大道。帝国政府现仍坚信不渝,做好准备,与中国政府开始协商关于签订确立两国正常关系的基本大纲协定问题和把军队撤回南满铁路附属地内的问题。

《日本外交年表并主要文书》下卷,第 185—186 页

选自《日本帝国主义对外侵略史料选编》(1931—1945),第 42—43 页

顾维钧关于日本占领东三省之说帖（节录）

1932 年 6 月 8 日

第一章 日本侵略之程序及其逐步之实现

一、日本侵略之程序——朝鲜、南满 自上年九月十八日以来，日本以武力侵占东三省，原不过为其统治太平洋区域（如非统治亚洲全部）程序中之一阶段。此项程序由其明治时代之政治家所制定，吾人并已于总说帖中述及矣。此种以酷好和平及与人无犯之邻邦为牺牲，而施行继续拓展之政策，肇始于兼并中国藩属之琉球岛及专属中国之附庸台湾岛，继是则为朝鲜之被吞并，而朝鲜由日本助以脱（难）〔离〕中国宗主权，继由日本之援助宣布独立，终于适成为日本之保护国，日本帝国之一部分而已。至其获取旅顺租借地及中东铁路由长春至旅顺之一段，以南满铁道会社专营种种工商事业及其在所设铁路附属地一带执行治理，皆秉行此同一之政策也。

二、北满 日本初与俄国所结各协定，其愿望以满洲南部为限，曾确定之于一九〇七年七月三十日密约附款内，后因世界大战及一九一九至一九二〇年协约国之干与西伯利亚事，遂使日本得展长其暂时立足地于北满，旋虽被迫退出，然则为其后此之回复耳。在此各种情境之下，所谓独立"满洲国"之创立及择长春为京城，彰彰明甚矣。"满洲国"者，显然为日本之工具，非仅包括南满，且奄有东部内蒙古与北满。此伪国之京城长春，位于南满铁路之北端。即一九〇七年密约中规定之所谓日本势力区域之界限，长春系在吉林省内，居大连与黑龙江之中，其与在辽宁省之沈阳为南满之中心者不同。

三、日本将何所底止乎 日本之取南满意欲以护卫朝鲜，正如其兼并朝鲜意欲以护卫其岛屿之帝国，今则欲取北满，以便护卫其在南满之利益矣。此种逐步兼并之政策，将伊于何底耶；无厌之侵略，将于何时满足耶。

四、日本选择其时机 日本为欲其此次之前进得告成功，特择此最为可能之时机。盖中国因一九三一年之夏，扬子江一带空前之水患，创痍遍地,同时因内部意见不合,后有湘赣共匪之祸患,正国力疲困。全俄国则方尽力于其五年计划之实现,英国则正在财政金融大恐慌之中,美国方面即有任何危险,然已多少为华盛顿条约限制其在太平洋之海军军力与行动范围而除却。至欧洲全部则因经济、政治上之困难,达于空前之严重,正力薄不支,如此相宜之时机为日本自来所未遇,列强之利益在于远东和平之维持,而日本对于彼方所来干涉之畏惧,向无若是之微小也。

五、预定之侵略　日本于九月十八至十九之夜突然攻击沈阳,系属预定计划,并非如彼所假托因有任何意外事件而激起。在事变之前后星期间,东省日本各报已登载反对中国之论,并对中村一案特别加重,以求东京政府采取严重之军事计划。日本军官公然演说侮辱中国,日军飞机散播宣传印刷品。夜间演习之日军竟进迫中国营房之墙壁,在东省他处,彼等曾为有意存挑衅之射击演习,此种事实详见附件(附件甲),系根据副总司令情报处之报告。"九一八"之攻击及东三省之侵犯,其一切详细步骤,日人皆于事前先有准备。

六、中国之不抵抗　自副总司令闻报情况之后,初犹不信日本参谋部对于东三省竟能实行武力进攻,并以如是广阔之地面为目的,虽然仍虑不幸事件容可发生,并恐或为日人乘机诬称被中国人所攻击,是以九月六、七日之夜,副总司令发致东北政务委员会主席及边署参谋长如下之电文:

查现在日方对外交渐趋吃紧,应付一切亟宜力求稳慎,对于日人无论其如何寻事,我方务须万分容忍,不可与之反抗,致酿事端,即希迅速密令各属切实注意为要。张学良。鱼子。秘印。

在张副司令方面之尽力,使其军队取动态度,实有足多之处,因其军队实力在东北三省者,计有兵士十七万九千余人,枪九万七千支(附件乙),较之日军之能深入者超过远甚。

下章所述,将以见副总司令如何失望,惟在他一方面,亦可见其当时之号令能如何恪遵也。

第二章　一九三一年"九一八"沈阳事变

七、日本藉口保护日侨生命财产以行干涉　日本藉以表明其侵入东三省者往往饰词曰，只因护卫其侨民生命财产而干涉之耳故，其特别提出声明，则谓，九月十八至十九之夜，日本军队被中国士兵攻击，因此，不得不取合法自卫之行动。

八、日本人在沈阳之安全从未受有威胁　此种藉口果有几何真确之价值，可于下文见之。日本历年以来，从未能指出有何事实，藉可断定其任何侨民之安全曾受威胁者，信乎，在沈阳及邻近之地，日人为当事人关于民事及行政之诉讼案件甚多，然从未有一件办理或稍过当致需有外交途径提出抗议者。关于中村大佐不幸被害之情事，曾由中国官厅与日本总领事交换意见，中国官厅所提之解决办法，已为该日领所接受矣。此外，并无性质相类之事件，亦无特别保护之要求。是以吾人将次所述之武装干预，无一事能剖辩其为适当者也。

九、信号　九月十八夜十时，闻有猛烈轰炸之声来自沈阳东北方，全城惊恐，日本军事当局诬称东北军有意炸毁南满路之柳河沟附近之一段，其初沈阳人民于炸声震耳，尚不能知何因事而起，迨继以大炮及急速连续之枪声，彼等犹以为是乃日军夜间之举行之大操演，故尚镇定而不惊恐，然其计画实早由日本军事当局所预为筹划而先行布置者，轰炸之声系用以作为一种信号，以备日军队照预先支配驻扎之地点前进，而开始其以沈城为目标包围之行动。

十、所谓南满铁道之毁坏　所谓中国军队炸毁南满铁道一说殊不能郑重视之，盖该铁道沿线尤其是附近沈城，皆有日军周密保护，中国兵士不许进入所谓铁路区域之内。中国卫队则如上文所述，自九月七日以后，已严守命令力避任何刺激之行为。是晚八时三十分由长春到沈之列车经过其设想以为被毁一段之路轨，仍准时到辽。日人方面固亦承认路轨之被毁仅属轻微（附注），然在中国军队方面若谓于此特别之晚、特别之地点而欲中阻铁道之业务，则将具何用意，有何理由哉。彼如欲破坏铁道交通者，彼当炸一桥或其他之主要地点矣。

在北大营之中国军队数愈万人，倘彼等诚欲毁坏南满铁道者，当早作准备以击退日军势必不免之来攻，而不致于日军不及千人之前，无抵抗而撤退矣。

（附注）日本一种宣传册子名曰"日本人民关于满洲问题之呼吁"（An Appeal by the Japanese people concerning the Manchurian）内云，由长春开往大连之快车通过时并未停顿……因炸裂所受之损坏系在路轨之一边，其长度略长于鱼尾片，两铁轨衔接处之每一端平整炸去，其余下部分未受损坏，据一兵士声称，列车过时仅受有轻微之震跳而已。

十一、张副总司令学良之训令　当东北边防军参谋长荣臻闻悉大声信号时，即向各方探问消息，及一据报告证确日军正在攻击北大营，即用长途电话报告在平张副总司令，并请训示以应付日军所造成之严重局势，张副总司令随即训令荣参谋长，遵照鱼电，令其不事抵抗，仅守国际联合会基本原则，无论如何情形，不以武力相报复。因用武力则即入于积极之对敌行为也。荣参谋长即训令驻扎北大营第七旅旅长王以哲，即使日人缴华兵之械，并占领其营房，亦不得抵抗。少顷，荣参谋长又悉日军攻击迫击炮厂及在工业区之火药厂，其时荣参谋长以其本部内之电话已不能应用如意，是以彼暂迁入电报电话总管理局内。朱光沐、王以哲及其他高级官吏因情事之严重，将最后之发展由长途电话报知张副总司令，并续请训令。朱光沐、王以哲及荣臻往晤辽宁省政府臧主席，商议关于应付时局办法，决定日人军事行动，无论如何蔓延，彼等应维持镇静，因此，并不予以任何之抵抗。

十二、与日本领事之交涉　当大炮开始轰击之时，荣参谋长立即以电话请臧主席派员至日领事馆探询日军此举真意究属安在，日本领事答称，彼亦正向当地日军司令部作同样之探询中，故未能即时答复，嗣我方派员当即告知该领事，谓在兵工厂内实存有黄色炸药 meiinite 二百吨，在迫击炮厂内有同样之炸药计二十五万磅，设或爆发，全城当受希歼，请由该领敦促军队采取必要之预防，以免肇祸，并以兹事紧急，所请盼于五分钟内照办，否则，渠将正式通知驻沈各国领事，声明当地政府不能担负保护各该国侨民声明财产之责任。日本领事因受此迫促，曾请延长五分钟，但愈一小时，亦无所许之答复，同时，日本军队已占领商埠地，正向小西门侵击，继续前进无阻。此种非常军事行动，究属其意何居，经我方迭次声请解释之结果，卒由日本领事答谓，日军之动作，彼无权预问，惟有任彼自行相机商请日本军事当局设法制止而已。其时我方始将实况知照当日领团。至晨二时，所有城外各处均为日兵强力占领。我方并派交涉员至各领事馆刺探消息，所得情报谓，日人决不入城，但三时以后，日人竟向小西门及城墙西南角进攻，其详情将于下段说明。其时日兵并攀登城垣向下射击。

十三、日军攻击北大营之经过　十八日晚十时许，日军闻信号后，由营垣东北角向六二一团所驻扎各营院内进攻，移时即手枪、手榴弹等任意放掷，伤亡颇众。十一时，日军将该团第一营之营房举火焚烧，一小时半后，日军由营垣西南隅侵入，即以所携来大炮连续轰击。十九日早二时许，北大营西、南、北三方各营堤均被占领，同时，第六二〇团之院内均有日兵侵击冲入。此时，我第六一九团及第七旅旅部均受日军以机关枪、手榴弹之凶厉攻击，因受令不准抵抗，仓皇避退，其各种特队亦相继匆遽向东退避。至四时，尚有第七旅第六二〇团团长王铁汉收集部队甚为劳碌。迨及七时三十分，该团长破出重围，向东山咀子撤退。日军于第七旅退出北大营后，着手焚烧营房，尽毁其所有，其毁坏之工作直至次日尚未完毕。

十四、占领商埠地及西关方面之炮击　自十八日夜十一时许，日本车站闻有汽笛声长鸣，于是日军攻击北大营更为猛烈，而日站亦发野炮向沈阳城东兵工厂及东山咀子讲武堂、北大营、无线电台、弹药库一带射击。同时，日军亦侵入商埠地占领大小边门，旋及各警察所，我方警士被杀者五十名，日方虽未遇有抵抗，其所有举动均附以枪炮轰击，其声震耳。

十五、侵击小西门及攻开城门　十九日晨二时，又有重炮声自西关高台庙南满铁道仓库发射，居民极为惊骇，速即继以枪声四起，在大小西关各处。其时北大营之焚烧火势渐猛，日军以我方不加抵抗，至是遂迫近城下，将拂晓，日军竟由西南角城垣倾圮处攀登城上，以机关枪向下射击示威，速即将无线电台占据。

十六、邻境日本驻军预有接洽之到辽　以上所述军事动作，若仅由沈阳之日本驻军所举行，其范围不能如是之广大。查邻境日本驻军，当晚即有分队前来增援，于是二三时由铁路到达当地。此种援军，如非事前有通盘之筹备，断不能调来如是迅疾。沈阳县县长曾证明谓，是晚九时后，有日本军队六列车北向开往省城，就长春、营口、安东皆于同晚为日军占领各事实，尤可证明事变之前，先有精细之筹画。

十七、电话、电报之断截　当日军占领无线电台后，荣参谋长据报告，对外电报已不能发出，其长途电话亦被割断，所有沈阳对外交通已完全断绝，荣参谋长不得已乃用小型无线电机发电。

十八、占领边防公署及其他政府机关　十九日早六时三十分，日军一排约三十余名，自小西门入城，由指挥者抄搜帅府及边防公署，未几，日本步兵一队随以装甲车亦相继入城，即时占领东三省官银号，中交边业各银行，并辽宁省政公署，暨其余政府各机关。

十九、预行准备之布告　日军一经占领沈城，即发出长文之布告，诋毁东三省之政府。夫此项文告不能于霎时撰拟印刷，当系先期制就，是以于此又可见全部计画预有准备也。

二十、屠杀警察、民众并搜查住宅　当时商埠地及工业区，我方警察及无抵抗之居民被日兵枪杀者甚众，前口北镇守使韩云鹏即于其时在凌格饭店门口遇难。至北大营伤亡之华方官兵更不下数百人。日军既已占领沈阳，遂向当局者各私邸施行严密搜查，将重贵物品席卷一空，并有携去老幼人口者。荣参谋长住宅，彼等特别注意，其在宅家属及友朋共十一人皆为捕去，其财产箱杠分装载重大汽车四辆运出。

二十一、兵工厂及航空署之占领　十九日午前八时至十时，兵工厂、粮秣厂、各仓库、航空处、讲武堂、弹药库均相继为日军占领。

二十二、沈阳无政府状态　日军以强力占领沈阳后，各政府机关因而停止执行职务,沈阳遂陷于纷乱恐怖之状态,商业停顿、居民恐慌,逃避平津数以千计。

二十三、占领沈阳之日军队　占领沈阳之日本军队,初为第二师团之第二十九联队及第十六联队,后又续增第三十联队,其他皆为后备兵及在沈韩侨。此外,又有临时招集编成者共五千人。

二十四、本庄司令拒绝与当地政府协商　十九日臧主席、荣参谋长一再向日本驻沈领事馆探询此次非常军事步骤究属真意为何,日方声言须俟司令官到后方有办法,但嗣本庄到沈,又拒绝与在沈军、民政当局举行谈判。如是,沈阳完全入于日人掌握中矣。

二十五、摘要　检阅上述之正确事实,吾人可得而结论者,日本军事当局占领沈阳,必先有筹定之计画,其兵队则依照训令果决执行,彼辈所预谋之策略,日军炮击北大营及迫击炮厂,以机关枪袭击城垣,占领航空处及弹药库,并解除中国军警之武装,而该军警遵照张长官之训条,未尝加以抵抗,又复攻击城内外之警察所,断绝电报电话之交通,搜索公署及官吏住宅,劫掠东三省官银号,中交边业各银行,释放狱中囚犯,任意枪杀行人,毁坏南满路桥梁,焚化中国士兵尸体,以图消灭证据,其余占领区域内,掳掠暴行,尤复无所不为。

第三章　占领东三省之进展

二十六、蔑视宣言不守信诺　吾人于此应再回忆者,自沈案开始以来,日本对于国际联合会中国及全世界不断地公布其假意之宣言及承诺,而从未遵守之。

一九三一年九月二十四日,国际联合会日本代表曾以书面知照国际联合会行政院谓,多数日军已经撤退至铁道附属地,东京政府拟依情势改善逐渐撤完。而同此日期,有日本装甲列车袭击距南满路二百公里之通辽,并有日本飞机队轰击沟帮子及锦州,此二城距沈阳一为一百七十三公里,一为二百三十七公里之遥。芳泽代表于同一公文内曾否认运兵至长春,其实该城已被占领矣。芳泽又否认四郑铁路之占领,然其时该路已于两日前失陷于侵略者之手矣。

二十七、九月三十日行政院决议案独中国遵守之   国际联合会行政院九月三十日决议案中,声明已注意日本向铁路附属地撤兵之担承(此项撤兵已经开始),并已注意两国政府之保证,谓将采取一切必要步骤,使事件不致扩大及情势不致更加严重。

维时中国方面,方恪守此项承诺,而日本则继续其军事行动,且于诡称中日仍处和好之中,并无正式宣战之际,对于中国正式军队、当地官吏、公署以及个人,不仅加以敌对行为,且加以国际公法所不许所归罪之暴行。

二十八、藉口中国兵队之接近   在十月二十四日及十二月十日国际联合会决议案中,凡前此之保证,复重行申述,并确言该项保证有遵守必要。但因日军不顾世界视听,继续前进,竟致毫无成效。

日本所藉为口实者,因其驻兵接近中国正式军队,谓受有威胁,宜有保证安全之必要,斯固然矣。但中国当局每次移退其兵队以冀日方之满足,日方即每次将彼之兵队移进,如是,则所谓接近之威胁,将继续存在,永可用为藉词矣。

二十九、日人侵略之性质   日军节节侵占东省之经过,若按照时日先后,依次编叙,贵委员会或亦不能对之有何直接兴趣,其侵略包括下列各种。(一)连续攻击中国之正式兵队,此种兵队自受不准抵抗之命令,克制情感,忍受日军步队、炮队之炮火而卒至避退。(二)对于无侵犯之民人,毫无理由施行暴力。(三)非法管押及没收人民财产。(四)强占公署。(五)有时甚至与各股土匪合作,此项土匪,对于中国正式军队,因其于日军侵入前已先撤退,故毫无畏惧,且受日军之鼓励,破坏秩序,袭击抢掠无保护之城镇。

三十、日本利用土匪   关于此最后之一点,兹将事实为贵委员会陈述如下。

根据确实报告,十月十一日关东司令曾派代表二人,以日金一万圆之支票,贿赂著名匪首凌印清,令将部下土匪加以编制,以扰乱东三省,而以锦州为主要目标。凌印清乃于十九日照日人志愿设立司令部开始办理。日人第一批发给凌印清之款为三千元,余允于占领地征取,凌须执行日人所制定之侵犯计划,日人对凌予以印信,并供给军事顾问。虽然,凌之部尚有不忘其祖国者,泄漏机密,凌旋就擒,经中国当局之审讯,发现日本计划全部之秘密,受日人之接济并受日人之指使而在东三省宣告独立之著名各匪首中,其一即为张海鹏,日军方面屡次要求马占山辞黑龙江省主席之职,让与张海鹏。

三十一、日本之利用蒙古叛逆　据正式可靠报告,凡日人指使并正式援助蒙古叛逆攻击中国军队及劫掠客车、焚烧民房,确有可据者,至少有二十余案之多。兹姑举一案如下,十月十日有日人速田率领蒙人千余袭击辽宁省打通线上之重要站通辽之事,其时该县县长、地方士绅迫不得已伪作欢迎,而日人援助此等侵犯者以飞机六架、铁甲车一辆。

三十二、附件所载主要军事行动　为使贵委员会诸君领略日军运用之战略起见,兹于本说帖附件中(附件丙、丁、戊)将关于占领长春与锦州之军事行动,以及关于嫩江事件之战役及交涉备具纪略,以资参考。

如贵委员会欲之,所有在洮南、新民府、辽中县、哈尔滨及热河方面发生之事件,亦可供给纪略。

三十三、占领战略上及铁道路上之中心点　本说帖所附地图就政府所能证实者,显示日本占领满洲之实况,允宜注意者,所有东北一切战略上之地点、一切重要城镇、一切铁路中心,皆已为日军攫取矣。此种占有,其所筹划,不仅为对一外力来侵时作战略上之防御,此项防御,日本领袖固已早有存心者,但尚有为将来侵入长城以南之用意在也。日本之驻军锦州,益以山海关之增兵,天津之加派补充队及其作占据热河省而无效果之尝试。此皆适可作为将来在河北省军事行动计划中之一部分。同时,中东铁路中段之被占领,可使日本于他日苏俄政府或欲保护其海滨各省所有动作时,得以反抗其行动矣。

三十四、日本扰乱世界和平之行为　日本虽日向吾人保证其诚意,对于国际联合会盟约各规定之精神文字皆所遵守。然日军之占领东三省,其普通之处置及其在此种侵占中所运用之方法,似非所以维护世界之和平及和平所赖之国际间谅解也。

第四章　日本侵略东三省之特点及其影响

(一)违犯国际法

三十五、无故之暴行、责任　日本由其预定之计划侵占东三省,既无激起之事端可资伸辩,亦无任何事件,彼方当局毫无可据以伸诉者,吾人业已洞悉矣。但日本对于中国并未宣战,故战争法规所允许交战国于占领敌人土地时可行使之权利,彼亦碍难援引。是以自"九一八"事变以后,日本对于东三省平和居民之生命财产所加无数之暴行,就各方面观之皆属非法,此种暴行之发施命令者,或躬自执行者,在民事上、刑事上责任观之,对于一切效果皆应负法律上所加之义务也。

三十六、违犯陆战规例　但日本之行为,且有超过前段所陈述者,彼有多数行动,即使中日处于实际战争之状态,亦于例有未合者,日本实已违犯陆战规例也。

三十七、一九〇七年陆战规例之规定、轰击无防御之城镇　查在一八九九年及一九〇七年,海牙保和会已公认不得用任何方法攻击或炮击未设防守之城镇村落居宅或建筑等(陆战规例条约所附之陆战规例条文第二十五条)。此项规定意即如遇军队驻于不设防守之城镇,只能径向此项军队及军事建筑物轰击。在世界大战时,该第二十五条之规定,固知未能时时尊重,然吾人以此在正式宣战时引用与否或者尚有辩论,而在此并未成为正式战争之军事行动,则自应遵守无疑也。

三十八、日本之炮轰　今日本尤其是在侵略初期,则凡遇未设防无防守之城镇,或即有驻防,数不敷足,且已受有不得抵抗之命令,为日军所探知者,亦概以空军轰击之。兹将辽宁、吉林、黑龙江三省各城镇,或为日机抛掷重量炸弹,或为日本大炮、野战炮、铁甲车轰击,其伤亡之数每次自二十以至数百之多者,分列如下:

辽宁省　沈阳、锦州、洮南、白旗堡、黑山县、山城镇、沟帮子、彰武、安东、兴隆地、通辽、大企章、打虎山、海龙、辽中县、昌图、辽原、新民、北镇县、高山子、上章党村、盘山等处；

　　吉林省　长春、吉林、磐石、一间榻站等处；

　　黑龙江省　齐齐哈尔、三间房、大兴站、昂昂溪、泰来、克里木等处。

　　三十九、举例　为欲说明日军之轰击范围及其残酷起见，兹略举特殊事件以证之。十月八日飞机十二架在锦州车站附近投掷炸弹四十八枚，击毙二十余人，有交通大学俄教授在内。十一月六日在黑龙江三间房，则日飞机数架一日之中掷炸弹至数百枚之多。十二月六日日机翱翔于沈阳西北段各村镇上者十有余架，掷弹甚多，击毙乡农三百余人。一月四日日机在通辽掷下重炸弹十八枚，每枚重一百二十磅，击毙七人，毁房屋十五所。

　　四十、一九〇七年关于非战斗员之规例　尊重安分居民之生存及自由之原则，其为到处所承认者，均经国际法各种条文暨一八七四年不鲁舍勒宣言书第三十八款及一八九九年与一九〇七年海牙陆战规例条文第二十三、第四十六两条所予准行。

　　一九〇七年十月十八日海牙陆战规例条文第四十六条规定如下：

　　第四十六条　家族之名誉及权利、个人之生命并私有财产及其信教礼拜之程式，皆应尊重之，不得没收私有财产。

　　又第二十三条……其特加禁制者如左：

　　（七）非战争必要上万不得已时，毁坏或押收敌人财产。

　　（八）在法庭声明废除停止或拒绝敌方人民之权利或诉讼。

　　所有各文明国之政府，常视为荣誉所关，而确认彼等仅系对于敌方之军队而宣战，并非对于其平民也，且该项人民以不参加战事为度，不得侵犯之。如此种规则在战争时所当遵守，则其于并未宣明处于战争状态时所更应恪守者也。

　　四一、市民之杀害　关于此种人道上之根本原则，日本竟不惜公然蹂躏。当日军占领沈阳时，既以炮火轰击该城池之后，对于街道行人，复皂白不分肆意枪击，据当时目睹者所映照片，曾有不少中国市民竟为日人生埋，又死于日人之枪刺或枪弹者则更多，该处妇孺亦受同样之残酷。下列举例,可为日人枪击客车众多案中之一(班)〔斑〕,其相同事件于四日之内,并在北宁路之兴隆店相继发生。

九月二十三日,日飞机以机关枪攻击一〇二号客车,乘客死二人,伤一人。二十四日复用机关枪攻击一如昨日。二十六日用来福枪再向一〇二号客车射击,乘客死者二人,伤五人。二十七日铁道部亦接北宁路当局电称,日军到达新民后,客车时受日机之轰击。

四十二、市民之监禁　日军不能尊重居民之自由,亦与不能尊重其(身)〔生〕命相类。

日军占领沈阳后,辽宁省主席臧式毅即于十九日被逮,同时并被迫签字,承认中国方面系负挑衅之责。教育厅长金毓绂则拘囚于日本宪兵司令部,农矿厅长刘鹤龄因拒绝签字让与日人东北矿权,遂于十月十七日被日军拘留。冯庸大学校长冯庸氏(该大学已被日军武力封闭)于九月二十四日起被日人监禁,十三日旋由铁道押送大连,复由大连以飞机送至东京,然后押登一开往星洲之轮,但于十月二十六日轮抵上海时遁走。又十一月二十三日,上海港口验疫所所长兼东北防疫主任伍连德博士,曾在长春被日兵拘禁暗窖四十八小时,并受虐待。

四十三、毁坏及收押私人财产　关于毁坏及没收私人财产之案件几于不胜枚举,日本之收押属于东北矿务局之复州湾煤矿、民生公司之工厂及慈惠医院,仅举其数例耳。

四十四、私人财产之被非法变卖　复次,根据所得消息,当地官吏因侵略者之来临而出走后,其所有种种不动产为数甚多,即入日人之手,日人则张贴布告,声明该产业主如不于某短期间内重行领有,则将视为无主之产而售卖之,以为当地政府之利,各产主因若重至沈阳,正惧被捕,或遭其他暴行,故未归来,遂至多数之房屋地产为所标卖,皆为日人以极廉之价取得,此为违犯上述海牙条文第二十三条而声明随意废止人民权利及诉讼一般之例证。

四十五、违犯海牙保和会第四公约　此项条文系一九〇七年十月十八日海牙和平会第四公约内之附件,其第一条云:缔约各国应依据本约附件之陆战规例条文,训示陆地各军。日本已签订该公约,并于一九一一年十二月十三日批准之,但由上述事实似可证明日本军队并未受有与公约规定相符之训令,或者彼以为与无组织而纷乱如中国之国家(用日本描写中国之语词)不用宣战手续,处于军事行动之地位。

(二)各公共机关之攫取

四十六、沈阳市政府　九月十八日事件发生之第二日,日方即派其特务机关长土肥原上校执行市长职务,旋又以中国律师曾由日本资助留学(月)〔日〕本之赵欣伯接受此职,而留土肥原上校为其顾问,嗣后又以其他两日人名中野及冈吉者继土肥原,一为市政府之顾问,一为市长私人之顾问也。又市府各局均派其他日人为监理。

四十七、警察　辽宁省公安局已拨归沈阳日本宪兵节制,其司令部在日租界。

四十八、法庭　沈阳高等法院及县长公署均强置日顾问,又交通委员会内亦强设一日本参谋。

四十九、财政　辽宁省财政厅、实业厅均置日本顾问,佐以专家,实业厅之职掌,有准许开设工业机关及颁发采矿执照等之权也。

五〇、盐款　十月三十日日方攫取沈阳盐款(九四四八二元),继此以后,东北盐款机关全部为之夺取。国府财政将将另行专案报告。

五十一、关税　日本破坏东北关税之完整及撤换税务司各情形,财政部亦将专具报告。

五十二、电报,电话、无线电　奉天(即辽宁)省电报管理局,由日方交与满洲亲王金璧东掌管,金为清肃亲王之子,当然有日本职员为之辅助。沈阳电报局现由一日人主管,按照一九〇八年十月十二日中日电约所规定,日本承允其电话线不再扩充至沈阳城内(见总说帖六四节),然此项承允彼未践言,今日则彼已将其电话事业与沈阳中国电话事业连络。故沈城各公有处所,均可直接与日人交通电话。日人监视中国电话总局,并设检查员于该局。沈阳无线电台站系由一长波电台、一直达旧金山之美国无线电公司电台、一德国德律风根电台所组成，今第一电台已经被毁，其余两电台则被封闭。现在满洲对外拍发电报，必须经过日本电线或其电站，自然受日本军事检查，所有满洲与中国其他部分间直接电报交通均已断绝。

五十三、邮政局　所谓"独立政府"各当局在日人指导之下，占据邮政事务各步骤，详见附件己。

五十四、铁道　除中东路外，所有东北各路线，现已概为日人实地占有，并置日本管理员及工程司以监督其业务，此项人员系向南满铁道会社借用，彼之改组车务、更订价目，悉以使南满铁道可因而获有最大可能之营业为其方案。自沈阳至山海关直达北平之交通业已断绝，日方似不甚愿恢复之，盖显然彼愿客货运输之转道于大连也。由于所谓"满洲国"现方缔结之协定，日人正期将在东三省向所独立经营之中国铁路改变为次要之路，以培养南满路，而使南满路因而得垄断往来辽吉间之运输。至于中东铁路，日方现在用各方法以减轻其重要性，如使该路与已入南满掌握之中国各铁路处于竞争之地位，并使满洲里至绥芬河沿线各站被军事占领后尽量增加其障碍，而尤其是使与吉会路处于竞争之地位。此吉会路者，将来工程竣事后，则索伦、洮南、伯都讷及长春一带之出产，将转向朝鲜各埠运输矣。

五十五、北宁路局之报告　关于日本取有山海关至沈阳一段之路线时，日当局之措置之肆无忌惮及其为利于己身之计划起见，不顾一切以牺牲铁路本身公众与夫商务及各持债券人之利益，已详见北宁铁路管理局于贵调查委员会道出天津时所递交之正式艺术报告矣，但因占有该路时彼不免尚须与外籍工程师数人接洽之处，对于各该洋工程师，彼究不得不有至少之顾虑，若夫彼辈如何对待纯属中国铁路之职员，吾人当可想象而得矣。

　　　　参与国际联合会调查委员会中国代表顾维钧

中华民国二十一年六月八日递于北平①

《中华民国史档案资料汇编》第五辑第一编《外交》，第 477—498 页

（二）东北当局与国民政府的反应

说明："九一八"事变爆发后，东北当局领导人张学良的如下几份电报，透露和表明了其奉行的"不抵抗主义"之方针。以蒋介石为首的国民党中央与国民政府，其最初的应对之策，主要是诉诸和依赖国际联盟；而对于日本拟在东三省扶植的傀儡政权则认其为叛乱机关，不予承认。

1. 张学良有关电文

张学良通电
1931 年 9 月 19 日

（衔略）顷据沈阳臧主席荣参谋长皓卯电称，万急，副司令钧鉴：详密。日兵自昨晚 10 时开始向我北大营驻军实行攻击，我军抱不抵抗主义，毫无反响。日兵竟致侵入营房，举火焚烧，并将我兵驱逐出营。同时用野炮轰击北大营及兵工厂，该厂至现时止，尚无损失。北大营迫击炮库被毁，迫击炮厂亦被占领，死伤官兵待查。城内外警察各分所，均被日兵射击，警士被驱退出，无线电发报台亦被侵入。向日领迭次交涉，乃以军队之行动，外交官不能直接制止等语相告，显系支吾，并云由我军破坏南满路之桥梁而起，实属捏词。截止本日午前 5 时尚未停止枪炮。以上等情，均经通知各国领事，伊等尚无表示。职等现均主张坚持不与抵抗，以免地方糜烂，余续电，并乞转电南京政府，谨陈。臧式

---

① 本件尚有附件之甲、乙、丙、丁、戊、己，均略。

毅、荣臻叩,皓卯印等语。最后复得沈电台报告:日军已于今晨 6 时 30 分入省城占据各衙署各通讯机关,驱逐我警察,遮断我北宁路站,此后消息完全阻断,情况不明。日方宣传,因我军袭击南满路,故日军施行追击。但事实上我方绝无此事,即日军犯我北大营时,亦毫未与之抵抗,除电呈国民政府外,敬电奉闻。张学良叩。皓。印。

天津《大公报》1931 年 9 月 20 日

张学良号电
1931 年 9 月 20 日

(衔略)日军侵据沈阳,一切经过情形,业于 19 日通电奉闻,计已察及。近据确报,营口、安东、长春等处日军,亦有同样动作。安东于 18 日晨 8 时被占,营口、长春均于 19 日晨 8 时被占,各该市内我国军警武装均被解除,详情仍饬密探具报外,敬电奉闻。张学良。号酉。秘。印。

天津《大公报》1931 年 9 月 21 日

张学良对记者的谈话
1931 年 9 月 19 日、20 日

自沈变发动,海陆空军副司令张学良对记者谈话二次,表明对此次事变态度。截至 20 日止,致电中央报告日军占领重要城市二次,兹分志如下:

一、天津《大公报》记者 19 日晨得沈阳被日军占领消息,驱车至协和医院,访问张副司令。时为午前 10 时,侍卫等人,已半知沈阳事变,窃窃私语,情态颇形紧张。侍卫肃该记者登楼,入一极小之病室中,少顷张副司令至,精神恢复,步履如常,耳聋亦已大愈。时待见之客甚多。张于匆忙中语记者曰,君来为访问沈阳之新闻乎,实告君,吾早已令我部士兵,对日兵挑衅不得抵抗。故北大营我军,早令收缴军械,存于库房。昨晚(即 18 晚)10 时许,日兵突以 300 人扒入我营,开枪相击。我

军本未武装,自无抵抗,当被击毙三人。先是日方以车头载兵将皇姑屯中日铁路交叉处轰毁,随即退去。故日方发一表谓我军破毁满铁路轨,绝对无有其事,盖我方避人挑衅之不暇,岂能出此。驻沈各国领事,俱能明了真相。日兵既入北大营,每间 5 分、10 分钟,即由附属地开炮,直对北大营及兵工厂等处轰击。当经我方商之驻沈日本林总领事,请于 5 分钟内,速予制止。林氏先请以 10 分钟为限,嗣又来电谓已成军事行动,本人无法制止云云。自是日兵占领所有交通机关,并本人住宅亦有日兵守卫,惟截至昨上午 6 时半止,秩序未坏,我方官民,悉不准备抵抗。吾信臧式毅主席必在城内,努力维持,不令秩序破毁。此事自应由政府负责交涉。日本此次,既未下最后通牒,又未宣告开战,而实际采取军事行动,令人不解。仍望国民冷静隐忍,勿生枝节。截谈话时止,本人所得报告,亦不过 19 日上午 6 时半为止云云。更询以中村事件如何,张答谓此事日本指为应负责任之关玉衡团长已押在宪兵司令部,更派大员如陈兴亚司令者前往调查,可知我方必尽法处置。惟在罪情未明以前,当然未便遽将嫌疑人法办,且此事交涉正在进行,亦断无诉之武力之理由云云。

二、20 日晚张副司令允各外国记者请求,会谈于协和医院接待室,作下列谈话。

18 日夜日军突袭击沈阳,并将该处与满洲其他各处占领,成一作战行动,此举实毫无理由,且为未有之先例。此事发生,在日本已有数星期之煽动,其作此行动,适逢中国在水灾、共祸与内战分扰期间。余窥透日军拟在满洲有某种行动后,即下令部下倘遇日军进攻,中国军警不得抗拒,须将军械子弹存入库房。当日军进攻消息传来时,立时又下令收缴军械,不得作报复行动,故当日军开枪与机关枪并用炮轰击北大营与其他各处时,中国军队并无有组织之报复行为。据日方称,彼等此举有直接原因,但举世已共睹其在事前曾制造战事,可证明此言之虚伪。日方现已发动,但中国方面,并无意为交战团体,中国只求全世界舆论之判断,并希望公理之得伸。

张副司令于答复问话时,称彼不知日本拟做到若何地步,或其目的所在,因此全般事件,系极端越轨行为。记者又问,日方声称,彼等拟令此事成局部问题,故今后谈判是否由地方抑中央进行谈判?氏称,对此事全国一致,当然归中央应付。氏又答记者问,谓倘此事由国联讨论时,亦将由中央处理。

《国闻周报》第 8 卷第 38 期,1931 年 9 月 28 日

张学良漾电

1931 年 9 月 23 日

(衔略)东北边防军司令长官公署、辽宁省政府,不能行使职权。兹在锦县暂设东北边防司令长官公署行署。除分令外,谨电奉闻。张学良。漾亥。秘。印。

天津《大公报》1931 年 9 月 25 日

张学良致蒋介石、王正廷敬电

1931 年 9 月 24 日

特急,南京蒋主席钧鉴:王部长儒堂兄勋鉴:○密。日军侵据沈阳各地,节经先后电陈,业蒙钧鉴。谨将各处详情摘要,汇列于下:

(一)关于沈阳者　9 月 18 日晚 10 时后,沈阳城北忽有轰然炸烈之声,既而枪声大作。旋据北大营我第七旅报告;乃知系日军向我兵营攻击。先是我方以日军迭在北大营等处演习示威,行动异常,偶一不慎,深恐酿起事端,曾经通令各军遇有日军寻衅,务须慎重避免冲突。当时日军突如其来,殊出意外。我军乃向官方请示办法,官方即根据前该命令,不许冲突,又以日军此举不过寻常寻衅性质,为免除事件扩大起见,绝对抱不抵抗主义。未几,日军攻入北营内,驱杀士兵,毫无顾忌。我军不得已,遂退出营房。日军复举火焚烧,同时并用野炮轰击我北大营、迫击炮厂、兵工厂等处。兵工厂至 5 时左右,尚无若大损失。迫击炮库被轰爆发,迫击炮厂亦被占据。我官兵及附近居民避免不遑,

伤亡甚多,详确数目,未得查明。当炮击初起之时,我方交涉员即向日领质问,日领诿为原因不明。我方请其于 5 分钟内速予制止,日领请求延长 5 分钟,以便办理制止手续。11 时许,日军射击如前,有加无已,并用步兵向沈阳攻击。我方复向日领交涉,答以军队行动,外交官不能直接制止等语。该日军仍复前进,并未稍停,迨至 19 日早 8 时,攻入城内。先登城墙,向下射击,把守四关城门,解除军警武装,占据官署,搜查文卷,捕捉军官,搜索私宅。所有城内外警察分所,均被日军用机关枪射击。凡占领之机关,均标贴日本军占领、犯者死刑字样。当时市内我方军警,亦以事前奉到命令,不许与日军冲突。又以沈阳城市,中外杂居,我军警负有保护地方之责,自当竭力维持治安,逐亦在毫无抵抗情形之下,惨死于日人弹下者,为数不少。10 时左右日军已将市口(安)〔完〕全占据。东三省官银号、中国、交通、边业各银行,均经侵入;兵工厂暨飞机厂棚,亦被占据;而与通信有关之电报电话等等,至是竟全断绝。并将监狱打开,犯人完全释放。市内居民猝遭惨变,惊惶万状。日军凶暴已极,对于行人任意枪杀,见有军警服装者,尤为仇视,几难幸免。文官未逃走者,亦多被监视,行动不能自由。捕获军官,迫令签字,承认我军先行攻击,破坏其铁路桥梁之事。我方百计设法,请其商洽,日军悍然不顾,嗣烦各国领事代询暴行原因,日军反谓事变之起,实由于我军破坏南满路之桥梁。实则事变初起时之轰然爆炸声音,乃系日军自行爆破北大营附近之南满路小桥梁也。平日日军对于南满路保护綦严,凡有桥梁之处,莫不有日兵把守巡逻,日夜不懈。华人之行经此处者,虽便服亦受监视。至于军人,则盘查尤严,否则不许通行。华人便视此为畏途,此有已往事实可查。在此种严厉状况之下,我军何得轻至南满路。且我军对于日军向来极力避免冲突,讵有破坏桥梁之事。至于日方宣传种种,皆系一面之词。且自沈阳被日军占据以后,所有官署公文印信,以及一切军政两方重要人员物品,均在日人掌握中,自可随意造作任何证据,我方不能负责;其他生命财产之损失,更不容查知其详,故不能以确数说明。近据报称,日军极力搜查我人民军警尸体,悉数焚化,以图消灭证据。

(二)关于安东者　日军于9月19日早6时侵入安东,将全市完全占据,所有市内军警武装悉被解除,并把守各机关,我军亦未抵抗。至军警市民死伤若干,公私财产损失若干,因消息阻隔,迄未据报。

(三)关于营口者　日军大部于9月19日早8时侵入市内,将我练军营及警察之武装,完全解除。复至河北中国车站,破坏铁路数段。我军警以事前奉有命令,在与沈阳同一情况之下,未与抵抗,所有机关均被监视。至军警市民死伤情形,及公私财产损失状况,亦因交通隔绝,尚未得有详确报告。

(四)关于长春者　日军于9月19日拂晓,突向宽城子站护路军营开枪射击,我军伤亡张营长一员,兵百余名,傅营长受重伤,全营被缴械。日军入城占据车站及电信机关。又长春附近南岭所驻之吉林步炮陆军营房,全被日军炸毁,我官兵及附近居民,死伤甚重,确数待查,对路员多被驱逐监禁,并有受伤者。至其他生命财产之损失,尚待详查。

(五)关于吉林者　日军于9月21日午后5时占据吉林省城,先于午后2时,有日飞机在吉垣空中散布传单,捏称日本占领奉天时,有学生军抵抗,因之激烈,吉林商民机关军队不必惊恐,如有抵抗,必牺牲之等语字样。日军占据后,消息隔绝,我方生命财产损失如何,尚未据报。

(六)关于昌图者　日军于9月20日晨开炮向红顶山营房射击,将东、西、中三面焚烧,先是军旅为顾虑地方糜烂,避免冲突起见,已于19日申时退驻法库一带。此后电报电话业已不通,至生命财产损失如何,尚未据查报。

以上各节,均系得有确实报告,至其他各处有无同样情况,现因平沈间通讯断绝,迄未明了。奈日军此种暴行,纯属违背国际公法,该国自应负其责任,拟请钧座通电各国,宣示真相,谨电奉陈,敬乞垂鉴。张学良叩。敬丑。秘。

《中华民国重要史料初编——对日抗战时期》绪编(一),第259—261页

2. 国民政府的反应

国民党中央执行委员会第一六〇次常务会议记录
1931 年 9 月 19 日

时间：二十年九月十九日下午八时。

地点：南京中央党部第一会议厅。

出席者：方觉慧、恩克巴图、陈肇英、张道藩、吴敬恒、克兴额、邵元冲、曾养甫、陈布雷、王正廷、邵力子、陈立夫、焦易堂。

主席：戴传贤。

主席恭读总理遗嘱——全体肃立。

关于日军强占沈阳事件之应付案。

决议：

一、由常务委员电请蒋主席回京。

二、根据正式报告，继续对日方提出抗议，并电令驻外代表向国际间宣布。

三、即日发对各级党部训令（令文附后）。

四、从明日起每日开中央委员谈话会一次。

（录自中华民国二十年九月十九日中国国民党中央执行委员会第160 次会议记录原稿）

《中华民国重要史料初编——对日抗战时期》绪编（一），第 277—278 页

蒋介石致张学良电
1931 年 9 月 19 日

限即刻到北平张副司令勋鉴：良密。中刻抵南昌，接沪电知日兵昨夜进攻沈阳，据东京消息：日以我军有拆毁铁路之计画，其藉口如此，请向外宣传时，对此应力辟之。近情盼时刻电告。中正叩。皓戌。

《中华民国重要史料初编——对日抗战时期》绪编（一），第 279 页

国民党中央执委会致王宠惠、林森电

1931 年 9 月 20 日

海牙国际法庭王委员宠惠、日内瓦国际联盟中国代表转林委员森鉴：日人谋占我东三省，捏诬我军破坏南满路桥梁，于巧夜 10 时派兵向我北大营驻军施行攻击。我军未抵抗，日兵竟侵入营房，举火焚烧，骗我兵出营，同时开炮轰击，各军事机关、兵工厂、飞机厂，均被破坏，粮秣厂及东北大学，均被焚。皓晨 6 时 30 分入省城，占据各衙署、各通讯机关，官兵人民伤亡甚重。同时营口、安东、长春以南各地，均被强占，当地军警均被缴械，显系实行其预定计划。现朝鲜日军尚在出动，其横行至如何程度，尚不可知。中央业于昨晚召集紧急会议，切商应付，并即时通电各级党部指示方针：（一）除危害民族生存之赤匪必须根本铲除外，必须一心一德，巩固国家基础，充实政府实力。（二）一切人民必须一心一德，努力于救灾与御侮之工作。（三）本党同志必须抛弃其一切意见，造成强固之大团结，以为全国一致之表率。特电奉达，即希善为宣传，俾国际间了然于日人之横暴，余俟续闻。中央执行委员会。哿。

（录自中华民国二十年九月十九日中国国民党中央执行委员会常务委员会第 160 次会议记录原稿）

《中华民国重要史料初编——对日抗战时期》绪编（一），第 280 页

蒋介石召集会议决定对日方略纪事

1931 年 9 月 21 日

蒋主席于 9 月 21 日下午 2 时抵京，召开会议，商讨对日方略。蒋主席主张以日本侵占东省事实，先行提出国际联盟与签订非战公约诸国，以此时惟有诉诸公理也。一面则团结国内，共赴国难，忍耐至于相当程度，乃出以自卫最后之行动。旋经会议决定：（一）外交方面，加设特种外交委员会，为对日决策研议机关；（二）军事方面，抽调部队北上助防，并将讨粤及剿共计划，悉予停缓；（三）政治方面，推派蔡元培、张继、陈铭枢三人赴广东，呼吁统一团结，抵御外侮；（四）民众方面，由国

民政府与中央党部分别发布告全国同胞书,要求国人镇静忍耐,努力团结,准备自卫,并信赖国联公理处断。

（录自总统府机要档案）

《中华民国重要史料初编——对日抗战时期》绪编（一）,第 281 页

国民政府告全国国民书
1931 年 9 月 23 日

　　日军在东三省暴行发生以后,我全国人民应取之态度,中央已有详切之指示。国民政府今以政府目前应付本事件之经过,及政府对于国民之希望,撮其要略,以陈述于全国之国民。此次日本军队在东省之暴行,其性质之严重,为空前所未有。此种事变,实于我国全国之存亡有莫大之关系。当本月十八日日军暴行开始之时,事前既无肇衅之事端,而其举动且与国际惯例及任何条约冲突,乃竟公然侵占我疆土,残杀我人民,戮辱我军政官吏;且继续暴行,有加无已。日人所加于我国之侮辱,实为对全世界文明国家之威胁。国际联合会之设立,本为防止战争,且谋合各国群力,以防止侵略。今兹事变起后,政府已立即将日人之暴行,报告于国联,并要求第一步先使日军立刻撤退。二十二日国联行政委员会开会,对于停止军事行动,及撤退军队已有决议。政府并已电请国联行政会,一俟日军撤退,应立即设法对此蛮横事件,谋一正当之解决。深信此次事件,苟经一公平之调查,国联本其应有之职责,必能与我以充分之公道,及合理之补救。政府现时既以此次案件诉之于国联行政会,以待公理之解决,故已严格命令全国军队,对日军避免冲突,对于国民亦一致诰诫,务必维持严肃镇静之态度。至对于在华日侨,政府亦严令各地方官吏妥慎保护,此为文明国家应有之责任。吾人应以文明对野蛮,以合理态度显露无理暴行之罪恶,以期公理之必伸。然为维持吾国家之独立,政府已有最后之决心,为自卫之准备,决不辜国民之期望。时至今日,国内一切纠纷均应立时冰释,全国同胞悉宜蠲弃私见,一致团结,群集于国民政府之下,为国家谋安全,为民族求独

立。全国同胞,尤应确认非拥护国家之统一,无以对外;断不容以任何意气情感,摇动中央所决定之方策与步骤,以影响一致救国之决心。政府丁此困难,艰钜承危,处存亡绝续之关头,惟当秉承中央方略,时刻注意,并随时公开于国人之前。凡我同胞,其各信任政府,整齐步伐,一致听中央之指导,誓死救国,以发扬我民族精神,湔洗我当前耻辱,此尤愿与全国同胞共相警勉者也。

（录自中央党史会库藏史料）

《国民政府公报》第 882 号,1931 年 9 月 24 日

国民政府对于东三省成立傀儡政府始终认为叛乱机关
其一切非法行为并应由日本政府负其全责宣言
1932 年 3 月 12 日

自上年九月十八日以后,日本非法侵占东北各地,威胁中国人民,利用少数叛徒为非法之组织,复将清废帝溥仪挟持赴东省,令其就伪职,成立傀儡政府。中国政府及人民概不承认,业经中国政府发表宣言,认为叛乱机关,并迭向日使严提抗议,声明日本政府应负其全责。查溥仪等之甘为傀儡,固应依照国法,处以叛逆之罪。惟在日本以武力侵占东北各地所造成之状态之下,所有一切伪政府之组织,皆为日本方面胁诱而成,其实权则操诸所谓日本顾问、谘议及其他日人之手。是此种非法行为,完全出于日本之主动,此为举世皆知、不容掩饰之事实。其为破坏中国领土主权之完整,违反国联盟约、九国公约及国联行政院迭次决议案,实属毫无疑义。故在日本军队非法占领东三省期间,所有该处政治组织,中国政府始终认为叛乱机关,同时并认为日本政府之变相的附属机关,对于其一切非法行为,绝对不能承认,并应由日本政府负其全责。特此宣言。

（录自中央党史会库藏史料）

《外交部公报》第 5 卷第 1 号,1932 年 1—3 月

3. 美国"不承认主义"照会与中日两国的反应

美国政府致中日两国政府的照会
1932 年 1 月 7 日

史汀生国务卿致驻日大使(福博斯)

请您代表政府,尽速递交外交部如下的照会:

"中华民国政府于 1931 年 9 月 18 日以前在南满所有的行政权的最后残余,业已随同锦州附近的军事行动而遭受摧毁。美国政府仍继续信任近经国际联盟理事会授权的中立委员团的工作,定会帮助最后解决中日间现存的困难,但鉴于目前的局势及在此局势下美国本身的权利与责任,美国政府认为它有义务照会日本帝国政府及中华民国政府,美国政府不能认许任何事实上的情势的合法性,也不拟承认中日政府或其代理人间所缔订的有损于美国或其在华国民的条约权利——包括关于中华民国的主权、独立或领土及行政完整,或关于通称为门户开放政策的对华国际政策在内——的任何条约或协定;也不拟承认用违反 1928 年 8 月 27 日中日美均为缔约国的巴黎公约之条款与义务的方法而获致的任何局势、条约或协定。"

请说明对中国政府亦已送递一文字相同的照会。

史汀生

1932 年 1 月 7 日正午于华盛顿

《中美关系资料汇编》第 1 辑,第 476 页

中国政府复美国政府的照会
1932 年 1 月 12 日

为照会事:准一月八日来照,以最近锦州方面之军事行动,业将一九三一年九月十八日以前中华民国政府在南满最后存留之行政权威,

破坏无遗,美国政府仍深信国联行政院,近日所派之中立调查团,必能使中日两国间现时困难,易得最后之解决。但美国政府鉴于目前情势,及其自身之权利与义务,认为有对于中日两国作下列通知之义务,即美国政府不能承认任何事实上之情势为合法,凡中日两国政府,或其代表所订立之任何条约或协定,足以损及美国或其人民在华条约上之权利,或损及中国主权独立或领土及行政之完整,或违反国际间关于中国之政策,即通常所谓门户开放政策者,美国政府均无意承认;又凡以违反一九二八年八月二十七日中日美三国在巴黎签字之非战公约之方法,而造成之情势,或缔结之条约或协定,美国政府亦无承认之等因。足见贵国政府对于日军在东省之非法行动,至为关切;而贵国政府维持国际公约,及非战公约尊严之精神,尤所深悉。查中国政府自上年九月十八日东北事件发生以后,即始终遵守非战公约所规定之义务。故中国政府迄不采取任何扩大事态之步骤,而依据现有国际公约之规定,请各签约国予以注意。乃日本军队竟于国联九月三十日决议及十月二十四日开会以后,仍继续扩大其侵略行为,嗣又于国联十二月十日决议以来,公然侵夺中国地方政府所在之锦州,并且进占绥中,乃至山海关,并在秦皇岛、天津等处增派军舰军队,复有攻击热河之势。其破坏国联盟约,九国公约及非战公约,并蔑视国联屡次决议,已为不可掩饰之事实,是本案一切责任,应由日本政府完全担负。贵国政府对于本案不承认任何事实上之情势为合法一节,查中国政府对于上年九月十八日以后,日军种种侵略及一切非法行为,迭向日本政府提出严重抗议,并向国际声明概不承认在案。至来照所称之条约或协定,中国政府本主权独立及领土行政完整之原则,绝无订立之意,甚望贵国政府继续增进国际公约之效力,以保各该公约之尊严。相应照会贵公使,即希转达贵国政府查照办理为荷!须至照会者。

南京《中央日报》1932 年 1 月 15 日

日本政府复美国政府的照会

1932 年 1 月 16 日

为照会事：接准贵大使一月八日来照，业经日本政府予以最审慎注意，日本政府深悉时常可信赖美国政府，在其权力内尽力协助日本，完满遵行华盛顿公约与开洛格非战公约各项详细节目，日政府接准此项重新证明，至为欣幸，关于贵使特别指陈所谓之"门户开放"政策，日政府已时常申述，认此项政策为远东政治之枢轴，惟惜其效果，因中国全境不安定之状况，而严重减少，日政府于能获得效果之限度下，将时常维持满洲门户开放政策，一与在中国本部无异，美国政府陈述，不能承认足以损及美国或其人民在华条约上之权利，以及违反一九二八年八月二十七日签字之非战公约方法所造成之情势为合法，日本政府已加注意，在某项事件中，方法之不适当是否时常不免令所获目的为无效，此节在学理上或为疑问，但因日本无采取不适当方法意向，故此问题实际可不发生，更有进者，关于中国诸条约之适用，必须时时对于该国状况，作适当之顾虑，现时中国不安紊乱之状况，非缔结华盛顿条约时各缔约国所能逆料，当时情形虽不尽满人意，但当时未呈露今日涣散与敌对状况，此层虽不能影响条约拘束性或其规定，但在实际上或将转移其运用，因此种运用，必须顾及现存之事实状况，日本政府并愿进一步指陈，满洲行政人选如发生任何更动，乃系地方占领之必要举动，即遇敌视的占领时（此次并非敌视占领），地方官吏常留任行使职权，在此次事件中，大半官吏均逃避或辞职，彼等行为系有意破坏政府机构之运用，日本政府以为中国人民并常与其他人民不同，缺乏自决权力，或为官吏遗弃时，不能自行组织，以获得文明之条件，日本在满洲无领土目的或野心，现虽无复述之需要，但贵使应知满洲之福利安全，以及其商务交通之便利，为最关重要之事件，于日本人民有特殊重要关系，美政府时常关切远东问题，其明白揭示亦不止一次，在现时牵涉吾国国策存在问题时美政府以友谊精神，对于情势正确之领会，予以此等殷勤之注意，殊堪欣幸。

天津《大公报》1932 年 1 月 19 日

（三）国民政府的决策与交涉

　　说明："九一八"事变爆发后，作为指导国民政府的核心决策机构的中国国民党中央执行委员会政治会议（简称"中政会"），多次召开会议，研讨对日政策与方针。以下选录了"中政会"几次重要的会议记录，作为参考。此外，国民党中央政治会议还决定设立"特种外交委员会"，以戴季陶为会长、宋子文为副会长，主持对日外交工作；顾维钧为该会委员，担负将该会所作的决议转达给张学良并征求其意见的任务。本处收录的顾维钧等致张学良的密电，反映了特种外交委员会关于对日外交的决策。国民政府外交部辑录的"九一八"事变后对日交涉情况的报告，则较为翔实地记述了一年来的外交过程。

1. 国民党中央政治会议记录

中国国民党中央执行委员会政治会议第二九〇次会议速记录
1931 年 9 月 23 日

时　间：二十年九月二十三日上午八时

地　点：中央第一会议厅

出席者：于右任　张人杰　吴敬恒　朱家骅　戴传贤　孔祥熙　王伯
　　　　群　贺耀组　钮永建　陈果夫　邵元冲　王正廷

列席者：余井塘　曾养甫　王柏龄　方觉慧　陈肇英

主　席：于右任

记　录：狄膺　胡翰

速　记：何霜梅

报告事项

（略）

讨论事项

（前略）

主　席：请王委员报告外交进行情形。

王正廷：主席，今天把日内瓦国际联盟会对于讨论日军出兵东三省的经
　　　　过情形报告一下。本月十九日，外交部得到此项事变消息后，
　　　　即电知国联会中国代表施肇基，令即提出理事会讨论。二十二
　　　　日（昨日）国联会即召集特别理事会，我方代表根据政府训令，
　　　　宣布日军暴行之真相，日本代表没有理由可说，只是想延长时
　　　　间，并且说他还没有接到日本政府的训令，而且中国已有重要
　　　　官员赞成由中日两国自行解决，施公使即声言绝无此事。缘日
　　　　使重光葵在上海曾询宋部长，可否由中日两国自己来解决此
　　　　事？宋部长说可以考虑一下，及二十日那天，重光又非正式见
　　　　宋部长，宋部长就说现在日军既已如此进逼，已无讨论之余地。
　　　　二十一日，又告诉他说这事中国绝对不与日本自行直接谈判。
　　　　而日使就打电报到日本去，说中国愿和日本直接谈判，因此国
　　　　联会日代表芳泽就根据此说，施代表当时即声明绝无此事，并
　　　　请理事会仗义执言，出而干涉，制止日军暴行。理事会讨论结
　　　　果即授权于主席勒乐氏，即向中日两国政府发出紧急通知书，
　　　　请两国将军队撤回原防，停止攻击。大概如此决定，并经通过，
　　　　这是今日上午所接到的消息，日本听不听国联的话？这当然是
　　　　第一问题。我们亦以此为第一步交涉办法。其第二步，就是请
　　　　国联会派员组织调查委员会至东北实地调查，此项调查委员，
　　　　闻为英、法、意等国武官及在东三省之各国领事，美国也派武官
　　　　参加。国联并认为此事与美国有关，美国曾未加入国际联盟
　　　　会，但凯洛格非战公约，美国亦为签字国。大概也要美国重视
　　　　此事，与国联会取同一步骤。理事会讨论此案时，英国代表薛

西尔很主张公道,故讨论结果,尚有一分是非可言。这是今天早上得到的消息,其余要等明天早上才可知道。美国国务卿对于此事,认为情势严重,请我国政府将此事详情告诉他,他也很关心,与前天所说的美国以为此事无关非战公约的话完全不同。

戴传贤:听到王委员报告以后,不知道国联方面,究竟是怎样的决定?中国是无兵可退无防可撤的,对于这种情形,我们要详细的声明。否则国联必以为此次事件系两方军队之正面冲突,或以为现在两方在相持之中,所以才说要两方都撤兵。而实际上,是日本侵占了我国的领土,只有要日本撤兵,我们怎样撤兵?我们撤兵就是拿整个的东三省都让给日本!而况我们的兵都被日军缴械缴完了。国联要两方撤兵,无异认中国也出兵去打日本军队的,打败了才被日本占领许多地方,这是要声明的。

王正廷:外交部所接到的是新闻电,理事会的决议案文字究竟怎样还不知道,正式的报告很慢,还没有来。

主　席:中国实际上无兵可撤,如要两方撤兵,好像中国是和日本开仗的。

孔祥熙:要声明我们并未抵抗,我们是讲道义的。否则我们决不缴械的。

朱家骅:外交人才,原也很重要的。此事发生后的第一天,国联理事会开会时,是日本代表首先起立说话,希望东三省就能恢复秩序。第二天,也是日本代表首先说话,被人家占了先着!施公使的答话,只说不是中国挑衅,何不把日本数月以来对于中国之种〔种〕侵略情形,完全说出?而仅仅以未接训令为词,便算了事,中了日本人延长时间的恶计,殊为憾事,现在中国无防可撤,当时何不更正?这都是关于外交人才的问题。

陈肇英：日本前曾派吴光新欲推老段①出面，扰乱华北。

王柏龄：日本决不会根据国联的决议而撤兵的，我们要另外想办法。

方觉慧：国际联盟会是英、日、法三国所主持的，我们把这事向国联宣传宣传是很好的，希望国联帮助我们是不可能的。就算国联肯派调查委员来调查，但来了是不至于空手回去的。

朱家骅：国家若是有力量，也要有外交。我们不靠外交靠什么？日本军队的力量很充足，但他也要全靠外交的。国联对这事不至于偏护日本的，我们在外交上很可以设法。

孔祥熙：当然我们要有自己的力量，但世界各国有足以帮助我们的，当然也要想法的。中国如有力量，把日本人打出去就得，还有什么问题？只是现在我们的军队不大好，而内战又复不已，用什么力量去打日本？朱委员说的话很对，现在国联会已接受此案，这是很好的机会，我们要把这事向世界宣传，说这事不是中国和日本两国的事，而是世界和平的关键。从前欧洲大战，起初是德国和法国两国的战争，但后来各国都卷入战争漩涡，是因为德国轻视世界，要想并吞天下。现在日本早就公开的说，要占领满蒙，满蒙是中国的领土，日本要占领，就是要破坏东亚和平，就是轻视世界，就是看透了世界上没有公理。我们要把这种意思，宣告于全世界，使知今日之日本，就是昔时之德意志，这样，我们外交上可得许多便利。

王柏龄：譬如我和人家相打，要我打败了才有人来帮助我。如果我被人家打了，还是和人家说好话，谁还肯来帮助我？现在我们如果和日本打，不是因为我们的力量足，这是我们和日本拼命。现在的形势，干也不得了，不干也不得了，我们自己避得很远，还想人家来帮助？我们不能全靠外交，我们要有切实的办法。现在照这样下去，更没有办法可以救济了。国内，不论他是什么

党什么派,都要团结起来,以赴国难。中国是中华民族的中国,
凡是中国人,都应该负着救国的使命,就是国民党因此而倒,这
也是值得的。我们现在试看国际上,谁是我们的朋友? 谁愿真
心诚意的帮助我们? 从前汉口收回英租界,并不是陈友仁手腕
的强硬,而是民气激昂共同一致的结果。如在外交上说,我们
现在对俄国还是可以复交的。除俄国之外,没有人会来帮助我
们的。这也不是说俄国独厚于中国,因为日本是中俄两国共同
的敌人。苏俄远东的利益,是和日本起正面的冲突的。而且外
交上今天绝交明天复交,并不算什么一回事。至于力量方面,
现在各处民气,蓬勃奋起,这是很好的现象。我们和日本打,不
是要全靠军队,我们是有人。我们要人去拼。日本为图民族发
展,所以要占领我国领土,我国民如不将固有领土争回,便是自
寻死路。我们为什么不拼命? 我们为什么不死于保护国土及
世界非战公约之下? 现在我们的外交方针怎样? 须知无抵抗
主义是亡国之人所呼的口号,我国现还未至印度的地位,没有
到完全亡国的程度,我们还是要抵抗! 我们要向全国人民表
示,省的人民怀疑,人民是很欢喜知道中央所决定的方针的。

陈肇英:中国近来各地的民气是很好的,但政府方面,似乎不要有这种
表示。上海有日兵三千多,下关也有日本军舰,要战是不行的。
现在上海方面,有许多人民自己起来组织工人团体,对日表示
决绝,或经济绝交,或军事训练,这是很好的。但政府不可凭一
时冲动,政府现在靠公债度日,战费从何筹集?

钮永建:陈委员的话很对,但王委员所说的也很值得注意。公理要有力
量才讲得通的。日本对于侵略东三省,处心积虑,历有年所,恐
非公理所能动其心。但是要打,我们要有什么办法? 日本乘欧
洲经济不景气中国大水灾之时,突然袭我东三省,他是知道我
们自己力量不足而他国亦无暇顾及的。既然不打不可,打又不
可,我们有什么办法? 这就是总理告诉我们的,要"和平奋

斗"。我们现在所吃亏的,是没有钱没有枪械,我们可向英、俄、德、法各国去商量,远交近攻,得到款项和枪械,我们就有办法。我们不再拼命是不行的。何妨抄欧战的故事,法国所以转危为安转败为胜,他是经过一番的苦战,几乎全国覆灭的。如果我们不自奋斗,没有人会帮助我们的。我们要拼!才有办法。对于国联会方面,我们还要加显一句,欧洲经济之所以突现不景气,和日本出兵是很有关系的。我们现在要准备,但我们不要发表。一方面从外交下手,我们不要太示弱,我们从今天起,要充分的准备作战。这样,灾民也不至于和政府为难,而广东方面,也不至于讲我们的坏话。

孔祥熙:日本这次袭击沈阳,是和强盗一样的,在黑夜里杀了起来。普通欧洲人决斗,也要有一定的秩序,不要说是两国相争,要宣而后战。日本军队已不是这样,自然是不可以理喻的。近来我国各处军队也有一种表示,这是很好的。军人方面,不能不有所预备。人民方面,要请党部去领导。现在政府方面尚无表示,所以广东方面说我们不肯负责任,没有办法。现在我们对于这事,一方面要有一个切实的表示,而党部方面,要马上唤起民众,切实注意。从前日本迫我国签订二十一条约时,本席在山西,向民众演说,便有一个平素像地痞一样的人很慷慨的把他所有的钱都拿出来捐饷,自己的饭钱也没有留下,于是大家都感动齐来捐饷。现在我们没有款项,何不向人民劝导购买政府的公债?公债有本有利可还,不比捐饷捐了就算的。这种办法,也是一种很好的表示。总之,中国人如不全体觉悟,一致起来,都会被人家消灭了的。

王柏龄:我们要决定方针,日本人知道我们要抵抗,也不至于胆敢这样目中无人的。否则我还是做我的官,日本军队总不至于就占领了我们全国。等到全国人民的一腔热血冷了,那就唤不起来了!

贺耀组：我们先要决定国防计划，先把国内的纷扰解除了，对外就能
　　　　抵抗。

王柏龄：一个国家要有他的主义，才能立于不败之地，而主义之树立，尤
　　　　必有牺牲之决心而后可。苏俄之所以革命成功，土耳其之所以
　　　　复兴国势，也是一种坚定不拔大无畏的牺牲决心所造成的。我
　　　　们现在再不下此决心，我们想造成三民主义的国家是没有希望
　　　　的了。

钮永建：日本是为发展他的民族，而我们是有灭种的关系的。他进一
　　　　步，我们退一步，利害就差得多了。国民党站得住站不住的问
　　　　题小，而民族存亡的问题大。关于保障民族生存的问题，是要
　　　　请中央决定的。

曾养甫：我们虽然一时不一定就和日本宣战，但我们决不退让，决不屈
　　　　服！我们不宣战不是不抵抗。日本要吞并中国是不容易做到
　　　　的。我们政府要下一决心，抵抗是必然而且一定要的。想无抵
　　　　抗而得到世界上公理的保障是没有希望的。世界各国决不会
　　　　同情于无抵抗的国家的。譬如这个人已死了，谁还会去救治
　　　　他？不抵抗便和死了一样，还有替死人帮忙的吗？现在外交方
　　　　面，交涉自交涉，宣传自宣传，我们还是要有决心，省得人家看
　　　　我们太不中用了。现在请决定我们不退让，不屈服，否则中华
　　　　民族不得了，国民党也站不住了。

主　　席：各位的意见，可由秘书处摘要送国民政府。戴委员所说国联会
　　　　要两国政府军队撤回原防，这要向国联会申明的。再，如日本
　　　　用张宗昌做傀儡管理东三省，作为缓冲地带，算作撤兵，我们也
　　　　要顾虑的。

王正廷：是的，这要注意的。

————无异议————

中国国民党中央执行委员会政治会议第二九一次会议速记录
1931 年 9 月 30 日

时　　间：二十年九月三十日上午八时

地　　点：中央第一会议厅

出席者：蒋中正　　钮永建　　陈立夫　　李煜瀛　　叶楚伧　　于右任　　邵元
　　　　冲　丁惟汾　邵力子　朱培德　陈果夫　贺耀组　宋子文
　　　　戴传贤　朱家骅　吴敬恒　张人杰

列席者：曾养甫　　余井塘　　陈肇英　　陈布雷　　方觉慧　　恩克巴图

主　　席：蒋中正

记　　录：狄膺　胡翰

速　　记：何霜梅

报告事项

（略）

讨论事项

（前略）

邵力子：日本运动东北独立事，现已公开进行，中央应即筹划应付方法，可否请外交组各委员特别注意一下？

戴传贤：关于这事，大家都注意一下，尽量的收集此项材料，日本自民元以至现在，不断的就致力于此项计划。日本政府里，私人方面，都有计划，我从前也看见关于此种计划之刊物，大概在十种以上，我们现在要收集起来，发表出去。表示日本已是很多年的在那里进行了。我们现在对于日本这种计划，用什么方法才收得到？日本从前是秘密或半公开的。现在请大家分头注意。

李煜瀛：本席在北平时，也听到这种消息，张副司令也很注意此事。曾经收集到很多凭据，日本要恢复满清的小国家，但终未见成功。满清自民元以后，政府对他都很和平，待遇也不错，所以满人也不会受到日本的利用的，现在要把日本的阴谋，向满人讲一讲，

而且满人住在内地,也是不至于歧视的。叫住在大连的满人都
回到内地来。

戴传贤:这事很紧要,原不必到今日才做的。可否请李先生、于先生、丁
　　　先生①及其他熟悉北方情形的委员主持其事,拟就方案。

主　席:现在对日及其他外交事宜,很紧要,本席拟于外交组各委员②
　　　之外,再加入委员数人,组织特种外交委员会。现在外交部长
　　　已辞职,政治会议对于外交更应注意,所以要组织委员会以谋
　　　应付。现除外交组原有委员外,加入于右任、丁惟汾、戴传贤、
　　　邵力子、邵元冲、陈布雷,请戴委员传贤为委员长,宋委员子文
　　　为副委员长。

戴传贤:我可以每天到会,但负责召集人则请宋委员担任。

宋子文:对于日本情形最熟悉的是戴先生,而且这是临时性质的,还是
　　　请戴先生为委员长。

主　席:每天都要开会一次,讨论外交办法,开会时,无论什么事都要搁
　　　一下,不知道各位赞成不赞成?

戴传贤:开会时间暂定为每天上午七时,地点以与别的会议的地点相同
　　　为最好,譬如星期三、星期四的政治会议、常务会议,就在中央
　　　党部开。星期五国府会议,就在国府开会。今天下午四时在政
　　　治会议先开会一次,请秘书处即发通知。

主　席:今天开会时,请外交部李次长锦纶,徐司长谟、樊代次长光到会
　　　列席。

————————无异议————————

————————————————

　①　即李煜瀛、于右任、丁惟汾。

　②　依民国二十年七月八日、中央政治会议第二百七十九次会议所通过外交组委员名单
如下:胡汉民、王宠惠、王正廷、孔祥熙、宋子文、吴敬恒、李煜瀛、王树翰、张群、朱培德、刘尚
清、贺耀组。召集人为王正廷、宋子文。

中国国民党中央执行委员会政治会议第二十次临时会议速记录

1931 年 10 月 12 日

时　间：二十年十月十二日下午三时

地　点：中央第一会议厅

出席者：杨树庄　蒋中正　宋子文　陈铭枢　陈果夫　吴铁城　贺耀
　　　　组　陈立夫　邵元冲　邵力子　丁惟汾　朱培德　孔祥熙
　　　　于右任　戴传贤　朱家骅

列席者：陈肇英　周启刚　方觉慧　恩克巴图　王柏龄　程天放　余
　　　　井塘　陈布雷　克兴额

主　席：蒋中正

记　录：狄膺　胡翰

报告事项

主席报告：今天召集临时会议讨论两件案子，一是答复日本此次向
我政府所提之节略文稿，二是发行金融公债案

讨论事项

一、特种外交委员会报告答复日本公使重光葵十月十一日所递节
略文稿业经起草完竣特缮请公决

主　席——朗读答复日本节略文稿——

于右任：油印稿错字很多，请戴先生再读一遍。

戴传贤——朗读文稿——

　　我们答复日本的节略分四段，是比照他的来文而拟成的，文字比较
强硬，因为他的来文也很强硬，我们没有方法用和平的字眼，此稿刚才
拟就，英文稿也刚刚译成。

主　席：各位对此复文有什么意见？

陈肇英：对于日本继续侵略的行为，应该也提一提，譬如日人强筑吉会
　　　　路等。

戴传贤：本文稿已讨论甚久，以为除日本来文数点予以答复外，其他暂
　　　　不并入此次复文之中，日人强筑吉会路现尚无从证实，但我们

已把这事告知施公使，要他在国联声明。

程天放：日本来文谓国府受党部领导一节，如不加以答复，日人是否会认为我们已经默认？我们可否答复他？

戴传贤：这不要紧的，无论哪国都有政党，他也不能说中国是特别的。现在我们正在编一报告，自九月十八日以来，那一天日军怎样？那一天日军如何行动？我们都把他编起来，送给施公使。

主　席：还有什么地方要更正的？如无异议，就照戴先生所更正的通过，就发出去。

————————无异议　通过————————

（下略）

附(一)：中央政治会议通过复日本驻华公使重光葵节略

对于本月十一日日本政府之节略，中国政府兹特申述意见如下：

日本军队不顾国际公法，违反国联盟约、巴黎非战公约，及华盛顿九国条约之规定，未受对方之挑衅，即突然侵入中国领土，并占领中国辽宁及吉林省各地方，推翻省县合法行政机关，且于侵入之时，做多种战时之行为，及其他即在战争时亦为国际公法所不许之举动，如杀戮无辜人民，轰击无防御之城市，射击客车，移去并没收公众及私人之财产等等。中日二国，既同受上述各国际条约之约束，各该条约令签字诸国，对于解决一切纷争，应设法用和平方法之义务，于是中国乃立即提请国联行政院处理，行政院决议请日本政府命令该国军队，从速撤出自九月十八日以来占领之区域。并决定承认日本所作庄严之保证，谓当遵守该院之请求。如届时不能履行上述之保证，规定以十月十四日为再行集会之日期。中国政府自事变最初发生以来，即不作任何对敌之行为，虽日本军队之挑衅举动日见激烈，蔓延益广，但仍竭力所能，严格命令各军队，对于日军继续之进逼不作任何形式之抵抗，同时对于全国施以一种严格之纪律，尽其方法以保护在中国行政权下中国领土内诸日本侨民之生命财产。观于中国所管辖幅员辽阔之地面，无论何处，均无不幸事变发生，足以确实证明中国对于向国联行政院所作之保证，已慎密遵守政府迭次之命令布告,节制我国人民正当之愤激,使不轶出法律范围。十月七日,中国政府又命令各地方官吏"所有外侨生命财产负责保护,并严防反动分子乘机煽惑行动越轨"等语,组建政府之告诫,益强而有力,此种明令之颁布,适在日本政府不履行其撤兵约言异常明显之时。

中国政府遵照国联行政院之决议,指派大员二人接收退出地方,并将此事正式通告日本政府及国联行政院,但日本政府迄未实行,其所表示之意思,将占领地方交换于中国官吏,而观于中立国视察者之报告,沈阳、吉林、敦化、巨流河、新民、田庄台等处,现尚在日本军队占领之下,一面此种军队仍无故继续杀伤无辜平民,毁坏财产。

故中国人民之愤激,仅限于不购买日本货物,此实为全世界所惊异。夫选择个人所购物品之自由,乃系个人权利,任何政府均不能加以干涉,政府固有保护外国人民生命财产之责任,然无论任何公认之规则,及无论任何国际法之原则,未有需要政府令其禁止或惩罚实行公民初步之权力者,使对于此事果有责任,则责任应完全由日本负之。盖自万宝山案件发生以来,日本政府以其多数不友谊之行为,酿成对于日本货物普通厌薄之心理也。

中国政府以最严格之方式,遵守国联行政院之决议,慎密保护日人生命财产,并制止各种足使局势愈趋严重之行为,其结果无论任何日本人民,均未遇有不幸之事变已如上述。当此之时,日本军队在东省仍继续其侵略行为,甚至最近以飞机轰击自辽宁省城沈阳占领后,辽宁省内文官暂时所设办公处所之锦县,此种作战行为,一如日本政府所深知,使国联行政院决议提前原定开会之日期。中国政府对于日本政府所引两国对于国际联合会之责任一节表示满意,惟声明最近十日以来,对于各种足使时局愈趋严重之行为,以致国联行政院之决议不能实现者,皆出于日本方面,中国政府不负其责任。

中国政府,虽因日本军队继续不断之侵略行为正出于异常困难地位,但对于日本侨民生命财产仍竭力予以保护。但日本如仍用兵力以为其国家政策之工具,因此如有不幸结果,尤其在此两国政府已将案件提交国联行政院,及国联行政院已规定两国应循方针之际,日本政府应负完全责任。中国政府因深信,中日两国人民间感情之隔阂,以及两国通商上之困难,全为日本军队非法行为所造成之当然结果。以为日本政府倘能努力将其所以致此之原因,设法解除,于改善两国间之关系,而维持东亚及世界和平,当有良好之结果也。

附(二):日本政府向我抗议照会

(一)此次满洲事件乃中国之多年排日思想,对我军队挑拨的态度使然,此乃我军方面自卫之措置,日本政府业已声明在案。故中国政府对此案,当然须负其责任。日本政府关于从来中国各地之组织的排日运动,屡次要求中国政府取缔,同时常念两国之亲交,隐忍自制,以期时态之改善。不意该项运动,日加激烈:现在上海及其他各地之反日会,不仅禁止日本商品之买卖及运输;且决定破坏既存契约及其他禁止与日本人之各种交易,禁止与日本人之雇佣关系等。所谓对日经济绝交,并以检查扣留胁迫暴行等种之手段,强制实行,不肯实行者,不仅科以严峻之制裁,更甚者且决议处以枪杀。虽日本人所有之货物,亦出以掠夺扣留之举,对于日本人之生命财产之暴行侵害行为,到处续出;致使所有在中国各地方之日本侨民全部或一部,不得已而退出。

(二)抑中国之排日运动,照中国特殊之政治组织观之,乃在与政府职能难以区分之党部直接间接指导之下,实行国策之手段,不能与基于无统制之个人自由思想,同样看待;此种行动,不仅与中日间现存条约之规定及精神相背驰,且反于正义友好之观念,其意义乃不依武力之敌对行为,甚为明了。中国政府对此不立即取有效之手段,吾人相信其责任极为重大,尤其仅仅一私的团体之反日会,对于个人处以刑罚,不能不认为此乃显然的否认其自国国家之权利也。

(三)又前在国联行政院,中国代表与日本代表,关于防止事态扩大一层,业经与以保障。今排日团体,对于中国各地日本臣民通商之自由,及生命财产之安固,与以胁威,中央政府亦未有控制此事之诚意。

至少于事实上未施以有效之取缔手段,不得不认为违反上述之所谓保障而使事态扩大。

（四）因之,日本政府兹更对于上述排日团体之行动,唤起中国政府之深切注意,中国政府若对于排斥日货运动之取缔,暨日本人民生命财产及利益之保护义务,不能完成,则因此之一切责任,应归国民政府负担,特此声明。十月九日。

南京《中央日报》1931 年 10 月 12 日

中国国民党中央执行委员会政治会议第二九四次会议速记录
1931 年 10 月 21 日

时　　间:二十年十月二十一日上午八时

地　　点:中央第一会议厅

出席者:钮永建　王伯群　陈立夫　陈果夫　吴敬恒　丁惟汾　宋子
　　　　文　杨树庄　叶楚伧　戴传贤　朱家骅　孔祥熙　蒋中正

列席者:陈肇英　方觉慧　余井塘　陈布雷　程天放

主　　席:蒋中正

记　　录:狄膺　胡翰

速　　记:何霜梅

报告事项

（略）

讨论事项

（前略）

主　　席:特种外交委员会有没有报告?

戴传贤:没有什么很重要的,现在约略报告一下。大前天和前天,决定
　　　　了对日交涉的现在和将来的办法。现在的办法,拟定了几点,
　　　　第一是促日本赶速撤兵,日子不要让他延长下去,国联九月三
　　　　〔十〕日的决定,日本没有实行,我们希望他缩短时日。第二点
　　　　是希望日本撤退后,我方即须接收,要中立国的人参加,监视日

本撤兵,免除双方冲突。第三希望日军没有完全撤退之前,国联行政院不能闭会。第四关于日本撤兵的时间和地点,都要有商议,中立国也要有人参加。这几点,是我们所坚持的办法,而最重要的,是要先撤兵。其次是关于以后交涉的办法,就是对付日本所提的五项交涉大纲的,日本所提的大纲,施代表还没有接到,蒋公使说日本要提确立两国和平基础大纲,很久就听到了,并且也有报告来,但所报告的,和现在报上所载的不同,前三条说得冠冕堂皇,没有什么,第四、第五两条便如毒药一般,日本以为前三项是好的,那末后二项虽然不大好,也要从他的了。我们知道日本的这种手段,我们对这问题,要怎样应付?当然要有所准备,日本要求恢复中日间平常的关系,在九月十八以前,两国间原无非平常的关系,现在要恢复从前的关系,先要寻求现在非平常关系的原因,就是说要找出造成九月十八日所发生事件的原因。所以如果和日本定了平常和平关系的原则,我们也要先定大纲五条,第一条是保持中国领土主权之完整及行政的统一;第二条是主张东三省门户开放,机会均等,日本不能破坏这原则;第三条是以后两国间无论有何事故发生,不能以武力为解决之手段,要遵从国联盟约、非战公约及其他国际公约办理;第四条是说中日间一切问题,都要根据上述三项原则,由两国政府将过去条约,酌量修改;第五条是在国联协赞之下,中日两国不能解决一切问题时,要用其他国际方法解决,就是说要有中立国参加解决,将来解决地点,不在中国也不在日本,大概所谈其他国际方法,是指用国际会议评判的形式。这是我们所拟定的五点。但日本的五条还没有提出,今天报上所登的是否确实?亦难断定。新京日报用大字标题说国联已接受日本的条款,帮助日本胁迫中国承认,并没有这事。而且该报还说中国代表已表示服从,这也不是的。电讯上明明白白的说芳泽将这意思告诉白里安,并不是日本政府提出的,所以国联当然无从接受。不过白里安如向我方代表对于日本提议有何意见？那末我们就可拿这五条去告诉他，也不是提案，不过给我方代表一个准备。日本的第一项说日本声明遵守国际条约，不侵犯中国之领土主权及行政完整。第二项，双方要宣言以后不得采用互相排斥之政策，大概是指抵货而言的。我们准备答复他，所谓互相排斥，要先考察其原因，譬如现在抵货，是由于日军强侵东三省，那末责任还须由日本负之。第三项，要中国政府保护日本在东三省经营平和事业之日本人，我们准备答复他：中国政府对于在东三省之日本人，与在别的地方的日本人一样保护。我们不答应他专重保护经营和平事业的日人，就是说，保护日本人与保护其他各国人一样，省得他将来想种种法子来侵略。第五项要把两国铁路区域内的一切问题都提出来解决，我们说要每个问题都要逐一提出，对于问题的性质及历史加以研究，分别解决。日本这几项都和现在报上登的不同，不过我们没有接确实的报告，也不能决定究竟怎样。昨天接到国联消息，谓白里安已表示意见，居中调停中日事件，他的意思，以为于三星期之内，希望日本退兵，我们对于白里安的意思，不能接受，就是时间不能延长这么多久，因为我们已忍耐得很久，国民的愤激已达极点，如时间过长，危险更大，所以我们主张期限十天，但马上就要开始，第一天就要开始撤兵。接收时，要有中立国参加，这种意思，听说昨天主席已与英、美、德、法各国公使表示。昨天法公使来看我，他的态度很好，他说对于中国忍耐深表同情，以此为世界任何国家所不能忍耐者，希望以后也这样的忍耐下去。我答复说，中国为保持国际和平，忍耐已久，全国民情愤激，也许到了某一时期不能再忍耐，所以希望要快点解决才好。他回去后，便把我方的意思作为他自己的意思电告其本国政府。国联第一次的决议，已失了效力，他也希望我们当机立断。又，昨天接到日内瓦的电报，有人在国联说,中国要让步一点,当中人才好调处,施公使就告诉他说,你说的话,我们愿意加以考虑。又接东京报告,各国驻日公使对日本政府提出警告二次,据说是这几天东京的空气很紧张。蒋公使因为行动不方便,所得的消息很少,但调查所得,谓日军有主张拼命的,要请东乡元(师)〔帅〕出来主持,有的主张平和,而西园①寺公也反对主战,所以现内阁便请西园寺到东京去帮助,以陆军方面将有不利于西园寺之传说,故东京已宣布戒严,日本各大学学生,分头向各方演说,主张宣战,又到中国公使馆示威,现在除南陆相外,大概都主张和平的,两方争持很厉害,但自各国公使警告之后,东京空气较为缓和一点,他们也说现在是国难时期,要大家一致共赴国难。不知道是他学我们还是我们学他。

陈肇英:日本在国联信口雌黄,我们为什么不加以辩驳?

戴传贤:我们的宣传吃亏一点,我们有许多没有发表,我们对国联的声明书已有二三十通,我们都看重了没有发表。

陈肇英:我们对于日本的行动,芳泽的狡辩,在报上从未见有若何之辩正。

戴传贤:我们以后要胆大一点,对于国联行文,要择尤发表,就请天放先生专做这事,对于首都两家大报,最好要看过大样,指示他编的方法。

程天放:这几天有许多消息未得特种外交委员会的许可就发表了,如蒋公使的报告等。要看报纸的大样很困难,譬如派了人去,他不知道中央的意旨,既不知道何者应秘密,则必不知道何者可公开。

————无异议————

散会

---

①　原稿为"元"字,今改正。以下同。

中国国民党中央执行委员会政治会议第二九七次会议速记录

时　间:二十年十二月二日上午八时

地　点:中央第一会议厅

出席者:邵元冲　陈立夫　何应钦　朱家骅　王伯群　蒋中正　陈果
　　　　夫　朱培德　邵力子　宋子文　于右任　吴敬恒　吴铁城

列席者:周启刚　恩克巴图

主　席:蒋中正

记　录:狄膺　胡翰

速　记:何霜梅

报告事项

(一、二略)

三、特种外交委员会报告所拟对日外交方针,请核定。

主　席:对于特种外交委员会的报告,各位有什么意见? 戴先生以为现
　　　　在外交部长已经就职,如本会议认此报告所定的方针是对的,
　　　　就交外交部去遵照办理。

邵元冲:报告里面有许多是关于判断国际情况的,而第五条则为巩固国
　　　　民政府的基础而定,要巩固政府的基础,便要设法使国民信仰。
　　　　现在关于在锦州及天津划中立区问题,日本对此是有条件的,
　　　　日本究欲在中立区方面有何动作,既无他种力量加以监察,则
　　　　此中立区亦属徒然。所以为保障政府的稳固,避免人民的责
　　　　备,关于划中立区问题,似应加以注意。

主　席:昨天也曾商量此事,并决定三项原则,一为解决东三省问题,不
　　　　要脱离国际联合会的关系,我们要在国际力量保障之下,使日
　　　　本撤兵,二为锦州方面要有中立国来保证足以避免冲突,才能
　　　　划中立区,否则我们不应允划锦州为中立区,如日本进攻,我们
　　　　就抵抗。三为天津方面,非有英、法等中立团体来保障中立区
　　　　的成立,我们的行政机关是不移动的,第三条已告知顾部长了。

邵元冲:报告书第五项为保持政府地位的巩固,甚关重要,如政府摇动,

则全国势将不堪,欲使政府安如磐石,止少亦须使人民信仰政
府,政府使人民信仰,必须确定对日基本要点。

朱培德:报告所陈述的是特种外交委员会的计划,仍须请政治会议决定
　　　的,其第二点关于军事行动开始后,日军及日侨在沿海及沿江
　　　之扰乱为不可免,第三点国联始终有力量解决此事,第五点对
　　　于锦州及天津一定要固守,这都很重要的,但现在我们是否要
　　　有整个的军事行动? 这是先要决定的。

主　　席:这要我们的军事当局来商量一下。

朱家骅:关于天津之划中立区,欲使英、法一致保障和平,这点恐怕办不
　　　到。欧战以后,英、法两国在种种方面,都不能一致。譬如这次
　　　巴黎和伦敦的舆论,就完全不同,法国只有白里安努力于和平
　　　运动,而英国则工党乃至保守党,亦与中国表同情,所以要英、
　　　法两国行动一致是很困难的。

朱培德:特种外交委员会要设法防止日本暴行之扩大,所以不能不要
　　　英、法一致行动。

陈果夫:恐怕本会议对于这个报告,要另做一决议案,不能就照通过。

主　　席:昨天决定的三个原则,各位有什么意见?

朱培德:譬如将来上海、汉口等处也发生和天津同样的事件,是不是也
　　　划中立区?

主　　席:如别地方发生暴动,当然问题是很复杂的,不过目前锦州、天津
　　　二处,要这样才妥当一点。

邵元冲:中立国恐怕还不能派出军队来。

主　　席:如中立国无兵可派,可以指定我们的军队给中立团体指挥,但
　　　现在没有决定。

邵力子:关于锦州划中立区事,外间传说已久,但天津也划中立区,则今
　　　日以前,当未见诸报端,自锦州划中立区之说传出后,各地民众
　　　及海外华侨都有微词。昨天本席在特种外交委员会里曾提起
　　　这事,以为各国没有军队可以派遣,不过摆一个中立区的样子

在那里。现在政府以得到人民的信仰为最要,但若实现划出中
立区,人民一定不赞成的,如天津也这样办,大家一定更加反
对,现在可否在外交上另外设法? 总期不要有中立区出现
才好。

主　席:改成缓冲地带好不好?

邵力子:好像也不好,或者就说华界与日本租界之间,要中立国保证双
方不发生冲突,比较妥适一点。

主　席:我们对国际联合会已说了出去,现在不好说不要中立区,其实
如果中立国派不出军队,中立区便不能存在,中立区不成立,
我们仍旧可以抵抗的,我们并不吃亏,如有中立团体来保证日
本不再进攻,我们可以划缓冲地带。

吴铁城:文字上我们要注意,如说锦州划为中立区,那末我们的东三省
便完了。现驻吉林、黑龙江的军队,和关内得不到联络,于是日
本人便可以说锦州以北不是中国所有的,所以现在我们在文字
上要说清楚,是否专指锦州而言? 抑系指日军占领地及关内
而言?

主　席:当然是指锦州一地而言,不能和东三省有关系。

邵力子:外交方针,我们不能固定了就不改,我们判断日本一定要来攻
锦州的,而国联也一定没有办法阻止的,所以才有划中立区之
议,现在日本已声明不攻锦州,那末我们何妨就说日军既不攻
锦,则中立区也可以不要,对于国联方面,我们可以这样说的,
否则中立区成为事实,日本即可要求中国军队退入关内。

主　席:如中立国不能派遣军队,则中立区仍不能实现。

宋子文:施公使请英、法、美三国为中立团体,国联行政院已议决派出视
察员,与中国接洽划出一条线,中日军队都不能通过此线,所以
国联方面所议的是划一条线,而不是划一个区,并且没有说要
中国军队退入山海关内。白里安的意思,以为这是避免冲突最
紧要的办法。现在锦州已成为东三省最后的一个根据地,锦州

如果失了,则东三省便完全没有了,所以锦州是很重要的。天津方面,日本所以要一再进攻,便是想断绝锦州与关内之联络,使锦州早能占领。他表示不攻锦州,而不断的攻天津,原是拟攻克天津,就可派兵捣锦州之背,届时锦州将不攻而自克,所以现在最要紧的是天津不可失掉,今欲保持天津之安全,则划一缓冲线亦甚紧要。

吴敬恒:这种缓冲地带,要声明是暂时的。

宋子文:这原是临时的,因为我们要日本即须撤兵。

主　席:就把昨天决定的三原则做一个决议。

吴铁城:如说天津划为缓冲地带,则天津将整个失掉了。是否要说明天津中国地与日租界之间几百米突内划为缓冲地带?

邵元冲:是要这样说明的。

主　席:可以,现在我们决议三项:"一、东三省事件应积极进行于国联切实保证之下解决。二、锦州问题如无中立国团体切实保证不划缓冲地带,如日军进攻,应积极抵抗。三、天津与日租界毗连之处如有中立国切实保证,得划临时缓冲地带以避免冲突。"特种外交委员会报告并交外交部,决议案一、二两项电告施代表肇基。

————————无异议

附:特种外交委员会委员长戴传贤上中央政治会议报告

关于现在处理时局之根本方针,连日特种外交委员会讨论结果如下:

一、判断日本之军事政策,必定要达到完全占领东三省之目的而后已。其外交当局,最初与军事当局意见不同,但在第二次行政院决议之后,外交当局,便已逐渐追随军部行动,现在外交完全为军略所支配,故一切观察判断,应以军事为前提。

二、判断日本以完全占领东三省,驱除中国固有之政治军事势力为主要目的。因中国在沈阳退出之后,设立锦州省政府,以对内外表示决心，故现在日军既占领黑省，复集中力量企图消灭锦州军政势力，以铲除我在东省之号令机关，对于平津青济沪宁武汉等之各种阴谋，全为达成其根本目的之手段，两次扰乱天津，意在破我北平军政主力，甚属显然，若中央军事行动开始，则日本将以兵力与日侨自由行动，利用各种手段，捣乱长江，破坏我之金融基础，而置首都于兵力威吓之下，希图造成从前江宁条约之形势。

三、判断国联之目的，始终在尽力削除日本上项计划之实行与成功，英法皆同。外间各种怀疑，殊非事实，虽今后如何，不易预测，然至今日止，确系如此。但各国重要政策，因计划皆未完成，故此次决不对日作战。因此国联不能采取任何有力制裁，现在国联努力已将用尽，但即使因日本武力政策之猛进，而国联陷于困境，亦决不致因此而倒。因国联乃欧战所产生之唯一国际团体，非世界大局破裂后，决不至于破坏也。

四、判断美国态度，至今虽极力避免表示意见，但将来必要时，有运用九国条约，出而对日本作有力抵制之可能。现在其态度愈趋和平，劝中国让步等意思表示，皆为保留其将来活动之预备。

五、判断此次对日交涉，中国在国际上，必得最后之胜利。此时一切政策，以固结民心保持政府人民之信任为根本要图。对外策略，第一：中国无论如何，决不先对日本宣战，第二：须尽力维持各国对我之好感，第三：须尽力顾虑实际利害，但至万不得已时，虽在军事上为民意而牺牲，亦所不恤，惟必须筹划取得真实之牺牲代价。故对于锦州方面，如日军来攻，只有尽力抵抗，以树立今后政府在人民间之信仰，维系全国人心，俾中国不至因全国瓦解而亡，且必须如此，方能取得国际上较好之地位。对于天津之事件，必须以力保省政府完全之地位，一以巩固人民对政府之信任，一以使各国知中国政府保持国权之决心。

六、判断此时仍须尽力表示中国政府完全信任国联之意思，并须设法显出时局益趋危险，由于国联不能完全尽责，不肯采取有效制裁方法，以致日军愈无顾忌，国联权威愈加丧失。如此，第一，对于国内可减少人民责备政府之心理,第二,不致伤害各国之感情,第三,将来运用九国条约,而对美国做工夫时,较易说话。因国联重要各国,即九国条约之签字国,若中国对国联方面,不情到礼到,做尽功夫,将来改变方向时,不易得各国之同情。

七、日本国内及陆军政策之力量并不弱,且部分甚多,惟此时均被军部举国一致之威力所屈服,但至军部政策用尽时,一切反陆军政策之势力,必将继起执政,至此中日间方入纯正外交时期。就大体推测,反陆军政策之势力者,即与占领满蒙之政策,在主义上或利害上冲突之全部势力。第一,西园寺、牧野等元老一派,第二,海军山本、财部等一派,第三,金融家全部,第四,对中国中部、南部贸易之一切商家,第五,与欧洲、美国贸易关系密切之一切商家皆属之。因陆军占领东三省政策,与上述各方之主张及利害完全相反,而日本国家在经济上亦有陷于破产之危险故也。但此时期之实现尚远,吾人须知将来对日外交必有办法,而不能此时即有办法。且人民对政府信任未坚,此时时机未熟,见人谈话,稍一不慎,即招误解,且妨碍进行。不过预备工夫,不妨着手,只管一面于必要时从军事上尽力自卫,一面民间从实际上坚决反抗,一面在此观察之下,作预备工夫,三者并不冲突也。

上述各节,为特种外交委员会自开始至于今日之一贯的观察判断,所已做之工夫,与现在正做之工作,均在此观察与判断之下进行。惟国策之决定,中央自有权衡,主席与副司令为中央负责之军政领袖,应有决定。本报告中二、三、五,三款所陈各节,尤为急待决定,刻不容缓之根本策略所在,用特详细报告,敬请裁夺。

中国国民党中央执行委员会政治会议第三百次会议速记录
1931 年 12 月 29 日

时　间:二十年十二月二十九日下午三时

地　点:中央党部第一会议厅

出席者:陈立夫　曾养甫　林森　于右任　叶楚伧　周启刚　杨虎

　　　　杨树庄　恩克巴图　褚民谊　方觉慧　蒋作宾　吴铁城　桂
　　　崇基　陈璧君　顾孟余　洪陆东　张惠长　陈策　王法勤
　　　陈铭枢　刘守中　丁超五　方振武　贺耀组　李文范　刘峙
　　　伍朝枢　孙科　陈肇英　经亨颐　刘芦隐　陈果夫　顾祝同
　　　邵元冲　何应钦　居正　朱培德　孔祥熙　甘乃光

列席者:缪斌　商震　曾仲鸣　克兴额　纪亮　孙镜亚　段锡朋　黄
　　　复生　谷正纲　薛笃弼　黄慕松　张厉生　王祺　戴愧生
　　　梁寒操　关素人　钱大钧　邓飞黄　萧忠贞　缪培南　李宗
　　　黄　赵不廉　王懋功　方声涛　张定璠　张道藩　萧吉珊
　　　范予遂　谢作民　黄吉宸　李次温　郑占南　傅汝霖　苗培
　　　成　李敬斋　白云梯　茅祖权　余井塘　张苇村　程天放

主　　席:于右任

秘书长:曾仲鸣

记　　录:狄膺　胡翰

速　　记:何霜梅

报告事项

（略）

讨论事项

（前略）

　　二、特种外交委员会呈报所拟对日外交方针三项请公决。

主　　席:特种外交委员会拟就草案后,曾呈请全体会议①讨论,全会未
　　　　有决定,交政治会议,现请讨论。

张道藩:昨日全会讨论本案时,各委员发言甚多,可否请主席将昨天的
　　　　会议记录调来参考?

主　　席:记录已调来,但内容多得很,要读起来就很费时间,好在今天出
　　　　席本会议之各委员,昨天也参加全会的,大家总可记得。现在

――――――――――

　　① 指中国国民党第四届中央执行委会第一次全体会议。

对于方针三项,是否逐项讨论? 第一项有无异议?

陈果夫:昨天伍委员说有几处要改正的,现在是否要改?

伍朝枢:昨天大会对于第一项文字上之修正有两说:一说于"……防制日本侵略之扩大"下加"及延长"三字;一说"太平洋会议"改为"华盛顿会议"。

主　席:第一项可否这样改?

段锡朋:意义上似乎有增加之必要,记得四全大会关于对日问题的决议案,还有唤起国联会员国、非战公约签字国及华盛顿会议各国深切之注意,负起条约所赋予之义务等语,意思明了一点,可否引用那个句子?

贺耀组:本席有点修正的意见,就是在第一项后面加"务使条约关系各国,咸能认识其义务"二句。

刘芦隐:华盛顿会议各国下,加一句"履行其条约之义务",上面"……扩大及延长"下"如"字改为"并郑重唤起",较为简单。

伍朝枢:三个修正案,似以刘委员所拟的为简单明了。

主　席:伍委员赞成刘委员的修正案,各位还有什么意见?

吴铁城:我们的外交方针是否要发表? 现在全国人民都很想知道政府对日外交方针,过去旧政府所采取的方针,有行不通的地方,或者还有太迂缓的地方,现在所定的方针,却与从前的差不多,如一发表,便使人民失望,所以本席认为对日外交方针,尽可从长研究,不一定要今天就决定。俟新政府成立,行政院长和外交部长,要拟就具体的方针,提经政治会议决定后,即须公布,使人民都知道,政府便要本着方针去做。如像现在这样的方针,空空洞洞,人民必以为是和旧政府的方针一样的,如决定而不发表,那还是不要的好!

居　正:现在行政院既为责任内阁,那末一切施政方针,都应由行政院负责规定。所以本席认为外交方针,也要由行政院具体拟定,比较好一点。

梁寒操：我们一中全会开会后，外间都希望本党对于东省事件有方法来
　　　解决。今天提出讨论的方针，本席觉得没有能使民众满足的地
　　　方。本席的意见，以为本党对此事要拿出办法来，尤须要拿出
　　　精神来，要有人决定去牺牲，民众才愿意本党继续当国。所谓
　　　牺牲精神，譬如黄花岗烈士的精神，他们何〔常〕〔尝〕不知无济
　　　于事？但他们愿为民族牺牲，结果才得到全国人民对于革命的
　　　同情。所以现在我们也要把这精神表现出来，真正的为民前
　　　锋。譬如民国十五年革命军北伐，本党许多干部同志，都跟着
　　　军队进行，与士卒同甘苦，结果得到胜利特别的快，而各地民众
　　　也就信仰本党。现在呢？我们要组织一个收复失地的委员会，
　　　委员要大部分是中央的同志，会址设在最前线如锦州，誓复东
　　　省，否则宁与东省俱亡，要这样，民众对本党才能谅解。这种意
　　　思，本席已和许多同志谈及，有的赞成，有的不置可否，现在因
　　　为讨论对日问题，所以提出来说一说。近来外面说本党开会是
　　　为分赃，对于外交仍是一点办法都没有，这几乎是事实，请各位
　　　注意。

吴铁城：东省事件应付方针今天不必讨论，等新政府成立后，再由行政
　　　院提出。本席以为现在本党已统一团结，对日问题总要拿出具
　　　体而切实的方针来。我们不能一味求人民的谅解，我们要本着
　　　革命精神去做。刚才梁同志所说的，本席很赞成。本席以为人
　　　民现在如不谅解，则五十年后或一百年后，总会谅解的。

方觉慧：本案由大会交下讨论，其关系甚为重要，外间说我们外交不公
　　　开，现在我们要公开，使人民知道本党有牺牲的决心，所以今天
　　　就应该决定的。至于文字上的修改，我们可以继续讨论，譬如
　　　第三项："即日设法进行收复东省失地"句，语意混沌。盖收回
　　　失地，如用秘密外交行之，则一小时内，亦可收复，否则必明显
　　　的规定出军收复，而后可使人民不生疑问。吾人进行收复失
　　　地，要知道日本何以要出兵占领东北之原因，因为日本，第一要

求承认他所谓既得权益,第二还要求新的利益,我们不肯,所以他便悍然实行占领。其实他原来的目的不在占领我国领土,如果我们答应他的要求,收复失地不是很容易的吗?但如果这样办,本党不特对不起祖国及全体人民,即千秋万岁,亦必受尽唾骂。所以现在要收回失地,只有用实力来收回之一途,全国人民所企望本党者亦如是,本党亦何用迟疑?苟于第三项明白规定派军收复东三省失地,则全国人民,必群起而为后盾的,所以本席主张第三项要加入派出军队字样。

黄吉宸:东北亡了,我们再不决定办法,不但人民看不起国民党,并且要厌恶国民党了。

张道藩:本案讨论已久,吴委员以为此三项原则,和从前决定的差不了多少,主张缓议。这是实在的话,不但中央的同志看起来如此,就是全党同志、全国人民,看见这种方针,也必觉到对日外交毫无进一步的办法。但是我们如果决定对日宣战的话,就像伍委员昨天说的害多而利少。现在人民心理,完全希望武力收复失地,但政府方面,则不能不顾及国情,慎定方针,现在行政院已为内阁制,则外交方针,尽可由行政院妥为拟定,况新任外交部长①素称革命的外交家,就职之后,一定办法很好的。所以拟定方针的责任,可以交到行政院及外交部去,俟拟妥后,再行提经政治会议讨论。本席对于吴委员的主张,表示赞同。

陈铭枢:外交方针,须根据国情而定,人民曾一致表示愿与日本作战,但此系血气的话,到底开战后有利有弊?本党负责的人,应有详密的计划,不能随人民的意思去做。不过,现在除与日本宣战以外,还有什么办法可以解决?如果政府随便决定一个方针,恐怕所可发生的力量不多。昨天全会里大家的意思都差不多,以为方针是原则,原则定了,再拟详细办法,大概现在所能决定

————————————

① 即陈友仁。

的方针，差不多离不了这三项，如照第一条修正，第三条再加重意义，那末今天就可以决定交政府去办，否则若再稽延时日，似乎说不过去。

主　　席：那末还是继续讨论？

吴铁城：恐怕定了之后，政府将来不容易办。现在我们都是同志，打开天窗说亮话，如果进行直接交涉，这严重的局面马上可以打开，但全国人民反对直接交涉，所以定了之后就很难办，所以本席主张由行政院拟定，提经政治会议通过，便作为本党全体一致的决定。

段锡朋：本席认为现在可以讨论，决定之后，将来行政院长、外交部长不至于有困难，方针不过一种〔原〕则，而实际上还是要有妥善的办法的，所以现在决定方针，对于将来行政院的责任并不减少，本席认为可以继续讨论的。

主　　席：大家的意思，还是继续讨论？还是等行政院拟定了之后再提出讨论？

吴铁城：由政府提出的好，将来由政治会议决定，全党的同志，就在这方针之下准备牺牲也可以的。

段锡朋：本席对于吴委员的主张，相当的赞成，但将来政府提出的方针讨论时，全会交下的方针要合并讨论的。

陈铭枢：这意思本席也赞同，但在决定以前，要秘密的，将来决定了再公开。

主　　席：本案保留，俟行政院提出外交方针时合并讨论。

————无异议————

附：特种外交委员会代理委员长伍朝枢报告中国国民党四届一中全会关于外交方针案

关于东三省事件拟定应付方针如左：

一、竭力从外交方面活动以防制日本侵略之扩大，如国际联盟、非战公约各国及太平洋会议各国均以正义及利害说之。

二、日本军队无论向中国何处侵扰，守土军队应实行正当防卫，但政府此时不必宣战。

　　三、即日设法进行收复东三省失地,并使东三省今后隶属于中央统一政令之管治。

中国国民党中央执行委员会政治会议第二十一次临时会议速记录
1932 年 1 月 2 日

时　　间:二十一年一月二日下午三时

地　　点:中央第一会议厅

出席者:林森　陈肇英　何应钦　石青阳　周启刚　洪陆东　于右任
　　　　周佛海　顾祝同　孙科　陈铭枢　李文范　方觉慧　丁超五
　　　　孔祥熙

列席者:纪亮　梁寒操　克兴额　段锡朋　张厉生　苗培成　李次温
　　　　钱大钧　范予遂　赵丕廉　白云梯　郑占南　谷正纲　黄慕
　　　　松　王祺　罗家伦　萧吉珊

主　　席:于右任

记录秘书:胡翰　狄膺

速　　记:何霜梅　冯沏舫

报告事项

主　　席:今天临时会议,讨论外交问题,现在先请陈铭枢同志报告关于
　　　　特种外交委员会讨论的经过。

陈委员铭枢:主席、各位同志:特种外交委员会本来是由伍朝枢同志负
　　　　责的,近以伍同志有事赴沪,这几次的会议,暂由兄弟代为主
　　　　持,所以今天将特种外交委员会最近处理的经过向各位报告。
　　　　关于锦州问题,二十五日一中全会第二次会议,曾经决议:严令
　　　　北平绥靖主任张学良如日军攻锦,应转令驻锦军队严防,尽守
　　　　土之责,不可退让,即日由国民政府遵照大会决议案,发出上述
　　　　命令。迄今所得报告,除陈报日飞机投弹轰炸,日甲车进袭侵
　　　　犯,以及沟帮子等处现状外,关于驻锦军队有无撤退,并未有所

提及。但是三十日晚上,外国通讯社则已有锦州撤兵的传说了,当时很觉得诧异,就以国民政府名义电询张学良,电文已见今日报载。三十一日兄弟遵照特种外交委员会的公意,以个人名义发表谈话,大意如次:"近日外国通讯社电传锦州撤兵,此事政府迄未接到任何正式官报,张主任学良卅一日来电,仍系陈报田家坎,盘山、胡家窝铺一带,抵抗日军袭击情形,辽宁省政府仍在锦州。中央遵照四届一中全会决议,于廿五日、廿九日及三十日迭次电令东北负责长官,切实负守土之责,绝无如外报所传,令其撤退或采取不抵抗主义。"同时,亦有一电致张学良,询饬三点:一、锦州撤兵的消息,确否?二、撤兵果系事实,则其情形如何?三、锦州未可放弃,如尚未撤兵,应加坚守,辽宁省政府决不可移动,日军全力进逼,应具决死之心,作自卫的抵抗,现时若非有为自卫而牺牲的精神,恐不能获得世界正义的同情,不然,外交上将更陷于绝境!其原电亦经报纸(批)〔披〕露,想各位都已看见了。自三十一日晚上至昨天为止,特种外交委员会并无若何工作足供报告者,而昨日———一日———新政府也成立了,外交当局负责有人,特种外交委员会似无须继续存在,这一点要请各位讨论的。

再:兄弟现因教育部朱部长家骅,坚请辞职,拟敦请石瑛同志出任艰巨,此刻即须与李文范同志搭车赴苏促驾,本问题请孙院长同各位讨论。

孙委员科:外交问题,关系至为重大,前以外交当局负责无人,因有特种外交委员会的设立;是其性质为临时的,可无疑义了。现在新政府既已成立,外交部负责有人,特种外交委员会似已无存在的必要,所以本席也赞同陈委员的主张。

其次,政治会议亦有外交组的组织,现在本会议既从新改组,外交组应否重行推定委员,负责进行?并请各位讨论。

主　席:孙、陈两同志的报告,各位想已明了,和特种外交委员会具同样性质的组织的,还有一个特种教育委员会,两者俱为临时的组织,现在前者如以外交当局负责有人而撤销,后者则学潮既告平息,亦可无须赓续存在。现在如认为特种外交委员会可以结束,则特种教育委员会亦可以同时结束了。

至于改组政治会议外交组,本席以为关系于整个组织,其性质与前者不同,为统盘筹划起见,似应留待下次会议从长(讨)〔计〕议。

各位对于撤销特种教育委员会,还有什么意见?

————无异议————

陈委员肇英:现在外交当局虽已负责有人,外交工作自应由外交部来办理。不过外交问题,关系重大,为使中央同志大家明了起见,本席以为于特种外交委员会结束后,外交部应时时将外交工作向本会议报告,譬如其他各机关工作每月作一次报告,而外交工作,则应每周作一次报告才好。

李委员文范:陈同志的意思甚是,今陈外交部长友仁,既同是中央执行委员之一,则于每次到会的时候,设有必要时随时就可请他报告,陈同志所称外交工作每周应作一报告一节,本席以为不必有所规定。

决　议:一、特种外交委员会应即结束。

二、特种教育委员会应即结束。

《国民政府处理九一八事变之重要文献》,第 177—221 页

2."九一八"事变后顾维钧等致张学良密电选

顾维钧、罗文幹、刘哲致张学良电稿
1931 年 10 月 12 日

限即刻到:北平。张副司令钧鉴:宇密。本日外委讨论答复日政府照会,全文逐条驳回。原文太长,不录。于修正完了后,维钧提议加添

一段,经大众讨论,将"中国政府愿与日本政府共同努力改善两国间之关系"一语删除,仅通过如下:"中国政府因深信中日两国人民间感情之隔阂,对两国通商上之困难,全为日本军队对于中国种种非法行为所造成之当然结果,以为欲改善两国间之关系,而维持东亚及世界之和平,日本政府倘努力将其所以致此之原因设法解除,中国政府深信必有良好之结果也。"此稿送主席阅后,即送出。又:蒋公使①电:谷局长转述币原意见:一、所谓负责代表,系指真能代表中国,其谈话及约定能为中国实现而为日本所信任者。二、大纲内容,在日本提议主义上尚未赞同前,难以立即陈述,要在能一扫此次不祥事件之祸根,而防其再发,并确立两国和平基础。其内容公正稳健并非中国所不能行者。三、撤兵事如能确保铁路安全及在满日本人生命财产之安固,即将军队撤回附属地内。此种方针迭向国联会声明,惟现在中日两国间国民感情异常兴奋,因此上所用大纲尚未协定,国民感情亦难缓和,日军自不能安心撤退。贵国接续维持治安任务,恐难期圆满云云。币原并定今年再与蒋使面谈,余俟续陈。再:飞机拟留至 15 日返平,在此时间,钧处如须用时,可来电索。维钧、文幹、哲。文酉。

《民国档案》1985 年第 1、2 期

顾维钧、罗文幹、刘哲致张学良电稿

1931 年 10 月 13 日

急。北平。张副司令钧鉴:宇密。本日外委讨论,付与施代表②应付方针:一、日方如提出反日运动,我方办法:甲、否认我有仇日举动。不购日货,根据前次复略立论。乙、答辩:此节依照 9 月 30 日决议案非撤兵条件。二、日方如要求须先恢复东省安全,我方办法:甲、用事实证明在日军未占领前之安全,又用事实反证现被日军占领地方有绝大恐

---

① 国民政府驻日公使蒋作宾。
② 施肇基,时任国民政府驻国联代表、驻英公使。

怖。乙、如日方借口接收时中日军队有冲突之虞,我方提议由国联派国际委员团偕同中国军警前往接收。三、日方如要求确立基础大纲,俟再讨论。又:蒋公使来电,日报载日政府对华要求大纲译供参考:一、东省土地商租问题。二、禁绝排日教育及运动。三、禁止东省不当课税。四、大连、安东海关与营口海关之地位问题。五、铁路问题:甲、打通、吉海、沈海之处理及将来保障。乙、履行华路对满铁之债务。丙、完成吉会铁路。丁、敷设新路之长大线等。本日会场中,多数主张不直接交涉,但无定议。明日仍继续讨论,要以国联空气为何,始定进行之方针。维钧、文幹、哲。覃午。

《民国档案》1985 年第 1、2 期

顾维钧、罗文幹、刘哲致张学良电稿
1931 年 10 月 14 日

限即刻到。北平。张副司令钧鉴:宇密。元电、元秘电均敬悉。英使到京,必为联络。本日外委接到国联开会报告,施代表提出说明书。芳泽①承认满洲日人无被杀者,但反日运动日军须保护侨民,欲两方合作。俟大纲协定,始撤兵。施云:中国从未应允直接交涉。日军未撤以前,不能谈判,中国完全委托国联。空气尚好。外委诸公主张,如国联无办法,再请美国提出九国条约以制日。又:闻山海关有日兵挑衅消息,外委请钧座查明是否旧有日兵,抑新来者? 能否请有关系之英国兵监视。盼电复。维钧、文幹、哲。寒巳。

《民国档案》1985 年第 1、2 期

顾维钧致张学良电稿
1931 年 10 月 14 日

限即刻到。北平。张副司令汉卿兄勋鉴:顾密。日本坚持直接交

---

①　时任日本驻国联代表。

涉,先订大纲协定,然后撤兵。此种主张业已照知蒋使,催我答复。一面通告国联,并在会议上公然提出,似为日本固定方针。而其陆军盘据辽、吉相机扩大,其海军驶入我江海要口以示威,各处侨民复游行以寻衅,是彼外交、军事双方并进,着着逼我,以图解决。我方若不速定全盘方针,拟就具体办法从容逐步应付,转瞬之间失却国际同情,而形势转趋严重,单独应付更感不易。进退维谷,危险更不堪设想。故连日一本与蒋主席谈话之旨:在外委大小会议中,主张先定具体方针,速电施使以避僵局。今晨外委开会,观所接东京报告,举国空气紧张,首相遍访各党首领及元老与枢府重臣,商议组织联合内阁应付严重关头,是其用意益形显然。弟以时机危迫,再催当局诸委速定办法,经讨论后,以李、于、吴诸位①之建议拟定,戴、宋与李代部长②逐日到外部主持一切,以应事机。次日,开会再行报告或提出追认。旋与宋部长说明紧迫情形,催其迅与当局诸公决定大计。钧任、敬舆③同为焦急,现正合力进行,顷宋约再往谈,结果容续电。奉闻。弟维钧叩,寒申。

《民国档案》1985 年第 1、2 期

顾维钧致张学良电稿

1931 年 10 月 14 日

北平。张副司令汉卿兄勋鉴:顾密。关于日本所提协定确立两国间平常关系基础之大纲,顷与宋、颜④及国联代表共同研究应付方法。弟谓日本既在理事会公然提出,我方可由施代表要求即时撤兵为原则上赞成提案之交换条件。惟声明对于将来日本提出之大纲具体条件有关我国主权者,保留修改或反对之权,一面要求芳泽将具体大纲在会宣

---

① 李指李石曾,于指于右任,吴指吴稚晖,时均为特种外交委员会委员。
② 戴传贤,时任国民党中央政治会议特种外交委员会会长,宋子文为副会长。李锦纶,时任国民政府外交部代部长。
③ 罗文幹,字钧任。刘哲,字敬舆。
④ 宋指宋子文,颜指颜惠庆。

布。若是办法，目前即可避免直接交涉，而商订大纲且为实际，得理事会居间调处之益，使全盘问题渐入解决途径云云。虽皆称是，仍未能决定。默察形势，似欲俟对内实现一致之后，再定对外具体方针。今日当局之委员发言亦不外此意。惟因事机紧迫，明晨由钧任兄晋谒蒋主席时，本上述意见详陈利害，速决大计。再：日内瓦消息，理事会法主席①现正草拟解决办法，大意主张撤兵与直接交涉同时举行云云。弟顾维钧叩。寒亥。

顾维钧致张学良电稿
1931 年 10 月 15 日

限即刻到。北平。张副司令汉卿兄勋鉴：顾密。寒酉亥电计达。今日外委开会，情形已由敬舆兄另电奉。开会后，戴会长约弟与骏人②密议全盘具体方针。弟即提出在平所拟全局交涉各问题及交涉途径二纸为讨论根据，又将寒亥电所述办法说明理由，为应付芳泽提案之具体答案。经讨论后，认为尚属周密妥当。戴照录后，拟与政府当局再加一度研究。正商议间，接日内瓦通讯社电：昨天下午，理事会所设中日案特别委员会邀入美国代表开会，密议解决方法，中日代表不在座。拟定办法后，即分召中日代表磋商。并云中国代表已承受云云。闻之深堪注意。确否？现正设法探询。再：英使今晨谒见蒋主席后来访，钧任与弟所谈要点：(一)中国仍应力持平和镇静态度，勿轻言战事，以保国际同情而免陷入日本之计。(二)抵制日货乃民意之表示，无从反对。但政府勿宜公然提倡。(三)两国直接交涉终难避免。如能由第三者加入旁听，如华府解决山东问题之例，实属上策。(四)如国联失败，尚有其他途径可寻，各国决不轻易放手。(五)要求恢复原状后，方允谈判，

---

① 国联常务理事会主席法国驻国联代表白里安。
② 颜惠庆，字骏人，时任特种外交委员会委员。

事属难能。只要使日军退入附属地内，似可开议。弟谓沈阳、吉林等处均应先收回。彼答：既在附属地外，悉应照办。（六）彼望宁、粤和议早日成立，因于对日本，对国联均能有良好影响。以上各点，彼谓亦即与蒋主席谈话之旨云。知注附陈。弟顾维钧叩。删未。

《民国档案》1985 年第 1、2 期

顾维钧、罗文幹致张学良电稿

1931 年 10 月 15 日

限即刻到。北平。张副司令汉卿兄鉴：顾密。自东省事变以来，沪上各界对兄议论，诸多误会，尤以报界为甚。弟等以为上海为全国舆论重心，似宜选派富有资望、交友广众而与报界领袖相熟之人前往上海，设法疏解，以正听闻。兄意中如无其他相当人选，可托行严①兄代劳，最为合宜。如何？请酌夺。弟罗文幹、顾维钧叩。删西。

《民国档案》1985 年第 1、2 期

顾维钧致张学良电稿

1931 年 10 月 15 日

限即刻到。北平。张副司令汉卿兄勋鉴：密。顷弟在宋寓与戴季陶、宋子文续商办法，蒋主席亦莅临，悉英方确知理事会法主席已拟就解决办法要点：（一）日军退出被占区域。（二）派中立国文武人员监视接收。（三）两国直接开谈判。据云：候一、二点办后，即实行第三点。唯如何措词，尚未接详报。又：蒋主席示弟以敬舆所呈办法（即弟寒电所拟方案），询弟谓：如上述英方消息属确，则所拟方案须再提出否？弟答：如日方承受国联提议，自可作罢。若日方坚持芳泽原提办法，仍当有具体答案。蒋称：是。并谓：关于直接，至少须设法办到华府办法，由第三国代表旁听为宜。并约弟明日四时续谈。再：此间接施代表电，

① 章士钊，字行严。

报告与法主席谈话要点:(一)锦州华军并无攻击沈阳日军之意。(二)赞成国联派遣中立国文武人员视察接收事宜。(三)欢迎美代表加入理事会讨论中日案之会议。(四)对满铁权利问题此时无意提出。(五)关于日方所提协定大纲,法主席谓甚为注意。惟日军撤退只以侨民安全为唯一条件。又:商请英、美公使调派军队至山海关监视日军行动一节,正另电达矣。顾维钧叩。删戍。

《民国档案》1985 年第 1、2 期

顾维钧、罗文幹、刘哲致张学良电稿
1931 年 10 月 15 日

急。北平。张副司令勋鉴:宇密。施代表报告国联意见:一、激美加入国联。二、锦县华兵勿令赴沈冲突。三、由国联派员监视退兵。各情已由外部径电钧处。山海关日兵事,外部已得英、意、法同意,暗行监视。美正在接谈中。英已电该使馆武官矣。敬闻。维钧、文幹、哲。删戍。

《民国档案》1985 年第 1、2 期

顾维钧致张学良电稿
1931 年 10 月 16 日

限即刻到。北平。张副司令汉卿兄勋鉴:顾密。令晨 7 时,蒋主席在陵园约谈要点:(一)对日拟根据弟之草案以东亚和平为基础,提出大纲若干条。(二)谓阅敬舆兄昨呈兄处拍来各电,悉兄焦急万分,希望速了。惟日本军部对人问题态度坚决。外务省为迁就军部计,亦已同意。观日政府对于我方责成吾兄派遣代表接收一节,置之不理,反要求另派负责代表,其意显然。中央亦愿速了,但操之过急,徒使日方气焰益高,转增我对外对内之困难。不如从容应付,俾可设法疏解或加派接收人员。嘱弟电陈吾兄,以纾锦虑。弟谓兄意对日始终与政府一致,惟此事关系我国甚大,恐不能全恃国联,亟望政府速定具体方针与步骤,庶不至拖延愈久,收拾愈难。(三)撤兵后,如能得国联或第三国之代表加入为公证人,亦可开始交涉云。谈毕,弟参加特别会议。到戴、宋、于、邵、孔、朱、颜①、李诸人,讨论蒋、戴与弟三人提案内容,结果拟将三案并为二案。下午由戴、颜及弟修正文字后,电达施代表。谨先奉闻。弟顾维钧叩。谏巳。

《民国档案》1985 年第 1、2 期

顾维钧、罗文幹、刘哲致张学良电稿
1931 年 10 月 16 日

即刻到。北平。张副司令勋鉴:宇密。咸戌电奉悉。连日与蒋主席晤谈。已详前电。现美国加入国联,声势愈觉良好。本日外委对日无重要讨论,拟在国联提出多方基本大纲一节,尚在起草中,俟得再陈。维钧、文幹、哲。铣未。

《民国档案》1985 年第 1、2 期

顾维钧致张学良电稿
1931 年 10 月 16 日

限即刻到。北京。张副司令汉卿兄勋鉴:顾密。本日已电计达。下午续与戴、颜商议对案。根据今晨蒋、孔提议,于寒电案后加一段。文曰:为中国与各国共同利益,竭诚希望日本提出大纲,以确能遵照国际公法与国际公约之规定,尊重中国主权与独立暨领土与行政之完整,便利门户开放与机会均等主义之实施,消除两国人民间良好感情之障碍,而促进东亚永久和平者为限。5 时,蒋复召弟与戴、颜、宋、李及国联代表商议。适得施代表电,删日应白主席②召谈话。白问:中国愿否俟日军开始诚实顺序撤退时开始与日交涉? 施答,兵未撤尽及责任问

---

① 朱指朱培德,颜指颜惠庆,时均为特种外交委员会委员。
② 即白里安。

题未讨论以前不能谈判,如撤尽后开谈判,以理事会之参加为条件。白谓:撤兵并非以交涉之成功为条件,中国将来对日提案允否,尽可自由。施允请示。经众讨论后,多数仍主张以先撤兵为最底限度之条件,电施坚持。并询白以直接交涉之意义与范围及撤兵顺序与保障。至必要时,提议设立国际调解委员会,解决中日间一切问题。如白询我具体问题,乃将上述所加末段四项原则提出。对于日本所提协定问题,暂置不答。又:接施使电报告,确悉日本已将大纲五点密告法主席:(一)彼此不事侵略。(二)彼此制止国内敌视行动。(三)日本尊重中国领土之完整。(四)中国确实保护在满(州)〔洲〕各处居住或经营事业之日侨。(五)在满之中日铁路避免竞争与根据条约之各项路权问题之提议,投票反对。日美间感情不免大受影响。美国是否仍愿加入,颇堪注意。弟顾维钧叩。谏戌。

顾维钧、罗文幹、刘哲致张学良电稿
1931 年 10 月 17 日

限即刻到,北平。张副司令勋鉴:宇密。铣西、谏亥电均奉悉。密送一层,在目前情况之下,恐滋误会。交涉地点,本日已在外委会提出,均赞成。至第三点旁听,容付会讨论。昨晚训令施代表及芳泽提交白主席大纲五条要点,均已详维均谏电。理事会美代表已列席,除芳泽外,均致词欢迎。本日外委经长时间讨论,决定以下各预备方案:一、由国联监视之下,日兵退出占领区域。二、中日将来一切交涉必须〔在〕国联照拂之下进行。三、交涉地点在日内瓦或欧美各地。四、将来中日交涉,必须在国际公约原则下进行。甲、尊重中国领土行政之完整。乙、门户开放机会均等。丙、为维持东亚和平计,不惜用武力行使国策。五、日本必须负此次出兵责任。六、无论日本提出任何条件,中国皆须保留有修正及另自提案之权。此案俟明日再与蒋主席商订后,即拍给施、蒋两使。外委意见亦深以勿失国际同情为紧要关键,决不至错过机会至无办法也。请释念。维钧、文幹、哲。筱酉。

王树翰致刘哲电稿

1931 年 10 月 17 日

限即刻到。南京。励志社。刘敬宇兄鉴：宇密。铣申电敬悉。对人问题，日军官在辽、在东京公然表示，外交上未提出交涉。进行应趁国联空气良好，日方稍有转机，速即迎头办去。若再失机会，后悔无既。万不可专候宁粤携手再定主张。请兄与少〔川〕、钧〔任〕两兄切实督促。弟树翰①。筱酉。

顾维钧致张学良电稿

1931 年 10 月 19 日

限即刻到。北平。张副司令汉卿兄勋鉴：顾密。筱亥电敬悉。顷见蒋主席，告以兄闻政府对国联处理东事已定具体方针，积极进行，甚慰。至日本军部对人问题，兄忠诚报国，自有本末，不久将有表示。蒋谓兄之困难，素所深悉。此时万勿可生此②，而使政府为难。如因谦逊为怀，亦宜俟日军完全撤退后稍为表示。届时政府自易措词，弟又将日方要求之负责代表照尊电意旨密陈。将谓恐是包含两种意义，此层不妨从长商酌，再行决定办法云。再：蒋主席因恐国联方面见日本态度坚决，意欲迁就，特于下午召见英、法、美、德四公使谈话。关于中立国人员监视撤兵一节，请彼分电各本国驻国联代表一致援助，同时将此意电

---

① 王树翰，字维宙，时任张学良秘书长兼特使。
② 指张学良以受粤方指责和来自日本压力而向南京国民政府提出辞职事。参见 1931 年 10 月 20 日张学良致顾维钧、刘哲电。

达意、西等公使。并闻。弟顾维钧叩。效西一。

《民国档案》1985 年第 1、2 期

顾维钧、罗文幹、刘哲致张学良电稿

1931 年 10 月 19 日

限即刻到。北平。张副司令汉卿兄勋鉴:顾密。巧戌电敬悉。今晨外委未开会,惟接施使电,国联对东事似急欲了结。一面 13 国代表议决,依据非战公约,电请中日两方政府对该约第二项之规定郑重注意。英、法二使照会,今日外部已收到。一面积极与中、日代表磋商解决办法。最近国联提议限日军于三星期内撤尽,二星期后中日两方即开始商议接收办法。至实行接收时,由中立国人员到场监视。正式谈判于日军大部分撤退时开始。此系施使间接所得消息。弟顾维钧、罗文幹、刘哲叩。效西二。

《民国档案》1985 年第 1、2 期

顾维钧致学良电稿

1931 年 10 月 19 日

限即刻到。北平。张副司令汉卿兄勋鉴:顾密。今晨与蒋、戴、宋、颜商议对案,以国联形(式)〔势〕急转,决定先将下列三款办法电达施使提出。甲、关于撤兵者:一、日军限 10 日内撤尽。二、日军撤退、商计接收办法及实行接收三事,均由中立国人员监视。三、接收办法以有关交接手续者为限。乙、关于我方对案大纲五款:大致(一)两国间任何问题不得以武力解决。(二)日本尊重中国在东三省实行门户开放或机会均等之原则,促进东三省经济上之发展,日本不得加任何阻碍。(四)中日共同考查两国间之关系,并以条约实行改善之,俾与上述各原则相符合。(五)遇有在国联翼赞之下谈判不能解决之问题,应查明国联照约及其他国际公约,采用其他平和方法处理之。丙、关于日本拟提之案,表示下开意见:原案第一款代以对案第一大纲第二款,改为研

究两国内仇视行动之根本原因,以便设法消除之。第三款代以对案第二大纲第四款,改为在东三省之日本人民,如同中国他处者,中国一律切实保护。第五款所有具体问题,考其历史与性质,分别依照对案第四第五大纲办法解决之。各案全文由外部另达。弟顾维钧叩。效亥。

《民国档案》1985 年第 1、2 期

顾维钧、刘哲致张学良电稿
1931 年 10 月 20 日

　　限即刻到。北平。张副司令勋鉴:宇密。本日外委会因委员多半赴沪,出席者仅 10 人。施代表电告国联预定皓日开正式会议,令中日两国各自陈说意见,以便取决办法。嗣因日本表示让步意思,因之将皓日之会议取消。又:外交部接到五国照会,提出非战公约。拟即日答复。余俟续陈。顾维钧、刘哲。号巳。

《民国档案》1985 年第 1、2 期

张学良致顾维钧、刘哲电
1931 年 10 月 20 日

　　励志社。转顾少川兄、刘敬舆兄勋鉴:少川兄效酉电、敬舆兄皓巳、皓未两电均已奉悉。宇密。提行政院之第五项能容再行修正固佳,如已发出,可否电施使相机运用,是为至盼。辞电发后,已奉总座①复电,切嘱不可发表。惟有勉守秘密而已。此事吴、李皆有电来,吴电并代宋致意,已分别致复。情报电,添戴一节,即当照办。特复。弟张学良。号酉。秘。印。

《民国档案》1985 年第 1、2 期

---

① 指蒋介石。

张学良致顾维钧、罗文幹、刘哲电

1931 年 10 月 20 日

励志社。顾少川、罗钧任、刘敬舆兄勋鉴:宇密。效酉、号巳电均悉。国联议决办法,直接消息到宁时,盼照速见示。弟张学良。号戌。秘。印。

《民国档案》1985 年第 1、2 期

顾维钧、刘哲致张学良电稿

1931 年 10 月 21 日

限即刻到。北平。张副司令勋鉴:宇密。号酉、号戌电均奉悉。政府对案,将原拟第五点移于起首总括段内,已详弟维钧效亥电。施使当可相机运用。国联议决办法到宁时,自必速为电陈。本日外委会讨论修正答复列国提出非战公约文稿。并接日内瓦消息:白里安与施、芳会商情形,中国仍拒绝直接交涉,日本亦拒绝确定撤兵日期,其余各点双方较为调和,行政院希望日军能定期撤退,中国有保护日侨之保证,经行政院授权于白里安尽力调处,俟星期五公开会议后行政院可望闭幕等语。敬陈。顾维钧、刘哲。个巳。

《民国档案》1985 年第 1、2 期

顾维钧致张学良电稿

1931 年 10 月 21 日

限即刻到。北平。张副司令勋鉴:号酉电敬悉。顾密。沪租界日人纱厂工人闹事,日兵登陆。此间迭接张市长[①]电,报告向日领抗议及与沪领团及公共租界工部局商议补救办法,情形颇详。闻工部局已调西籍警察维持治安,阻止冲突。英使昨已飞沪,容俟回宁后往晤。弟顾

---

① 张群时任上海特别市市长。

维钧叩。马午。

顾维钧致张学良电稿
1931 年 10 月 21 日

限即刻到。北平。张副司令勋鉴：极密。19 日施代表见法白里安、英李丁及某国代表，续商解决办法。各代表意：日军须完全撤退与中立人员监视撤兵二点双方同意后，即由中日两国开始商订接收办法。至限期撤尽与理事会俟至日兵撤尽后闭会二节，似尚能与我共同主张。其他若中立人员参加于接收办法之商订及撤兵后两国悬案之谈判二层，英、法及其他代表均示难意，并言日方坚持反对第三者之参加谈判。现日本态度稍见缓和，勿宜遇事要求，致令彼态度转变强硬。某代表劝中国声明：一俟日兵由中立人员证实业已撤尽后，愿即开始交涉。如虑届时日方要挟，仍可根据盟约回诉于国联。若拒绝撤兵后之谈判，此非合理之态度，亦不能为世界舆论所谅解云。综核情形，现在症结全在第三者之参加商订接收办法与谈判悬案及开始谈判之时期等三点。至要求设立调委员会处理中日间一切问题，尊见与弟不谋而合。当时曾详述意见，未邀多数赞同。现在理事会英代表亦谓万难见纳。察施使与各代表谈话语气，吾方似已不坚持矣。弟顾维钧叩。马未。

顾维钧致张学良电稿
1931 年 10 月 21 日

限即刻到。北平。张副司令勋鉴：顾密。英使今午回宁，弟即往晤，代致吾兄感忱。谈及榆关情形，据云原拟派舰赴秦岛，因目前兵舰不敷调遣，暂从缓派。但如有事，12 小时内定可能驰到。又：沪事请伊注意设法。据云：18 日之日纱厂前工人闹事，几酿成巨变。现在人心仍浮动，随时可出事，实堪忧虑。若工部局为维持治安计，迫不得已施用武力,则日陆战队必乘隙泄愤,结果英国被牵入旋涡,徒使对东事不能助华。现已会同美使分饬驻沪领事,(遏)〔竭〕力设法消弭。一面已请中国政府速令上海当局,劝导学生勿再鼓惑工人肇事,以堕日计。并云:抗日会在租界内拘人扣货,施刑处罚,不成事体。不特令日有所借口,即工部局亦难坐视。告以昨日外委会已决定电令张市长迅速取缔,免酿事端矣。彼称慰。知注附陈。弟顾维钧叩。马戌。

《民国档案》1985 年第 1、2 期

顾维钧、刘哲致张学良电稿

1931 年 10 月 22 日

限即刻到。北平。张副司令勋鉴:宇密。维宙养子电敬悉。白里安现尽调停能事,行政院闭会尚无确期。观察形势,总须俟此事有结果后,方能闭会。本日外委会仅修正答复美国非战公约照会文字及讨论沪上抗日会种种越轨行动,已由中央党部训令制止。敬陈。顾维钧、刘哲。养午。

《民国档案》1985 年第 1、2 期

顾维钧致张学良电稿

1931 年 10 月 22 日

限即刻到。北平。张副司令勋鉴:顾密。今日国联形势急转直下。英、法态度转弱。关于最后悬案日本撤兵日期及中立国人员监视二点,均未提及。英外相拟即回国,法白里安因事亦须归去,希望此案于日内速结。现在极力磋商办法。详情容再续。弟顾维钧叩。养酉。

《民国档案》1985 年第 1、2 期

顾维钧致张学良电稿

1931 年 10 月 22 日

限即刻到。北平。张副司令勋鉴:顾密。养酉电计达。国联拟开大会后即闭会。俟 11 月 12 日再开。顷与戴、宋、颜商议结果,急电施代表如下:(一)撤兵期限仍属要着,如实不能办到,可承受五大国之担保日军于下届开会前撤尽。惟下届开会日期,应以十日为限。(二)即日在日内瓦与日代表商订接收办法,结果报告理事会主席,务期于开会前商定。如以时日匆促,可在中国商订。惟无论在何处所议,须以直接关系接收手续者为限,不得涉及其他问题。(三)以上两项让步,附有条件,即商订接收办法与撤兵后交涉悬案,均须有中立国人员参加。正发电时,又接来电,谓理事会定今日下午开大会,即将草案提出,请中日代表承受。故施急盼训示。此间以事关重大,为时太促,当先电复,告以至早须于明午方能发出训电。谨先闻。弟顾维钧叩。养亥。

《民国档案》1985 年第 1、2 期

顾维钧、刘哲致张学良电稿
1931 年 10 月 23 日

万急。限即刻到。北平。张副司令勋鉴:宇密。本日外委会鉴于昨夜日内瓦消息险恶,议决速电沪上粤方代表即日来京,与议大计。正研究对策间,适施代表电到,谓国联所预备之议决案,比较昨日所得消息尚好。另:由日内瓦通信社电寄本日之议决草案,大旨如下:依 9 月 30 日决议案,援用国际公约 11 条及非战公约第 2 条之条文,请日本撤退铁道以外之军队。于下次理事会开会前完成之,请中国政府对于在满日侨,拟定保护生命财产安全之办法切实施行。行政院希望中日两方即行商议接收办法。并请中国政府邀中立国人员,随同接收军队视察实行接收事宜,一俟撤兵告竣,中日即开始直接谈判一切悬案(其自 9 月 18 日以来发生之问题及铁路问题,均包括在内)。行政院设立调解委员会或类似调解会性质之会等语。此项草案,须本日下午 5 时始能决定。有无临时变更,似难逆料。惟闻芳泽尚演说:撤兵不能有一定期限,要求给予考虑时间,均被拒绝等情。此间外委会立时通过,即训令施代表,准其接受议案。但于调解委员会一层,日方如坚持反对,我可主张改为在国联翼赞之下。遂由戴、颜及弟维钧赴宋子文宅,起训令草稿,约午间可拍出。顾维钧、刘哲。漾午。

《民国档案》1985 年第 1、2 期

顾维钧、刘哲致张学良电稿
1931 年 10 月 23 日

万急。限即刻到。北平。张副司令勋鉴:宇密。漾午电甫发,即接日内瓦消息:行政院之议决草案,芳泽宣言绝对不能承受。已预备另提对案五项:一、中日直接商议讨论原则,关于满铁条约上权利。二、讨论退兵办法。三、东三省之民政及商务机关详细办法。四、分五期退兵办法。五、将来东三省中日之关系开始直接交涉。以上五项,闻芳泽拟于五钟开会以前,先送交白里安。届时变化如何,尚未可抱乐观也。顾维钧、刘哲。漾申。

《民国档案》1985 年第 1、2 期

顾维钧致张学良电稿
1931 年 10 月 23 日

限即刻到。张副司令勋鉴:顾密。养酉、梗未电敬悉。顷与敬舆兄会衔报告外委开会情形电计达。弟与宋、颜本外委决议意旨,拟就致施使训电,即时发出。大致:(一)国联新草案大体认为圆满,可声明承受。(二)于声明承受时表示:甲、中国信日本于下届理事会开会前能将日军完全撤尽。乙、所云商订接收办法,改为以手续问题为限。丙、希望日本政府亦邀请中立国人员随同日军参观撤退。丁、承认撤兵后直接交涉与设立调解委员会两事,认为有连带关系。戊、国联努力主持和平与公道,中国甚为感谢。(三)如日本反对调解委员会,则提议邀中立国人员参加交涉。再:闻 21 日国联态度变弱,系英外相在长途电话中误解美国务卿之言所致。当晚由美代表声明更正后,遂对日仍示坚决,而提出新草案矣。芳泽 21 晚反对国联第一案。22 晨接新草案后,坚请白里安勿在下午大会宣布,并声明愿将第一案考虑,白未允。而今晨日本态度转变强硬,拟另提严重条款五项,已详会衔电。谨并闻。弟顾维钧叩。漾西。

《民国档案》1985 年第 1、2 期

顾维钧、刘哲致张学良电稿
1931 年 10 月 24 日

限即刻到。北平。张副司令勋鉴:顾密。今晨开会,戴会长报告日内瓦消息,理事会漾日下午开会,芳泽声明不能承受议决案,对下届开会前撤尽日军尤不能赞成,并提对案要点:一、中日两国立刻商订于最安全状况之撤兵办法。二、直接讨论交接详细办法。三、两国可以商订之办法及接收情形报告理事会,而主席可斟酌情形随时集会。施代表声明承受议决案,拒绝芳泽所提对案,并谓:退兵后可开始交涉一切,中国愿邀中立国代表参观接收,所称撤退,应将日方军队、宪兵及警察包括在内,希望与日本合作,建设和平。英代表谓:轰炸城镇不合公法。询芳泽:日军出此,究何用意? 交涉何以须于撤兵前开始? 日政府愿否邀中立国代表观察撤兵? 芳泽对此层不〔对〕〔答〕,仅谓日军行动出自保侨之意。白谓撤兵日期不能由日自定,望中国善意接收,直接交涉不能持之太急。议决:依照盟约 11 条,须一致通过。定 24 晨再开会。戴又报告,接沪电:粤代表意,此次北上,专为讨论和平统一,如能办到,实有裨外交。故仍拟致力于此,暂不能赴宁。至对外问题,盼宁方随时将材料与议决办法告彼,以便贡献意见。旋请邵院长[①]报告在沪经过。据云:曾先向粤代表提议合组外交委员会,由双方加入,一致对外,尚未确定办法,须在沪续商云。嗣讨论东京消息,即日方所提修正各款金以所关甚大,应俟施代表正式电告院长商议。一面先电施代表注意。弟

---

① 邵元冲,时以南京国民政府立法院副院长代理院长职务。

顾维钧、刘哲叩。敬戌。

顾维钧、刘哲致张学良电稿

1931 年 10 月 25 日

限即刻到。北平。张副司令勋鉴：宇密。敬戌电奉悉。本日外委会接日内瓦消息：日本对案，经 13 票否决。议决案，日本 1 票对于 13 票未能同意。行政闭会至 11 月 16 日再行召集开会。在此闭会期间，日军之不能撤退，可以断言。外委同人研究至再，有以为应在议案第四条乙项上，由我自动完成我方责任者，并令施代表随时与白里安商洽，设法催促日方变更态度。昨电沪粤代表来京与议外交问题，刻接回电，仍不能前来。并陈。顾维钧、刘哲。径未。

顾维钧致张学良电稿

1931 年 10 月 25 日

限即刻到。北平。张副司令勋鉴：顾密。国联结果，道德上固属胜利，实际成为僵局，未免令吾进退维谷，夜长梦多，殊堪忧虑。惟闻美国将发宣言赞成国联决议案。而芳泽会后宣谓：11 月 16 日以前必有圆满解决。现在我方第一步，只有请各列强分头劝告东京开始自动撤兵，以便转圜。顷宋邀弟与邵、孔、颜、李诸人商议办法，决定先发宣言，大致谓：中国希望早日实行国联议决案，盼国联继续努力，使此目的完全达到。并信日本尊重世界公意，于 11 月 16 日前将军队撤尽，俾其他问题，可循序进行，而平常邦交，得渐恢复，东亚和平，赖以巩固。一面劝告人民仍持镇静；严守法律范围云云。以留与日接洽余地。弟顾维钧叩。有亥。

顾维钧、刘哲致张学良电稿

1931 年 10 月 27 日

限即刻到。北平。张副司令勋鉴:今晨外委会开会通过致谢理事会各代表电文,因外长缺席①,拟由蒋主席以行政院长名义发出。一面并电蒋使根据议决案第五项,催日政府派员商订撤兵与接收事宜。嗣李委员石曾提议,中国与各国经济上合作问题,应如何拟具实施办法与各国接洽,以作吾国外交方针之基础。经讨论后,戴会长指定李、宋、孔三人与经济委员会共同筹议进行办法。弟顾维钧、刘哲叩。感未。

《民国档案》1985 年第 1、2 期

顾维钧、刘哲致张学良电稿

1931 年 10 月 27 日

限即刻到。北平。张副司令勋鉴:顾密。福特机已到,本拟 28 晨回平,因蒋主席坚留,恐有话托转陈,现改 29 日北旋。弟顾维钧、刘哲。感戌。

《民国档案》1985 年第 1、2 期

顾维钧、刘哲致张学良电稿

1931 年 10 月 28 日

限即刻到。北平。张副司令勋鉴:宇密。本日外委会讨论,假定日本提议商议基本大纲照会到时,我方答复不离开国联议决案立言。但须词意和平,使日本有一条路走。又:日本发表声明书,全文五段,第四段内列载基本大纲。外委会主张我方亦应有是项声明,推举颜公使②及弟维钧到宋子文宅起草。又:昨日外部已电令蒋使照会日政府,彼此磋商撤兵细目。一二日内,日方想有复文也。顾维钧、刘哲。勘午。

《民国档案》1985 年第 1、2 期

---

① 南京国民政府于 1931 年 10 月 3 日任施肇基为外交部长,时施尚在日内瓦。
② 指颜惠庆。

顾维钧、刘哲致张学良电稿

1931 年 10 月 28 日

限即刻到。北平。张副司令勋鉴：顾密。顷奉蒋主席面告，兄定29 日来京，并嘱弟等暂留，如兄需福特机，请电示，俾饬机赶回应用。弟顾维钧、刘哲叩。俭戌。

《民国档案》1985 年第 1、2 期

顾维钧致张学良电稿

1931 年 10 月 28 日

特急。北平。张副司令勋鉴：顾密。上午偕颜与宋商议宣言书事。以大会未定具体方针，无从着手起草。弟细阅日政府声明书末段措词，日方似已稍让步，将基本大纲与撤兵接收事宜并为一谈，准备与吾国开议，如果日本诚意转圜，不难就其提议谋一无损双方体面而有利吾国主张途径，以辟僵局。顷蒋主席邀谈，曾将此意具体说明，蒋主席亦深以速觅两全之途径为然。闻兄将莅临，诸容面陈。弟顾维钧叩。俭亥。

《民国档案》1985 年第 1、2 期

顾维钧致张学良电稿

1931 年 11 月 2 日

东二电计邀鉴：密。今午蒋主席招宴饭后续谈。戴、李、于、吴诸委员在座。政府方针大致：日军未撤尽以前，不与日方作任何接洽，即将来撤兵后如何开议，手续问题亦不拟先表示。另用间接方法催促（出）〔撤〕兵。下午来沪与宋部长详谈，亦谓所定两星期不久将届满。因种种关系，对日以持镇静态度为宜云。弟明晨返宁，应蒋召，再谈一席后，即返平。谨先撮要电闻。详容面陈。弟钧叩。冬戌。

《民国档案》1985 年第 1、2 期

宋子文致张学良电稿

1931 年 11 月 8 日

　　万急。北平。张副司令请转顾少川兄[①]：○密。尊电奉悉。本日接日内瓦要友电，美国已秘密通知国联，绝对赞成国联 9 月 30 日议决案，并愿与国联用任何方式合作，以达目的。并告国联，美国已派代表赴东省参观日军撤退情形，且允将该（合）〔代〕表之报告，随时电告国联等语。现在情况，此案国联当可采取强硬态度，必不致如从前之畏首畏尾。请兄即将此项情形详告汉卿兄，惟不可宣布耳。子文叩。齐卯。

《民国档案》1985 年第 1、2 期

顾维钧致张学良电稿

1931 年 11 月 11 日

　　北平。张副司令勋鉴：顾密。今晨 8 点 25 分就道，因南中天雨，至下午两点半抵京。4 点外委会开会，邀往列席，多系报告事项。至天津事件，中央对日拟提抗议，俟接到尊处将此次捕获人犯讯得确实口供电告后，即拟抗议书。再：吉林方面，熙洽[②]擅派交涉代表一层，会中讨论佥谓：应由外部声明，除政府正式所派交涉人员外，概行否认。又：今晨英使面告昨夜与矢野代办接谈，据矢野称：中国态度无理强硬，如不缓和，中日间无法接近。特示意英使至京后，劝告中国政府改变态度，并讽英使嗣后不必奖励中国云云。英使答：为双方利益计，愿中日各趋和缓，彼以第三者地位，苟于事有益，当竭力斡旋云云。特电奉闻。弟顾维钧叩。真亥。

《民国档案》1985 年第 1、2 期

---

①　此时顾维钧在北平。
②　时为日方操纵下的伪吉林省省长。

顾维钧致张学良电稿

1931 年 11 月 12 日

限即刻到。北平。张副司令汉卿兄勋鉴：顾密。下午晤子文兄,面交尊函,并告以吾兄近来困难情形,请其赶紧设法。渠颇表同情。并云:近因公债无从再发,中央财政亦感艰窘,现拟商由银行垫现,以资接济,故新组之财政委员会定 15 日开会,与银行代表等商议每月所需最低数目,如能成议,当可垫款。届时兄处所需,渠必竭力拨助。又谓:该会兄亦系委员,务盼派代表列席,共策进行。顷弟见蒋主席,又遵嘱面陈一切,蒋公当与子文部长切商,务必于日内先汇若干接济,以解难关云。知注特闻。弟顾维钧叩。文酉。

《民国档案》1985 年第 1、2 期

顾维钧致张学良电稿

1931 年 11 月 13 日

限即刻到。北平。张副司令汉卿兄勋鉴：顾密。关于天津组织国际团体巡逻 300 米突地段一事,今日弟在主席处约同英、美、法三使会谈。各使以此项组织易起日方疑虑,且恐因此卷入旋涡,是以表示未能赞同。各使并云此事关系军事当局,必须得其同意,一面并当请示政府,但恐未必邀准。最后各使均允急电驻津各领,设法尽量帮助。特先电闻,详情续陈。弟顾维钧叩。元酉。

《民国档案》1985 年第 1、2 期

顾维钧致张学良电稿

1931 年 11 月 13 日

限即刻到。北平。张副司令汉卿兄勋鉴：〇密。本日子文兄与弟同发一电文,弟元酉一电计均达览。本日以天津、黑龙江形势严重,主席邀戴、宋与弟约同英、美、法三使会谈。主席云:天津租界林立,各国商务关系甚巨,假使形势益趋严重,各国必受不利影响。应请各使急电驻津各领,就近调查真相,俾明责任所在。且中国沿海、沿江商埠甚多,假使日方专事利诱不良分子,照天津办法到处骚扰,后患何堪设想?是以各国为保护商务利益计,在此情形之下,似应赶紧设法,帮同中国阻止日方此种举动等语。各使均允电告各本国政府,并急电津领调查真相,随时报告。美使表示尤较切实。惟各使对于组织国际巡逻团体之提议,未能赞同。但允急电津领,对我尽量帮助。至关于黑省情形,主席并嘱各使,将该处日军逼迫详情,迅速电告各本国政府,转达国联,以明真相,俾行政院 16 日开会时,可以根据事实为公允之处置等语。并请电告本国政府,立即设法阻止日军前进,各使均允照办。惟法使提及,希望黑省我军不取攻势。主席答:马①自谓能取自卫办法,并未先攻。再:本日下午外委会开会,将复日本公使之照会,通过其要点,业经电陈,明晨可发出。并闻。弟顾维钧叩。元戌。

顾维钧致张学良电稿

1931 年 11 月 16 日

限即刻到。北平。张副司令勋鉴:顾密。顷间法使来访,渠以此届国联开会,当有解决办法。如国联主张一面撤兵,一面中日开始谈判,由各国代表参加旁听,中国看法如何?弟告以政府对撤兵一层十分重视,否则不免仍有威胁之嫌,至各国代表参加旁听,实属需要。渠又称:如日本先将东北交付所成立之新政权,再由中国向东北新政权自行收回,或系一种办法。弟答以此种办法,直与不交还无异。盖所谓东北新政权,即系日本方面挟持操纵而成立者。日本果有此意,足欲愚弄世界各国,深望注意。渠又谓:日本所坚持之尊重条约,或将要求履行民四条约,中国方面态度如何?弟答以《二十一条》之约,订于武力胁迫之下,举国痛心,至今不忘,此为十余年来国民一致所力争者。如再提出,

---

① 马占山,时任黑龙江省主席兼东北边防军驻黑龙江副司令。

恐将使东北问题益难解决。再:外间所传日美间之密牒,恐与将来国联
解决东北问题有密切关系。现设法探听,得后再闻。至天津方面,原定
在 300 米突内双方肃清暴徒办法,闻又中止。究属何因? 并祈密示。
弟顾维钧叩。铣申。

《民国档案》1985 年第 1、2 期

顾维钧、刘哲致张学良电稿
1931 年 11 月 16 日

　　急。北平。张副司令勋鉴:顾密。本日外委会讨论,对于废帝复辟
事,拟具对外宣言。大致云:凡在日军暴力支配下之东北各地,无论任
何非法组织、破坏中国行政之完整者,中国政府及人民概不承认,日应
负全责。又:据施代表报告与美国道斯接谈情形。道斯表示,以公平方
法解决时局。又:据驻美严代办①报告,美国照会日本,坚持军事政策,
实违背九国公约及非战公约。日本答复,此次并非要求中国普通尊重
条约宣言等语。敬闻。顾维钧、刘哲。铣戌。

《民国档案》1985 年第 1、2 期

顾维钧、罗文幹、刘哲致张学良电稿
1931 年 11 月 17 日

　　急。北平。张副司令勋鉴:顾密。本日外委会尚未接施代表来电。
仅接新闻电报云:国联开会仅 20 分钟。白里安演说,请各国代表注意
维护国联之责任,休会后,即由非正式接洽。俟星期二继续开会。敬
闻。弟顾维钧、罗文幹、刘哲。筱未。

《民国档案》1985 年第 1、2 期

---

① 中国驻美大使馆临时代办严鹤龄。

顾维钧、刘哲致张学良电稿

1931 年 11 月 18 日

急。北平。张副司令勋鉴:筱酉、筱戌电均奉悉。顾密。各国不能以实力制止日本,是极显明之事,俟见前途时提及。至废帝赴沈一节,已由外部拟具宣言通告各国矣。应否通缉及我国可否再提原则,俟明日提会讨论。本日外委会接施代表电告伊与英外长西门谈话情形。西门提出四点:(一)向日本庄重声明,中国尊重满洲之条约义务。(二)照会列强及美国,重述第一点。(三)中日间同意指派一铁路专门委员会,主席由国联指派,由中日委员人数相等组织之。其目的在欲达到一满洲铁路营业之协定,防止不良竞争,以力求得一如同一系统之营业协定。(四)在保证第一、第二点并签订第三点后,即实行撤兵等语。虽系私人谈话,亦可略窥一斑。敬闻。弟顾维钧、刘哲。巧未。

《民国档案》1985 年第 1、2 期

顾维钧致张学良电稿

1931 年 11 月 19 日

限即刻到。北平。张副司令勋鉴:密。外委会小组开会,蒋亦出席。对施使报告英外相所提四条请示办法之电,推弟起草答复。拟就下开六点,经讨论一致通过,即电施使:(一)中日互向行政院及美国声明,尊重国际条约原则。(二)关于条约之任何问题或争执,应提交行政院或中日合组之和解委员会。(三)对于西门所提出之第三点,关于行政院派代表及国联协助之建议,主张接受,惟末段修改为"以谋共同利益"。(四)对于撤兵问题,应规定完成日期及一定期间内之各种步骤。(五)中立代表协助各地之撤兵及接收。(六)中日间一切商议,最好在中立地点。特闻。弟顾维钧叩。效丑。

《民国档案》1985 年第 1、2 期

顾维钧、罗文幹、刘哲致张学良电稿
1931 年 11 月 19 日

急。北平。张副司令勋鉴:巧亥电敬悉。今晨外会报告施使来电,大致前两日英、美代表所称各节已有变动。现在另筹办法,以促进和平利益为根据。撇开法律,注意经济,使双方均能接受云云。又:日使对天津事复照大致称:(一)肇事责任,日方不能承认。(二)保安队与军队无区别。(三)不承认我方所称"必要时任军队驻扎亦无碍"之语。(四)保留此事将来之交涉。再:会中讨论,日内国联方面适当吃紧关头,决定积极工作,期得有利之解决办法。续得确息,再行奉达。顾维钧、罗文幹、刘哲。效未。

《民国档案》1985 年第 1、2 期

顾维钧、罗文幹、刘哲致张学良电稿
1931 年 11 月 20 日

急。北平。张副司令勋鉴:顾密。本日外委会接施使电,18 日国联密会,请施解释尊重条约意义。施云:条约效力问题,中国愿付公断,或法律解决。但日本所称条约倘包括二十一条;则中国不能以承认条约为撤兵代价。何况条约效力问题,与保障日人安全,纯属两事,原难混为一谈。施使又云:如国联无办法,拟提盟约十五、十六两条。白里安旋询中国愿将条约付公断或其他法律解决,是否概括各种条约言?施答以在国联盟约范围内者为限。外委会以法律家看法,二十一条条约效力问题,倘付法律解决,我方恐未必得直。施使所答一点,虽已没有限制,仍恐未能将吾国立场切实保障,已电请施使注意。再:本日外委会讨论拟复日本照会文稿。又:为日军侵占江省事提出抗议,即日发出。敬闻。弟顾维钧、罗文幹、刘哲叩。号酉。

《民国档案》1985 年第 1、2 期

顾维钧致张学良电稿

1931 年 11 月 20 日

急。北平。张副司令勋鉴:顾密。本日外委开会,戴委员长根据四全大会密会关于政府对日交涉议决案之草案,讨论文字。其要旨:(一)赞同既往政策。(二)授权政府斟酌情形,采取积极办法。此外,电施使以齐齐哈尔失守,政府机关迭被破坏,议决请蒋总司令即日北上。但为竭力避免造成非常状态起见,应请国联从速将 9、10 月各决议案成为事实,并派视察团前往齐齐哈尔。昨晚并由子文兄约同英、美、法三使会谈,告以此意,三使颇为所动,惟表示希望不致有此事实发生云。敬闻。弟顾维钧叩。号亥。

《民国档案》1985 年第 1、2 期

顾维钧、罗文幹、刘哲致张学良电稿

1931 年 11 月 21 日

急。北平。张副司令勋鉴:顾密。今晨外会开会,对于施使所拟对策四条,认为于目前严重状态之下已不适用。至日方所提国际代表团前往东省调查一议,如不同时确定撤兵日期,亦难赞成。经讨论后议决即电施使。再:弟钧提议在此紧急严重事态之下,援用盟约第十五条等办法均难见速效,应根据第十条、第十二条、第十三条,认定日本违反盟约,要求国联即日实行第十六条之制裁办法。如国联不允,则我可毅然另谋国际解决途径,以免拖延,益难收拾。惟为表示尊重和平宗旨起见,一面提出最后具体对案,要求赞同作为解决之基础。众皆赞成。特闻。顾维钧、罗文幹、刘哲叩。马酉。

《民国档案》1985 年第 1、2 期

顾维钧致张学良电稿

1931 年 11 月 21 日

急。北平。张副司令勋鉴:密。下午接施使电报,告昨与白里安谈

话。白谓芳泽将于 21 日公开会议,声明日本可不坚持中日于撤兵前直接谈判五项基本原则,惟提议由国联派遣委员团调查中日间各问题。白氏说明理由,大致谓三四月内日本要能撤兵。但议决草案不规定期限,惟责成停止军事行动,任何问题均可提请委员团处理。并谓此为最优办法,如中国再有要求,势要破坏理事会一致之态度,故劝中国同意。施使仅允请示。经弟与戴、宋商议,均以为不能承认。以时机紧迫,即电施使在开会时声明,并保留提出对案之权。现对案已由弟草就另电奉达,明晨外会通过,即可电施使提出。顷英、法二使接政府紧急令,即派二员分往榆关、锦州、昂昂溪、齐齐哈尔四处视察,报告盖恐日方意存不测云。弟顾维钧叩。马亥。

《民国档案》1985 年第 1、2 期

顾维钧、罗文幹、刘哲致张学良电稿
1931 年 11 月 21 日

急。北平。张副司令勋鉴:马戌电奉悉。俟明日外委会将原电呈蒋主席一阅。本日接巴黎来电,谓昨日 4 时半开会,芳泽建议由国联派遣调查委员会至东省调查,并声明俟安全有保障再撤兵。至调查范围,不可限于东三省。但对军事行动,不得有所主张;对于中国、日本直接交涉不能干涉云。本日外委会开会,蒋主席出席,会中讨论甚久,意见颇多。旋议决办法七条:(一)国联即日制止日本军事行动。(二)日本于两星期内完成撤兵。(三)日本撤兵后,中国保障东三省日侨生命及财产之安全。(四)国联与美国共同组织中立国代表团,监视撤兵与接收办法。并调查情形,报告于第七项所规定之国际会议,以供参考。(五)中、日两国,双方重申尊重国际条约之原则,尤以《国联盟约》、《非战公约》、《九国条约》为要。(六)中、日两国在中立国代表参加视察之下,即日开始商订接收详细办法及保障东三省日侨安全办法。(七)中、日间关于东三省一切问题,本保障东亚和平及以国际合作方法,促进东三省经济上的发展,由美国与国联共同召集有关系各国之国际会

议,根据《国联盟约》、《非战公约》及《九国公约》之原则讨论解决之。又:弟钧昨往晤美使,已将我方反提案告之。美使云:即电其政府加以考虑。特闻。顾维钧、罗文幹、刘哲。马未。

顾维钧致张学良电稿
1931 年 11 月 22 日

急。北平。张副司令勋鉴:顾密。我方所拟对案,经弟与戴、宋修正文字,业已电达施使。另拟序言,大致以日本对于盟约禁止擅自作战各条,尤不违背。拟请国联援用第十六条规定,实施制裁。惟中国仍愿竭尽方法以努力于和平解决,是以提出对案,希望接受云云。一面电训施使,告以此项提案,系作为交涉基础,于提出时,尽可审度形势,加以斟酌,以留援用第 16 条余地。并训〔令〕施使,谓此项提案,倘国联不能接受,而仍坚持调查委员会之建议,则应声明:(一)要求日军于最短时期内撤退。(二)请出中国派员监视撤兵,并请国联注意于第十六条规定。此外,并应声明,请求召集国际会议之意思。再:弟晤见美使,据云,渠对于美国与国联共同召集国际会议办法,以有先例可援,尚表同情,惟尚未接美政府复等语。再:锦州方面,日军似有军事动作企图,渠已允照弟昨晚所请,急电北平美馆派武官前往矣。又:美对国际调查委员会之建议,须先知其权限与范围,方能表示态度,惟不反对加入美籍委员。又:驻美日大使告美国务卿,日军步兵二连、炮兵一连已退出齐齐哈尔云。弟顾维钧叩。养亥。

顾维钧、刘哲致罗文幹电稿
1931 年 11 月 22 日

上海静安寺路安乐坊 61 号罗钧任先生:密。奉读 22 日快函,敬佩无似。日本武力侵略至此地步,诚属丧心。而度汉卿兄当时用意,无非因彼出于整齐划一之步骤，而我尚为四分五裂之国家，以一隅而当大敌，实不得不出诸慎重。此种委曲求全之苦心，兄与弟等深知，亦当为粤方诸君所能谅解。兄拟与诸君竭诚一谈，甚属要举，总以消除意气之争，着眼大处为要。除转达汉兄外，特复。弟顾维钧、刘哲叩。养。

《民国档案》1985 年第 1、2 期

顾维钧、刘哲致张学良电稿
1931 年 11 月 23 日

急。北平。张副司令勋鉴：顾密。昨见报载，粤方诸君对于我公有请查办之电。适钧任兄赴沪，顷得钧兄来函，刻正设法与汪、胡、邹、伍①等谈商，务得一顾全我公之办法。钧兄之意，我公今日之地位，正即彼等去年前之地位，彼此皆属朋友，总应留一余地。两星期前，彼等曾拟发通电，声讨我公失地之罪及南下破坏和平之罪，经钧兄打消。岂料离沪数日，彼等复仇之念又发云云。弟等当以日本武力侵掠此地步，诚属丧心。而度我公当时用意虽无因彼出于整齐划一之步骤，而我尚为四分五裂之国家，以一隅而当大敌，实不得不出慎重。此种委曲求全之苦心，当为粤方诸君所能谅解，自应与彼竭诚一谈，总以消除意气之争，着眼大处为要。除复钧兄外，特以奉闻。弟顾维钧、刘哲叩。漾午。

《民国档案》1985 年第 1、2 期

顾维钧致张学良电稿
1931 年 11 月 23 日

北平。张副司令勋鉴：顾密。迭电计达。近日蒋主席及国府诸公，屡以外交一席至关重要，嘱弟暂为庖代，迭经陈明种种理由，坚辞至再。顾终以国难当前，谅难督责，今日即正式发表代理。同时并奉蒋主席召

---

①　汪指汪精卫，胡指胡汉民，邹指邹鲁，伍指伍朝枢。

往重加敦促,蹰(躕)〔躇〕再四,实切悚惶。必不得以,拟声请俟对日事稍有端绪,即卸仔肩,一面仍电促施代表早日回国就任。尊见以为何如？敬祈赐教为盼。弟顾维钧。漾(叩)〔卯〕。

顾维钧、刘哲致张学良密电稿

1931 年 11 月 23 日

限即刻到。北平。张副司令勋鉴:顾密。本日熊天翼兄来访,据称蒋主席已准拟北上征询弟等对外对内各方面意见,弟钧答以对外须分欧美与日本两层看法。欧美一层,在目前情况下,有此一举,必使全世界观听为之一震,未始非促起各国注意,俾得速谋解决之一道。惟日本方面,正在肆意侵略之时,借题发挥,无微不至,若我方有类似军事关系之行动,则彼借口自卫,益必振振有词,在外交上或须更费唇舌。欧美之利于我者,尚未可逆睹,而日本之有所借口,则不可不事先预防。此就外交情势所能推测之影响也。弟哲谓北方治安有我公坐镇布置,已极周妥,主席北上如仅至北平,犹不足餍国人之意。若一至关外,则引起日人反感,比较害多而利少,宜请主席深加考虑。旋于晚间承蒋招入见,即以上项情形面为陈述。弟钧并谓昨晤英使,渠对于北上一层极为注意。据称,为应付激昂之民意起见,固属不能不有此举。然如赴津、榆,则津浦线上后防布置极可顾虑。蒋谓此行仍属重在对内,北上时,拟即驻顺德、石家庄一带,以资据中筹控。弟哲亦谓青岛方面日军随时有出动之可能,东北方面向即着眼在此,应请特加注意。蒋谓:余驻顺、石,即是控制青岛之意。兹已决定由熊天翼兄先行赴平,与我公面商种切,其随行者约六七人,明晚北上,寝晨可到。祈饬照料招待。特以密闻。弟顾维钧、刘哲叩。漾戌。

顾维钧致张学良密电稿
1931 年 11 月 24 日

万急。北平。张副司令勋鉴：○密。英、法、美三国深恐日军有袭攻锦州之意，均已派遣专员前往视察。顷法使请求吾公急电锦州省府当局，将事实尽量供给各该专员，以便随时电达国联，俾明真相。即祈察核办理是荷。弟顾维钧叩。敬卯。

《民国档案》1985 年第 1、2 期

顾维钧、刘哲致张学良密电稿
1931 年 11 月 24 日

急。北平。张副司令勋鉴：密。本日外委会接施代表来电报告：探得预备议决案初稿大致：行政院指派三人之委员会负责就地研究情形报告行政院，中日两国各派一辅佐人员以为代表，如当事国从事谈判，委员团不得干与，对于各方军事行动之监视，不在委员会范围以内。外委会议即刻电令施代表三条：一、行政院须以有效之决议制止日军侵略行动。二、日军须在一定期间内完成撤退。三、撤兵须在中立人员观察之下。如行政院不负担此三条责任，该议决案即不接受等语。敬闻。弟顾维钧、刘哲。敬未。

《民国档案》1985 年第 1、2 期

顾维钧致张学良密电稿
1931 年 11 月 24 日

急。北平。张副司令勋鉴：顾密。弟顷晤见美使，得华盛顿消息：美国务卿司丁生对于国联行政院所拟决议案草案认为优点甚多，如不接受，致不通过，其责任甚大。对于我国对案，认为即从中国方面着想，亦未必与行政院决议案同样有效，且该对案内有数条恐难实行。司丁生以上述各节电告道威斯转达施代表云云。此间鉴于此种紧急情形，业经电知施代表仍照原定步骤进行。再：关于锦州情形，经蒋、戴、宋、颜与弟等商议后,同弟晤美使并约同英、法两使会谈避免冲突之临时办法,我方提议,倘日本坚持要求我军撤退,我军可自锦州退至山海关,但日本须向英、法、美各国声明,担保不向锦州至山海关一段区域进兵并不干涉该区域内中国之行政机关及警察,此项担保须经各该国认为满意。各使均认为善策,允电政府请示。如邀赞同,再正式提议。现在外交形势甚为紧急,一切情形,当再电闻。弟顾维钧叩。敬亥。

《民国档案》1985 年第 1、2 期

顾维钧、刘哲致张学良密电稿

1931 年 11 月 25 日

急。北平。张副司令勋鉴:顾密。近日国联形势恶化,锦州情形又急,日本所云无意进攻,恐不足信。弟意锦州一隅如可保全,则日人尚有所顾忌。否则东省全归掌握,彼于独立运动及建设新政权等阴谋必又猛进,关系东省存亡甚巨。且近日传闻日、俄将有日占北满、俄占新疆之说,如果属实,则东省全失以后,所有边患或将次第引起,患隐无穷,关系全国尤大。是以锦州一带地方,如能获各国援助,以和平方法保存,固属万幸,万一无效,只能运用自国实力以图保守,与今晨外委会讨论众意佥同。顷见蒋主席熟商,亦如此主张。嘱电请兄特加重注,并询近日布置至若何程度,统乞电示为祷。弟顾维钧、刘哲叩。有亥。

《民国档案》1985 年第 1、2 期

张学良致顾维钧密电

1931 年 11 月 25 日

特急。外交部顾部长少川兄勋鉴:○密。顷接大部转蒋公使 24 日电略开:日本外务省当局对于国联行政院 23 日秘密会议所拟提案五项,除第二项外无多异议等语。查文内所谓之提案五项内容如何,请伤查见示为盼。弟张学良。有亥。秘。

《民国档案》1985 年第 1、2 期

张学良致顾维钧等密电
1931 年 11 月 26 日

南京。外交部顾部长少川兄并转钧任兄鉴：〇密。此次国联会议移法举行后，日方派出多数重要人员前赴巴黎，积极肆其联络，我国仅植之①兄一人在彼，樽俎之间，自不免相形见绌。弟意此次会议，我国前途通塞，关系至深，所有一切进行办法，似应同时并顾。亮畴院长为国柱石，望隆中外，扶危定倾之愿，尤不减于吾侪，倘能远劳跋涉，与植之兄左右提携，以各方凤日信仰之切，联络诸事，定必应付裕如，会议结果，后效自伟。两兄对于此事计荷赞同，即请代为切实转恳或向蒋主席陈明，务达目的，至所企祷。骏人兄不日赴美前，自津启程，竟未获晤，远行劳苦，极力芜怀，并祈代为致意是荷。弟张学良。宥戌。秘。（卯）〔印〕。

《民国档案》1985 年第 1、2 期

张学良致顾堆钧等密电
1931 年 11 月 26 日

特急。南京。外交部顾部长少〔川〕兄并转钧任、敬舆两兄勋鉴：〇密。极密。顷接米瑞风②自锦来亲译电云：据昨由平来锦英员今日与职等作恳切密谈，要旨如下：（一）国联自身本无实力，仅能调解纠纷，不能强判执行，中日事件最好中日能自谋解决办法，如肯直接交涉，国联居中监视。据彼意：中国不至吃甚大亏，果能如此，在各国认为中国受益已多，若专仰国联解决，或望其尽何等真实力量，均不可靠。（二）国民党执政以来，对外骄矜太大，颇失各国好感。例如收回汉口英界，办理情形，毫不为英国稍留颜面，其他各国感受此种难堪亦复不少，此次各国不记宿嫌，仍对中国表示同情，完全为人道正义起见。最

---

① 施肇基，字植之。
② 米春霖，字瑞风，时任辽宁省政府代理主席。

后该员等并称此为友谊之恳谈,不负任何责任等语。谨密闻等情。特密达。弟张学良。宥戌。秘。

顾维钧致张学良密电稿
1931 年 11 月 26 日

急。北平。张副司令勋鉴:顾密。宥未两电均敬悉。锦州问题,有亥一电计达。本日美使出示美国务卿司丁生电:以友谊资格拟请中国自动将军队撤至山海关,以期避免冲突,徐图将来依照事实、条约,将满洲问题通盘解决。现在情形,重在阻止战争,担保一层,均尚谈不到也云云。现在中央意旨:决定如日方相逼太甚,我方应以实力防卫。今晚与寿山①、志一②、敬舆同见蒋主席,所谈关于此事,仍如此主张。再:下午英使来见,谓奉紧急电令:切实劝告中国政府不作足使情况益加严重之任何行动,以免破坏和平解决。经告以中国政府自始坚守和平政策,如日军不再来侵犯,我国亦不更变政策云云。顾维钧叩。宥亥。

顾维钧致张学良密电稿
1931 年 11 月 27 日

急。北平。张副司令勋鉴:顾密。感寅电奉悉。尊论所顾虑各节,均属实情。昨与寿山、志一、敬舆诸兄同见蒋主席,所谈大致相同。近日施使在国联方面之工作并此间与英、美、法诸使所往复商榷者,无非仍欲维持和平方法,不使事态益致纠纷。据币原向驻日英、法诸使所表示,其军事当局已有训令,除非土匪袭击,不向锦州进攻。又:顷接电

①　万福麟,字寿山,时任东北边防军司令长官及黑龙江省政府主席,同年 11 月 29 日辞职,任北平绥靖公署总参议。
②　鲍文樾,字志一,时任国民党政府军事委员会参谋本部次长。

讯,国联决议在锦州一带划设中立区,即系根据我方声请,业经另电奉达,是和平途径尚有可循。惟万一彼仍步步进逼,则自不能不取正当防卫手段。我公坐镇运筹,苦心孤诣,溢于言表,想见尽怀之深。至此间当局亦甚了澈,必不使公为难也。未书之意,统由万①、鲍②两兄回平面达。弟顾维钧。感戌。

顾维钧致张学良密电稿

1931 年 11 月 27 日

急。北平。张副司令勋鉴:顾密。宥戌两电均敬悉。尊意拟请亮畴兄襄助植使,弟等均甚赞同。政府前曾以此意电达亮兄,乃亮兄以适值开庭,未能前往。当再陈政府电知骏人兄今晚自沪放洋。在京时,业已代兄致意。米瑞风所转英员密谈各节,足供参考。蒋公使所称提案,当系指国联(此处原稿有脱缺)不止五项,议决草案,实不止五项,业由外部以详情电告,计邀鉴察矣。弟顾维钧叩。感亥。

顾维钧致张学良密电稿

1931 年 11 月 28 日

万急。北平。张副司令勋鉴:顾密。昨晚晤美使,请其对津事设法援助。顷法使来见,告以天津严重形势。据答:昨晚英、美、法三使以天津情形紧急,密商办法,决定分电各本国驻津领事与武官会议办法,俾免流血,并将议决赶速电告各使核夺等语。应请赶速电饬天津省、市当局,迅与英、美、法三领接洽为荷。弟顾维钧叩。俭巳。

---

① 指万福麟。
② 指鲍文樾。

顾维钧、刘哲致张学良密电稿

1931年11月28日

急。北平。张副司令勋鉴:顾密。本日外委开会讨论津事。弟钧谓近日天津情形,日方调军遣舰,形势严重,日本要求华军及武装警察撤至20里外。惟省府即在20里区域之内,关系重要,设使津局动摇,不特锦州后路断绝,北平亦复可危。现除运用国际牵制,冀免危局外,似当由中央政府决定方针,电告张副司令授以机宜,俾政府与地方共同负责,应请公同讨论。否则,张副司令身当其冲,责任重大,应付不免踌(蹰)〔躇〕等语。弟哲谓:日方提出条件,要求华兵退至河北,查津河与原定三百米缓冲地相去不远。如情形再加严重,可否展宽缓冲地,退保河北省政府所在地等语。戴、吴及各委意,均以为然。惟以事关军务,请示总司令决定。会中可先大体讨论,由各委尽量发表意见。金谓:天津于政治上、军事上关系至巨,倘日人相逼太甚,我方为争持国家人格计,至万不得已时,自应实施正当防卫。散会后,由戴转陈主席决定。特先电闻。弟顾维钧、刘哲叩。俭申。

《民国档案》1985年第1、2期

张学良致蒋介石等密电

1931年11月29日

限即刻到。南京。蒋主席钧鉴,顾部长少川兄勋鉴:□密。顷日矢野代办来云,奉本国训令,略谓:英、法、美与中国提商拟以锦县一带为中立地域,中国军队撤至山海关。日本对此原则上甚表同意,如贵方赞成此种办法,日方即可派代表商洽等语。当答以此事尚未奉到政府训令,不能作确定之答复。惟个人对此亦颇赞成。但有应声明者二事:第一,希望日军最大限度不越过原遣地点即巨流河车站。第二,须留少数军队在锦县一带即中立区域内,以足敷防止匪患,维持治安为度。至将来日方如派代表时,总宜舍军事人员,而用外交人员。矢野又谓:个人对于第二点,仍希望中国军队全数撤退,惟未奉训令,亦不能正式答复等语。查划定中立地域办法,亦属避免冲突,以图和平解决之一道,日方既表同意,我方似可与之商洽。究竟英、法、美各国政府对此态度如何? 中央意旨如何? 此间应如何与之接洽,除已令锦方军队照此原则准备施行外,统乞指示一切,俾有遵循为祷。张学良叩。艳丑。秘。

《民国档案》1985 年第 1、2 期

张学良致顾维钧密电

1931 年 11 月 29 日

特急。南京。外交部顾部长少川兄勋鉴:○密。顷接蒋公使俭电开:日方消息,日政府因美国态度强硬,已奏准停止进攻锦州,今晨,令由本庄以飞机传达在北宁路各军全部撤退。又:关东军鉴于四围情势,决定令满铁线外各部队于数日内撤回原驻地。又:币原声明,倘陆军再攻锦州,即决定辞职等语。同时,并接大部电报科转来蒋使 28 日电,大意略同。是日方情形缓和,已可概见。我方关于接收各问题,恐应预为筹议,先行宣布计划,俾对内对外均得占有脚步,除饬此间外交研究会迅即准备外,敬乞我兄预筹一切为盼。弟张学良。艳午。秘。

《民国档案》1985 年第 1、2 期

宋子文、顾维钧致张学良密电稿

1931 年 11 月 29 日

急。张副司令勋鉴:顾密。锦州事项顷复一电计达。驻京日领亦奉其本国政府训令,来与部员接洽,除聆其所述各点外,未与讨论。查锦州中立地带之议,虽由施使向国联行政院提出,并由我接受国联决定办法,但其要点在中立国派视察员居间斡旋一层。现日方分向政府及尊处径自提出,对于国联办法并未接受,显有撤开中立国视察员意思。窥其用意所在,无非两层:一、彼可以正由两国商洽办法为辞,请国联无庸参预,彼可于商洽时提出种种苛酷条件,从则难堪,不从即破裂。二、彼可借口于彼已撤兵,迫我撤至山海关,我若不撤,彼即责我违约,进兵攻我。是以日方倘再派员至尊处接洽,乞饬所属于接见时慎勿与之讨论,以防堕其奸计。一面仍请兄查照弟等感电所陈各节,速饬锦县方面军官及朱、蔡两员,赶与中立国所派各员接洽联络。如日方欲商洽办法,可请其由中立国视察员转达我方,如问我方办法,可告以日方现要求我方撤兵,应先提条件,托视察员转来,以便请示政府。如日方径与锦县军事主管机关接洽,请饬勿与讨论,一面即电陈政府及尊处请示办理。如日方无理可喻,率队来攻,仍请兄当机立断,即以实力防御。时机紧迫,率直电陈,伏惟鉴察。弟宋子文、顾维钧同叩。艳戌。

《民国档案》1985 年第 1、2 期

顾维钧致张学良密电稿
1931 年 11 月 29 日

急。北平。张副司令勋鉴:顾密。艳丑电敬悉。矢野所称锦县划为中立地一事,弟与子文兄感电,似尚未达尊览。该电报告国联行政院议决自锦县至山海关一带划为中立地,由各国派视察员往与中、日两方武官接洽,期免冲突。行政院即分电两国政府查照。顷奉尊处俭戌电,知已派朱①、蔡②两员往与各国视察员接洽,甚慰。弟顾维钧叩。艳戌。

《民国档案》1985 年第 1、2 期

顾维钧致张学良密电稿
1931 年 11 月 29 日

急。北平。张副司令勋鉴:顾密。锦县中立地一事,驻京日领到部称:奉币原训令非正式面达日本提议如下:法国政府希望锦县地方中日两军避免冲突一节,日本政府亦有同样希望。倘使华军自锦州并其附近地方全部撤退至山海关及山海关以西各地方,仅于锦县至山海关一

---

①　朱光林,时任副司令行辕总务次长及外交特派员。
②　蔡元,时任特种外交委员会赴锦外交专员。

带内维持民政机关与警察,则日本政府在原则上准备担任不进兵至华军撤退区域之内。但有不测事故或严重情形发生,以致华北地方日侨生命财产及日本驻屯军之安全有危险时,不在此限。再:日本政府准备饬令该国主管官员,随时与该处中国地方官就近商洽此项区域之界限,以及实施本办法之各种细目等语。查所称中立地,本属避免冲突之临时办法。最要之点,在日本向英、法、美各国为各该国认为满意之担保各节,业详弟敬亥一电,请再察阅。现在日领所称办法,既将担保一层完全抹煞,且有数点竟超出原议之外,尤难承认:(一)华军撤至关西各地方。(二)日本仅承认原则。(三)日本提议内"但书"之规定,日方可随时借口进兵,显欲诱我退兵,堕其阴谋。特请垂注。弟顾维钧叩。艳亥。

顾维钧致张学良密电稿
1931 年 11 月 30 日

北平。张副司令勋鉴:顾密。查天津迭生事变,显系日人阴谋主使,但闻亦尚有各派暗中活动之内幕,情形复杂,应付弥艰,人心浮动,尤为可虑。我公苦心支柱,想见苊劳。鄙意为釜底抽薪、镇静物情起见,似不妨由尊处酌量延访平、津两处夙负声望之人,俾宣德意,而资裨赞。如北平之熊秉三①、徐佛苏②;天津之张远伯③、王揖唐④诸君,地方民众皆颇推崇,其他在各界具有声望者,尚不乏人。倘荷曲意周咨,当可分任斡旋宣达之责,消弭隐患,是或一道。我公素以博采舆论为怀,谅亦以为不谬。弟念华北大局,关系甚巨,中流砥柱,全赖我公,故敢率贡愚见,仍祈酌夺施行为感。弟顾维钧叩。卅。

---

① 熊希龄,字秉三,时任东北政务委员会委员。
② 时任北平民国大学代理校长。
③ 张志潭,字远伯,时任驻平政务整理委员会委员。
④ 时任东北政务委员会委员。

张学良致顾维钧等密电

1931 年 11 月 30 日

顾少川、刘敬舆两兄勋鉴：俭申电奉悉。顾密。兄等建议各节，切中事理，且极扼要，适与鄙见相同。目前天津情况，我方惟有隐忍应付，庶免事件扩大，一面运用国际、牵制日本，务期中立各国明了真相，始终对我不失同情，俾日后占有相当之脚步。倘我愈让而彼愈逼，至万不得已时，亦只有采取正当防卫以保持国家之人格。惟兹事体大，影响系全国安危，又不能不慎重考虑之也。特复。弟张学良。卅寅。秘。印。

《民国档案》1985 年第 1、2 期

张学良致顾维钧密电

1931 年 11 月 30 日

南京。外交部顾部长少川兄勋鉴：〇密。近日各国外交人员，前往北宁路等处者颇为频繁，在需派员接洽一切，此间熟悉英、美情形者，颇觉不敷调遣，请兄择荐二三人前来，会同在锦之人员，俾担此项任务。无任企祷。弟张学良。卅戌。秘。

《民国档案》1985 年第 1、2 期

宋子文、顾维钧致张学良密电稿

1931 年 12 月 2 日

急。北平。张副司令汉卿兄勋鉴：顾密。冬寅电敬悉。锦州划设中立区事，日方不受理事会之决定，事属确实。现白里安已照复，谓锦州事属非常，所采办法系紧急处置，俾使双方军队避免冲突，而阻止流血，故仍请日本政府注意。但日方复文仍坚持要求划界、退兵各节，足见日本用意确欲操东三省全部之军权。前者施代表向国联提议派遣第三国军队代守中立区域，此间要求英、法、美担保日军勿入退出区域，均所以间接阻其进攻。现在派中立国军队一节，各国以驻军军队不敷分布，国联未能照办，议决改由各国派视察员居间接洽。我方业已声明承受决议,并已电由吾兄转令驻锦军事当局遵照。此系国联权宜办法,并未明定吾方须将军队撤退至某处,至向三国公使所提之办法,当时曾声明,系为探询各该国政府意见,如认为可行,再由吾方正式提议。嗣因三国政府对担保一层均不允可,故迄未正式提出。日方以驻日法大使之误解巴黎白氏训令,竟认为吾方提案未免故意装聋,借以反对理事会之决议,而撇开视察员之参加交涉。此间政府意旨,锦州一隅之保存,关系三省全部存亡;撤兵一节,若无国联或三国切实保证,吾方万不能承允;如日军不顾国联决议,悍然进攻,只能竭力抵御。但此系最后万不得已之举,弟等深知吾兄处境之难,苫虑所及,皆系实情。凡在外交及实际上可以协力之处,自竭尽至诚,为兄后盾。至具体办法,由弟钧另电奉陈。弟宋子文、顾维钧叩。冬午。

《民国档案》1985 年第 1、2 期

顾维钧致张学良密电稿
1931 年 12 月 2 日

急。北平。张副司令勋鉴:顾密。东丑电敬悉。冬午电计邀鉴察。华北艰危之局,我兄适当其冲,苫虑所及,深佩周详。锦州有事,津埠必生变故,自应切实布置,以固后方。现在对外交方面,如日方坚持反对视察员参加避免两军冲突之交涉,拟由我方向国联声明,保证锦州华军不向日军驻地前进,并可由视察员筹拟办法,使此项保证发生效力。如能办到,则吾方撤兵当可不成问题。一面在津以市区域为范围,组设临时团体,邀请各国派员加入,共同维持治安。并遣拨得力军队归其节制调用,以充其能力。至军事方面,据子文兄云,中央可抽调劲师归兄指挥,即财部税警团亦能拨三团约计五六千人,名虽警团,以论训练与器械,实与军队无异。无论整个施用,或分插各师,悉可由兄酌夺办理。尊见如以为然,可与子文兄熟商详细办法。特复。弟顾维钧叩。冬酉。

《民国档案》1985 年第 1、2 期

张学良致顾维钧密电

1931 年 12 月 2 日

急。南京。顾部长少川兄勋鉴：〇密。东戌电见示，各节敬悉。日前矢野与弟晤谈情形，当经电达，计已察及。路透消息完全与事实不符，此间关于新闻方面，业经更正，请阅东日北平《晨报》，当可知其大略。矢野已对新闻记者有所声辩。此种无稽之言，当可止息也。再：东午电，业已奉悉。特并复闻。弟张学良。冬戌。秘。

《民国档案》1985 年第 1、2 期

宋子文、顾维钧致张学良密电稿

1931 年 12 月 2 日

万急。北平。张副司令勋鉴。顾密。津事冬寅电敬悉。改正组织一层，查中央政治会议关于津事，本日决议称：天津与日租界毗连处，如有中立国切实保证，得划临时缓冲地带，以避免冲突云云。是尊处商定办法，既属与此相等，自可照办。惟须书面声明，此系应付天津目前严重状况之临时紧急办法，一俟津埠形势缓和，无此必要时，得由任何一方之提议，取消此项办法等语，以留异日地步。敬祈查照为祷。弟宋子文、顾维钧叩。冬戌。

《民国档案》1985 年第 1、2 期

顾维钧致张学良密电稿

1931 年 12 月 2 日

急。北平。张副司令勋鉴：顾密。本日中政会议，决定处理时局根本方针三条如下：一、东三省事件应积极进行，于国联切实保证之下解决。二、锦州问题，如无中立国团体切实保证，不划缓冲地带，如日军进攻，应积极抵抗。三、天津与日租界毗连之处，如有中立国切实保证，得划临时缓冲地带，以避免冲突等语。录案电达，乞密察为祷。弟顾维钧叩。冬亥。

《民国档案》1985 年第 1、2 期

顾维钧致张学良密电稿
1931 年 12 月 3 日

急。张副司令勋鉴:顾密。冬亥电计达。天津维持治安,子文兄可将税警团三团拨归兄处调遣一节,为避免国际注意起见,可以整顿长芦盐务为名,开拨北上,敬请密察。再:本日外委会开会,对于津市警察改良组织一事,昨电所陈各节,经弟报告,众无异议。又:行政院决议草案及白里安之说明一草稿,均详细讨论,议决接受。谨闻。弟顾维钧叩。三日。

《民国档案》1985 年第 1、2 期

宋子文、顾维钧致张学良密电稿
1931 年 12 月 3 日

急。北平。张副司令汉卿兄鉴:顾密。连日各方盛传马主席军队积极动作,值此国联行将决议之时,似可密告马主席,关于我方军事消息,审慎发布,一面整理部队,听候命令,一俟视察员到达后,偕往各地接收。如何,仍请酌办示复。弟宋子文、顾维钧叩。江酉。

《民国档案》1985 年第 1、2 期

顾维钧致张学良密电稿
1931 年 12 月 3 日

限即刻到。北平。张副司令勋鉴:顾密。江寅电敬悉。承示各节,至佩卓见,深表同情。今日会晤重光,谈中、日两方立场与见解。彼谓:日方对于中国极表诚意,已撤兵至铁路区域,希望中国亦撤兵至山海关,俾缓和空气,进谋其他问题之解决。弟告以如日军怀疑驻锦军队之用意,可由中国向国联保证,声明此项军队不往前进,并可由视察员建议办法,使此项保证发生效力。如此办理,日军既已撤至铁路区域,吾军可不前进,则冲突之危险可完全消除。彼以事实上仍多危险,不能认为妥当。弟以事关重要,当即陈请蒋主席暨政府诸公,现正商议办法,一俟决定,容即电陈。重光现暂留京,当再接谈。兄拟将锦州驻军自动撤退,请暂从缓。尊处财政困难情形,昨又面告子文兄,谓正力筹办法,俟有端绪,当为接济。弟顾维钧叩。江亥。

《民国档案》1985 年第 1、2 期

顾维钧致张学良密电稿
1931 年 12 月 4 日

急。北平。张副司令勋鉴:顾密。支寅电奉悉。税警团一事,卓见甚是。子文兄今日赴沪一行,俟其返京,当将尊意面达。再:弟意目前兄处既无需要,此事暂可勿议,即子文兄本意亦如此也。特先电复。弟顾维钧叩。支酉。

《民国档案》1985 年第 1、2 期

张学良致顾维钧密电[①]
1931 年 12 月 5 日

急。南京。顾部长少川兄勋鉴:○密。顷接大部电报科转示蒋公使四日电,业已诵悉。查关外军队现仍分驻原防,并未集结,亦无围攻沈阳之事,各国参赞均在锦州可以证明,日方此种反宣传,显系别有用意,我为预占地步计,似宜电达蒋公使,提向日政府声明。可否之处,请酌核见复。弟张学良。微戌二。秘。

《民国档案》1985 年第 1、2 期

宋子文、顾维钧致张学良密电稿
1931 年 12 月 5 日

万急。张副司令勋鉴:顾密。锦州问题,政府竭力以外交方法保全

---

① 该收电电文后有如下注文:"蒋公使四日电——日本决派铁道队六日赴满修路,并宣传我方在锦备战,集结军队围攻沈阳由。电报科注。"

领土，而日本提出苛酷条件，万难承受，正由施代表在国联力争，而国人误解，认为辱国。施代表在巴黎受华侨质问，欲使勿出席行政院并退出国联。施代表业经来电辞职。此间京沪各界亦复函电诘责，学界态度，尤为激昂。今日外部亦被学生终日包围，无从办事，似此愤激情形，和平方法恐终无效。前诵尊电，悉业有准备，不胜慰念。现在日人如进兵锦州，兄为国家计，为兄个人前途计，自当力排困难，期能抵御。特电奉陈，敬乞垂察，弟宋子文、顾维钧叩。微亥。

《民国档案》1985 年第 1、2 期

张学良致顾维钧密电

1931 年 12 月 6 日

国急。南京。外交部顾部长少川兄勋鉴：○密。顷据锦县朱处长光沐等微一电称：法武官费诗、英参赞达安里、德参赞奥瑞德，昨夜 12 时出发，今晨 7 时抵山海关。何旅长柱国等到站迎接，该武官等详询最近情况，经何旅长据实答复，略谓：日方所传增兵，决无其事。前于 6 日日本守备队队长率随从兵士数名，全（付）〔副〕武装，意欲进城。我国守城官兵，因驻山海关中日双方军事长官前有协定，凡日军官兵入城，事前必须通知，始可放行，此次并未通知，故加阻拦。该日本守备队长即认为污辱，大肆咆哮。经何旅长亲至解释，始得无事。又：日方妇孺，天津二次事变以前两三天，即离此他去，壮丁均移住日兵营内。又：日兵营附近，常有洋铁（甬）〔桶〕装置爆药，遇我票车通过，即燃使爆发。有时并摔炮鸣枪，意似恐吓等语。美、德参赞亲往日兵营探询，据日守备队长面告，中国军队一切如常，并无增减，亦无兵车开往关外，惟中国方面前后陆续统计，约有弹药车三列开往关外云云。日兵营外筑有坚固工事，形同堡垒，法视察员当时摄影带回，法、英武官则往法、意兵营等处探询，均与何旅长所言相同。该视察员等认为满意，于本日午后 5 时抵锦。又：该视察员等传闻热河军队有开至关外之说，美武官接美使转国联来〔电〕,谓我骑兵三旅开抵新民一带,均经荣参谋长①正式声明并无其事,彼等亦甚相信。各武官约于明日赴沈。驻东京美武官今日由沈抵锦,容续禀陈等语。特电奉闻。张学良。鱼戌。秘。(叩)〔印〕。

《民国档案》1985 年第 1、2 期

张学良致顾维钧密电

1931 年 12 月 7 日

特急。南京。顾部长少川兄勋鉴:○密。顷接海伦马主席鱼午电称:查日人前请驻东京各使馆武官来东省视察,职曾派员去哈招待,并密探情况。旋据复称,各该武官于东日到哈,完全由东京派人沿途招待,步步包围,无论何人,不能进见。到哈时,与驻哈美领亦只寒暄数语,即往日备旅馆,各新闻记者跟随半日,未得一晤,仅一白俄记者见后,意以调查未完,不能发表意见辞却。午后 3 钟即去齐齐哈尔,其包围情形,到处一致,并闻到齐耽搁一日即返哈,情形与来时相同。查日人设心险恶,各该武官将来报告如何,万难逆料。万一为其蒙蔽,于交涉前途实多关碍。又:国联视察团行将前来,究应如何筹计,始能打破重围,或由双方共同参加,或至某方警戒地由某方招待,事关重大,尚恳预为筹及等语。关于此种情形,应否设法宣达各中立国方面加以注意,并此后应如何预筹对策之处,尚祈酌核示复。弟张学良。阳申。秘。

《民国档案》1985 年第 1、2 期

张学良致蒋介石等密电

1931 年 12 月 7 日

南京。蒋主席钧鉴,特种外交委员会、外交部、教育部、铁道部勋鉴:○密,阻止北平学生赴京请愿一案,迭经遵电将北宁、平津各车暂停开行在案,乃各校学生占卧前门、丰台路轨,日夜不散;不服解散,不听

---

① 荣臻,时任东北边防长官公署参谋长。

劝导。倘以武力制止，则该站紧邻使馆，又恐别滋事端，用柔、用刚，为术俱穷，而平津交通之阻塞已阅四日，以至平汉、平绥车站，亦被学生占据。外交团方面，纷纷援辛丑和约换文来相诘责，倘再不解决，当此外交危迫之际，恐招不良之影响。本晨复与各校负责人再三切劝，始允将大部分解散，其余一小部分准予登车南下，但即此一次为止，无论何校，不得再援此例。交涉至此，始获解决，同时恢复交通。学良明知中央为难，万不愿任其多事。无如事属两难，不得不权其缓急，伏乞鉴原。除电饬北宁、津浦路局遵办外，谨此电述。张学良叩。阳。秘。印。

《民国档案》1985 年第 1、2 期

张学良致顾维钧密电①
1931 年 12 月 8 日

特急。衔略。○密。顷接特派赴锦外交专员朱光沐、蔡元、李宜春等阳电称：职宜春等今晨偕同驻日美武官马可罗、美视察员麻格策奥德、英领麻斯、法武官费诗至双阳甸、大凌河等处，该美武官马可罗对我驻军详细调查，并临时集合抽点人数。英领、法武官先回，其余复往锦县东柏官屯炮十三团之第二营、西关第二十旅六五六团之第二营察看炮数、人数，均极注意。该美武官对我军士云，日人消息，谓我第二十旅已开往新民以北，今知仍在原地，并对我军队集合迅速，服装整齐，甚为赞美。该美武官明晨赴山海关见何旅长，转道赴津，已通知边署电告何旅长，并请转电王主席②、张市长③注意。驻津意大利领事奈藩尼今日午后抵锦，前往营口之英参赞司徒博前夜返锦。据随往之宪兵报告，该参赞在营住一夜，日军将其所乘铁路工事车推出站外后，即破坏铁道，只得仍乘原车回锦等语，谨电奉述等情。余电知王主席、张市长外，谨

---

①　此电无电头，存于同一档案中，按其顺序显系分致顾维钧者。
②　王树常，时任河北省政府主席。
③　张学铭，时任天津市市长。

闻。张学良叩。庚丑。秘。

宋子文、顾维钧致张学良密电稿
1931年12月8日

万急。北平。张副司令勋鉴:顾密。端讷致弟、子文电已悉。顷接施代表电称:闻昨日行政院开会,日代表提议,要求自锦州至榆关划为中立区域,经行政院拒绝,并主张双方军队应各守现驻地点,不得移动。吾兄所提抽调驻锦军队一部分入关一节,请万勿实行,以免与行政院上述主张相背,而引起国内误会。顷弟等面陈蒋主席,亦以为然。并拟另电兄处接洽外,敬祈察核。至盼。弟宋子文、顾维钧叩。庚未。

宋子文、顾维钧致张学良密电稿
1931年12月8日

万急。北平。张副司令勋鉴:顾密。庚未电计达,阳申电敬悉。矢野所言,纯系日方故作危言,以迫兄应允。兄之答言甚为得体,至佩。此间对于锦州撤兵问题,自始未有提议,有英、法、美三国公使作证。所云驻日法使致币原之文,吾方事先毫无所闻,事后自不能代负其责。现在即国联方面及白主席均完全了解真相。故昨日行政院会议,对于日方要求划锦州以西为中立区,以便强吾撤退军队,经行政院一致拒绝。日方用意既在迫我一切军队退入关内,以完成其东省另建独立政权之阴谋。吾若抽调一部后退,仍不能阻其进攻,不如坚守原防,以贯彻行政院双方各守现驻地点之主张,而免引起国内纠纷,此事对内对外关系非鲜。弟等深知吾兄处境困难,但公谊私交,均不得不竭诚直陈,敬祈鉴察为祷。弟宋子文、顾维钧叩。庚申。

顾维钧致张学良密电稿
1931 年 12 月 8 日

急。北平。张副司令勋鉴:顾密。庚申电计达。锦州问题,前因两周前该处形势紧急,我欲设法阻止日军西进,一面向国联请为紧急处分,由中立国派军队暂时居间,期免冲突,一面与此间英、美、法三使接洽,以请担保日军决不西进,探询各该国之意见。既而各国既不能作此担保,又无军队可资调遣,反于上月 26 日由国联行政院决定中立国视察员视察办法,经我承受。是关于锦州问题,我国所承受之办法,只此一端,此外我国并无任何提议。矢野责我食言,显欲借端进兵,狡险已极,彼若再提及我方提议云云,应请剀切解释,告以我方并无提议,以杜口实,而免误会。如何之处,仍乞卓裁。再:此间重光亦以此为借口发表宣言。本日经发表驳复一文,大致本上述之旨。并闻。弟顾维钧叩。庚亥。

《民国档案》1985 年第 1、2 期

顾维钧致张学良密电稿
1931 年 12 月 9 日

急。北平。张副司令勋鉴:顷接施代表电,关于日本要求加入剿匪权一节,国际有可于议决案及宣言删除之消息。此间特致施代表训令,谓此点举国反对,且所含原则,实有危险。盖日本可随时随地借剿匪为名,派兵进攻,或引此以为吾方承认其在东省、内地派驻领馆、警察之权,故我务必坚持要求删去。如日方声明保留,我方亦应切实声明否认。谨闻。再:锦州最近状况,请随时电示为盼。弟顾维钧叩。佳午。

《民国档案》1985 年第 1、2 期

张学良致顾维钧密电
1931 年 12 月 9 日

南京。外交部顾部长少川兄勋鉴:○密,顷据探报:(一)日方有拟在满蒙设总督府之议。(二)日方自 11 月感日起沿南满线招编匪众，假"救国军"名扰乱我方，日再借词剿匪，暗中接济。此项匪众持红、黄、白各色旗号，以蓝三角为臂章，其首领为日人黄穆及华人张昌波，举事地点在法库、营口、抚顺等处，现正行进中。(三)日方由沈派人分赴各县，调查现任官吏私产，拟没收充伪"救国军"经费。(四)南满路沿线，日员每夜集团持械，在各站守卫，大连、长春间有步、炮兵一混成联队，乘车往返警备。(五)日军以月结 150 元日币之重价，收雇曾隶军籍之无业华人，发手枪、大枪各一，令充日兵，闻受买者现已不少云云。谨闻。张学良叩。佳戌。秘。

顾维钧、刘哲致张学良密电稿
1931 年 12 月 9 日

万急。北平。张副司令勋鉴：顾密。顷子文兄见告，为军略关系，仍拟抽调 2 旅后开，想兄通盘计算或为事实必需。惟当此国人视线群集锦事之时，军队稍一移动，势必沸议全国，为兄着想，似万万不可出此。况视察员正在前线视察之时，行政院又议定两方军队各守原驻地点，依此情形，似不至有战事发生。顷蒋使由东京来电，亦谓日对锦方形势渐见缓和。即事出万不得已，亦惟有尽我力之所能到者之天职。缘日人诡诈多端，我退则彼进，彼时新政权统一东北，则不可挽救也。敬祈酌夺。弟顾维钧、刘哲叩。青亥。

顾维钧致张学良电稿
1931 年 12 月 10 日

急。北平。张副司令勋鉴：顾密。统密。阳申电敬悉。国联视察团如果来华，在我如何筹划使不受日方包围，诚如尊电所云，关系极为重要。容筹拟办法，提外委会讨论，预筹对策。特先电复。弟顾维钧叩。蒸申。

顾维钧致张学良密电稿
1931 年 12 月 10 日

万急。北平。张副司令汉卿兄勋鉴:密。关于锦州事,昨已迭电奉陈,计达典签。今日德使来告,驻日德大使已奉德政府训令,劝告日政府转饬日军勿再向锦州进攻,免使形势益臻恶化。并云:其他各国驻使当有同样训令。故蒋使来电称:日本对锦态度缓和,谅由各国之劝告所致。特电奉达。弟顾维钧叩。蒸亥。

顾维钧致张学良密电稿
1931 年 12 月 11 日

急。北平。张副司令勋鉴:顾密。蒸申、亥电计达。顷接施代表电:日本要求剿匪权一节,经我力争,国联允于议决案及白主席宣言内一并删去。日方有单独声明,施代表变有答复保我国权利之声明。特先电闻,余容续达。弟顾维钧叩。真未。

顾维钧致张学良密电稿
1931 年 12 月 11 日

急。北平。张副司令勋鉴:顾密。顷接施代表电,昨日行政院开公式会议,所有议决案已一致通过,白主席宣言,各代表亦无异议。惟芳泽声(名)〔明〕,议决案第二款不能阻止日军对于在东省各处猖獗之土匪及不法之徒之扰乱,设法保护日侨生命财产之安全,但此系目前特殊情况下之例外处置,一俟常态恢复,自无必要。经施代表声明不能承认,此外复声明保留反对企图新政权等七点。知注先闻,余由部详陈。

弟顾维钧叩。真申。

顾维钧致张学良密电稿
1931年12月11日

急。北平。张副司令汉卿兄勋鉴:顾密。据10日日本联合社沈阳消息:新民一带形势严重。现该地长官魏庚士(译音)亲率狄青楚(译音)所部马队三千,进迫姚家台子(译音)地方。同时尊处所有在该地飞机队及在新民西南之正式军队三百人,与魏庚士(译音)马队会合。因此,中国军队倍增,致该处形势大为吃紧。究竟有无其事,务请声明更正为祷。弟顾维钧叩。真酉。

顾维钧致张学良密电稿
1931年12月11日

急。北平。张副司令汉卿兄勋鉴:顾密。10日电〔日〕通社北平消息:谓汤尔和君与矢野在平秘密协商,将进行直接交涉。又谓锦州驻军正向长城以内撤退,并有一部分已于昨日向山海关移动等语。此种消息,想系日方故意淆乱听闻,真相如何,请示复,并均为更正为祷。顾维钧叩。真亥。

顾维钧致张学良密电稿
1931年12月12日

北平。张副司令汉卿兄勋鉴:密。英使蓝浦森定于本月20日或21日由沪回平,拟备用尊处福特飞机,届时可否饬机南来,乞裁复为祷。弟顾维钧叩。文。

顾维钧致张学良密电稿
1931 年 12 月 12 日

急。北平。张副司令勋鉴:○密。蒸日日领调查美侨情形一电敬悉。此间除电驻美严代办密探外,并派员向美使密询。据云:汉口日领曾向美领馆调查,至他埠及内地并未闻有调查情事。即汉口调查一节,美使亦认为无关重要云。特复。弟顾维钧叩。

《民国档案》1985 年第 1、2 期

顾维钧致张学良密电稿
1931 年 12 月 14 日

北平。张副司令汉卿兄勋鉴:○密。(请维宙兄亲译转呈)顷应蒋主席召晋谒。奉告:现在国难当头,非先对内团结,无从对外。粤方代表既云今日辞去主席,明日即能来京共维国事,深愿让避贤路,将来对于外交大事,从旁协助,较之目前动遭反对无法进行,实为深策,将来国府主席由林子超暂代,行政院院长由陈真如代理,各部仍旧,俟粤方请君来后再开四届一中全会,议决正式改组办法,以上情形原盼兄今日来京面商,既未能来,嘱弟电陈,尊见如何,并盼迅赐电复为祷。弟顾维钧叩。盐亥。

《民国档案》1985 年第 1、2 期

顾维钧、刘哲致张学良密电稿
1931 年 12 月 14 日

万急。北平。张副司令汉卿兄勋鉴:公密。关于蒋主席辞职事,业经电陈,想鉴察。鄙意总司令既辞,副司令似宜表示同一态度。我兄前程远大,为目前计,如乘机通电辞去各职,声明暂率所部维持北方,以图恢复失地,较为得策,一面改组政务委员会,并另设外交讨论会。其政务委员会,犹可就东北原有人员扩而充之,先加冀、晋、绥等省分子。外交委员会,则仿此间办法,集中各界领袖人物,协助吾兄应付内外,共济时艰。尊意如何,敬祈裁酌。弟顾维钧。刘哲叩。盐亥。

顾维钧致张学良密电稿

1931 年 12 月 15 日

北平。张副司令汉卿兄勋鉴:公密。元电敬悉。国际调查团人选,据施电称,法派首列莱将军,美拟派经济专家哈音司及戴微司两人(尚未定),德拟派前驻日大使邵尔夫,经我方拒绝,现派前东非洲总督夏莱,意派议员(前华会代表)项志。昨已训令施使,告知代表团,对于人选须以不反对中国与不偏袒日本者,方可同意。敬以奉闻。弟顾维钧叩。删巳。

顾维钧致张学良密电稿

1931 年 12 月 16 日

万急。限一小时到。北平。张副司令勋鉴:公密。删申敬悉。闻兄途中遇风,不胜悬系。兹闻安抵北平,慰甚。今晨,蒋主席向中常临时会辞职,已照准。并议决由林森代理国府主席,陈铭枢代行政院院长,均已分别通电,谅邀鉴察。及下午,子文兄来谈,粤方代表定明日由沪启程来京,子文兄即晚回沪,兄可暂从缓来。今日北平学生示威团到部,捣毁颇剧,嗣赴中央党部示威,由蔡子民、陈真如出见,均被殴受伤。陈晕倒地,蔡被劫去。幸由卫兵开空枪示威,学生溃散,方始救回。余容续陈。弟顾维钧叩。铣子。

顾维钧致张学良密电稿

1931 年 12 月 16 日

北平。张副司令汉卿兄勋鉴:公密。铣子电敬悉。承念甚感。昨日学生包围外部,捣毁各处窗户与陈设各件,幸未伤人,已于铣子电附陈。知注敬闻。弟顾维钧叩。铣未。

顾维钧致张学良密电稿
1931 年 12 月 19 日

张长官汉卿兄勋鉴：○密。日通讯社称：臧式毅允就辽省新政府主席，并担任肃清土匪，将进兵锦州云云。不知真相若何？兄有所闻否？乞密示为祷。弟顾维钧叩。效（印）〔卯〕。

顾维钧致张学良密电稿
1931 年 12 月 22 日

急。北平。张长官汉卿兄勋鉴：公密。弟此次不避危难，勉当重任，明知无补时艰，坚挚难辞，未获如愿。任事以来，昕夕焦劳，心力具瘁，殊觉不支，准即乞退，离京休养。君闻于外交方面，决不因弟去而受影响。重要问题如日军进攻锦州、国际委员团来华、明年军缩会议参加及收回治外法权各节，昨已详函陈院长继续办理矣。敬闻。顾维钧叩。养午。

顾维钧致张学良密电稿
1931 年 12 月 22 日

北平。张长官汉卿兄勋鉴：公密。关于锦州问题，昨与维宙、敬舆、钧任兄详商，业经电陈。弟已电告施代表请国联设法制止。并与法、美公使接洽，告以日方如果攻锦，华北治安可虑，而对于国联决议，不得再行扩大事态一层，显属故意违背，请其速电本国政府设法阻止日方攻击。法、美二使允即急电白里安与史汀生，日内当有回音。敬以奉闻。弟顾维钧叩。养未。

顾维钧致张学良密电稿

1931 年 12 月 24 日

北平。张长官汉卿兄勋鉴：○密。漾寅电敬悉。弟此次决意退休，故辞呈递后，即日离宁来沪。现因数月以来寝食无常，身心交疲，近又失眠，拟访医略加诊治，即行北上聆教。再：蒋使回国，以中委资格出席四中全会，参与选举，事先得蒋、林同意。会毕仍拟返日。弟使日之说，此间尚无所闻。兄爱弟如手足，尊见实获吾心，弟此次临危受任，为期虽短，聊尽匹夫之责。若强我使日，弟决不允再牺牲也。晤教匪遥，诸容面罄。弟顾维钧叩。敬未二。密。

《民国档案》1985 年第 1、2 期

顾维钧致张学良密电稿

1931 年 12 月 25 日

北平。张长官汉卿兄勋鉴：公密。敬未电计达。驻巴黎胡代办报与白主席谈话，计已转呈。顷接驻美颜公使来电，略云：本日，惠偕严参事谒见美外部，力说满洲形势愈趋严重，近日发电证实日本政府对于锦州态度之坚决。史外部称：对于满案，始终竭力注意，美国在满洲虽无多大实际权利，而条约上确有关系，是以在可能范围内未曾放松。嗣后见副外部（卡式尔），语气与史相同。鱼日电等语。特以奉闻。再：以后兄处来电，请暂到外交部驻沪办事处转接为迅速。弟顾维钧叩。有。

《民国档案》1985 年第 1、2 期

顾维钧致张学良密电稿

1931 年 12 月 26 日

北平。张副司令勋鉴：公密。李任潮昨晨由港抵沪，顷晤面，代兄道候，并致拳拳。渠对兄深表佩仰，并对兄处境困难，颇表同情。惟锦州方面形势紧急，日借"剿匪"为名，势必攻取。渠甚盼兄饬属严密防范，悉力抵抗，以示自卫之意。任潮日内赴京，不久有北平之行，与兄谋面,弟已代兄表示欢诚,兄似可致电欢迎也。孙哲生、李钧培在京,因会议意见不合,昨已来沪,拟偕精卫、展堂一同往京,俾集群力,共维艰局。特电奉闻,余容续陈。弟顾维钧叩。宥亥。

顾维钧致张学良密电稿

1931 年 12 月 27 日

急。北平。张副司令勋鉴;○密。宥亥电计达。顷李任潮遣乃弟拟致兄函,嘱转陈,当交维宙兄带平面递。函内有谓近日全会同志方谋解决国是,更冀讦谟定命,辰告远猷。此间或有疑虑,敬当代为剖陈,艰难共济等语。情词恳挚,渠定下午偕真如、哲生、德邻等赴京参与四中大会。并闻。顾维钧叩。感申。

顾维钧致张学良密电稿

1932 年 1 月 3 日

限二小时内到。北平。张副司令勋鉴:冬亥两电均奉悉。公密。顷任潮来谈,对兄甚关切,并谓南中传闻九省联合通电反对当局,兄有加入之说。现当局富于感情,兄如加入,或即引起反感,致对兄简直表示,反增吾兄困难。弟答:吾兄御侮保境,正当其冲,既有新政府出任艰局,共负责任,迎之不遑,断无加入反对之意。渠闻之稍慰,但仍托弟代电转达。再:此间所传,不识平津亦有所闻否? 近来华北情形如何? 近日报载锦州失陷,确否? 读兄致特外会东电,备悉吾兄维持之苦心及前方之危险,不胜同情。弟意此种实况,不妨编成新闻,间接发表报端,使国人略知真相,免多猜疑责难也。弟顾维钧叩。江戌。

顾维钧致张学良密电稿
1932 年 1 月 28 日

北平。张副司令勋鉴:公密。昨应蒋召赴宁,询问北方情形及外交意见甚详,并谓对日外交方针多数倾向谈判,惟尚未经政治会议正式决定,因外交无人主持,先设外交委员会,并劝弟出席。昨晚该会开会讨论,理事会提:拟发表宣言赞助美国通牒一节,金以沈案要在制止日方军事行动,催促撤兵,吾国仍应本此宗旨电令颜使坚持,至发宣言与否可由理事会自行决定。又:接见调查团秘书长,据云:将来谈判可由该团居间斡旋。弟恐不复济急,托其转催委员团速来。又:沪案日方要求回款,限今晚 6 时前圆满答复,此间当局拟完全容纳。对抗日会已下令取消,但地面仍紧张,租界均已戒严。并闻。弟顾维钧叩。俭亥。

顾维钧致张学良密电稿
1932 年 1 月 31 日

急。北平。张副司令勋鉴:公密。卅电敬悉。政府迁豫,设办事处以目前留沪各中委及外委分任政、军、财务、外交等事。今晨,集议金主实际帮忙,不必正式组织。至沪案,本日由英、美领事介绍,中日双方文武当局在英领事寓所谈判,英、美及工部局文武当局居间斡旋。英领提议:日军须退入租界,华军须由现驻防地退出二千米突,方可由中立国军队移入缓冲区域代为巡逻。嗣因日方只允退至越界筑路区域,故无结果。惟日领允请示政府,以三日为期。目前双方仍各守原防,虽彼允不相侵犯,但相隔一街,情形仍颇危险。各商继续罢市,戒严益厉,正发电时,忽闻枪炮声,想双方又已接触。特闻。弟顾维钧叩。世亥。

顾维钧致张学良密电稿

1932 年 2 月 2 日

北平。张副司令勋鉴:公密。世亥电计达。沪案 31 日英、美提议:中日双方军队各向后退,中间由英、美派兵驻守一层,今日下午日方通知已接东京训令,不能同意。同时在闸北开始攻击,炮声不绝,并用飞机在闸北、沪南掷弹轰炸,居民惊骇,形势危险。英、美、法续调海陆军来沪,惟宗旨仍以保护租界为限。日使回沪,对沪案主张华军单方后退方有办法,对中日全盘问题表示无须急图解决。又:南京昨夜日舰向下关开炮数响,顷得何军长电话,谓华军未还击,地面已安静云。前云设立国民政府驻沪办事处,嗣因粤方委员诘责,改由双方合设中委驻沪办事处,设外交组,推陈友仁为主任,膺白、岳军与弟等为委员。并闻。弟顾维钧叩。冬。

《民国档案》1985 年第 1、2 期

顾维钧致张学良密电稿

1932 年 2 月 4 日

急。北平。张副司令勋鉴:公密。江两电均敬悉。英、美国向中日提议调停办法四条计已接洽。就中第四条最关重要,与我辈向来主张颇相符合,弟即电达钧任兄,并电蒋、汪及时接受,以图中日间各问题之总解决。顷闻政府业已照复接受该条件,惟日方对于第四条办法坚央拒绝。此间日方并托人疏通,欲就沪案先行解决。此间同人今晨集议,有主张先决沪案者。弟力持不可,现得英、美各国积极出为调停,正宜趁此时机解决全部悬案,倘局部先决沪案,时机一去,沈案益将棘手。我方对于第四条自应坚决主持,以期贯彻。再:两日来,日军攻击吴淞炮台及闸北,激战颇烈,枪炮声陆续不绝,至发电时止,两处尚能守住。惟得东京消息,日仍决定派陆军一师团来沪。并闻。弟顾维钧叩。支。

《民国档案》1985 年第 1、2 期

顾维钧致张学良密电稿

1932 年 2 月 6 日

北平。张副司令勋鉴:公密。支电计达。沪案中日激战未已,今日英海军司令向子文兄提出调停新办法,经开外会讨论,弟提议吾国既已接受英、美调停办法全部,当乘机谋得中日问题之总解决。沪案虽关重要,不宜分开单独解决,致英、美对沈案以日方反对而袖手旁观。经众讨论,一致议决定明日由郭次长、蒋总指挥本此方针答复英提督,一面仍由十九路军连同援军积极抵御。再:此间各界领袖都以沪市受害太巨,主张将沪案先行解决,现在分头疏解,俾能一致。现日军在沪者连同昨到沪之四千共计一万,日内续有五千至沪,英、美方面合计共有万人,三方均有重炮,各色器械充备,形势备极紧张。再:吴淞炮台虽经日方损毁甚巨,仍由吾军把守。并闻。弟顾维钧叩。鱼。

《民国档案》1985 年第 1、2 期

顾维钧致张学良密电稿

1932 年 2 月 7 日

北平。张副司令勋鉴:公密。鱼电计达。今晨英海军司令偕总领事到宋宅,会议沪案中日双方停战退兵办法,吾方宋、郭[①]、吴、蒋总指挥及弟均在座。讨论良久,吾方主张根据四国调停办法第五项谋整个解决,不允单独先决沪事。彼方相持,殆成僵局,由弟提议下午召集外会,从长讨论,再作正式答复,借以打圆场,英司令称谢散会。下午外会决议:为尊重英司令意见,对所提办法原则上可赞成,但同时须即日由中日与其他关系各国代表开会,商议"九一八"以来中日间所有争端,以谋解决之途径。定今晚由郭次长前往答复。再:下午日方以海陆军

---

① 郭泰祺,时任国民党政府外交部次长。

及唐克车合攻吴淞,情形危急。并闻。弟顾维钧叩。阳。

顾维钧致张学良密电稿

1932 年 2 月 8 日

北平。张副司令勋鉴:公密。阳电计达。沪案今晨英司令偕总领晤商重光,未得要领,日使要求华军退出十五至二十英里,英司令以日使无诚意顷通告吾方,谓彼调停之议只能罢论。现双方又在酣战,日方将增派一师团来华。又:精卫自浦镇来电,嘱在沪各外委回宁,商议对日外交、财政、军事整个计划,弟因他事拟明晚起程一行。弟顾维钧叩。庚。

顾维钧致张学良密电稿

1932 年 2 月 13 日

北平。张副司令勋鉴:公密。弟因宁电嘱留沪与三公使接洽,故未能成行。真、文两电业由宁转到,敬悉。顷与宋、吴、郭等同见英使,渠以日军源源而来,意在大举,终非华军之福,此次来沪未奉政府训令,仅能以友人资格居间调解。渠意华军应先自动退出上海市管辖区域,然后淞沪日军退至上年杪所驻之地界,中间由华警维持,另筹双方同意之办法,保证日军不再侵入让出之地。此种办法专为促成停战,以待国联调查团来沪调查,报告国联以谋解决,并隐示与满洲问题有联带关系。嗣见美使所谈大致相同,惟未肯提具体办法。此间同人以英使所提调停办法,未免偏袒日方,均主婉词拒绝,另筹对案。谨闻。弟顾维钧叩。元。

顾维钧致张学良密电稿

1932 年 2 月 14 日

北平。张副司令勋鉴：公密。元电计达。淞沪战事今日英使口气较松，法使态度颇佳，现在日方关键在华军须先撤退，然后日军亦退，吾方则以撤退距离之远近为要点，现仍由三使设法转商。宁方最近来电，似倾向直接与日谈判停战，正在一试。再：弟接见美使时，曾告以停战后中日及其他有关系各国商议沪案事，应将中国与各国间一切问题乘机共商一种解决途径，以谋远东大局之安定，实为中外各国共同之利益，而沈案为远东和平之枢纽，尤应尽先解决。彼谓：虽知日本对沈案深不愿第三者之干涉，但以安定远东大局为题目，洵属催促解决沈案之办法，颇有考量之价值，愿电国务卿研究云。知注并闻。弟顾维钧叩。盐。

顾维钧致张学良密电稿

1932 年 2 月 18 日

急。北平。张副司令勋鉴：公密。经连日与英、美等使接洽之结果，今晨中日军事代表会面，商谈停战办法。日方所提条件大致：租界东、西、北三部二十公里区域内，华军须完全撤退，吴淞一带所有炮台均须解除，撤退后由日方派员证实时，日军亦撤退至事变以前之原防。并声明此系日方最低限度，今晨 9 时前拟将条件用书面提出，时机紧迫，盼华方早复云。吾方代表谓：所提条件太苛，碍难承认，须请示政府再答。综核情形，日方意在一战。下午先后与英、法、美三使接洽，均表示遗憾，除法使急电政府设法劝阻日方提出最后通牒外，英、美二使均苦无善策可以转圜。现在均有准备，如最后通牒所提与今晨所述者无异，吾方势难承认，恐难免一拼矣。知注密闻。弟顾维钧叩。巧。

顾维钧致张学良密电稿

1932 年 2 月 18 日

北平。张副司令勋鉴:○密。巧电计达。日军司令致蒋总指挥,又日领致吴市长①最后通牒各一件,于 9 时到达。要点相同,如下:(一)立即停止战斗行为,并于 20 日午前 7 时撤完第一线,20 日下午 7 时以前自浦东、浦西之线以北二十公里之区域内完全撤退,该区域内之炮台及其他军事设施一律解除,并不得有新设施。(二)日军不追击,不射击,但得用飞机侦察。华军撤退后,日军仅保持越界筑路地域。(三)第一线撤退后,日军派员勘查撤退情形。(四)撤退区域以外之日人生命财产,华军应完全保护。如保护不完全,日本当采适当手段。又:应禁止便衣队。(五)上海附近(包含撤退区域)外国人之保护另议。(六)实行禁止排日运动,此点由日外交官交涉。以上各项不能实行时,日军不得已,将对华军采自由行动,所生一切责任由华军负之。知注特闻。弟顾维钧叩。巧二。

《民国档案》1985 年第 1、2 期

顾维钧致张学良密电稿

1932 年 2 月 21 日

北平。张副司令勋鉴:皓、个两电敬悉。昨晨 7 时半,日军因吾方尚未撤退,用海陆空同时开始总攻,吾军坚守,迄今主要阵地尚无变动。昨日英使接英政府电,尚拟劝双方外交代表晤面,经吾方以日无诚意婉词拒绝,现仍在血战中。顷英工部局为决议虹口一带租界警权为日军霸占,应即收回,限日方明日交还,否则以武力收回云。并闻。弟顾维钧叩。马亥。

《民国档案》1985 年第 1、2 期

---

① 吴铁城,时任上海市长。

顾维钧致张学良密电稿

1932 年 2 月 25 日

北平。张副司令勋鉴：○密。有子电敬悉。吾军连日抵抗颇著成绩，英、法、美公使称颂不已，各国陆军人员逐日察看前线后，表示钦佩尤甚。惟外交方面调停之议各使均感棘手，现此间正与接洽，希望列强利用国联大会之机会，表示坚决一致态度，要求停战，并将中日间一般问题用外交方式解决。彼辈均以吾方要求实行经济绝交为虑，但欲避免此着，须大小各国在大会中一致对日，若再畏葸敷衍，徒滋日方气焰，而断不能保全国联与各国之威信，英、法二使均以为然，允即电陈政府。再：此间各界团体均深盼吾兄设法于军事方面牵制日方，使彼首尾不能相顾，以分其力。闻已电陈尊处矣。此举端赖政府统盘筹划，协力应付。近日北方动静若何？盼示悉为祷。弟顾维钧。有亥。

《民国档案》1985 年第 1、2 期

顾维钧致王树翰等转张学良密电稿

1932 年 3 月 1 日

北平。张副司令行营王秘书长维宙兄、刘总长敬舆兄、汤总长尔和兄同鉴：公密。艳电敬悉。28 晚弟应英海军司令之请，偕十九路参谋长登英船晤松冈及野村司令，英司令及舰长亦列席。对停战问题作私人谈话，磋磨三小时，结果商定五点：（一）双方同时撤兵。（二）日本不再要求吴淞等炮台永久不设军备。（三）中日合组委员会，邀中立国视察员参加监视双方撤兵。（四）撤退区域由中国继续行使警察与行政权。（五）华军退真如，日军退 1 月 28 日以前原防后，华军退南翔，日军登轮。如双方请示后均同意，即由双方外交、军事正式代表开会订定。吾方已照南京及十九路之意旨答复赞成，日方尚未有回音。特密复。并祈转陈汉公为祷。弟顾维钧。东。

《民国档案》1985 年第 1、2 期

顾维钧致王树翰等转张学良密电稿
1932 年 3 月 4 日

北平。行营王秘书长维宙兄、刘总长敬舆兄、汤总长尔和兄勋鉴：公密。冬亥电敬悉。日方原约冬日答复，而东晚吾军因浏河日军登陆压迫左翼，遂忽下令后退，日方不顾信义，进兵急追，已至南翔，情势遂剧变。昨夜乃日方托克雷交来答复四条，与俭晚所议迥异，大致：（一）先订停战时期与办法。（二）订定后即圆桌会议，各大国亦参加解决商订撤兵步骤，恢复及维持上海及附近一带治安，及保障租界与外人之安全各办法。（三）证明华军退至指定地点后，日军乃退至淞沪一带区域。候常态完全恢复后，乃退出此项区域。（四）一方违约，对方得自由行动，停战期满时，双方均得自由行动云。现在待宁方训令。特复。弟维钧。支丑。

《民国档案》1985 年第 1、2 期

3. 外交部于"九一八"事变后与日交涉情况的报告

"九一八"事变后与日交涉情况的报告
1931 年 9 月—1932 年 9 月

据各方面报告，以九月十八日午后，日本军队突然攻击北大营中国驻军，并炮击沈阳城，于十九日占领该处，安东亦被占领，事前我方绝无挑衅行为。迨事变发生，我国军队亦绝未抵抗等语。当经本部电查明确，即迭向日本驻华公使及日政府同时提出紧急严重抗议，要求日军立即撤退，并声明保留将来提出正当要求之权。一面电令国际联合会中国代表团向该会行政院提出，请其按照盟约决定制止办法，并训令驻扎签字凯洛格非战公约各国使馆为适当宣传，并向驻在国切实接洽，而尤注重发起该约之美国。嗣虽据日本使馆声称，日政府已电令日军长官勿令事态扩大。惟事实上日军仍向各处进展，长春、吉林、营口等处相继被占，遂提出第三次抗议，认为日本方面故意使此事扩大，其破坏东

亚和平之责任应更加重大，仍要求立即撤退，日军将占领各地完全交
还。九月二十二日据驻美代办容揆电称，美政府对于此事深为惊异，静
待确切消息再定方针。据出席国际联合会代表施肇基电称，行政院开
会英代表提议即刻恢复原状，并将此次会议录送美国。统观大势于我
有利等语。（下略）

（二）

自上月日本以暴力侵占东北各地，国联行政院议决，要求日本速行
撤兵，乃日本不顾决议案，继续东省军事行动，轰击锦县，并派大批军舰
来华示威，十月九日且遣公使重光来京送达节略，以中国反日排货运动
日益激烈，若致日本人民生命财产及利益之保护义务不能完成，则因之
一切责任应归我国负担云云。我国对于节略痛加驳斥，大致谓，日本军
队不顾国际公法，违反国联盟约、巴黎非战公约及华盛顿九国条约之规
定，突然侵入，占领中国辽宁及吉林省各部，且作多种军事行动及其他
即在战争时亦为国际公法所不许之举动。中国政府以最严格之方式，
遵守国联行政院之决议，慎密保护日人生命财产，并制止各种足使局势
愈趋严重之行为，其结果无论任何日人均迄未遇有不幸之事，在此两国
政府已将案件提交国联行政院及国联行政院已规定两国应循方针之
际，日本倘仍用兵力以为其国家政策之工具，将来所有不幸结果，日本
政府应完全负其责任。中国政府因深信中日两国人民间感情之隔阂及
两国通商上之困难，全为日本军队种种非法举动所造成之当然结果，以
为日本政府倘能努力将其所以致此之原因设法解除，于改善两国间之
关系而维持东亚及世界之和平，当有良好之结果也。嗣因日本既不顾
一切，绝无撤军之意，乃由施代表要求行政院提前开会，行政院依我国
之请，提前于十月十三日开会。（中略）国联行政院决议案通过后，签
字非战公约国家如英、法、美、德、那威、意大利、波兰、南斯拉夫等国先
后分别向我国与日本政府双方同时劝告，以和平方法解决国际纷争。
我国答复各国声明，我国向遵守国际公法与公约，故迄未采取战争步
骤，并愿与签约各国共同维持公约尊严之努力。自国联行政院于十月

二十四日休会后,日方迄无撤兵表示,二十六日复发牒文,重申日军不能撤退理由,我国电由施代表驳复,大致谓中国代表曾对行政院声明表示中国政府意见谓,日本当局现在所声诉之危险,实适由日本军队屯驻中国领土所造成,该项声明复经行政院主席白里安氏予以补充,谓若以军队占领作为和平办法之一种,余恐为世界舆论所不许,余以为军事占领应在此类办法之外,故延长该项之占领,其势必致延长现已历久之不安状态。行政院之决议案及中国政府对于行政院之允诺,已予日本军队撤退,各地方日本侨民生命财产之安全以最广大之保障,欲图此项保障及允诺之生效,则惟有就地定出一种局部办法,随日本军队撤退之程度同时并进,正如白里安君在行政院中所云,需时至多不过数日而已,中国政府以为欲求收国联会处理之效果,欲防止危及远东和平各争端之再见,其惟一方法在于如中国政府之提议设立永久调解机关以求和平,并公正解决两国间万一纠纷,中国政府须重为说明者,即现在先决问题为日本军队应依照行政院决议案立即开始撤退,而于十一月十六日前完成其撤退也。并由中国政府发表宣言,希望日本履行国联行政院决议案,俾中日问题得进行谈判。宣言全文如下:国际联合会行政院已于二十四日决议,拒绝日本之提案,而通过该院原案,虽日本坚决反对,而其余行政院会员如英、法、德、意、爱尔兰、瓜得马拉、南斯拉夫、那威、巴拿马、波兰、秘鲁、西班牙等十二国一致与中国拥护行政院原决议案,日军应于十一月十六日前完全撤退;是国联对于任何国家凭藉武力而图解决国际纷争其反对之意,益可于此证明。而决议案又建议,俟撤军后中日组织调解委员会或其他类似之永久机关一节,尤足表现国联努力促进和平之意。国民政府深望国联行政院决议案能及早实行,并盼国际联合会继续努力,务使目的能完全达到。吾国国民自当刻意忍耐,恪守法律,以助正义公道之成功。国民政府深信日本终能尊重世界公意,依照国联决议于十一月十六日前将军队完全撤退,俾其他问题得赓续进行,以谋恢复中日两国国民间之良好友谊,而东亚永久和平之基础,亦得赖以巩固焉。

（三）

日本前于十月三十日致我国照会一通，内称，日本政府之方针，希望开始商议确立中日平常关系基础大纲，经本部于十一月三日驳复，内容略谓，中国政府极愿依照行政院决议，俟撤兵完成后，开始交涉两国间之悬案，并设立调解委员会或类此之永久机关，但在撤兵尚未完成前，所有商议自应限于撤军及接收之细目等语，由蒋公使送达日外务省。

十一月二日白里安致芳泽函，答复日本政府十月二十六日之宣言，对于日本之五点答复谓前四点已包括于十月二十四日行政院之决议案，至第五点则包括于中国提议，用仲裁办法以确定现行条约之效力以内，请注意行政院十月二十四日决议案之第五节，该节建议两国政府应立即指派代表，协定关于撤兵及接收撤退区域之细目，俾得顺序进行，不生延缓。

嗣以日本政府拒绝指派代表与中国代表讨论，依照九月三十日决议案双方保证之撤兵详细办法，当经施代表于十一月三日致通牒于国联秘书长，以日本此种态度是破坏盟约第十条及非战公约第二条，中国政府必须重申其坚定决心，即在军事占领压力之下，断不同意着手交涉，并信望国联会员国及美国不至任盟约及非战公约及九国协约之横被蹂躏云云。

因日本军队藉口修理嫩江桥，集中洮南至昂昂溪之铁路沿线，谋攻黑龙江省城，当由本部将详情电致施代表，由施代表于十一月五日致通牒于国联秘书长达拉蒙，请国联注意关东司令代表林氏称日本决置国联行政院之决议案于不顾，而以武力改变黑龙江之政情，十一月三日日军渡嫩江桥，攻击马将军营垒。通牒内并申述日军在通辽、锦州各处之活动，嗣以日本军队随同马贼向中国军营射击，日本飞机二架并翱翔于军营之上投掷炸弹，死伤中国官长兵士逾二十名，复利用联日之土匪围困华军，逼与交战。复由本部急电施代表致通牒于秘书长达拉蒙，请其立即通知行政院主席干涉日本军队此种挑拨之活动，势将造成最严重之纠纷,而日本应负其全责云云。七日因日军攻江省事,复由施代表提交国联秘书长牒文,以日军在东省之行动毁坏任何各处中国政府合法之官吏,并假治安维持会之外貌,以独裁之治理,树立并维持甘为日军司令官傀儡(瓜)〔爪〕牙之人民及团体,此种政策造出并酿成东省无秩序之状态,破坏盟约及非战公约,否认国联之告诫,耻辱日本向行政院屡次正式表示不扩大争端之允诺也。

嗣由本部于十一月八日电国联秘书长,以日本不遵守国联决议案,请转达白里安依照盟约制止日军行动,同时并电告施代表接洽此事,并以日本派遣军队至黑龙江省强修嫩江桥梁,竟要求中国军队由嫩江桥撤退至十公里外,并诱胁张海鹏叛众同时进攻,中国军队不得不采取自卫必要手续。日本军队似此积极扩大事态,不独违反国际公法与国际公约,且又违反国际联合会行政院决议案,日本政府之责任愈形扩大,应请急电当地军事长官立即制止此项违法行为,并迅速履行国际联合会行政院议决案,遂于十一月十日对日提出抗议照会电达驻日蒋公使,即递交日外务省,并将抗议日军非法进攻黑龙江事之照会致日本驻使重光,复以急电通知施代表,以暴日寇我黑龙江事已向日抗议,日应负完全赔偿责任。

十一月十日,据河北省政府主席王树常、天津市长张学铭来电报告,据密报,天津日军司令部,召集我国失意军人林鹤翔、张璧等组便衣队,由日军给械密谋于本月八日暮时攻我省府等机关,我即预为防范,届时果实现及便衣队为我击退,日方即限我军队退距日租界三百米突以外,我退去后,炮弹向我界轰炸,甲车向我界出动等语。本部当以天津暴动纯系日人指使,一方面请各国驻使派代表赴津调查,同时即电达日内瓦施代表宣布日方阴谋,并将国联对此事意见电复本部。嗣接施代表电复,已将牒文送交秘书长特拉蒙,内容略谓,据所接政府消息,表露天津流血之祸乱,实为日本当局教唆人民反对中国政府再进一步之举动,华界竟被海光寺日本兵营炮轰发弹逾三十枚,日本司令答复我方,称对不幸事件茫无所知,但向各国代表解释则谓,炮击实起因于吉林军队二十九旅与天津警察间之冲突。经我方充分之解释,指明天津并无吉林军队,亦并无二十九旅云云。

十一月十一日本部致函英,法、美、德、义、挪威、西班牙使馆函,送接收被日军强占东北各地办法及组织规程暨接收委员名单。同日施代表复致特拉蒙秘书长三件牒文,系关于天津事件、江省事件及复洲湾矿区事件,内容大要系据报日本发给各著名无赖以枪械、子弹,令其组织便衣队,攻击中国政府机关,被捕诸暴徒证明日军唆使进攻,所缴枪械系日本所制,弹壳上刻有日文,在中国城内检查某汽车时搜获沈阳兵工厂所制之枪及有日文之手榴弹。日本企图推翻黑龙江省政府,嫩江形势极形严重,援引八日本庄向马占山之要求,吉林大佐对黑龙江省政府之建议,又日本分遣队占据中国复洲湾矿区,并委任日本职员。矿区系公司私有,位置在租借地以外,故其夺取系劫掠行为。要求行政院主席令日本政府饬令交回,并训令军人使满洲形势不至加重,并不致再生同样之非法行为。十一月十三日本部以本庄对黑省最后通牒显系有意启衅,日政府应负责迅速从严制止,电由驻东京蒋公使照会日政府。同日日本重光公使致本部照会一件,以天津发生暴动事,张副司令于十一(日)〔月〕九日公然发出通电,登载各报,故意中伤日本政府官宪及日本军队以及宣传日人与本事件有关系等情,要求政府与张副司令以充分之告戒云云。同日本部急电驻东京使馆,以本庄最后通牒要求马主席立即下野,退出齐齐哈尔,希紧急要求日政府即刻制止。

十一月十六日据日本重光公使复照,大意谓关于嫩江铁桥附近中日两国军队冲突事件,来照所称各节业已阅悉,此项驻满军队之行动,系为维护在满蒙日本条约上之权利及保护侨民之生命财产,南满铁路公司对于洮昂铁路有担保权。十月中旬黑龙江军队之恣意破坏该铁路嫩江桥梁,为侵害南满铁路公司利益,日本军队为保护上述南满铁路公司重大权利,固属正当合法之行动,万一江省军队自恃众多,对日军出以挑战之态度,有惹起与日军从此事实出发之一切结果,中国政府应负全责云云。嗣经本部复于十一月十八日致照会于日使重光,并由驻东京蒋公使致同样之照会于日本外务省,内容略谓,本庄司令一再向黑龙江省马主席为无理之要求,而此次所提条件,竟声明系奉日本政府之训令,中国政府殊为诧异,中国政府在中国领土内当然有自由调派其军队之权,日本政府何得干涉。洮昂路线完全为中国经营之铁路,关于该路之运行,日本政府何得过问。中国政府对于此次黑龙江省事件,已迭向日本政府指明日军行动之非法与日本政府责任之重大,并又声明如日军继续攻击,中国仍当采取必要之自卫手段。兹特再向日本政府声明,如日本军队不顾一切,因欲强令中国军队实行其所提无理之条件而引起之一切行动,日本政府仍应负其完全责任云云。

同日国联行政院在巴黎开会情形,据施代表来电报告如下:今日下午行政院先开公开会议,继开非公开会议。白里安谓必须将东省各事变及时局之发展通知行政院,并声称日本政府虽不承认十月二十四日之决议案,故决议案只具有高尚无形之旨趣,但曾明晰宣言实行依照九月三十日决议案应行举办之事业,中国代表曾以公函保证中国意愿尊重一切条约之义务,履行盟约之义务,并以仲裁裁判或以法律之决定解决中日一切之争端。日本代表曾正式发表其基本大纲。白里安氏以为各该大纲似可依照施代表公函中所提各节设法探索以外,其余似均已包含在十月二十四日决议案之内。白里安向日方代表解释,因关于某某条约之效力问题,华方之解释,日代表不无疑(义)〔议〕,转而论现在满洲之时局,白里安继续引各方注意九月间之决议案及华方对于日本扣留盐税之声诉,观于双方准备供给要求之消息,可见忠实愿望扶助争执之解决。行政院致力于客观及大公无私之方式求得一种之决议,避免急遽之评判,行政院切愿依照国联盟约求和平公义及尊重国际之义务。白里安结论谓,本日之会议仅系一种正式之会议,某某诸会员曾暗示愿望在公众讨论之前不如由行政院各会员间先行谈话,以求达到同意,以为此实为完成所愿望之目的,最佳之方法及手续,渠并不反对此种提议,故行政院决议先开非公开会议以讨论手续,然后再开公开会议以讨论本质。施代表谓深知本日之会议与以前各会议不同,表示愿望常开公开会议,因中国舆论要求早日之解决也。芳泽并未发言。

十一月十七日我国政府发布宣言,其全文大意为,日人屡次唆使匪徒扰乱地方秩序及日人劫持溥仪至沈组织伪政府事,应由日政府负全责。并当将内容大要电知施代表。

十一月十八日本部以本庄向马主席提出要求事,特向日本政府提出严重抗议,内容略谓,关于本庄向马主席提出要求事而引起之一切行动,日本政府仍应负其全责云云。一方面电达驻东京蒋公使将抗议照会全文递送日本外务省,一方面由本部照会重光公使。同日施代表以中国代表名义致意见书于勒乐,内容共有十一条,其结论则为关于在军事占领压力之下,决不交涉之重要原则,如不变更,则中国当依其稳健和好之政策,准备以极端友谊精神考量提出最后解决根据之任何提案,如此项提案以国联及其工具为根据,并充分切实规定迅速撤兵,除公共安全地方办法外,并无附带其他条件,则此项提案或可作为可以接受之解决云云。

十一月十九日日本复照会一通,内容略谓,关于嫩江铁桥附近中日两国军队冲突事件,马占山将军从中东铁道沿线各地续增援军数万集合昂昂溪以南,对该方面日军继续其包围之姿势,有据强固阵地俟机而行总攻击之实情,故此件冲突之一切责任,应归马占山负之,且同时贵国政府不管我方再三之要求,最近且升任马占山将军为黑龙江省政府主席,而于马占山将军之行动并无何等之抑制,于此一点贵国政府亦不能解免其责任云云。

自四全大会关于日本侵略行为之宣言由本部电达施代表后,施代表于二十日电复如下:已于十八日加具公函转达国联秘书长特拉蒙,该公函之内容略如次述,该宣言实为中国人民心理可靠之解释,至军事占领威胁之下绝对不能接(收)〔受〕五点之直接交涉,因第五点与日侨之安全无关,而一切各点苟其会商与撤兵相连,则不啻构成一种政治上与经济上之方案,以树立日本对于满洲之保护权,且因中国决不接受任何地位使中国重行签字于二十一条,以为日本履行依照国联盟约及巴黎非战公约之条件也。如行政院提议撤兵须以直接交涉为条件,中国将立即援引盟约内其他条文。中国充分信赖国联对于国联之权能势将予以绝大之试验,如国联竟告失败,则中国将被迫责难列强不愿为国联盟约稍尽维护之责,此实中国问题国联及军缩会议存亡之问题也。

十一月十九日施代表来电报告,十一月十八日下午行政院会议时始先无中国方面参加,嗣后无日本方面代表列席。

十一月二十日本部复日本之照会大要分为三点(一)依照国际联合会行政院九月三十日决议案及十月二十四日行政院会员十三国一致通过之决议案,中日两国政府各负避免侵略政策及扩大事态之责任,而十月二十四日之决议案已经行政院主席正式指明具有完全道德上之力量。来照又特别提及九月三十日决议案第五、第六两项,是日本政府亦深知其在行政院决议案规定下应尽之义务。乃自九月三十日起直至今日日本政府管辖之军队无时不在中国领土内扩张其作战行动及即在战事中亦为国际法所不许之行动,十月八日飞机轰炸锦州之举,各国已深为震骇,近复变本加厉,竟至勒取中国国家税收,勾结匪类供给枪械,嗾使扰乱侵略区域及其附近之治安。天津日本租界当局利用其租界地位容许大帮武装便衣队集合,出发攻击政府机关,杀伤公务人员及人民,一面假修理无权修理之嫩江桥为名,进兵黑龙江省向中国军队攻击,并胁迫省政府当局,业经中国先后提出抗议,并指出日本政府重大之责任在案。据最近报告,日军于本月十八及十九日竟已攻毁昂昂溪与齐齐哈尔,并先以飞机在齐齐哈尔抛掷炸弹,散发传单宣告攻取黑龙江省城坚决之意,显系违反前项行政院决议案。如上述一切武装侵略行动为日本政府之既定方针,则日本政府对于国联行政院九月三十日决议案欣然参加,殊不可解。(二)日本政府不先反省自责,反而谓中国人民自然而消极的属于情感之表示系违反行政院决议案,中国政府不能承认。中国人民处于日本积极侵略之下愤慨已极,但对予日本侨民所取态度亦仅自动偏向于商业关系,并无故意加害于生命或财产之事,而中国政府除被日军侵占之区域外,对于日本人民尤尽力予以保护。公平之第三者鉴于中国政府与人民确守非战公约及其他国际公约之信条，始终在法律范围内应付日方之横暴，方以为可异。而日本政府未能先自觉悟，其种种侵略行为之非计，反于日军侵占威逼严重情形之下强欲中国人民恢复其平常之友谊，是倒果为因，中国政府亦不得不指明于日本政府者，即侵占中国各地之日本军队一日不撤，原状一日未复，侵略一日不止，则中国人民对于日本人民之感情无从恢复，是当为日本政府所了解者也。（三）日本政府在国际公法、国联盟约、非战公约及华盛顿九国条约之下，又在国联行政院九月三十日决议案及十月二十四日具有完全道德上力量决议案之下，早应依时完全撤兵，实无再加辩论之余地，中国政府兹仍请日本政府查明迭次去文及国联行政院主席十一月十一日致日本政府之复文，急速改变既往方针，与中国业已派定之接收委员商订撤退及接收细目，俾现在侵占东北各地之军队即日尽数撤退，而已破坏之东亚和平庶可因此得有转机也。

十一月二十日本部致日重光照会，内容略谓为日方不遵国联行政院决议案及种种非法军事行动，请日政府急速改变方针，与中国业已派定接收委员商定日军撤退及接收之办法。此照会全文同时电达驻日蒋公使即刻递送日外务省。

十一月二十三日接施代表来电，报告本日下午行政院会议经过，白里安提及日方撤兵之宣言与中国政府保证负日侨生命财产安全之责任，力请余及芳泽提出提案，并表示愿中日双方勿使情势愈趋扩大。芳泽谓日本政府完全遵守九月之决议案，并指出中国国民党公开宣布之政策，即不履行条约及反日运动，使日本之权利利益均受危害，日政府因注重采取东省及其他各部公正不偏消息之必要，故提议国联派遣调查委员团，此项委员团无权干涉中日两方之谈判，亦不能监察军事之动作，此种委员团之组织及派遣并不变更日政府于最短可能时间依照九月之决议案撤兵之始愿，日本政府已撤之军队不在少数。旋朗诵以下宣言，为表示极愿与诸君合作起见，余仅对于余等之地位作一简单之宣言，日军武力占领中国领土，破坏庄严之条约及盟约，实为局势之症结，任何办法若不规定立即停止各种军事行动,立即开始撤退日军,并在最短可能时期内接续实行,殊不能假定为此项问题之解决,中国政府不能对撤兵事有何种之磋商,亦不能承认令撤兵一事除商订细目用以保证在撤退区域内生命财产之安全外,系于一切其他任何事项。重申前次宣言,中国准备负完全责任,维持在南满铁路区域以外东省各地之公共治安及日侨生命财产之安全,如谓必须更作进一步之保证,则任何公理办法如在国联赞翼之下包含中立国之合作未尝不可接受。当前之事实已迅速更趋恶劣,吾等在此辩论,除仅使行政院前之问题或更为明了以外,无何种有效之结果。问题现已明了,采取行动之时期已到。因当吾等辩论之际,痛苦时有增加,无可补救之损失已见实现,苟再为延缓仅足使吾人之职责愈加困难,中国为求在其领土内迅速完全撤兵起见,有坚决之意愿,在情况所需要时要求给予以一种权利及救济办法,此项权利与办法以中国为国联会员国之资格,依据盟约第十一条及其他任何一条或各条可予要求者。薛西尔谓,时局之确实报告实为紧要,并谓目前再不论其他事项,惟议如何能接受日本之提案。施代表问中立国人已否依照九月间之决议案前往嫩江、齐齐哈尔一带搜集报告,是项报告是否可以公开。并谓在表示意见以前将研究事件之全部复行声称,现在主要之点在于立刻撤兵,停止战争。薛西尔谓在向施代表发表消息以前,请求征询其他会员意见。白里安谓法政府可以将此种报告供给行政院,于是其余各行政院会员发言赞成派遣调查团之提议,惟爱尔兰代表未曾发言。西班牙代表问用武力是否与国联盟约与非战约相符合,并指出安全问题,应以显明及最近之意义了解之。白里安谓行政院中有一提案,至少在原则业已明确无疑。渠了解余之慎重保留,指明派遣委员团将使紧急状态稍为和缓,谓应筹划办法,保证在派遣委员团时战事行动不至发生。关于此项委员团之组织及其责任之详细节目,将于明日讨论。施代表谓中国政府与人民曾竭力不作任何举动,使白氏之职责更加困难,惟关于所提议之调查委员团一事,余不惜冒重复之弊病,将中国政府之地位设法使之明了,中国政府虽不反对此种提议,是但赞成以任何方法取得东省事变之较确消息,然若此项调查委员团之成立将在任何方面成为一种之托辞,延缓日军完全撤退之开始及在最短时期内之接续进行,则中国政府不能片时加以同意,中国政府将不愿以其他之根据讨论调查委员团之提议,无论调查委员团指派与否,依中国政府之意见,行政院前紧迫必要之职责为采取行动促局势不致扩大,即立即停止战事,并保证日军撤退,是项撤退因立即开始继续逐渐进行,以求得迅速完成。芳泽谓渠所举出各节,仅系原则性之大略,渠与本国政府商议,并续称俟时局上对于日方生命财产能予安全保障之时当即撤兵。

同日施代表来电报告特拉蒙于本日下午五时十五分将决议案草案交余。草案如次:(一)行政院重行提及并重行证实九月三十日一致通过之决议案,该决议案经双方宣告正式受其约束,请中日两国政府采取一切必要步骤,以保证其执行,俾日军从速撤退至铁路区域以内。(二)鉴于自十月二十四日行政院会议以来,满洲事变其情状甚且更为严重,爰请求两国政府严厉命令各该国军队长官制止任何动作能有更使战事及生命之牺牲者,并应采取一切必要之方法以避免再使情势之扩大。(三)请两国政府常使行政院得知情况之进展,行政院继续处理时局。(四)请行政院其他各会员以所接在当地该国代表之消息供给行政院。(五)他一方面鉴于事件之特殊情形,甚愿从中协助,以求两政府间争执各问题切实及根本之解决。(六)决定指派委员团委员三人前赴当地从事研究,并将任何情形足以影响国际关系,扰害中日和平或两国间友好之谅解,而为和平所藉以维系者报告于行政院。(七)中日政府各有权指派辅佐人员以为该委员会之辅助,若双方开始任何谈判,此事自不在委员会办事范围之内,该委员会亦不得干涉双方所采之军事办法。(八)委员会之派遣及会商自不得认为一种之理由延缓该决议案第一节所载日军撤至铁路区域内之事。注意:主席于决议案通过后将宣告(甲)两国政府有权向委员会主席表示其所特别愿望审查之问题。(乙)委员会如愿意时得向行政院作临时之报告。决议案终。

十一月二十四日接施代表来电,昨日下午见特拉蒙,渠交余以决议案草案,并向余询问是否将该草案转达南京,抑或该草案不能接受,竟至于不堪转达之程度。余答复实际上实无讨论之可能,但余当然应将与渠谈话情形报告本国政府。

(四)

关于国联行政院决议案及行政院主席之宣言,我国政府迭令施代表坚持重要之保留,例如日本保证将其军队撤退至铁路区域内,所谓铁路区域中国声明绝不承认日本得根据任何条约或协定在该区域内驻扎队伍,中国并保留要求其退出该区域之权。又关于中日双方承诺避免扩大事态一节,中国政府说明此项承诺,在日本方面实已包含一种义务,即应从事制止从事或扶助任何图谋,足以引起政治上之纠纷而影响中国领土或行政上之完整,例如嗾使所谓独立运动或利用不法之徒以图达此种运动之目的,又中国对于日本要求在中国领土内执行中国当局之警察权,自当绝对予以否认。

十二月十一日本部之对外声明。

1. 此次国联行政院开会时,日本迭次要求行政院承认日军在东省有剿匪之权,初拟明白规定于决议案内,经中国坚决拒绝,行政院亦因日本此项主张系属国际创例,不予容纳。继日本要求剿匪一节移入主席宣言内。施代表当将此节草案电达政府请示办法,复经政府电令严行拒绝,日方遂知中国态度至为坚决,对于原拟决议案及主席宣言稿不得不予接受,仅对于决议案第二条声明片面之保留。当经施代表完全驳复,其宣读之声明书第五节称,依照决议案第二节双方不得有再启战争或扩大事态之行动,此项规定自不得藉口于无法纪状态而予以破坏,须知东省现有之无法纪状态实为特殊之情形所造成,而此特殊之情形即决议案所欲铲除者也。东省受日军之侵略,使人民之生活失其常轨,恢复通常平安之生活,厥为迫促日军之撤退,而使中国当局得及早回复其维持治安之责任,中国不能容忍任何外国军队侵略并占领其领土,更不能容许此项军队攫夺中国当局之警察权。

2. 日本于九月三十日及十二月十日两次决议案内,均承认于最短期内将军队撤退至铁路区域内,但所谓南满铁路区域内驻军一节,中国始终未尝承认有任何条约根据,华盛顿会议时并经中国郑重声明在案,故吾方对于日军撤退至铁路区域内一语,不得不为显明之保留。施代表奉电令后,于其声明书第七节内说明关于在该铁路区域内驻扎武装队伍一事,中国对于其始终所持之地位绝对不稍让步。

3. 日军侵占东省各地后,以利诱威胁从事所谓新政权之组织,我方不独不能承认,且视为违反不得扩大事态之保证,故亦迭次电施代表嘱向行政院切实声明。施代表于其声明书第八节内谓,中国对于日本所有任何图谋足以引起政治性质之纠纷,影响中国领土及行政之完整者,如嗾使所谓独立运动或为此种目的利用不法分子,认为显系违反避免再行扩大局势之约言云。

十一月二十六日国联行政院主席白里安根据日方提议,将下列提案交中日两国及其他行政院会员国政府:凡能派遣视察员前往锦州之政府,须以下列训令转令各该视察员,(一)视察员须相互接洽,研究能否于中日两军间划分一中立区域或采定其他办法,以避免两军之接触。(二)又视察员须协力谋一与中日军队司令长官互相联络之方法,以便作必要之措置。白氏文中续称,为使此项训令能得到如所斯望之效果起见,甚望授权于中国司令长官与视察员时相接洽,此节至关重要,请中国政府予以注意。政府接到此项提案后,立即通知行政院赞同此项提案,一面并电令锦州军事长官与视察员随时接洽,俾能达到如行政院所称之办法。嗣本部以舆论反对设立中立区域之议甚为激昂,乃电令施代表拒绝日本提案。

（五）

(一九三二年)一月三日锦州陷落,榆关、热河相继告警,日军长驱迈进,形势险恶。美国政府乃于一月七日分向中日两国提出同样照会,通知美国政府不能承认任何事实上之情势为合法,凡中日两国政府或其代表所订立之任何条约或协定足以损及美国及其人民在华条约上之权利,或损及中国主权独立或领土及行政上完整,或违反国际间关于中国之政策,即通常所谓门户开放政策者,美国政府均无意承认。又凡以违反非战公约之方法而造成之情势或缔结之条约或协定,美国政府亦无意承认之。

政府接到上项照会,经慎重考虑后,当于十二日送达复照,略称,中国政府自上年九月十八日东北事件发生以后,即始终遵守非战公约所规定之义务,迄未采取任何扩大事态之步骤,乃日本军队竟蔑视国际公约及国联迭次决议,仍继续扩大其侵略行为,公然侵夺中国地方政府所在之锦州,近且进占绥中乃至山海关,并在秦皇岛、天津等处增派军舰、军队,复有攻击热河之势,是本案一切责任应由日本政府完全担负。美国政府对于本案不承认任何事实上之情势为合法一节,查中国政府对于上年九月十八日以后日军种种侵略及一切非法行为,迭向日本政府提出严重抗议,并向国际声明概不承认在案。至来照所称之条约或协定,中国政府本主权独立及领土行政完整之原则,绝无订立之意,甚望贵国政府继续增进国际公约之效力,以保各该公约之尊严等语。

（六）

二月二十四日本部以据报日军在侵占之东北各地有所谓独立运动之积极酝酿,而国联行政院二月十九日开会时,日本代表佐藤竟声称,日本对于东三省独立运动颇表同情,予以赞助等语。中国政府曾于上年十月二日正式声明,在日军未正式交还其所侵占各地方城市以前,当地如有不合法之组织,日本政府应负其责,中国政府概不承认,并屡次为郑重之抗议在案。兹并提出严重之抗议,所有自日军非法侵占东北各地后,在该处建立所谓独立或自主政府之举动,及令中国人民参加此种组织,日本政府应负完全责任云。乃二月二十八日日使馆送来复照,以满洲各地所谓独立运动者,应视为一向不满该处政治情形,中国人民所为之事,日本政府及官员并无何等关系云云:本部乃于三月十一日严重驳复,以日本政府及官员对于东北非法组织不仅予以赞助,且实为其主动者,此为举世所知不容掩饰之真确事实,日军非法侵占东北各地,显系破坏中国领土行政之完整,故在该项日军未撤退期间,中国政府对于在该处建立所谓独立或自主政府之举动,及令中国人民参加此种傀儡之组织,仍绝对不能承认,应由日本政府负其全责云。

关于国联调查团事项。国联调查团来华,本部最重要之工作在搜集各种日本侵略我国之重要材料,编译成册,交调查团参考。遂于四日与调查团中国协赞委员顾代表商定,以调查团莅沪在即,各方准备人员、材料亟须有一集中地点,于是调部中人员多人携带各种重要案卷及材料文件往沪,在顾代表指导之下从事工作,同时并将我国官方所有对内对外凡可以证明沈阳、长春、锦县、天津、青岛、上海等处事变责任及经过文电,各种关系材料,尽量抄给东北外交研究委员会,以便汇编成轶,供调查团参考。复商同上海市政府与天津市政府担任搜集上海,天津事变之各种重要材料,以供提交调查团之用,并由本部将汕头,南京、镇江、青岛、苏州、杭州,福州等案整理齐全,寄交代表办事处汇集提交调查团。

密示全国民众力争东省案

总述　查我国民众自沪案起后,对于东省事件渐乏注意,而日人则在此时期唆使东省叛逆组织傀儡政府行动日益加厉,自应唤起民众,继续力争,藉表民意。

进行之经过　三月十九日准国际联合会颜代表巧电节内:某某大国对于东省伪组织态度含混,加以日方种种宣传,谓傀儡政府之组织系基于当地人民之本意,于我殊属不利,拟请民众团体继续电吁大会,东省必仍属中国完整之部分,而反对傀儡政府之运动亦极有裨于时局等因到部,当经密电北平绥靖公署张主任及密电中央宣传委员会转请密示东北及各地民众团体继续作反对运动,并电国联大会力争东省,藉表民意,去后。业准中央宣传委员会密复,谓已于养日密示各省市党部指导各民众团体切实进行反对东北叛逆组织之宣传,并以各该团体名义电国联力争东省为我国领土外,至于民众团体进行反对东北傀儡组织办法,并已转函中央民众运动指导委员会核办矣。

（七）

五月四日国联发表初步报告，大致叙述中日军事当局所告在东省军队之种类、性质与数目，以九月三十日、十二月十日及现今之驻军比较，纪录叙入日军司令所称日军之完全撤退与否，须视"满洲国"军队编成后能否维持治安为标准等语，至对中国所允担任设法保护日侨生命财产之义务已否实行，仅谓此项问题尚未发生，其意盖指须该日军撤退后方能执行义务。顾代表对此报告曾声明三点：（一）日军事当局所称"满洲国"字样，应由调查团说明此为国联秘书长所不容者，除中日双方外，不能默认有第三者，如目前未便辩明，亦应声明保留，将来发表意见以明态度。（二）不能承认所谓"满洲国"军队得替代日本军队而使日军卸责。（三）不能承认因"满洲国"军队无力维持东省治安，而日本军队得继续不撤。总之，吾国只知日本军队，无所谓"满洲国"军队等语。

（八）

六月二十五日本部照会日使，抗议破坏中国在东省及大连海关之主权，其文如下：

据报告东省伪组织已开始劫取海关之收入，并进而干涉大连海关，同时逼令存放税款各银行停止向总税务司解款，该银行等处于日人势力威迫之下，六月七日起均停止解汇等语。查安东、营口两关税收，前经所谓该两关监督之日本顾问向安东、营口中国银行提交东省伪组织公文，强迫该银行三月二十六日所存两关税款及自是日起所收各款解交东三省官银号。中国政府当以东省伪组织完全为贵国政府以武力所造成，其攫夺中国在东省之安东、营口等处关税之叛逆行为，应由贵国负责，于三月三十一日去照，向贵公使严提抗议。旋准照复，以此事属于满洲掌国柄者与中国间之关系，非日本政府所应负责等语。惟该伪组织攫夺东省关税，系假手于日本顾问及职员，而此等顾问及职员而为贵国政府用以操纵东省、伪组织者，事迹昭著，举世皆知，自不容贵国政府辞其责任。顷复据上述报告，东省各海关税收，竟以日方胁迫不向总税务司汇解，且进而干涉大连海关。查大连海关位于大连租借地，此项租借地,其主权仍属诸中国,且光绪三十三年中国总税务司与贵国林公使会订有大连海关协定,故总税务司对大连关所规定税则及指定存款银行确定汇款办法各节,均与其他各海关同样办理。兹贵国政府不愿其条约上应尽之义务,而嗾使东省伪组织干与安东等处海关,一面公然呼应,更令大连关日籍税务司向总税务司停汇税款,藉以破坏中国在东省及大连关税主权之完整,影响中国内外债之担保品,此种举动显违国联盟约、国联迭次决议、九国公约及其他关系条约各规定,贵国政府应负完全责任。中国政府除保留要求各该关损失赔偿外,相应提出严重抗议云云。

同时令驻日使馆向日本外务省提出同一内容之抗议。

关于日本攫夺东省邮政事项　与交通部会商办法并电日内瓦颜代表通知国联。日人嗾使伪组织攫夺东省邮权一事,现正节节进行、着着紧逼。本部已会阿交通部预筹应付方法,相机进行,由邮政司与亚洲司随时会商接洽,决不承认伪组织所任用邮务人员及发行伪邮票等,并于六月二十七日电日内瓦颜代表通知国联。六月二十三日本部照会日公使抗议日本政府指使伪组织攫夺中国政府在东省之邮政权,其文如下:据报告日本交通局长已被任为东省伪组织邮务局长,并率领交通局长前往就职,又该伪组织强迫中国邮局改用伪年号,在日本定制伪邮票,并拟于七月一日实行贴用等语。查东省伪组织之一切叛逆行为,应由日本政府负责,业经中国政府迭次照会声明在案。兹据上述报告,该伪组织复对于中国之东省邮政有此种非法企图,似此积极进行,破坏中国邮务行政完整,实属违法已极。兹予未成事实之先,特请贵国政府严用注意,如该伪组织竟悍然不顾,而攫夺中国政府在东省之邮政权,中国政府不得不认为纯系日本政府所指使,所有一切责任应由日本政府完全负担等语。

电令驻日使馆向日本外务省提出同一内容之抗议。

（九）

关于日军挑衅进攻热河事项　热河事本部据报十七日该处军队正

在追剿由北票赴锦州火车抢匪,突有日军向朝阳冲进,开枪射击,我军不得已还击。十八日又有日机五架飞来朝阳轰炸交通、军政机关,并用机枪扫射,死伤人马等语,当以东省日军尚未撤退,竟又进犯热河,实属有意扩大事态,违反国联决议,破坏国际公约,故进行办法如下。

（一）向日本提出严重抗议,内容略谓,东省日军尚未撤退,竟又进犯热河,实属有意扩大事态,违反国联决议,并破坏国际公约,本国政府不得不提出严重抗议,所有因此次事件发生之一切责任,应完全由日本政府担负云云。

（二）电东京蒋公使向日本政府提出同样之抗议。

（三）分电颜代表暨驻外各使馆分别通知国联及驻在国政府,请其注意。

关于日本破坏东省邮政事项　（一）会同交通部商定封锁东省邮政,停办辽宁、吉黑两区,呈请行政院令遵施行。（二）电达颜代表转知国联及电驻瑞士胡代办面告瑞士政府及万国邮联会伪组织攫夺东省邮权事,本部曾将经过事实及实行封锁各节电请颜代表转知国联,并由胡代办面告瑞士政府及万国邮联会。旋接颜代表复称,胡代办往晤万国邮联会办事处长,据答此事须请示瑞士政府,胡乃往见外交次长,据称按照条约东省仍为中国领土,中国政府当然有权引用二十七条,当即训令万国邮联办事处照转各会员国。胡复询以伪邮票承认问题,据非正式答复,瑞士政府当不致承认云云。

关于伪组织攫取东省关税事项　关于大连等处截留关税事,本部曾于上月照会英、美、法、和、葡、比、义七国驻华公使,七月十五日接到美詹使复文,称美国政府正予以慎密恳切之考虑,且对于此种情势之进展,并其于中国及其他关系国权利与利益所关之处,亦在悉心观察之中等语。当经本部将美政府接受我国照会之此种态度函达财政部关务署查照。

（十）

关于日军于上月（七月）十七日向朝阳冲进开枪射击,十八日又有日机五架飞来朝阳轰炸交通、军政机关,并用机枪扫射死伤人马各节,本部当以东省日军尚未撤退,竟又侵犯热河,实属有意扩大事态,违反国联决议案,破坏国际公约,于上月二十三日向日本驻华矢野代办提出抗议,并一面电令东京蒋公使照本部意旨向日政府提出抗议,旋于八月九日接日本代办照复,以日军行动皆为适应当地情形维持治安之必要措置等语。又接驻日蒋公使六日电称,热河事内田五日照复称,以朝阳日军行动为故意扩大事态,全与事实相反。盖维持满蒙治安日本极为重视,对于该地兵匪随时努力镇压。七月十七日有不逞团体袭击由北票开往锦州之火车,且将乘车之关东军官石本氏等拉去,日军因向朝阳方面开动,乃遭袭击,故予以还击。翌日日飞机前往该地侦察,被类似军队者射击,故投弹威吓,均视该地情况维持治安上所必要之处置等语。当经本部电令蒋公使驳复如下:关于日本军队在热河地方行动一事,接准八月五日照会,当经转报本国政府去后。兹奉本国外交部电令开:北票开往锦州火车发生匪患,热河军队已负责进剿,自不容日本军队非法侵入,日方如因此受有影响,应通知中国地方当局查明办理,乃日本军队竟藉口石本被绑侵入热河,向中国之剿匪军队先行枪击,以致中国军队不得不加以还击,且又派飞机携炸弹、机关枪飞至朝阳掷弹伤毙多数人马,足见日本军队此种非法举动系预定计划。日本外务大臣复照反以为适应情形维持治安之必要,实属蔑视中国领土主权。兹复据确报,本月十九日日军之铁甲车强行冲进热境庙子地方,向中国军队开火,同时并用飞机散发传单造谣惑众等情。查日本陆空两军一再侵入热河向中国军队开衅,自不得谓非故意扩大事态,应再向日政府严重抗议云云。

(十一)

关于日本承认伪组织之事项

(一)照会九国条约当事国,其文如下:

日本于一九三二年九月十五日竟实行承认所谓"满洲国",并公布所谓《日满议定书》,俾日本有驻兵东三省之权,其目的欲沦陷东三省于日本保护国之地位,而所谓"满洲国"者,固系日本在中国东三省领土内所制造、所维持、所支配之傀儡组织也。一年以来,日本所为种种国际罪恶连续不已,不仅劫夺中国之主权,抑且屡背最重要之国际条约,包括一九二二年在华盛顿签订之九国条约,该约贵国亦为签字国之一(当事国之一)。今者日本之承认伪国,无异在其犯罪行为之索链上又加一最毒之环,中国政府不得不促醒贵国政府对于因日本承认"满洲国"而引起严重局势,予以深切之注意,日本如何于九一八之夕开始袭据我东三省,如何张其铁腕,胥为举世周知之事,实无庸赘述,所欲概括一言者,即自九一八以后,日本无日不扩大其暴行,以至于今日而有此承认傀儡之举。乃日本又欲巧言欺世,谓所谓"满洲国"者乃东省人民图谋分立之结果,殊不知东北傀儡组织为日本军事侵略之产物,转复用之为工具,乃无可掩饰之事实,多数日本官吏受东京政府之命令,发纵指使于舞台之上,真正东北民众则宛转哀号于日军铁蹄之下,苟使日本军队一旦撤退,则所谓"满洲国"之崩溃可立而待。

查九国条约第一条缔约各国除中国外,应尊重中国之主权独立及领土行政之完整,日本制造傀儡从而承认之,以及其侵略东北之种种行为,其为直接侵犯中国之主权,严重损害中国土地行政之完整,殊无丝毫之疑义。当时九国条约之缔结,即欲为阻止此类事件之发生者也。

今日本不仅对于中国肆行侵害,且肆意蔑视世界公论,罔顾其对于其他国家应尽之神圣义务,如日本之行为不受相当制裁,九国条约当事国坐视其公约之成为废纸,其结果诚有不忍言者,良以国际条约是否继续维持之神圣不可侵犯性胥视此而定,而日本夺取中国四十万方里之土地,复不顾友邦之劝告,正式承认其在该地一手造成之非法组织,其惨黯结果不仅限于中国,即世界和平亦受不(详)〔祥〕之威吓也。

鉴于上述情形,中国政府认为严重局势业已发生涉及九国条约之适用问题,特依据该约第七条之规定,以充分坦白之意见通知九国条约当事国政府,并请其对于日本自去年九一八袭击沈阳城以至今年九月十五日正式承认"满洲国"所有种种侵略行动,因是而造成之事态采取有效之应付方法云云。

（二）向日本政府提出严重抗议，其内容概略如下：

日本以武力掠据东三省，不惟蔑视去年十二月十日国际联合会行政院撤退日兵之决议，反报以侵略更甚之活动，本年一月终剧烈之战事行动起于上海，日本海军陆战队实为戎首，日本竟增派陆军至数师之众，以致生命财产损失无算，同时复从事于傀儡组织之制造，谥之曰"满洲国"，国际联合会依照去年十二月十日行政院通过而经日本接受之决议所委派之调查团，以日本代表之协助从事工作，今当该调查团工作甫竣，国际联合会尚未加以讨论之际，日本遽行承认伪组织，此项举动一面适足以增加其罪戾，一面无异对国际联合会之权威为侮辱性挑战，殊不知国联之判断必依真理与公平为归宿也。

日本悍然施行其暴力的残杀的与征服的政策，其责任之重大，在近代国际关系之历史上罕与伦比，兹举其荦荦大者如下：

一、日本已违犯国际公法之基本原则。

二、日本已违犯法律之初步原则与人道观念。

三、日本已违犯国际联合会盟约。

四、日本已违犯非战公约。

五、日本已违犯民国十一年签订之九国条约。

六、日本已违犯其自为之誓约。

七、日本已违犯国际联合会历次训诫。

对于日本自去年九月十八日轰击沈阳城至今年九月十五日承认伪组织，所有一切侵略行为及其发生之任何结果，中国政府当令日本政府担负完全责任，中国政府并保留其在现状下国际公法与条约上所赋予之权利等语。

上述照会一方面系由本部致日本致华公使转达日本政府，而另一方面电致驻日本蒋公使转致日本外务省。

（三）八月十九日罗部长演词，概略如下：

……日本内田外相在日议会之演说已将日本政府之野心暴露无

遗,使今后侵略中国之计划无须再用其掩饰,此诚日本政府对全世界正论挑战之行为也。日本政府不顾人类和平之呼吁,藐视国际联合会之组织,践踏一切神圣条约之义务,竟复公然露布演词,其词向世界宣示日本有侵略中国之权,有攫夺东省之权,有制造傀儡而谥之曰独立国家、操纵之、玩弄之乃至最终并吞之而后已之权。内田之词直中古黩武主义之演述,而饰以二十世纪之文字者也。

(中略)

余愿乘此机会将中国政府对目前时局之政策,申述其要点如次:

一、中国政府与人民绝无排外思想,但在日本武力侵略造成之现状下,而欲中国人民对日本人民表示最敦睦之友谊,诚属万不可能,改造与恢复中日两国人民之关系,是在日本自为之。

二、中国绝对不因武力之压迫而放弃尺土寸地或主权之一部,同时对于武力之侵袭决意尽其力量予以抵抗。

三、任何解决东北事件之办法,苟以由日本武力创造、维持与支配之东省伪组织为前提者,中国绝对不能同意。

四、中国深信将来解决东北事件合理的办法,必以不背国联规约、非战公约、九国条约之文字与精神与夫中国之主权,同时又确能巩固远东永久之和平者为必要之条件。

《中华民国史档案资料汇编》第五辑第一编《外交》,第390—414页

二、日本扩大侵略与国民政府的交涉

说明:日本在发动"九一八"事变期间,为了转移国际视线、配合扶植东北傀儡政权,于 1932 年 1 月 28 日在上海地区挑起事端,是为"一·二八"事变。中国第十九路军等部队进行了抵抗,开展了"淞沪抗战"。国民政府在英、美等国调停之下,与日方进行了谈判,双方签订了停战协定,即"上海协定"。

"九一八"以后,在中国政府的一再诉求之下,国际联盟组织派出了以李顿为首的调查团,到中国东北地区进行调查,于 1932 年 10 月 2 日发表了报告书。中国政府配合了调查团在华活动,并基本欢迎该报告书。经过十九国委员会的工作,国际联盟特别大会于 1933 年 2 月 24 日通过了关于中日争议的报告书。对此一贯反对的日本,愤而于 3 月 27 日退出了国联。

1933 年元旦,日军又在山海关挑起事端,随后进占热河省、进攻长城一带,继续扩大侵略中国华北地区。中国政府在热河沦陷之后,组织军队开展了长城抗战,但又由华北当局与关东军方面进行谈判,最终签订了塘沽停战协定。

面对日本不断扩大的侵华行径,国民政府在此期间,采取了不同于"九一八"事变时期的"一面抵抗,一面交涉"的对日政策;淞沪抗战、长城抗战与上海协定、塘沽协定,则分别是其表现和结局。

本章主要资料来源:

中央档案馆、中国第二历史档案馆、吉林省社会科学院合编:《日本帝国主义侵华档案资料选编:九·一八事变》,中华书局,1988 年

上海社会科学院历史研究所编:《"九·一八"——"一·二八"上海军民抗日运动史料》,上海社会科学院出版社,1986 年

中国社会科学院近代史研究所中华民国史研究室编:(中华民国史资料丛稿)《长城抗战资料选辑》,中华书局,1989 年

中国国民党中央委员会党史委员会编,秦孝仪主编:《中华民国重要史料初编——对日抗战时期》绪编(一),台北"中央"文物供应社,1981 年

罗家伦主编:《革命文献》第 38 辑(日本侵华有关史料八)、第 40 辑(日本侵华有关史料十),台北,1965、1967 年

"中华民国"外交问题研究会编:《中日外交史料丛编》(三)日军侵犯上海与进攻华北、(五)日本制造伪组织与国联的制裁侵略,台北:中国国民党中央委员会党史委员会,1995 年

李云汉编:(中国现代史资料选辑)《抗战前华北政局史料》,台北:正中书局,1982 年

《国民政府公报》、《外交部公报》;《中央日报》、《大公报》、《申报》、《时事新报》、《国闻周报》

[日]外务省编纂:《日本外交年表并主要文书》下卷,东京:原书房,1978 年。译文选自:章伯锋、庄建平主编(中国近代史资料丛刊)《抗日战争》第一卷"从九一八到七七",四川大学出版社,1997 年,邹念之译。

(一)日本发动"一·二八"事变和《上海协定》的签订

说明:1932 年 1 月 28 日,日本在中国上海地区制造了"一·二八"事变,蒋介石与汪精卫再次合作、主持下的国民政府,转而采取了"一面抵抗,一面交涉"的对日方针。在第十九路军等部队进行淞沪抗战的同时,国民政府又在英、美等国列强的调停之下,由中日外交代表进行谈判,于 5 月 5 日在上海签订了淞沪停战协定。以下来自日方的资料证明了其发动事变的意图和真相;上海市政府与国民政府之间的电

报以及国民政府外交部的有关报告,记录了这一谈判过程,日本方面的外交文书亦可作为其佐证。

1. 日本发动"一·二八"事变

上海事变的真相(田中隆吉证言)

证人:田中隆吉①,上海事变时,是参谋本部工作人员,驻上海公使馆任陆军武官辅助官(少佐)。

问:田中,社会上说,上海事变的点火的人,就是你呀……

田中:是的。

问:一语道破。那末,当时,有五个日莲宗的化缘和尚在化缘,而叫人在上海马路上向这些人袭击的,就是你吗?

田中:是的。是我。

问:那是怎么样的经过呢?

田中:那是……在前一年的九月十八日,发生了满洲事变。到十一月中旬,大体上平定下来了。日本人想使满洲独立起来。可是,外国方面非常麻烦。于是,关东军高级参谋板垣征四郎大佐打了一个电报给我:"外国的目光很讨厌,在上海搞出一些事来!"就是说打来电报,叫把外国的目光引开,使满洲容易独立。这样,就送了二万日元来。

问:是活动费,是笔大款呀。

田中:折合现在的钱,要六百万日元。用这笔钱,我总得搞出些事来。说实在的,因为我也是和满洲事变有关系的一个人,希望它务必成

---

① 田中隆吉,长期在参谋本部工作。1927年派至驻中国公使馆北平武官处工作。1930年10月至1932年5月任中国公使馆派驻上海武官。1935年任关东军参谋,又在内蒙阴谋制造事件。1939年任陆军省兵务课长,1940年3月任第一军参谋长,指挥侵略山西的战役,同年12月任陆军省兵务局长。1942年被编入预备役。

功。当时有个和我亲近的女子叫川岛芳子①。

…………

田中：就把二万日元交给她了。上海有一个叫做三友实业公司的毛巾工厂。这个公司是非常共产主义的、排日的，是排日的根据地。就托她："巧妙地利用这个公司的名义来杀死日莲宗的化缘和尚。"果然就这样干了。

问：干了吗？

田中：一个人被杀，两个人受伤。于是，我想，这时候，的确可以搞出点名堂来。当时，上海有个日本人青年同志会，就叫刚刚到上海来的宪兵大尉重藤千春指挥这个团体，袭击了这个抗日色彩很浓的三友实业公司。我深信，这样一来，日华之间必然引起冲突。果然，以后日华之间的空气非常紧张。因此，当时上海的村井仓松总领事向中国方面提出了抗议：要求停止这样的排日运动。而中国方面全部答应了。可是，日本的侨民不答应，情绪非常激昂，就去恳求上海陆战队，请他们想办法阻止中国人的排日运动。不过，形势逐渐恶化，到了一月二十八日晚上，陆战队和十九路军发生了冲突。

问：那时候，十九路军已经开到前线了吗？

田中：嗯，已经出动了。已经等在那里，等着予以反击。

问：那末，对方也已经准备好了。

田中：完全准备好了，挖了战壕。陆战队一出动，就立刻反击。于是，发生了上海事变。

问：这样说来，一如传闻所说，上海事变的点火的人真正是你了。

田中：就是这样。

问：别的办法一点没有吗？

田中：没有，除此以外，没有其他办法。

---

① 日本在东北的特务头子川岛浪速收养的女特务，又名金璧辉，在抗战胜利后被中国人民处决。

问:那就是,想个办法,在日本和中国之间引起纠纷,使外国的注意力引到那方面去,而在暗地里使"满洲国"独立起来……

田中:就是这样。

问:结果,是办成功了……

田中:是的。于是,在三月一日,建立了"满洲国"。以后,关东军的板垣大佐写来非常恳挚的感谢信。

问:是说干得好吗?

田中:说幸亏你这样一来,满洲独立成功了。我被称赞了一番。

《证言·我的昭和史》第 1 卷,1969 年,第 172—176 页
选自《日本帝国主义对外侵略史料选编》(1931—1945),第 49—51 页

日本政府关于上海事变的声明

1932 年 1 月 29 日

一、帝国政府已于去年 10 月 9 日以备忘录向中国政府指明,中国各地不断发生的排日运动,实际是在组织上与事实上都与国民政府的职能具有不可分割关系的国民党党部直接或间接领导下,作为推进国策的手段而掀起的不用武力的敌对行动。因而要求中国政府必须采取有效措施,制止国民党党部及其领导下的各种排日团体的策动及其他排日运动,并保护帝国侨民生命、财产及利益之安全。其后又数次向中国中央及地方官署重申上述趣旨,并提出同样要求,以唤起其深切注意。

二、然而,国民政府不但毫无采纳帝国政府上述要求之诚意,反而认为中国官民对于帝国及帝国臣民的非法行为是爱国心的发露而竟然示以奖励的态度,从而使排日运动日益嚣张,愈演愈烈。尤其近来,不仅广东、青岛、福州等地发生侮辱帝国官吏和残杀帝国臣民的事件,中国许多报纸又发表了亵渎帝国皇室的报道。

三、上述排日活动中,尤以上海抗日会本部及其他排日社团的跳梁最为猖獗,尤自最近《民国日报》对帝国皇室发表亵渎报道和我国日莲

宗僧侣惨遭杀害的事件发生之后,事态愈趋恶化。为此,我帝国驻上海总领事曾向当地中国官署提出制止排日活动及其他有关要求。此种要求至为公正妥当,讵料中国方面不仅一再延拖时日,不予应诺,反而向上海周边集结军队,向我方显示威态度,致使我侨民感到极度危惧。

四、时至1月28日下午3时,中国方面虽已接受我方要求,但我方鉴于以往中国方面的背信行为,一直未放松对其执行情况的监视和对不法份子策划蠢动的戒备。与此同时,共同租界工部局方面亦顾虑到该租界地附近之中国军队有不稳行动,遂于同日下午4时发布戒严令。其结果,各国驻军均按照协同防备计划各自进行部署。我国陆战队亦自29日上午零时起在本国所担任的地区即北四川路两侧开始部署,其间遭到中国正规军队的突然挑衅炮击,致使我军不得不立即应战。刻下我方仍在继续要求中国当局立即采取措施,将其军队撤离我国侨民居留地附近地区。

五、此次帝国海军在上海方面所采取之行动,与以往各主要国家在该地区屡次采取的实力行动相同,完全是以保护本国侨民生命财产之安全及维护我国权益为目的,别无他意;而且帝国在上海的驻军仅有少数陆战队,与英、美、法诸国在上海的驻军相较一向为数较少。此次派兵,亦不过是应付事态而增加若干兵员而已。我国方面当然要坚持与列国协调的方针,刻下帝国驻现地官员正与有关各国领事、共同租界工部局以及各国现地驻军保持紧密联系。我国对于上海地区毫无任何政治野心,更无任何侵害列国权利利益之意,此点已毋庸多言。

《日本外交年表并主要文书》下卷,第195—196页

选自(中国近代史资料丛刊)《抗日战争》第一卷"从九一八到七七",第313—314页

国民政府发表迁都洛阳宣言

1932年1月30日

自日本以武力侵占东北以来,政府一面尊重华盛顿九国条约、国联盟约、凯洛格非战公约之精神,虽衅自彼启,仍坚持忍耐,以候签约各国

之主持公理。一面严饬军警,应以全力捍卫地方,保障人民生命自由财产之安全,苦心维护,于兹数月。而日本进逼不已,最近竟以大批战舰驶至上海,并输送陆空各军,借口市民抗日举动,以使用暴力,横加恫吓。夫人民组织团体,以急国难而御外侮,本出于爱国之热诚,苟无越轨行动,政府无从加以干涉。惟政府为避免战祸计,已不恤一再迁就日本之要求,始则对于民众抗日之言论行动,稍涉激烈者,均予禁止;继且晓谕各种民众团体,自动取消抗日名义,以杜强邻之借口。本月28日午后1时45分,上海市政府对于日本驻沪领事之要求,已予以日领自身亦认为满意之答复。而同晚11时25分,日本第一外遣队司令官忽来通告,迫我上海驻军让出防地,俾其占领。军队有守土之责,讵能应其所求。日本军队遂即向我军进攻,竟使上海繁盛市面,罹于兵燹,且使用无限制之飞机轰炸政策,平民生命财产,惨受荼毒,数量之巨,无可估计。同时,首都及长江上下游各重要市镇,亦有日本军舰到处挑衅。夫日本所以继续使用此等暴力政策,且进而愈厉,其用心不过欲威胁我政府,使屈服于丧权辱国条件之下。政府受国民付托之重,惟知保持国家人格,尊重国际信义,决非威武所能屈,惟有坚持原定方针,一面督励军警,从事自卫,决不以尺土寸地授人;一面仍运用外交方法,要求各国履行其条约上之责任。日本此次滥启兵端,破坏和平,不但中国领土主权遭其损害,举凡华盛顿九国条约、国联盟约、凯洛格非战条约亦为之毁弃无余。政府深信中国对于此等暴行有正当防卫之权利与义务,同时深信各国为维持世界和平及国际信义,亦必不能坐视。兹者,政府为完全自由行使职权不受暴力胁迫起见,已决定移驻洛阳办公。望我各省区行政长官及军队长官,同心协力,各尽所职,以靖地方,而安人民。尤望我全国民众,以勇毅沉着之精神,共赴国难,勿嚣张、勿畏葸,务使暴力无所施,正义得以申。国家安危,悉系于此,愿共勉之。

国民政府主席　林森

行政院长　汪兆铭

《申报》1932年1月31日

2. 列强调停与中日交涉

上海市政府致南京外交部电
1932 年 1 月 29 日

　　密。俭晚十二时,接日本领事馆递由市公安局交来日本第一遣外舰队司令官函称:目下上海租界内外人心动摇,形势不稳,时刻恶化,工部局已经宣布戒严,而各国军队亦已严密戒备。帝国海〔军〕鉴于多数邦人住居闸北一带,为维持治安计,(欸)〔欲〕以兵力配备该处,以负保安之责。本司令希望中国方面应将闸北方面所有中国军队及其敌对设施从速撤退等情。同时接市公安局报告,闸北一带日本海军陆战队已开始自由军事行动,进攻华界。当即由市府于本日上午三时十三分向日总领事提出严重抗议书,并向各国领事公告,请主持公道。除将全文呈报中央党部及行政院外,并托抄送大部外,谨电以闻。

(二)787—4118

选自《日本帝国主义侵华档案资料选编:九·一八事变》,第 538 页

上海市政府致南京中央执行委员会电
1932 年 1 月 29 日

　　密。日本海军陆战队在闸北自由军事行动已经呈报在案。兹将向日本总领事提出抗议书及致各国领事公告全文电呈鉴核:
　　(一)致日领抗议书如下:径启者,查关于本市最近中日交涉,本市长为求和平解决计,对于贵总领事所提条件四项业经接受,并于今日〔二十八日〕下午一时四十五分函复送达在案,当时贵总领事并经表示满意。讵料今晚十一时二十五分市公安局接到贵总领馆信封一件,内附日本第一遣外舰队司令官致本市长及公安局长公告各一件,略称帝国海军鉴于多数邦人住居闸北一带,为维持治安计,欲以兵力配备该处,以负保安之责,本司令希望中国方面应将闸北方面所有中国军队及

其敌对设施从速撤退等语。即晚十二时市公安局接到闸北报告,日本海军陆战队在该处开始自由军事行动,向华界进攻。查贵总领事对于本市长之答复既经认为满意,而贵国海军突有此军事行动,殊堪诧异。所有破坏和平及本市安宁所发生之一切责任,应由贵方负之;本市长相应提出严重抗议,即烦查照转致贵国海军方面,迅予停止军事行动,以免事态再行扩大,并希见复为荷。此致日本国驻扎上海总领事村井仓松。

(二)致各国领事公告如下:径启者,查关于本市最近中日交涉事件,本市为求和平解决以保本市安宁计,业经完全接受日本总领事所提条件四项,并于今日下午一时四十五分函复在案,日本总领事并已表示满意。讵料今二十八日晚十一时二十五分市公安局接到日本总领事馆信封一件,内附日本第一遣外舰队司令官致本市长及公安局长公告各一件,略称帝国海军鉴于多数邦人住居闸北一带,为维持治安计,欲以兵力配备该处,以负保安之责,本司令希望中国方面应将闸北方面所有中国军队及其敌对设施从速撤退等语。旋于即晚十二时市公安局接到闸北报告,日本海军陆战队在该处开始自由军事行动,向华界进攻。查日本总领事既经对本市政府答复表示满意,而日本海军方面突有此种军事行动,殊堪诧异。所有破坏和平,妨害本市安宁之一切责任当由日方负之。除向日本总领事提出严重抗议外,相应函达,即烦查照,主持公道,实(仞)〔纫〕公谊。此致英、法、美、意、德等各国领事等语。并请抄送外交部为祷。

(二)787—4118

选自《日本帝国主义侵华档案资料选编:九·一八事变》,第 539—540 页

戴戟致行政院电

1932 年 1 月 31 日

限即到南京。(一)本日双方由英、美领事调停之,请派区师长参与会议。共开两次会议,日领态度强硬。据云英、美均不直其所为,现

议决停战三日，俾日领请示该政府。观日司令态度，难免一战，现正在积极准备中。（二）本日闸北方面现已停战。（三）迭据各方报告，敌有进攻沪西一带之企图。（四）吴淞方面本日安谧。谨闻。

（二）2—2,874

选自《日本帝国主义侵华档案资料选编：九·一八事变》，第 543 页

何应钦致吴铁城等电

1932 年 1 月 31 日

（一）我军连日不顾牺牲，奋勇自卫，允足以表扬爱国之精神。惟我国目前一切均无准备，战事延长扩大，均非所利，各国领事既出面调停，请兄等酌量情形，斟酌接收。（二）望蒋〔光鼐〕总指挥、蔡〔廷锴〕军长、戴〔戟〕司令通令所部严守纪律与秩序，非有上官命令，不得任意射击，在前线部队，尤须遵守。（三）现各国对我颇表同情，故我对各国侨民与军队，亦务求亲善，不得稍有冲突，以保全已得之同情。（四）对假托爱国名义之捣乱团体，应严加制止。其他民众爱国之行动，亦须周密注意，以防共匪从中利用机会而图捣乱也。

《"九·一八"——"一·二八"上海军民抗日运动史料》，第 271 页

何应钦致何成濬①电

1932 年 2 月 1 日

前电谅达。国际方面消息，列强各国对我情感极佳，美国及各列强为上海事件向中日两国提出通牒。美国通牒，今日已先到达，其牒文要旨如次：（一）中日双方立即停止一切战争行为及战事准备。（二）双方军队接触之地，立即撤开。（三）撤开之地，由友方军队驻扎。（四）停止冲突后，由列强居间从事交涉，以解决中日间一切争端，概据非战公约及国联行政院十二月九日决议，双方不得有预先要求或其保留条件，

---

① 时任驻鄂绥靖公署主任。

并由列强列席或参加交涉等语。上项通牒,颇属正当公道,我外交部立即接受,正式答复。此间安谧如常。武汉情形如何,务希尽力维持,勿使发生丝毫事故,致外交上蒙受影响。并盼电复为荷。

《"九·一八"——"一·二八"上海军民抗日运动史料》,第 271—272 页

何应钦致吴铁城电

1932 年 2 月 6 日

沪事发生,已近旬日,交通阻隔,金融停滞。上月军费共仅拨到三百二十万元,各地军队已呈绝粮之象,事态若再延展,实有全国崩溃之虞。近日外交形势,未审对我如何,以弟个人观察,能从外交方式,根据英、美调停,早日得以解决,实为计之上者。且吴淞为我长江门户,万一继续进行,日人必以全力破坏,或企图占领,彼时门户洞开,战区扩大,以后和战均难,长江流域不堪设想。兄在沪见闻较弟为周,究竟最近英、美态度如何,即祈电示是盼。

《"九·一八"——"一·二八"上海军民抗日运动史料》,第 274 页

何应钦致吴铁城等密电

1932 年 2 月 8 日

火急。限一刻钟到。上海吴市长铁城并转子文、静江、岳军、庸之诸兄:庚未电谅达。民密。我国对外一切军事,平时毫无准备,兄等所深悉。是以此次淞沪事件,弟曾迭电商酌适可而止,盖期早得收束,为国家多留一分(原)〔元〕气也。昨英海军司令在沪会商调解,闻诸同志中多主张须依据各国通牒第五条,连同东省问题整个解决,以致毫无结束,失此斡旋良机,深为可惜。目前沪事交涉,如诸同志坚持强硬并依赖国际或列强之帮助,势必纡缓迁延、牺牲我十九路军净尽而后已。不但丧师,抑且失地,吴淞、真如、南翔各地亦必相继断送,而陷我十九路军于无谓之牺牲,良心可悲。日军之横暴,凡有良心,孰能忍受?无如强弱异势,要不能不考量情形,权衡轻重,适可而止也。请兄等商在沪

诸外委从速设法先求停止战争。至于整个问题,则待外交正式之解决,庶不至益加扩大糜烂而不可收拾也。

尊兄如何? 及进行情形何似? 盼复。何应钦。庚酉。

《"九·一八"——"一·二八"上海军民抗日运动史料》,第 275 页

何应钦致吴铁城电

1932 年 2 月 9 日

日陆军源源而来,战事若再持久,我方必失败无疑。请兄力排众议,照迭电乘我军在优越地位时设法转(圆)〔圜〕停战,万勿犹豫,致逸良机。又兄处与日方或各外领会商情形,务请随时用电话或函电告知憬然兄,俾其在军事上得相机适宜处置为荷。

《"九·一八"——"一·二八"上海军民抗日运动史料》,第 276 页

何应钦致吴敬恒密电

1932 年 2 月 12 日

上海。吴市长转吴稚辉先生赐鉴:尤电敬悉。○密。伟论警透,读之弥佩,虽有勿复之嘱,无再申述必要。然此中所关实大,且前云适可而止之意,亦觉稍有误会,如不再事说明,则不免将加钦以苟且图安之罪矣。暴日横侵,除坚决抵抗外,无他善法。钦之主张,初无二致,遣调增援,事实可按,而非意存苟安,空望调停,既已明甚。至所谓适可而止者,盖本自卫限度,勿使事态扩大,而期得到各国同情,予暴日以悟境,稍戢凶锋,另图解决和平。如任沪上各遭炸击,财源日即绝境,则将来抗战之军纵知大义,不求薪饷,终不能枵腹以作战,造弹无资,更不能空枪以冲锋。兼之赣、鄂两方,为匪所牵制之部队在三十余师,且均较称精良者。一时俱难抽调。如事态扩大,势须强抽。剿赤措置,是否不顾? 此又一般人士所熟虑者。钦为此言,非敢欲圆其说,且更非前此不稍加察,今始举为问题也。当沪事发生之初,意谓暴日凶面益露,党国诸公,必分工合作之愈力,此后一切顾虑,一切牺牲,自难复计。欲求生

路,惟有坚抗。乃因军费奇困,不特艰于调援,即首都之维持,亦几岌岌可危。而旬余以来,党国诸公,仍散居各处,迄未共筹对策,分任艰难,竟将种种重责,粹集钦之一身,长此以往,宁免陨越。钦纵不遑自惜,其如国家前途何?言之不禁泣下。恃公长老,用一披陈。谨复。何应钦。文。

《"九·一八"——"一·二八"上海军民抗日运动史料》,第276—277页

何应钦致蒋介石等电
1932年2月12日

前派王俊赴沪与日方商洽调解一节,经于庚亥电陈,谅蒙察阅。兹接王俊灰电节称:本日会田代少将,畅谈三小时,田代对双方撤退及我国派警察维持中间地区治安之问题,无甚反对意,但恐实行困难,盖虑我便衣队暗中扰害之故。又:日在沪陆海军互闹意见,结果胜利必归陆军。我应以陆军为对手,进行自多容易等语。当将该电情形,商诸真如、钧任诸兄,共同决定办法如下:双方自动撤退。即:日军撤至租界内,我军撤至相当地点。两军撤退之中间设一和平区,由双方共同请中立国酌派小部队暂时驻扎,所有和平区域内之行政、警察,仍由中国照常办理。盖日方以双方撤兵不能避免中国便衣队扰害为虑,则最好有第三国居间,可以免此顾虑,且系双方自动请第三国居间,与受第三国干涉不同,故无失体面。以上所定办法,本日已分电铁城、憬然、达天诸兄遵照迅与日方切实商洽,

俟商洽结果情形报到随时转陈外,谨先电达,并乞裁示。

又顷接王俊真西电节称:本日与日、蒋、蔡、戴商谈双方停止射击,以为和平交涉之准备,因日方陆海军闹意见,陆军不能讲海军之话,故无圆满之结果。但本日战况,已比以前缓和矣等语。谨以附闻。

《"九·一八"——"一·二八"上海军民抗日运动史料》,第277—278页

罗文幹、何应钦等致蔡廷锴等电

1932 年 2 月 13 日

介公今到浦镇召弟等指示,沪事以十九路军保持十余日来之胜利,能趁此收手,避免再与决战为主。其办法如下:一、如日军确无侵占闸北之企图,双方立即停战;二、停战条件须双方各自撤退至相当地点,中国军队退出地方由中国警察维持。请兄等仍斟酌外部前开接受英、美调停办法各电及陈公侠兄所言、王俊所述办法,择其于我有利者从速进行。并盼示复。

罗文幹、陈铭枢、何应钦。元午。印。

《"九·一八"——"一·二八"上海军民抗日运动史料》,第 278—279 页

中华民国外交部工作报告

1932 年 2 月份

关于英、美等国提议调停上海停战办法事项。

二月二日接美国公使来照送达关于列国提议停止冲突之通告,计分四项,双方根据下开条件,立刻停止各种暴力行为:

(一)两国间此后不再有动员或准备任何敌对行为;

(二)在沪中日作战人员退出彼此接触之地点;

(三)设立中立区域分离双方作战人员,以保护公共租界。该项区域由中立国军警驻防,各种办法由领事团拟定;

(四)两国一经接受是项条件后,不先提出要求,或保留根据非战公约及十二月九日国联议决案之精神,在中立国观察者或参与者协助之下,迅速进行商议,以解决各种悬案之争议。

上项照会经提交外交委员会议决后,由本部照复,除中立区域及中立国军警字样,宜改为和平区域及第三国军警,并希望商议第三国须参与不仅观察外,完全接受该项协议。

(二)2—2,651,1

选自《日本帝国主义侵华档案资料选编:九·一八事变》,第 544 页

中华民国外交部工作报告

1932 年 2 月份

（一）（略）

（二）关于日总领事致上海吴市长及日军司令致蔡军长之通（谍）〔牒〕事项：

二月十八日晚八时四十分钟，日总领事村井仓松致吴市长及日军司令致蔡军长之通牒，要求中国军队须于二月二十日午前七时以前，将第一线撤退完了，于二月二十日午后五时以前，从黄浦江左岸由公共租界西北端连接曹家渡镇、周家桥镇及浦淞镇之线起算之租界北部境界线以北，及接连黄浦江右岸烂泥渡及张家桥镇之线以北，完全撤退至距租界二十基罗米突以外之地域（包括狮子林炮台），即将该地域内之炮台及其他军事设施撤去，并不得重行建筑等语。

经本部秉承行政院汪院长，遵中央议决之办法，电令吴市长、蔡军长答复如下：

此项中国军队在沪行动，原为对于攻击之正当防卫，只须日军停止进攻，中国军队自当立即中止战斗行为，我方极愿速谋上海和平之恢复，但来文所开各条，关系中国主权至巨，兹就大体上逐条说明如下：

（一）为避免冲突计，以双方撤退军队为原则，双方军队撤退之距离，可由双方军事当局商定，但撤退区域内之炮台及其他军事设施仍应存在。

（二）中国军队撤退时，日方飞机殊无侦察之必要，日军撤退时我方亦不用飞机侦察。

（三）双方撤退完了后，均无派遣调查员之必要，可请第三国组织之委员会调查证实。

（四）上海及其附区中国当局管辖内之日本侨民，中国当局当尽力保护之。但因日本侨民不守秩序而致发生事故，日方不能认为保护不完全。至双方便衣队彼此应用有效方法一概禁止之。

（五）上海及其附近在中国当局管辖内，包含撤退区域，其外国人之保护完全由中国警察担任之。

（六）关于解散抗日会及禁止其他排日运动，当依法取缔之。

以上各项实为谋上海区域和平之正当办法，深望日方能洞悉其意，勿采取任何动作，致令局势愈加严重。倘日方必欲坚持原开条件，而采自由行动，则因是所生之结果，当由日方担负完全责任等语。上开各节，因日领及日司令牒文系致吴市长及蔡军长，故仍以吴市长、蔡军长名义答复。

另由本部于二月二十日以照会向日本公使提出严重抗议，其内容系以日本大队陆海空军在闸北、吴淞各地肆意攻击，中国驻军为自卫计不得不加以抵抗，乃自沪之日本司令及总领事竟复分向蔡军长及吴市长提出种种不可能之要求，实属无理已极。倘日本军队再行进攻，中国军队仍必竭力抵抗。所有因此发生之一切结果，应由日本政府负其全责云。

（三）因日本军队在上海种种残酷不法之行为，经本部于二月四日与十五日向日本公使提出严重抗议。二月二十日本部复向日本公使提出严重抗议如下：

查自一月二十八日以来，日本军队连日继续以爆击机、战斗机抛掷炸弹、硫磺弹，又用重炮轰击，以致闸北、真茹、吴淞等地惨遭大火，居民死伤极多，文化机关、交通机关、其各该地行政机关、商店、工厂、民房均被炸烧成为灰烬。日本浪人又在北四川路一带纵火焚烧，实属不法已极。

（四）为日军以租界为军事根据地向我军进攻，经本部一月三十一日、二月五日与六日及十四日，向英、美公使提出抗议，略谓，如因日军继续攻击中国管辖区域，中国军队实行正当防卫，致租界内发生之生命财产之损失时，中国政府不负任何责任。

（五）因日本海军陆战队在沪擅捕市民加以杀戮，或处以私刑等事，本部曾于二月四日以照会向日本公使提出严重抗议，请其迅令日舰司令将非法被捕市民释放，并惩处伤害该市民等之凶犯云云。

（六）因日军连日继续以爆击机、战斗机抛掷炸弹，又用重炮轰击，本部除向日本公使提出严重抗议保留一切要求之权外，又于二月十八日密电上海市政府及警备司令部，国联调查团行将到华，沪案或先着手调查。关于此次事变之起因，并我国人民生命公私财产、文化交通各机关，因日军飞机炮火轰炸所受之损害，以及日人加于我国人民之种种残酷行为，应请尽量搜集确实证据，用英、法文（偏）〔编〕印成帙，备为调查之资料云。

（七）因日本轰炸机、驱逐机多架屡次在苏州回翔射枪，及在杭州笕桥等地方掷弹，毁航校练习机三（柴）〔架〕，伤机师二人，经本部于本月二十二日及二十六日向日本公使提出严重抗议，请其电日政府严令制止日机，以后不得再有此类行动，并对于因日轰炸所受之一切损失，中国政府保留正当要求之权云。（下略）

（二）2—2,651,1

选自《日本帝国主义侵华档案资料选编：九·一八事变》，第547—550页

英国驻日大使致日本政府文告（草译）
1932 年 2 月 2 日

谨以书翰奉陈事：为解决上海发生的不幸事态，本使奉本国外务大臣之训令，兹向阁下通报下列提案，并切实要求日本帝国政府即行采纳。又，同文提案已于本日下午同时发往中华民国政府。

英国政府提案

（一）双方应按下列条件立即停止一切武力行动。

（二）双方均不再进行超出现有敌对行为范围以外之任何动员或准备。日、中双方的工作人员应即速撤离上海地域内之一切接触地点。

（三）在双方交战人员之间设定隔离中立地带，以保护共同租界之安全。

（四）此等中立地带由中立国人员担任警备。此事交由领事官员协商酌定。

（五）上列各项条件如经接受，即可根据《巴黎条约》及去年12月9日国际联盟决议之精神，无条件、无保留地在中立的监视人员或参与者的协助下，促进日、中双方为解决现存一切纷争而进行交涉。

谨此布达，并向阁下致以敬意。

《日本外交年表并主要文书》下卷，第196—198页

选自（中国近代史资料丛刊）《抗日战争》第一卷"从九一八到七七"，第315页

芳泽谦吉①致英美法三国大使复文
1932年2月4日

谨以书翰奉复事：关于解决上海事件问题，贵大使奉贵政府训令于本月2日来照所述之提案，业已奉悉。帝国政府对该提案之意见如下，特此奉告，即希察照：

（一）中国军队的挑衅及骚扰性行为必须立即彻底停止。此点如能得到确实保证，帝国军队当即停止战斗行为。倘若中国方面（不论正规部队或便衣队等）再有挑衅或其他骚扰性行动发生时，帝国军队完全保留自由行动之权。

（二）鉴于以往中国方面的背信行为以及当前局势的严重性，我方不能中止动员及战斗准备。

（三）关于隔离日、中双方作战人员以及必要时在闸北附近设定中立地带问题，应由领事及军队指挥官员商谈确定，帝国政府对此不持异议。

（四）所谓日、中两国间现存之一切纷争，据理解，满洲事件似亦包含存内，然而满洲事件不仅与此次上海事件全不相干，而且国际联盟理事会于去年12月10日已就该事件做出决议。因此，关于该事件的解决，不能接受第三国监视者或参与者的援助。此乃帝国政府的既定方针，故对此项提案帝国政府不能同意。

---

① 时任日本外务大臣。

特此奉答,顺向阁下致以敬意。

敬具。

《日本外交年表并主要文书》下卷,第 196—198 页

选自（中国近代史资料丛刊）《抗日战争》第一卷"从九一八到七七",第 315—316 页

村井仓松①致吴铁城②公牍
1932 年 2 月 18 日下午 9 时发出

自本年 1 月 28 日夜贵国第十九路军及便衣队向我海军陆战队发起攻击以来,日、中两国军队即在闸北一带两相对峙。同月 29 日傍晚,两军之间虽已约定停止战斗行为,但贵国军队依然屡屡违约,向我军发起射击或炮击,我军被迫不得不起而应战。同时,贵国军队又有计划地进行挑战,以致吴淞和江湾方面也发生了军事冲突。在此期间,贵方不但向各方面进行十九路军获胜的虚伪报道,还对我方的公正行动肆无忌惮地进行诽谤。致使十九路军又对除保卫租界及侨民安全以外别无它意的我军展开了新的攻击,而便衣队亦在各地随时出没,恣肆狂暴,有增无已,不仅危及我国侨民的安全,亦使上海租界受到严重威胁。基此情况,本总领事深切感到,立即采取措施,以使因日、中两军冲突所引起的不幸事态及早结束,实属至关紧要,故望阁下按照下列条件迅速平熄战火。希即转告贵国军队,接受下列条件,并切实执行。

倘若贵国军队不接受此项要求,则日本军队亦将保持行动之自由。此点亦应附笔提请注意。

停战条件

（一）中国军队须在 2 月 20 日上午 7 点以前撤出第一线,同日下午 5 点以前撤至下记连接线:黄浦江左岸共同租界西北端——曹家渡镇——周家桥镇——蒲淞镇一线以北;租界北部境界线以北;黄浦江右

---

① 时任日本驻上海总领事。

② 时任上海市长。

(军)〔岸〕烂泥镇连接张家楼镇一线以北,距租界境界线20公里(包括狮子林炮台)以外之地,撤除该地域内的炮台及其他军事设施,并不得另行设置。

现居住在上海附近不属于上述撤退地域内的日本侨民,中国方面须负全责保护其生命财产之安全。此种保护如不完备时,日本方面将采取适当手段。

关于便衣队,中国方面须采取有效措施,禁止其一切活动。

(二)在确实认定中国军队已经撤退之后,日本军即将进行收缩,仅保持在虹口附近工部局道路(包括虹口公园四周)地区之内;在中国开始撤退以后,日本军将不进行射击、追击和轰炸,但飞机侦察则不在此限。

(三)中国军队自第一线撤退完了之后,日本军将派出带同护卫兵的调查人员进入撤出地域内,以确认撤退之是否确实执行。

(四)关于对居住在上海附近(包括撤退地域内)外国人的保护问题,另行商定。

此次第十九路军之所以出此行动,实如2月15日本总领事致贵市长照文中所言。本总领事于1月20日照文向贵市长提出要求,贵市长在1月28日的复照中,已答应即时解散抗日会并禁止其他排日运动,但贵市长缺乏切实执行上述诺言之诚意与能力,以致酿成今日之结果。因此本总领事再次要求贵市长迅速、切实、完全执行前次诺言,是为至要。

本总领事以最大之关心监视贵市长对本件之执行,倘若不获实效,我方即将采取适宜手段。

附此一并言明。

《日本外交年表并主要文书》下卷,第201—202页

选自(中国近代史资料丛刊)《抗日战争》第一卷"从九一八到七七",第316—318页

3. 中日停战谈判与《上海协定》的签订

国民政府外交部工作报告
1932 年 1 月

一月二十八日下午一时,日鱼雷艇十二艘由吴淞口开进上海,日舰运陆战队上岸。一时二十分 Motor Lorries(卡车)二辆由海关码头载陆战队闯至北四川路地带,闸北宝山路发生激烈战争。二十九日晨,日飞机又在闸北掷弹。我方为自卫计,竭力抵抗,并于一月三十日照会九国公约签约国美、英、法、比、义、和、葡各公使,其内容大略如下:

(一)九月十八日沈阳事件以来,日本继续在东三省及中国其他领土上从事武力侵略行为,漠视国联行政院三次的决议,现今且在上海开始军事行动,除违反国联规约及巴黎非战公约外,对于华盛顿九国远东公约更属直接的侵犯。

(二)国民政府对于日本的侵略行为,迄今尊重国联决议及非战公约,极端隐忍,但现在日本的扩大军事行动,威胁首都,将致中国从民族生存及国家地位上着想有不能再忍受之势。

(三)在现今上海严重的局面之下,为防止事变的再扩大计。九国公约国应有严正的行动,以履行其条约上之神圣责任。

(四)国民政府请九国公约国顾念各自在该条约下之义务,迅速采取有效的手段,制止日本军事行动,以保持远东和平。

(二)2—2,651,1

选自《日本帝国主义侵华档案资料选编:九・一八事变》,第597页

国民政府外交部工作报告
1932 年 1 月

一月三十日,本部将上海事件,日军横施侵占闸北,炸毁交通文化机关及民居商店情形,电达日内瓦颜代表,令其向国联行政院提出紧急

通牒,应请根据盟约,迅即采取有效之措置,予以制止。本部又电令颜代表准备援用盟约第十五、第十六两条。颜代表遂于演说词中提及"中国对于根据第十一条采最后解决方法之适宜,因希望得有结果,曾表示感谢,现则根据他条而采取必要之程序,尤为急迫"。并由颜代表于一月二十六日向行政院法、美、德、义代表暨行政院主席告以中国预备引用国联盟约第十五第十六条。

(二)2—2,651,1

选自《日本帝国主义侵华档案资料选编:九·一八事变》,第597—598页

罗文幹关于中日交涉情况给行政院的报告

1932年2月7日

自暴日违背盟约,侵我领土,上海商业繁盛之区更大遭其蹂躏,文幹受任危难之际,材轻责重,深虞弗胜。视事以来,秉承中枢决定方针,随机应付,撑拄危局,瞬已经旬,谨将处理中日事件经过情形摘要电陈,伏惟垂察。此次政府决定行使正当防卫权,宣示中外,方针既定,对外交涉较有办法。爰即电嘱颜代表,敦促国联实行盟约第十条暨第十五条,对日予以切实制裁;一面照请签订九国条约各国,履行该约义务。上海事件初由上海市政府向日领抗议,责其不应于日领认为满意答复后,日海军竟向闸北为无区别之攻击。迨事态扩大,本部迭向日使严重抗议,以日军于停战期内忽施攻击,殃及多数居民及文化机关,日方应负全责,并声明保留一切要求。又向英、美使抗议不应默认日军假道租界作战,并通知各国吴淞口禁止夜航。下关事件发生,本部立即向日使严重抗议,并通电颜代表暨驻外各使转知国联及各友邦。乃日使竟谓我狮子山先行开炮,又经根据报告力予驳复,一面派遣部员会同军警各员与日领随时接洽,不(便)〔使〕双方军队有接近之机会,以免发生事端。本部对于国联方面早经准备提出盟约第十条暨第十五条。泊上海事件扩大后,本部历将日军横暴详情,及战事重要情报,随时电达颜代表通知国联;又电饬驻美严代办通知美政府。并嘱颜代表于提出盟约

第十条、第十五条事更加努力,冀达实行第十六条之目的。对于华府会议,各国亦经发出通牒,请各国政府履行该约之责任,速采有效手段,严制日本在中国领土内之一切军事行动,以及违反该约之其他行为,以维持该约尊严与远东和平。同时电嘱颜代表向国联表示,此举非撇开国联,乃两者并行不悖之意。溯自我军在沪实行自卫后,外交形势转佳。日来迭与驻京各国使领接洽,并电邀英、美诸使来京会商解决中日事件。现英、美、法、德诸使先后来京会晤多次。英、美使来照提出调停条件五项。当经本部照复,除改中立区域为和平区域,中立国为第三国,并希望商议时第三国须参与不仅观察外,完全接受。此外,复经本部发表对外宣言声明,我军在上海行动纯属正当防卫,并非宣战。又对日本内阁总理犬养毅宣言发表谈话,主张对日问题应整个解决,沪案与东北事件无分别处置之理,并通电驻外各使说明沪案真相及政府政策。又以日俄关系于我国外交影响甚大,电嘱莫代表仍留俄京觇视时通消息。至于内部工作,在部设立特种编译委员会,搜罗关于东北事件之材料,遴员分任编译,备供国际调查团之参考。又派员与军政各机关随时接洽,应付日方以维治安。文斡运筹折冲,智尽能索,临时因应,诚恐未协机宜,伫候钧裁,藉资循守。

（二）2—2,871

选自《日本帝国主义侵华档案资料选编:九·一八事变》,第598—599页

中华民国外交部工作报告
1932 年 2 月份

（1）二月六日,本部以日方希图分沪案与东三省案为两事,当电日内瓦我国代表团竭力主张中日事件为整个问题,东省事件与沪案绝无分开之理。

（2）二月十日,本部以据莫代表电称:"日军占据哈埠,苏联政府及其机关报毫无表示,对日谅解已可概见"等语,特电日内瓦我国代表团注意。

（3）二月二十日，本部以日方在各国捏词宣传中国为排外，希图淆惑国际观听，当经本部电达日内瓦我国代表团对外声明："我国民众因日本在东省及上海等地之暴行表示正当愤慨，不惟无排外言动；且对各友邦益加亲善"云。

（4）二月二十四日，本部据驻日本使馆电称："本日日本阁议荒木提出增兵案，经数小时讨论决议通过，已发令出动"等语。当电达日内瓦我国代表团促国联注意。

（二）2—2，651，1

选自《日本帝国主义侵华档案资料选编：九·一八事变》，第600—601页

中华民国外交部报告

1932 年 3 月 4 日

一日电陈英海军司令克雷二十八日所提办法计达。兹接颜代表二月二十九日电称："今日行政院主席彭古宣称：（一）上海已有谈话，近在求一停止中日敌对行为调停办法。该办法已请示两国政府，极其欢迎行政院对于巩固和平所作之贡献。（二）主席召集诸同仁将求达此目的之提议，欲求提议之有效执行，势须中日两国之接受，尤须在上海租界驻有代表之列强之合作贡献友谊协力。（三）计划如下：甲、立即在上海召集会议，以中日两方及上述列强之代表组织之，俾战事有一最后结束，恢复上海和平。乙、所拟开之会议须根据：一、日本无政治领土企图，无意设立日本租界或增进独享利益；二、中国出席会议以基于公共租界及法租界之安全及完整必须维持之原则，而其维持须另订办法，俾该区内居民免受危险；三、须就地接洽停战办法后，召开会议，并建议主要列强驻沪之陆海军当局及文官，尽力予以可能之援助，俾以巩固该项办法；四、此项办法及此项建议以立刻恢复上海和平为目的，并不妨碍或变更行政院或任何国家关于中日战前所处之地位。行政院主席渴望邀请中日及上述列强切实合作"等语。又接颜代表一日来电云："行政院昨开会。对彭古氏之提议，全场赞成。西门爵士称，美政府托其代

为表示，美政府对此提议亦完全予以赞助与实行。日代表佐藤宣称四项，大体接受彭古提案，否认报界谣传日本有意在中国重要城市之四周设立中立地域"等语。查彭古提案重在举行上海国际会议，而以中日议定停战办法为先决条件。日方一面宣称彭古提案可以接受，一面拒绝克雷处所议办法，而同时积极进攻，其绝无诚意，明显已极。我方对于停战办法原可同意，惟彭古所提会议办法所断，如照案声明，会议必多枝节，且涉及租界本身问题，本日已付修正电达颜代表。窃日本既拒绝克雷处所议同时撤退办法，而佐藤反在国联声称接受彭古提案，既不欲停战，则上海国际会议无从开会，此种策略显欲一面在国际制造有利之空气，一面仍实行武力侵略政策。谨先电陈钧核，余容续陈。外交部江西。印。

（二）2—2,879

选自《日本帝国主义侵华档案资料选编：九·一八事变》，第601—602页

中华民国外交部报告

1932 年 3 月 7 日

据日内瓦颜代表支电称，大会今日下午全体一致通过决议案如下：（一）大会于申述行政院二月二十九日所议决之提议，并声明不妨害提议中所包含之其他方法之后，申请中日政府立即采取必要之方法，使两方军事当局所发停战之命令变成有效。（二）请求在上海有特别利益关系之列强，以前项办法实行之状态报告大会。（三）劝告中日代表，以上述列强陆军、海军、民事当局之协助，开始磋商，订立办法。此项办法须确定战事之停止，并规定日军之撤退。盼望上述列强随时将磋商情形向大会报告，并宣称上述第三节所称之磋商系指停战之磋商，而非指停战磋商后之圆桌会议。我方基于此项谅解而接受大会之决议。又了解对于撤兵办法不得提出任何条件（此项了解根据义、捷两代表所主张者）。吾人以为国联会员之国家，依照盟约，对于外国侵略有受防护之权利，不能因实行此项权利而向其要求任何代价等语。除电嘱颜

代表坚持保留外,谨闻。

(二)2—2,879

选自《日本帝国主义侵华档案资料选编:九·一八事变》,第602—603页

中华民国外交部报告

1932年3月9日

顷接外交部罗部长一电文,曰:"汪院长钧鉴:五日电陈,关于国联大会议决各节,谅邀钧览。幹意该决议既经中日双方接受,苟欲令日军撤退,恐非依照决议进行不可,故我方步骤,第一步似须依照该决议第一节,令我方军队,如日军不攻则不向其攻击,并通知各国请其报告国联;第二步请各国依照第三节会商确定停战及日军撤退办法。现正与外委会同人暨军事当局接洽,金认为应如是办理。钧意如何,恳即电示。罗文幹叩。麻"等语。谨电转陈。

(二)2—2,879

选自《日本帝国主义侵华档案资料选编:九·一八事变》,第603页

中华民国外交部工作报告

1932年3月

三月四日,国联开大会,全体一致通过决议案如下:

(一)大会于申述行政院二月二十九日所议决之提议,并声明不妨害提议中所包含之其他方法之后,申请中日政府立即采取必要之方法,使两方军事当局所发停战之命令变成有效。

(二)请求在上海有特别利益关系之列强,以前项办法实行之状态报告大会。

(三)劝告中日代表以上述列强陆军、海军、民事当局之协助。

开始磋商订立办法。此项办法须确定战事之停止,并规定日军之撤退。

当由我国颜代表宣称:"上述第三节所称之磋商,而非指停战磋商

后之圆桌会议,我方基于此项谅解,而接受大会之决议;又了解对于撤兵办法,不得提出任何条件(此项了解根据义、捷两代表所主张者)。吾人以为国联会员之国家,依照盟约对于外国侵略有受防护之权利,不能因实行此项权利,而向其要求任何代价。"

三月十日国联大会决议案如下:

(一)大会鉴于盟约所载各项规定,对于此次争执完全适用,其尤著者为:(一)严格遵守条约之原则;(二)联合会会员担任尊重并保持所有联合会各会员领土之完整,及现有政治上之独立,以防御外来侵犯之约言;(三)将彼此间所有一切争执,以和平手续解决之义务。

采用一九三一年十二月十日行政院主席白里安宣言中所发表之原则。

回溯行政院十二会员于一九三二年二月十六日致日本政府声请书中,曾重申此项原则宣言,凡轻视第十条之规定,蹂躏联合会会员领土完整及变更其政治独立之举动,联合会各会员,均不能认为有效。

鉴于上述规定,联合会会员国际关系,及和平解决一切争执之原则,与巴黎公约完全相符,而该公约实为世界和平机关之一砥柱。其第二条规定,"缔约各国互允各国间设有争端,不论如何性质,因何发端,只可用和平方法解决之"。

于待本会最后所作之决定,以解决管理之争执时,特布上述原则及规定,负有一种应予遵守之性质,并声明凡用违反联合会盟约之方法,所取得之地位条约及协定,联合会会员均不能承认之。

(二)大会重申,如由任何一方用武力压迫,藉以觅取中日争执之解决,实如盟约精神相违背。

回溯一九三一年九月三十日及十二月十日经当事双方协助行政院所通告之决议。

并回溯一九三二年三月四日经当事双方协助关于切实停战及日军撤退事项大会本身所通过之决议。

知悉联合会会员在上海租界有特殊利益之国家,对于此项目的已准备充分扶助,并请求各该国于必要时通力合作,以维持撤退区域之治安。

(三)大会缘一月二十九日中国政府之请求,将联合会盟约第十五条之手续适于此次之争执;缘二月十二日中国政府之请求,将此次争执依照盟约第十五条第九节之规定,提交大会,并缘二月十九日行政院之决定。

鉴于本会接受处理中国政府请求中所指争执之全部,应负有适用盟约第十五条第三节所规定"调解"手续之义务,并于必要时应负有适用同条第四节所规定"说明建议"手续之义务。爰决定组织委员会当事国以外之行政院会员,及用秘密投票选出之其他会员国代表组织之,该委员会代表大会执行职务,并受大会之监督。应(一)从速缮具报告关于依照一九三二年三月四日大会之决议停止战争及缔结协定,使上述战争切实停止,并规定日军撤退各事项;(二)注意一九三一年九月三十日及十二月十日行政院通过决议案之实行;(三)预备协定草案提交大会,以便依照盟约第十五条第三节之规定便利本争执之解决;(四)于必要时得向大会提议,提出于国际审判法庭,请其发抒意见;(五)或从事预备盟约第十五条第四节所规定之报告书草案;(六)建议一切似属必要之紧急办法;(七)于最早时期内向大会提出第一次报告书,最迟不得过一九三二年五月一日。

大会请求行政院将一切视为应行转送大会之文件或附带意见,转致委员会。

大会并不闭会,主席视为必要时得召集之。

兹将此次召开大会之结果详述如下:

(一)大会公然于演说词中隐然于决议案中指斥日本。

(二)行政院之决议案加以认可并注意。

(三)由特别委员会办理较诸由行政院办理为善。

(四)依据盟约第十五条,先之以调停,继之以强制执行,以应付整个纠纷。

（五）上海立即恢复原状，东省渐次恢复原状。

（六）撤兵之前不得交涉。

（七）以和平方法解决之。

（八）大会不闭会。

（九）五月一日以前报告大会。

（十）日本非法之取得，不能予以承认。

二月十三日，我国颜代表奉政府训令，通知大会主席西姆士，中国接受大会决议案，而对该决议案将我方所坚持之一切原则归纳在内，表示感谢，并提及三点，即（一）在军事压迫下不得解决一节，即先撤兵而后交涉；（二）全体会员国有将纠纷提交和平解决之义务，是卸除中国对事态之责任；（三）会员国对违反盟约公约所造成之局面等情，不予承认一节，当然包括傀儡政府在内。

（二）2—2,651,1

选自《日本帝国主义侵华档案资料选编：九·一八事变》，第 604—607 页

中华民国外交部工作报告
1932 年 3 月

根据国联决议案，由英、美等国代表居间调停，专议停战及撤退日军。我方首席代表由本部郭次长担任。于是，于二月二十八日双方在克雷旗舰交换意见，不料不特无进展，日方且表示不同意同时撤退。其制造和平空气，意在缓和世界舆论，展延国联大会。证以各方消息及日本种种行动，日本实无诚意。遂由郭次长于三月一日用政府负责发言人名义，发表英文谈话，以揭示日本之诡谋。

三月一日，我军以敌增援部队在浏河登陆威胁我军左侧背，我军曾与激战，继由地形及战略上关系，于是日晨退守第二防线，以策军事上之安全。本部恐远道传闻失实，一方面电达颜代表，以上海我军自动撤至第二道自卫防线，秩序甚佳，以便避免新到日本援军向我方侧面之压迫，并勿使日方有所藉口，谓不立刻停止敌对行为，请非正式通知行政

院,极可利用现今时机,催促日本立即停止敌对行为。并附加声明:华军除非被攻击,将不予进攻;而另一方面,以现在吾军为避免日方援军之压迫,及阻止日方藉口起见,已由华军自动后撤。此时各使正应利用时机,即向日方要求即日停止一切军事行动,俾停战之议,即能成立。遂由郭次长本此意旨,向英、美二使接洽。

日方于三日由克雷海军司令(英蓝使亦在场)递交与郭次长立即停止敌对行为之基本条件四条。我方以其条件之内容显与在康脱军舰之谅解大有径庭,不能接受。

三月二日,本部关于沪上中日代表会商和平事,在沪发表宣言如下:

兹鉴于日本援军续到二师,并在浏河及吴淞复行总攻,特为重要之事实,声明于左:

查中日代表因英海军提督克莱爵士之斡旋,曾在甘特军舰会商立即停止敌对之基本条件,当经获得谅解如下,(一)双方同时撤退;(二)不得提议永久卸除吴淞或狮子林炮台问题;(三)双方之撤退由中日委员会会同中立国视察团监视之;(四)撤退区域照旧由中国官吏治理,并由中国警察维持治安;(五)中国军队退至真茹,日本军队退至公共租界及越界筑路地段。俟双方上述撤退完竣,中国军队退至南翔,日本军队退回舰上(此最后一点交由将来续开之会议讨论之)。又议定,如中日政府赞同此项假定谅解,则双方正式外交军事代表再举行一正式会议,以完成此项办法。

二月二十九日,中国代表通知克莱提督,中国政府业经赞同,并请其转达日本当局,倘日本政府亦同样赞同,则正式代表可以立即正式会议。但关于东京政府之决定,日方迄今尚无答复,而在此期间日本海陆空军复向中国军队全线总攻,且日本总领事并经通告中国市长;日军决意炸毁京沪、沪杭两路。此项和平之努力在中国方面至为恳切,倘使仍归失败,则其责任当由日本再度负之。

三月三日下午二时,郭次长接克雷氏电话称,野村司令告彼,日本军事当局已令停止向我军取攻势等语。

　　总之,最迫切之问题,即系日军之撤退,依照国联大会决议进行,仅限于停战撤军之专门事项,至其他问题,尤其涉及政治者,不容提出,更不能要求任何条件,自应坚持主张日军无条件完全撤退,并促其立刻实现。此为我国之主张。

(二)2—2,651,1

选自《日本帝国主义侵华档案资料选编:九・一八事变》,第 607—609 页

中华民国外交部工作报告

1932 年 4 月

　　(甲)关于上海停战会议事项:

　　上海停战会议开议伊始,日方欲将停战撤兵与政治问题混为一谈;其所宣传则于撤废军事设施以外,尚有所谓自由港及扩充租界等问题;其所谓上海安全事项,意在联络有利害关系各国,向我要求在租界周围设立缓冲区,不许吾国驻军。嗣以所谋不遂,又主张中国军队撤退区域由中立军队驻防。本部根据三月四日、三月十一日国联大会两次通过之决议案,与日方交涉,并经友邦代表之协助,几经磋商,于三月十九日议成三项条款,确定停止中日军队敌对行为,并将日军撤退,而屏弃一切有政治性质之事项。至维持上海租界附近撤退区域内治安,由中国自动宣言,调遣特别保安队来沪,在日军撤退区域内服务。始而日方要求驻军于公共租界及虹口越界筑路区域以外地方,甚为广阔,迭经磋议,乃规定暂时留驻于上述区域毗连地方。三月二十四日,日本首席代表植田,提出所谓停止中日间敌对行为协定草案。我方代表以其不合会议程序,又含有政治性质,认为决不能作为讨论之根据。嗣经友邦代表相劝,我方仍本三月十九日约明三项条款,续继与之会议。日方屡提与停战无关之新事项,致使会议毫无进步。迭经我方代表对于日方所提之停止便衣队活动,及双方用飞机侦察诸端,力予争辩,始有头绪。嗣日方虽允于四星期内将其军队撤退,至少数与租界毗连区域,而最后

撤退日方坚持以保护日人生命财产营业及恢复地方常态为撤退期限之标准，不允确定日期。双方争持几至决裂，因此英使提出三项折衷办法，以备任择其一。我方以英使所拟之第一案，虽有撤兵期限，但仍含有政治性质之字句，乃将该案加以修正，在会提出。日方坚拒，争辩极烈。复由英、美二使调停，将第一案修正，敦劝双方再请示政府。本部以日方对会议态度颇有不欲依照国联三月四日及十一日决议案办理之趋势，故一面与之周旋，一面电颜代表商请国联召集特别委员会设法删除政治条件附之撤退，俾可继续磋商。四月十九日，国联大会特别委员会拟定草案。嗣因日方极力反对，我方仍然坚持，英使鉴此情形，乃提出折衷办法，美国等亦予赞助。本部外察国际形势，内顾国内情况，事机急迫，不能久延，当经请示行政院，准就蓝使所提议将国联大会决议草案第十一节予以修正，其内容即共同委员会依照停战协定附件规定表决之办法，对于两国履行协定认为遇有忽略时，有促令其注意之权。似此修改，与三月十九日约定三项条款，根据不牵涉政治问题之原则，尚无不合，而上海圆桌会议亦可设法使其归于渐灭，期可与东案谋同时之解决。而最后日方又提出浦东及苏州河以南驻军问题，要求我方说明该处现在防线。我代表始终严拒讨论。经英使等之斡旋，现日方已允放弃此点。四月三日国联大会已将决议草案通过，日本代表虽抛弃投票权，但与决议案之施行无碍，协定草案各条款，当经加以慎重整理，预备签字。

（乙）关于国联方面事项：

日本方面对于上海停战协定不肯明定撤兵日期，停战会议几致决裂。我方乃将会议交涉经过报告国联特别委员会，已如上述。迭经该委员会讨论，并经英国驻华公使斡旋，于四月三十日通过决议案如左：

国际联合大会

（一）考量三月四日、三月十一日大会之决议案，建议中、日代表以及在上海公共租界有特殊利益列强陆海军当局及文官之协助，开始磋商议定办法，确切停止战斗行为，并规定日军之撤退。

（二）考量特别委员会非处于从事磋商者之地位，缘三月四日、三月十一日大会决议案所拟具之办法，只能就地议订，但参加磋商之各国如于磋商进行中，或于实施上述办法之际，遇有重大困难时，得将该项困难通知特别委员会。对于此等困难，代表大会执行职权，并受其监督。

（三）考量此等磋商，应据上述大会决议案进行，当事者之任何一方不得坚持与该决议案矛盾之条件。

（四）业已知悉停战协定草案条款已送达本会，并经当事者双方接受。

（五）认为此等条款与该决议案之精神吻合。

（六）特别注意，依照第三条日本政府约明履行撤退其军队至公共租界及虹口越界筑路区域，一如一月二十八日以前。

（七）声明在最近之将来实行撤兵，系依据大会三月四日、三月十一日决议案之精神。

（八）声明非至日军完全撤退时，三月四日决议案不能认为充分遵行。

（九）知悉协定草案规定，设立共同委员会，包含中立国人员，证明双方撤兵，协商日军撤退华警接防之移交事项，一俟日军撤退，华警即行接收。

（十）知悉并认为，满意上述委员会将依照最善之方法，监视履行第一、第二及第三条，其最后所述一条规定日军完全撤退，一如一月二十八日事变以前。

（十一）知悉依照协定草案第三附件之规定，共同委员会既须监视该协定第一、第二及第三条之履行，其权限应包括一种权力，即依照上述附件规定所为之决定，对于履行上述任何各条之规定有任何疏懈时，有促使注意之权。

（十二）诚恳建议，为求得一迅速结束起见，当事者双方重复进行现在停顿中之磋商，并请在上海公共租界有特殊利益之各国政府，继续为此目的居间斡旋。

（十三）显明指出,除非依照三月四日及三月十一日决议案内开办法,即为结束本问题有再交大会之必要。

（十四）请在上海租界有特殊利益之各国政府,将共同委员会所有关于其职务之消息送交国联。该项消息将由各国政府参加该委员会之代表供给各该国政府。

（二）2—2,651,1

选自《日本帝国主义侵华档案资料选编:九·一八事变》,第628—631页

中央政治会议对于中日商订上海停战协定之决议
1932 年 5 月 3 日

一、外交部长罗文幹口头报告与日本在上海商订停战协定经过情形。

决议:此项协定,既非媾和条约,应准照外交部所拟办理。交行政院,俟办理完竣,再由行政院向立法院报告。

（录自中华民国二十一年五月三日中央政治会议第二十九次临时会议纪录）

《中华民国重要史料初编——对日抗战时期》绪编(一),第538页

中日上海停战及日方撤军协定
1932 年 5 月 5 日

第一条　中国及日本当局,既经下令停战,兹双方协定,自中华民国二十一年五月五日起确定停战。双方军队尽其力之所及,在上海周围停止一切及各种敌对行为。关于停战情形,遇有疑问发生时,由与会友邦代表查明之。

第二条　中国军队在本协定所涉及区域内之常态恢复,未经决定办法以前,留驻其现在地位。此项地位,在在协定附件第一号内列明之。

第三条　日本军队撤退至公共租界暨虹口方面之越界筑路,一如中华民国二十一年一月二十八日事变之前。但鉴于须待容纳之日本军队人数,有若干部队,可暂时驻扎于上述区域之毗连地方。此项地方在本协定附件第二号内列明之。

第四条　为证明双方之撤退起见,设立共同委员会,列入与会友邦代表为委员。该委员会并协助布置撤退之日本军队与接管之中国警察间移交事宜,以便日本军队撤退时,中国警察立即接管。该委员会之组织,及其办事程序,在本协定附件第三号内订明之。

第五条　本协定自签字之日起,发生效力。

本协定用中、日、英三国文字缮成,如意义上发生疑义时,或中、日、英三文间发生有不同意义时,应以英文本为准。

中华民国二十一年五月五日订于上海。

外交次长　郭泰祺

陆军中将　戴　戟

陆军中将　黄　强

陆军中将　植田谦吉

特命全权公使　重光葵

海军少将　岛田繁太郎

陆军少将　田代皖一郎

见证人:依据国际联合会大会中华民国二十一年三月四日决议案协助谈判之友邦代表:

驻华英国公使　蓝普森

驻华美国公使　詹　森

驻华法国公使　韦礼德

驻华义国代办使事伯爵　齐丝诺

附件第一号

本协定第二条所规定之中国军队地位如下:

查明附连上海区邮政地图(比例尺十五万分之一)由安亭镇正南,

苏州河岸之一点起,向北沿安亭镇东最近小浜之西岸至望仙桥,由此北过小浜至沙头东四基罗米突之一点,再由此向西北至扬子江边之浒浦口,并包括浒浦口在内。

关于此项地位,遇有疑问发生时,经共同委员会之请求,由该会委员之与会友邦代表查明之。

附件第二号

本协定第三条所规定之地方如下:

此项地方在附连四地图各别标志为甲、乙、丙、丁,并称为一、二、三、四各地段。

地段(一)见甲图。双方订明:(一)吴淞镇不在此地段之内;(二)日方不干涉淞沪铁路暨该路工厂之运用。

地段(二)见乙图。双方订明:万国体育场东北约一英里许之上海公墓,不在日本军队使用地段之内。

地段(三)见丙图。双方订明:曹家塞及三友织布厂,不在此地段之内。

地段(四)见丁图①。双方订明:使用地段,包括日本人公墓及东面通至该墓之路在内。

关于此项地方,遇有疑问发生时,经共同委员会之请求,由该会委员之与会友邦代表查明之。

日本军队向上列地方之撤退,于本协定生效后一星期内开始,并于开始撤退起,四星期内撤完。

依照第四条所设之共同委员会,对于撤退时不能移去之残疾病人或受伤牲畜,采取必要办法,以资照料,并办理其日后之撤退事宜,此项人畜,连同必需之医药人员,得遗留原地,由中国当局给予保养。

附件第三号

共同委员会,以委员十二人组成之,中国及日本两政府暨依据国际

---

① 附件第二号中的地图略去——原编者注。

联合会大会三月四日决议案,协助谈判之与会友邦代表即英、美、法、义各驻华外交代表,各派文武官吏代表各一人为委员。该会委员依照委员会之决定,得随时任用认为必要数之助理员。所有关于程序事宜,由委员会斟酌办理。该委员会之决定以过半数行之。主席有投票取决权。主席由委员会内与会友邦代表委员中选举之。委员会依照其决定,以其认为最善之办法,监视本协定第一、第二、第三各条之履行,并对于履行上述各条之规定,有任何疏懈时,有促使注意之权。

(二)787,4138,

选自《日本帝国主义侵华档案资料选编:九・一八事变》,第631—634页

蒋介石告全国将士电

1932 年 5 月 7 日

　　何总司令、广州陈副司令、各绥靖主任、各司令长官、各总指挥、各军师旅团长均鉴:密。淞沪停战撤兵协定已于歌日签字,全文业已公布。此次协定成立,实依照国联之决议,关于协定内容,我方所始终坚持者,为限于日军撤退,不得附带政治性质之条件,此点已完全办到。至于日军撤退由共同委员会负责监视,对于违背协定随时可以提出制裁,自昨日起日军已依照协定开始撤退,我方亦已开始接收地方矣。惟中日之根本问题全在东北土地之得失与主权之存亡,故我政府仍本向来一贯之方针,以交涉与抵抗并行,期得最后之解决。特此通告,诸惟督察。蒋中正。虞机。

　　(录自总统府机要档案)

《中华民国重要史料初编——对日抗战时期》绪编(一),第545页

(二)国民政府诉诸国联与国联调查团

　　说明:"九一八"事变后,国民政府把阻止日本侵占东三省的希望

寄托于国际联盟,采取了诉诸国联的方针。国联最初采取消极观望态度,后因日本继续扩大侵略,至 1931 年 12 月 10 日,始议决派遣调查团赴中国东北调查。1932 年 1 月 21 日,国联调查团正式成立,以英国伯爵李顿为团长,又称"李顿调查团"。中国前外交部长顾维钧代表中国政府,参加该团工作。调查团于 3 月 14 日抵达中国,4 月 21 日至 6 月 4 日在东北各地调查。7 月 20 日在北平起草报告书,10 月 2 日《国联调查团报告书》于国联所在地日内瓦、中国南京、日本东京三地同时公布。《报告书》对日本发动"九一八"事变及扶植伪满洲国的事实作了具体陈述,但又十分明显地为日本侵略开脱罪责;对东北问题,提出了有利于英、美等大国插手控制的主张和办法,认为东北的政治组织应走"国际合作"的道路。国联于 1932 年 12 月 12 日专门组织一个"十九国特别委员会",根据李顿报告书,起草了关于中日争议报告书。报告书中坚持了满洲主权属于中国和不承认伪满洲国等重要观点,于 1933 年 2 月 24 日的国联特别大会上,以 42 票对 1 票获得通过。日本政府于 3 月 27 日通告退出国联。以下所收的主要来自外交部的工作报告及相关资料,较为翔实地记录了国民政府诉诸国联及国联调查团的有关活动。一些文献与本书第五卷所收有所重叠,一以保留完整的外交部工作报告,一以集中展现事变后国民政府的外交活动。今两存之,庶免翻检之劳。

1. 国民政府诉诸国联与国联的审议

中华民国政府外交部工作报告
1931 年 9 月

据各方面报告,以九月十八日午后,日本军队突然攻击北大营中国军队,并炮击沈阳城,于十九日占领该处。安东亦被占领。事前我方绝无挑衅行为,迨事变发生,我国军队亦绝未抵抗等语。当经本部电查明确,即迳向驻华日本公使及日政府同时提出紧急严重抗议,要求日军立即撤退,并声明保留将来提出正当要求之权。一面电令国际联合会中国代表团,向该会行政院提出,请其按照国联盟约决定制止办法。并训令驻扎签字凯洛格非战公约各国使节,为适当宣传并向驻在国切实接洽,而尤注重发起该约之美国。嗣虽据日本使馆声称,日政府已电令日军长官勿令事变扩大,惟事实上日军仍向各处进展,长春、吉林、营口等处相继被占。遂提出第三次抗议,认为日本方面故意使此事扩大,其破坏东亚和平之责任应更加重大,仍要求立即撤退日军,将占领各地完全交还。九月二十二日据驻美代办容揆电称,美政府对于此事深为惊异,静待确切消息再定方针。据出席国际联合会代表施肇基电称,行政院开会,英代表提议即刻恢复原状,并将此次会议录送美国,统观大势于我有利等语。又接国际联合会行政院主席电告开会通过情形,其要点:(一)从速请求中、日两国政府停止一切行动,足使现在局势愈加严重或足以害及本问题和平之解决者;(二)商同中日代表觅得适当办法,俾两国将各本国军队速予撤退,同时不妨碍各本国人民之治安,及其所有财产之保护;(三)行政院并表决,将该院每次开会时之会议纪录及关于此事之文件,转达美国政府参考。行政院于九月三十日闭会前并通过议决案九项,其内容如下:(一)中、日政府对于所接紧急声请之答复,及为应此种声请所取之步骤,行政院对之业已阅悉。(二)日本政府之宣言谓对于满洲并无领土野心,行政院认为重要。(三)日代表宣言军队业经开始撤退,日政府在可能范围内,以日本人民生命财产之安全得有切实之保护为比例,仍继续将其从速撤至铁路区域以内,并希望在可能范围内从速完全实行此种意愿。行政院对之业已阅悉。(四)中国代表之宣言谓该区域以外之日侨其生命财产之安全,在日军继续撤退、中国地方官吏及警察再行恢复,中国政府当负责任。行政院对之业经阅悉。(五)深信双方政府均极愿避免采取任何之行动,足以扰乱两国间之和平及和好谅解者。并阅悉中、日代表既保证该两国政府将采取一切必要之步骤,以防止因时局愈加严重致扩大事变之范围。(六)请求双方尽力所能,速行恢复两国间通常之关系,并为求达到目的之速完成上述任务之实行[原文如此]。（七）请求双方时常并充分供给行政院以关于时局发展上之消息。（八）表决如无意外事件发生必须立即开会者,则于十月十四日在日内瓦再行开会,以考量此时之局势。（九）如主席经向各同僚尤其两关系国代表咨询后,认为根据从关系国或从其他各会员方面所得关于时局进展之消息,无须再行开会时,主席有权取消已定召集之会议。以上九项中最重要之点,即表决如无意外事件发生必须立即开会者,则于十月十四日在日内瓦再行开会。

（二）2—2,650,2

选自《日本帝国主义侵华档案资料选编:九·一八事变》,第421—423 页

中华民国政府外交部工作报告

1931 年 10 月

自上月日本以暴力侵占东北各地,国联行政院议决要求日本速行撤兵,乃日本不顾决议案继续东省军事行动,进击锦县并派大批军舰来华示威。十月九日且遣公使重光来京送达节略。以中国反日排货运动日益激烈,若致日本人民生命财产及利益之保护义务不能完成,则因之一切责任应归我国负担云云。我国对于节略痛加驳斥,大致谓日本军队不顾国际公法,违反国联盟约、巴黎非战公约及华盛顿九国条约之规定,突然侵入,占领中国辽宁及吉林省各部,且作多种军事行为,及其他即在战争时亦为国际公法所不许之举动。中国政府以最严格之方式遵守国联行政院之决议,缜密保护日人生命财产,并制止各种足使局势愈趋严重之行为,其结果无论任何日本人民均迄未遇有不幸之事。在此两国政府已将案件提交国联行政院,及国联行政院已规定两国应循方针之际,日本倘仍用兵力以为其国家政策之工具,将来所有不幸结果,日本政府应完全负其责任。中国政府因深信中日两国人民间感情之隔阂及两国通商上之困难,全为日本军队种种非法举动所造成之当然结果。以为日本政府倘能努力将其所以致此之原因设法解除,于改善两国间之关系而维持东亚及世界之和平,当有良好之结果也。嗣因日本

既不顾一切绝无撤兵之意,乃由施代表要求行政院提前开会,行政院依
我国之请,提前于十月十三日开会。施代表声明,对于九月三十日之议
决案我国业已切实履行,日本非但不履行,且继续施其侵略。日本代表
则借词抗日运动、日侨安全可虑,不欲撤兵。我方则力保日侨安全。经
行政院主席竭力斡旋,结果由大会决定请美国参加行政院会议,以期举
世一致对日。初时日本反对此举甚力,嗣经表决以全会十三票对日一
票通过,美国遂派 Gilbert 以正式观察员资格列席行政院。乃于十月二
十四日决议要求日本即日开始撤兵,于十一月十六日以前完全撤退,要
求中国切实保护在华日侨;俟撤兵完成后,中日两国开始交涉;设立调
解机关,解决中日间纠纷。决议案全文如下:(一)兹特重申各政府在
该决议案中向行政院所作之允诺,尤其日本代表之声明,谓日本政府当
依照切实保证日人生命财产安全之程度,继续令速撤兵至铁路区域以
内,及中国代表之声明谓中国政府当负保护铁路区域以外日侨生命财
产安全之责任,此项允诺包括切实保护在满之日侨;(二)再重申两国
政府已保证避免凡足令现有状态愈趋严重之任何举动,故两国政府不
得诉于任何侵略政策或举动;并须采取办法消除敌对运动;(三)重申
日方之声明,谓日本在满洲并无领土目的,并知悉此项声明与国联盟约
及九国条约之规定相符合。九国条约各签字国曾保证尊重中国主权与
独立及土地与行政上之完整;(四)深信实践此项保证及允诺,为恢复
两方通常关系所必要:(甲)要求日本政府立即开始并顺序进行将军队
撤至铁路区域以内,要在规定之下次开会日期以前完全撤退;(乙)要
求中国政府履行其保证负责保护在满洲一切日侨生命安全之允诺,采
定办法,于接收日兵撤退地面之时,得能保证在该地日侨生命财产之安
全,并请中国政府令因此事委派之中国官吏会同各国代表,俾各该代表
得观察此项办法之执行;(五)建议中、日两国政府,应立即指派代表,
协定实行关于撤兵及接收撤退区域所有各事之细目,俾得顺利进行不
致延缓;(六)建议一俟撤兵完成后,中、日两国政府开始直接交涉两方
之悬案,尤其因最近事件所发生之问题及关于现在各项困难之问题,此

种困难因满洲铁路状况而发生者。为此目的,行政院提议双方设立调解委员会或类此之永久机关;(七)决议延会至十一月十六日,如届时行政院对于时局将重予考量。惟授权于行政院主席,于渠认为有必要时,得提早召集会议。同时日方提出对案,要求我国制止抗日行动,先行成立基本交涉原则,然后撤兵。我方则坚决反对撤兵前开始谈判。日方提案卒以十三票对一否决。与决议案之十三票对一通过,两相映对,亦以见公理之战胜强权也。国联行政院决议案通过后,签字非战公约国家如英、法、美、德、挪威、意大利、波兰、南斯拉夫等国,先后分别向我国与日本政府双方同时劝告,以和平方法解决国际纷争。我国答复各国,声明我国向遵守国际公法与公约,故迄未采取战争步骤,并愿与签约各国共同维持公约尊严之努力。自国联行政院于十月二十四日再休会后,日方迄无撤兵表示,二十六日复发牒文,重申日军不能撤退理由。我国电由施代表驳复,大致谓中国代表曾对行政院声明表示中国政府意见,谓日本当局现在所声诉之危险,实适由日本军队仍驻中国领土所造成。该项声明复经行政院主席白里安氏予以补充,谓"若以军事占领作为和平办法之一种,余恐世界舆论所不许,余以为军事占领应在此类办法之外,故延长该项之占领,其势必致延长现已历久之不安状态"。行政院之决议案及中国政府对于行政院之允诺,已予日本军队撤退各地方日本侨民生命财产之安全以最广大之保障,欲图此项保障及允诺之生效,则惟有就地定出一种局部办法,随日本军队撤退之程度同时并进。正如白里安君在行政院中所云,需时至多不过数日而已。中国政府以为,欲求收国联会处理之效果,欲防止危及远东和平各争端之再见,其唯一方法在于如中国政府之提议设立永久调解机关,以求和平,并公正解决两国间万一纠纷。中国政府须重为说明者,即现在先决问题为日本军队应依照行政院决议案立即开始撤退,而于十一月十六日前完成其撤退也。并由中国政府发表宣言,希望日本履行国联行政院决议案,俾中日问题能进行谈判。宣言全文如下:国际联合会行政院已于二十四日决议,拒绝日本之提案,而通过该院原案,唯日本坚决反对,而其余行政院会员如英、法、德、意、爱尔兰、瓜特马拉、南斯拉夫、挪威、巴拿马、波兰、秘鲁、西班牙等十二国,一致与中国拥护行政院原决议案。于此可知,中国坚持日军即速完成撤退一节,实合国际公道与正义,而为世界各国所确认,并予以完全赞助也。依照国联行政院决议案,日军应于十一月十六日前完全撤退,是国联对于任何国家凭借武力而求解决国际纷争,其反对之意益可于此证明。而决议案又建议俟撤军后中、日组织调解委员会或其他类似之永久机关一节,尤足表现国联努力促进和平之意。国民政府深望国联行政院决议案能及早实行,并望国际联合会继续努力,务使目的能完全达到。吾国国民自当刻意忍耐,恪守法律,以助正义公道之成功。国民政府深信日本终能尊重世界公意,依照国联决议于十一月十六日前将军队完全撤退,俾其他问题得继续进行,以谋恢复中日两国国民间之良好友谊,而东亚永久和平之基础亦得赖以巩固焉。

(二)2—2,650,2

选自《日本帝国主义侵华档案资料选编:九·一八事变》,第423—426页

中华民国政府外交部工作报告

1931年11月

日本前于十月三十日致我国照会一通,内称日本政府之方针,希望开始商议确立中、日平常关系基础大纲。经本部于十一月三日驳复,内容略谓,中国政府极愿依照行政院之建议,俟撤兵完成后开始交涉两国间之悬案,并设立调解委员会或类此之永久机关,但在撤兵尚未完成前,所有商议自应限于撤军及接收之细目等语。由蒋公使送达日外务省。

十一月二日,白里安致芳泽函,答复日本政府十月二十六日之宣言,对于日本五点之答复,谓前四点已包括于十月二十四日行政院之决议案,至第五点则包括于中国提议用仲裁办法以确定现行条约之效力以内,请注意行政院十月二十四日决议案之第五节,该节建议两国政府

应立即指派代表,协定关于实行撤兵及接收撤退区域之细目,俾得顺序进行,不生延缓。

嗣以日本政府拒绝指派代表与中国代表讨论。依照九月三十日决议案双方保证之撤兵详细办法,当经施代表于十一月三日致通(谍)〔牒〕于国联秘书长,以日本此种态度是破坏盟约第十条及非战公约第二条,中国政府必须重申其坚定决心,即在军事占领压力之下,断不同意着手交涉,并信望国联会员国及美国,不至任盟约及非战公约及九国协约之横被蹂躏云云。

因日本军队借口修理嫩江桥,集中洮南至昂昂溪之铁路沿线,谋攻黑龙江省城,当由本部将详情电致施代表,由施代表于十一月五日致通牒于国联秘书长达拉蒙,请国联注意关东军司令代表林氏(齐齐哈尔特务机关长林义秀)称日本决置国联行政院之决议案于不顾,而以武力改变黑龙江之政情。十一月三日日军渡嫩江桥,攻击马将军营垒。通牒内并申述日军在通辽、锦州各处之活动。嗣以日本军队随同马贼向中国军营射击,日本飞机二架并翱翔于军营之上,投掷炸弹,死伤中国官长兵士逾二十名,复利用联日之土匪围困华军,逼与交战。复由本部急电施代表致通牒于秘书长达拉蒙,请其立刻通知行政院主席干涉,日本军队此种挑拨之活动,势将造成最严重之纠纷,而日本应负其全责云云。七日,因日军攻江省事,复由施代表提交国联秘书长牒文,以日军在东省之行动毁坏任何各处中国政府合法之官吏,并假治安维持会之外貌,以独裁之治理,树立并维持甘为日军司令官傀儡爪牙之人民及团体。此种政策造出并酿成东省无秩序之状态,破坏盟约及非战公约,否认国联之告诫,耻辱日本向行政院屡次正式表示不扩大争端之允诺也。

嗣由本部于十一月八日电国联秘书长,以日本不遵守国联决议案,请传达白里安依照盟约制止日军行动。同时并电告施代表接洽此事。并以日本派遣军队至黑龙江省强修嫩江桥梁,竟要求中国军队由嫩江桥撤退至十公里外,并诱胁张海鹏叛众同时进攻,中国军队不得不采取自卫必要手续。日本军队似此积极扩大事态,不独违反国际公法与国际公约,且又违反国际联合会行政院决议案,日本政府之责任愈形重大,应请急电当地军事长官立即制止此项违法行为,并迅速履行国际联合会行政院议决案,遂于十一月十日对日提出抗议照会电达驻日蒋公使,即递送日外务省,并将抗致日军非法进攻黑龙江事之照会致日本驻使重光,复以急电通知施代表,以暴日寇我黑龙江事,已向日抗议,日应负完全赔偿责任。

十一月十日,据河北省政府主席王树常、天津市长张学铭来电报告,据密报,天津日军司令部召集我国失意军人(林)〔李〕鹤翔(即李际春,又名丁强)、张璧等组便衣队,由日军给械,密谋于本月八日暮时攻我省府等机关,我即预为防范,届时果实现,及便衣队为我击退,日方即限我军队退距日租界三百米突以外,我退去后炮弹向我界轰炸,甲车向我界出动等语。本部当以天津暴动纯系日人指使,一方面请各国驻使派代表赴津调查,同时即电达日内瓦施代表宣布日方阴谋,并将国联对此事意见电复本部。嗣接施代表复电,已将牒文送交秘书长达拉蒙,内容略谓,据所接政府消息,表露天津流血之祸乱,实为日本当局教唆人民反对中国政府再进一步之举动,华界竟被海光寺日本兵营炮轰,发弹逾三十枚,日本司令答复我方,称对不幸事件茫无所知,但向各国代表解释,则谓炮击实起因于吉林军队二十九旅与天津警察间之冲突。经我方充分之解释,指明天津并无吉林军队,亦并无第二十九旅云云。

十一月十一日,本部致函英、法、美、德、义、挪威、西班牙使馆,函送接收被日军强占东北各地办法,及组织规程暨接收委员名单。同日,施代表复致达拉蒙秘书长三件牒文,系关于天津事件、江省事件及复洲湾矿区事件,内容大要系电报日本发给各著名无赖以枪械、子弹,令其组织便衣队,攻击中国政府机关。被捕诸暴徒证明,日军唆使进攻,所缴枪械系日本所制,弹壳上刻有日文。在中国城内检查某汽车时,搜获沈阳兵工厂所制之枪及有日文之手榴弹。日本企图推翻黑龙江省政府,嫩江形势极形严重,援引八日本庄向马占山之要求,吉林(姓名似有误)大佐对黑龙江省政府之建议。又日本分遣队占据中国复洲湾矿区并委任日本职员,矿区系公司私有,位置在租界地之外,故其夺取系劫掠行为。要求行政院主席令日本政府饬令□□□,训令军人使满洲形势不至加重,并不致再生同样之非法行为。十一月十三日,本部以本庄对黑省最后通牒显系有意启衅,日政府应负责迅速从严制止。电由驻东京蒋公使照会日政府。同日日本重光公使致本部照会一件,以天津发生暴动事,张副司令于十一月九日公然发出通电,登载各报,故意中伤日本政府官宪及日本军队,以及宣传日本人与本事件有关系等情,要求政府与张副司令以充分之诏戒云云。

同日,本部急电驻东京使馆,以本庄最后通牒要求马主席立即下野,退出齐齐哈尔,希紧急要求日政府,即刻制止。

十一月十六日,据日本重光公使复照,大意谓,关于嫩江铁桥附近中日两国军队冲突事件,来照所称各节业已阅悉。此项驻满军队之行动,系为拥护在满蒙本条约上之权利及保护侨民之生命财产,南满铁路公司对于洮昂铁路有担保权,十月中旬黑龙江军队之恣意破坏该铁路嫩江桥梁,为侵害南满铁路公司利益,日本军队为保护上述南满铁路公司重大权利,固属正当合法之行动。万一江省军队自恃众多。对日军出以挑战之态度,有惹起与日军从此事实发生之一切结果,贵国政府应负全责云云。嗣经本部复于十一月十八日致照会于日使重光,并由驻东京蒋公使致同样之照会于日本外务省。内容略谓,本庄司令一再向黑龙江省马主席为无理之要求,而此次所提条件竟声明系奉日本政府之训令,中国政府殊为诧异。中国政府在中国领土内当然有自由调派其军队之权,日本政府何得干涉?洮昂路线完全为中国经营之铁路,关于该路之运行,日本政府何得过问?中国政府对于此次黑龙江省事件,已迭向日本政府指明日军行动之非法与日本政府责任之重大。并又声明如日军继续攻击,中国仍当采取必要之自卫手段。兹特再向日本政府声明,如日本军队不顾一切,因欲强令中国军队实行其所提无理之条件而引起之一切行动,日本政府仍应负其完全责任云云。

　　同日,国联行政院在巴黎开会情形,据施代表来电报告如下:今日下午行政院先开公开会议,继开非公开会议。白里安谓,必须将东省各事变及时局之发展通知行政院,并声称日本政府虽不承认十月二十四日之决议案,故决议案只具有高尚无形之旨趣,但曾明晰宣言实行。依照九月三十日决议案应行举办之事业,中国代表曾以公函保证中国意愿尊重一切条约之义务,履行盟约之义务,并以仲裁裁判或以法律之决定解决中日一切之争端。日本代表曾正式发表其基本大纲。白里安氏以为各该大纲除第五大纲似可依照施代表公函中所提各节设法探索以外,其余似均已包含在十月二十四日决议案之内。白里安向日本代表解释,因关于某某各约之效力问题,华方之解释,日代表不无异议。转而论现在满洲之时局,白里安继续引各方注意九月间之决议案及华方对于日本扣留盐税之声诉,观于双方准备供给要求之消息,可见忠实愿望扶助争执之解决,行政院致力以客观及大公无私之方式求得一种之决议,避免急遽之评判,行政院切愿依照国联盟约求和平公正及尊重国际之义务。白里安结论谓,本日之会议仅系一种正式之会议,某某诸会员曾暗示愿望在公众讨论之前,不如由行政院各会员间先行谈话,以求达到同意,以为此实为完成所愿望之目的之最佳之方法及手续。渠并不反对此种提议,故行政院决议先开非公开会议以讨论手续,然后再开公开会议以讨论本质。施代表谓,深知本日之会议与以前各会议不同,表示愿望常开公开会议,因中国舆论要求早日之解决也。芳泽并未发言。

　　十一月十七日,我国政府发布宣言,其全文大意为日人屡次嗾使匪徒扰乱地方秩序,及日人劫持溥仪至沈组织伪政府事,应由日政府负全责,并当将内容大要电知施代表。

　　十一月十八日,本部以本庄向马主席提出要求事,特向日本政府提出严重抗议。内容略谓,关于本庄向马主席提出要求事而引起之一切行动,日本政府仍应负共全责云云。一方面电达驻东京蒋公使,将抗议照会全文递送日本外务省,一方面由本部照会重光公使。同日施代表以中国政府名义致意见书于勒乐,内容共有十一条,其结论则为,关于在军事占领压力之下决不交涉之重要原则。如不变更,则中国当依其稳健和好之政策,准备以极端友谊精神考量提出最后解决根据之任何提案。如此项提案以国联及其工具为根据,并充分切实规定迅速撤兵,除公共安全地方办法外,并无附带其他条件,则此项提案或可作为可以接受之解决云云。

十一月十九日,日本复照会一通,内容略谓,关于嫩江铁桥附近中、日两国军队冲突事件,马占山将军从中东铁道沿线各地续增援军数万,集合昂昂溪以南,对该方面日军继续其包围之姿态,有据强固阵地俟机而行总攻击之实情,故此件冲突一切之责任应归马占山负之。且同时贵国政府不管我方再三之要求,最近且升任马占山将军为黑龙江省政府主席,而于马占山将军之行动并无何等之抑制,于此一点贵国政府亦不能解免其责任云云。

自四全大会关于日本侵略行为之宣言由本部电达施代表后,施代表于二十日电复如下,已于十八日加具公函转送国联秘书长达拉蒙。该公函之内容略述如次:该宣言实为中国人民心理可靠之解释,至军事占领威逼之下绝对不能接受五点之直接交涉,因第五点与日侨之安全无关,而一切各点苟其会商与撤兵相连,则不啻构成一种政治上与经济上之方案,以树立日本对于满洲之保护权,且因中国绝不接受任何地位,使中国重行签字于二十一条,以为日本履行依照国联盟约及巴黎非战公约之条件也。如行政院提议撤兵须以直接交涉为条件,中国将立即援引盟约内其他条文。中国充分信赖国联,对于国联之权能势将予以绝大之试验。如国联竟告失败,则中国将被迫责难列强不愿为国联盟约稍尽维护之责。此实中国问题国联及军缩会议存亡之问题也。

十一月十九日施代表来电报告,十一月十八日下午行政院会议时始先无中国方面参加,嗣后无日本方面代表列席。

十一月二十日,本部复日本之照会大要分为三点:(一)依照国际联合会行政院九月三十日决议案,及十月二十四日行政院会员十三国一致通过之决议案,中、日两国政府各负避免侵略政策及扩大事态之责任,而十月二十四日之决议案,已经行政院主席正式指明具有完全道德上之力量。来照又特别提及九月三十日决议案第五、第六两项,是日本政府亦深知其在行政院决议案规定下应尽之义务。乃自九月三十日起直至今日,日本政府管辖之军队无时不在中国领土内扩张其作战行动,及即在战事中亦为国际法所不许之行动。十月八日飞机轰炸锦州之举,各国已深为震骇。近复变本加厉,竟至勒取中国国家税收,勾结匪类,供给枪械,嗾使扰乱侵略区域及其附近之治安。天津日本租界当局利用其租界地位,容许大帮武装便衣队集合出发,攻击政府机关,杀伤公务员及人民。一面假修理无权修理之嫩江桥为名,进兵黑龙江省向中国军队攻击,并胁迫省政府当局,业经中国先后提出抗议,并指出日本政府重大之责任在案。据最近报告,日军于本月十八及十九日竟已攻陷昂昂溪与齐齐哈尔,并先以飞机在齐齐哈尔抛掷炸弹,发散传单,宣告攻取黑龙江省城坚决之意,显系违反前项行政院决议案。如上述一切武力侵略行动为日本政府之既定方针,则日本政府对于国联行政院九月三十日决议案欣然参加,殊不可解。(二)日本政府不先反省自责,而反谓中国人民自然而消极的属于情感之表示系违反行政院决议案,中国政府不能承认。中国人民处于日本积极侵略之下愤慨已极,但对于日本侨民所取态度亦仅自动偏向于商业关系,并无故意加害于生命或财产之事。而中国政府除被日军侵占之区域外,对于日本人民尤尽力予以保护。公平之第三者,鉴于中国政府与人民确守非战公约及其他国际公约之信条,始终在法律范围内应付日方之横暴,方以为可异。而日本政府未能先自觉悟其种种侵略行为之非计,反于日军侵占威逼严重情形之下强欲中国人民恢复其平常之友谊,是倒果为因。中国政府亦不得不指明于日本政府者,即侵占中国各地之日本军队一日不撤,原状一日未复,侵略一日不止,则中国人民对于日本人民之感情无从恢复,是当为日本政府所了解者也。(三)日本政府在国际公法、国联盟约、非战公约及华盛顿九国条约之下,又在国联行政院九月三十日之决议案及十月二十四日具有完全道德上力量决议案之下,早应依时完成撤兵,实无再加辩论之余地。中国政府兹仍请日本政府查明迭次去文,及国联行政院主席十一月十一日致日本政府之复文,急速改变既往方针,与中国业已派定之接收委员商订撤退及接收细目,俾现在侵占东北各地之军队即日尽数撤退,而已破坏之东亚和平庶可因此得有转机也。

十一月二十日,本部致日使重光照会,内容略谓,为日方不遵国联行政院决议案及种种非法军事行动,请日政府急速改变方针,与中国业已派定接收委员商定日军撤退及接收之办法。此照会全文同时电达驻日蒋公使,即刻递送日外务省。

十一月二十三日接施代表来电,报告本日下午行政院会议经过。白里安提及日方撤兵之宣言,与中国政府保证负日侨生命财产安全之责任,力请余及芳泽提出提议,并表示愿中、日双方勿使情势愈趋扩大。芳泽谓日本政府完全遵守九月之决议案,并指出中国国民党公开宣布之政策,即不履行条约及反日运动使日本之权利利益均受危害,日政府因注重采取东省及其他各部公正不偏消息之必要,故提议国联派遣调查委员团,此项委员团无权干涉中、日两方之谈判,亦不能监察军事之动作。此种委员团之组织及派遣,并不变更日政府于最短可能时间内,依照九月之决议案撤兵之始愿,日本政府已撤之军队不在少数。旋朗诵以下宣言:为表示极愿与诸君合作起见,余仅对于余等之地位作一简单之宣言,日军武力占领中国领土,破坏庄严之条约及盟约,实为局势之症结,任何办法若不规定立即停止各种军事行动,立即开始撤退日军,并在最短可能时期内接续实行,殊不能假定为此项问题之解决。中国政府不能对于撤兵事有何种之磋商,亦不能承认令撤兵一事,除商订细目用以保证在撤退区域内生命财产之安全外,系于一切其他任何事项。重申前次宣言,中国准备负完全责任,维持在南满铁路区域以外东省各地之公共治安及日侨生命财产之安全。如谓必须更作进一步之保证,则任何公理办法,如在国联赞翼之下包含中立国之合作,未尝不可接受。当前之事实已迅速更趋恶劣,吾等在此辩论,除仅使行政院前之问题或更为明了以外,无何种有效之结果。问题现已明了,采取行动之时期已到,因当吾等辩论之际,痛苦时有增加,无可补救之损失已见实现,苟再为延缓,仅足使吾人之职责愈加困难。中国为求在其领土内迅速完全撤兵起见,有坚决之意愿,在情况所需要时,要求给予以一切权利及救济之办法。此项权利与办法,为中国以国联会员国之资格,依据盟约第十一条及其他任何一条或各条可予要求者。薛西尔谓,时局之确实报告,实为紧要,并谓目前再不论其他事项,唯议如何能接受日本之提案。施代表问中立国人已否依照九月间之决议案前往嫩江、齐齐哈尔一带搜集报告,是项报告是否可以公开?并谓在表示意见以前将研究事件之全部。复重行声称,现在主要之点在于立即撤兵,停止战争。薛西尔谓,在向施代表发表消息以前,请求征询其他会员意见。白里安谓,法政府可以将此种报告供给行政院。于是其余各行政院会员发言赞成派遣调查团之提议。唯爱尔兰代表未曾发言。西班牙代表问,用武力是否与国联盟约及非战公约相符合,并指出安全问题,应以显明及最近之意义了解之。白里安谓,行政院中有一提案,至少在原则上业已明确无疑。渠了解余之慎重保留,指明遣派委员团将使紧急状态稍微和缓,谓应筹划办法,保证在派遣委员团时战事行动不至发生。关于此项委员团之组织及其责任之详细节目,将于明日讨论。施代表谓,中国政府与人民曾竭力不作任何举动,使白氏之职责更加困难,唯关于所提议之调查委员团一事,余不惜冒重复之弊病,将中国政府之地位设法使之明了。中国政府虽不反对此种提议,反是,但赞成以任何方法取得东省事变之较确消息。然若此项调查委员团之成立,将在任何方面成为一种之托辞,延缓日军完全撤退之开始及在最短时间内之接续进行,则中国政府不能片时加以同意。中国政府将不愿以其他之根据讨论调查委员团之提议,无论调查委员团指派与否,依中国政府之意见,行政院〔当〕前急迫必要之职责,为采取行动使局势不致扩大,即立即停止战事,并保证日军撤退。是项撤退应立即开始,继续逐渐进行,以求得迅速完成。芳泽谓,渠所举出各节仅系原则性质之大略,渠与本国政府商议，并续称，一俟时局上对于日方生命财产能予安全保障之时，当即撤兵。

同日，施代表来电报告，达拉蒙于本日下午五时十五分将决议案草案交余，草案如次：（一）行政院重行提及并重行证实九月三十日一致通过之决议案，该决议案经双方宣告正式受其约束，请中日两国政府采取一切必要步骤，以保证其执行，俾日军从速撤退至铁路区域以内。（二）鉴于自十月二十四日行政院会议以来，满洲事变其情状甚且更为严重，爰请求两国政府严厉命令各该国军队长官，制止任何动作能使更有战事及生命之牺牲者，并应采取一切必要之方法，以避免再使情势之扩大。（三）请两国政府常使行政院得知情况之进展，行政院继续处理时局。（四）请行政院其他各会员以所接在当地该国代表之消息供给行政院。（五）他一方面鉴于事件之特殊情形，甚愿从中协助，以求两政府间争执各问题切实及根本之解决。（六）决定指派委员团委员三人前赴当地从事研究，并将任何情形足以影响国际关系，扰害中日和平或两国间友好之谅解，而为和平所借以维系者，报告于行政院。（七）中日政府各有权指派辅佐人员，以为该委员会之辅助。若双方开始任何谈判，此事自不在委员会办事范围之内，该委员会亦不得干涉双方所采之军事办法。（八）再委员会之派遣及会商，自不得认为一种之理由延缓该决议案第一节所载日军撤至铁路区域内之事。（注意）主席于议案通过后，将宣告：（甲）两国政府有权向委员会主席表示其所特别愿望审查之问题；（乙）委员会如愿意时得向行政院作临时之报告。决议案终。

十一月二十四日接施代表来电，昨日下午见达拉蒙，渠交余以决议案草案，并向余询问是否将该草案转达南京，抑或该草案不能接受竟至于不堪转达之程度。余答称，实际上实无讨论之可能，但余当然应将与渠谈话情形报告本国政府。

（二）2—2,650,2

选自《日本帝国主义侵华档案资料选编：九·一八事变》，第426—437 页

中华民国政府外交部工作报告

1931 年 12 月

甲、关于国联方面事项

（一）电告施代表催促国联制止日本侵占东省之行动

关于国联行政院决议草案及行政院主席之宣言，我国政府已迭令施代表坚持重要之保留，例如日本保证将其军队撤退至铁路区域内，所谓铁路区域中国声明绝不承认，日本不得根据任何条约或协定在该区域内驻扎队伍，中国并保留要求其退出该区域之权。又关于中、日双方承诺避免扩大事态一节，中国政府说明此项承诺在日本方面实已包含一种义务，即应制止从事或扶助任何图谋，足以引起政治上之纠纷，而影响中国领土或行政上之完整，例如嗾使所谓独立运动，或利用不法之徒以图达此种运动之目的。又中国对于日本要求在中国领土内执行中国当局之警察权，自当绝对予以否认。

（二）国联行政院十二月十日之决议

（1）行政院重申九月三十日一致通过之决议，该决议经中、日两方声明各受其庄严约束，故行政院要求中、日政府采取必要步骤实行该项决议，俾日军得依照该决议内所开条件尽速撤退至铁路区域内。

（2）行政院认为自十一月二十四日会议后事态更为严重，知悉两方担任采取必要办法防止情势之再行扩大，并避免任何行动，致再令发生战事及丧失生命之事。

（3）行政院请两方继续将情势之发展随时通知行政院。

（4）行政院请其他会员国，将各该国代表就地所得之消息随时供给行政院。

（5）行政院鉴于本案之特殊情形，欲协力促进两国政府谋两国间各项问题之最后根本解决，故并不妨碍上述办法之实行。决定派遣一委员会，该委员会以五人组织之，就地研究任何情形影响国际关系，而有扰乱中日两国和平或和平所维系之谅解之虞者，并报告于行政院。中、日两国政府各得派参加委员一人，襄助该委员会。两国政府对于该委员会应予以一切便利,俾该委员会所需之任何消息均可得到了解。如两方开始任何商议,该项商议不在该委员会职务范围之内。又该委员会对于任何一方之军事办法无干涉之权。该委员会之委派及其考量,对于日本政府在九月三十日决议内所为日军撤退之铁路区域内之保证,并无任何妨碍。

(6)在现在及一月二十五日举行下次常会之间,行政院仍在受理本问题中,请主席注意本问题并于必要时再行召集会议。

(三)国联行政院十二月十日会议时施代表之声明

本国政府拟以诚意履行其所同意之决议案内之义务,如行政院主席所解释者。此项整个办法既为应付紧急状态之一种实际办法,则为谋得充分了解起见,本席实有就原则上将以下数项之观察及保留载诸记录之必要。

(1)中国必须保留并实行保留,在国联盟约下,在中国为缔约国之一切现行条约下,及在国际公法、国际惯例公认之原则下,中国所应行或可行享有之任何一切权利补救办法及法律地位。

(2)现经决议案及行政院主席宣言所证实之办法,中国认为系一种实际上之办法包括四项互相关连之要点如下:

(甲)立即停止战争;

(乙)日本占领东省在最短期内终了;

(丙)中立人员对于今后一切发展之视察及报告;

(丁)行政院所派遣之委员会对东省全局作实地详赈之调查。

本办法在实际上及精神上均基于上述四要点而成立,此四要点中若有一点不能如原来之期望而实现,则本办法之完整性显将为之破坏无余。

(3)中国了解并期望,决议案内所规定之委员会如于其到达目的地时,日本军队之撤退尚未完成,该委员会将以调查该项撤退情形并附具建议提出报告为其首要之职责。

(4)中国推定本办法对于中国及中国人民因东省事件而发生之损

害及赔偿问题,无论直接或间接均不生影响。中国关于此点特提出特别之保留。

(5)中国于接受本决议案时,对于行政院防止再启战争及流血之努力,告诫中、日两方避免再启战争之任何举动,或足使情势愈形扩大之其他任何行为,表示感佩。然有须明白揭示者,行政院告诫一节,不得借口于现在事态所造成之无纪律情形,而予以破坏。盖决议案之目的,原在于解除该项事态也。尤应注意者,东省现有之无纪律情形,实因日军侵入使生活失其常轨之所致,恢复寻常平安生活之惟一妥善办法,厥惟迫促日军之撤退,而使中国当局得负维持治安与秩序之责任。中国不能容忍任何外国军队侵略并占领其领土,更不能容许此类军队攫夺中国当局之警察职权。

(6)各国代表之中立视察及报告,其现行办法将行继续并改善,中国得悉此旨颇为满意。中国并将就情势之需要,随时指示各该代表应行前往之地方。

(7)有应了解者,中国对于本决议案规定日本军队应向铁路区域内撤退二节表示同意者,绝非对于在该铁路区域内驻扎外国武装队伍一事,退让其向来所取之态度。

(8)中国对于日本所有任何之图谋足以引起政治性质之纠纷,影响中国领土及行政之完整者(如唆使所谓独立运动或为此种目的而利用不法分子),认为显系违背避免再行扩大情势之承诺。

(四)十二月十一日本部之对外声明

(1)此次国联行政院开会时,日本迭次要求行政院承认日军在东省有剿匪之权,初拟明白规定于决议案内,经中国坚决拒绝,行政院亦因日本此项主张系属国际创例,不予容纳。继日本要求剿匪一节移入主席宣言内,施代表当将此节草案电达政府请示办法。复经政府电令严行拒绝,日方遂知中国态度至为坚决,对于原拟决议案及主席宣言稿不得不予接受,仅对于决议案第二条声明片面之保留,当经施代表完全驳复其宣读之声明书第五节,称依照决议案第二节,双方不得有再启战争或扩大事态之行动,此项规定自不得借口于无法纪状态而予以破坏。须知东省现有之无法纪状态,实为特殊之情形所造成,而此特殊之情形即决议案所欲铲除者也。东省受日军之侵略,使人民之生活失其常态,恢复通常平安之生活其唯一妥善办法,仍为迫促日军之撤退,而使中国当局得及早回复其维持治安之责任。中国不能容忍任何外国军队侵略并占领其领土,更不能容许此项军队攘夺中国当局之警察权。

(2)日本于九月三十日及十二月十日两次决议案内,均承认于最短期内将军队撤退至铁路区域内,但所谓南满铁路区域内驻军一节,中国始终未尝承认有任何条约根据,华盛顿会议时并经中国郑重声明在案,故吾方对于日军撤至铁路区域内一语不得不为显明之保留。施代表迭奉电令后,于其声明书第七节内说明,关于在该铁路区域内驻扎武装队伍一事,中国对于其始终所持之地位绝对不稍让步。

(3)日军侵占东省各地后以利诱威胁从事所谓新政权之组织,我方不独不能承认,且视为违反不得扩大事态之保证,故亦迭次电施代表嘱向行政院切实声明,施代表于其声明书第八节内谓,中国对于日本所有任何图谋足以引起政治性质之纠纷,影响中国领土及行政之完整者,如嗾使所谓独立运动或为此种目的利用不法分子,认为显系违反避免再行扩大局势之约言云。

乙、关于锦州问题事项

十一月二十六日,国联行政院主席白里安依据日方提议,将下列提案提交中、日两国及其他行政院各会员国政府:凡能派遣视察员前往锦州之政府,须以下列训令转令各该视察员:(一)视察员须相互商洽研究,能否于中、日两军间划分一中立区域或采定其他办法,以避免两军之接触。(二)又视察员须协力谋一与中、日军队司令长官互相联络之方法,以便作必要之处置。白氏文中续称:为使此项训令能得到如所期望之效果起见,甚望授权于中国司令长官与视察员时相接洽。此节至关重要,请中国政府予以注意。政府接到此项提案后,立即通知行政院赞同此项提案,一面并电令锦州军事长官与视察员随时接洽,俾能达到如行政院所称之办法,嗣本部以舆论反对设立中立区之议甚为激昂,乃电令施代表拒绝日本提案。

(二)2—2,650,2

选自《日本帝国主义侵华档案资料选编:九·一八事变》,第437—441页

中华民国政府外交部工作报告
1932 年 2 月

日本嗾使及强迫中国不良分子组织辽宁、吉林各非法机关,在沈阳积极准备组织伪政府,迭经我国政府宣言,并由本部屡向日方提出严重抗议。兹因日本在国联之代表佐藤于二月十九日在国联行政院声称日本对于东三省独立运动颇表同情,并予以赞助等语。当经本部向日本公使提出严重抗议,责其违反该国外交当局之声明,中国政府绝对不能承认日本赞助中国人民参加此傀儡之组织。

(二)2—2,651—1

选自《日本帝国主义侵华档案资料选编:九·一八事变》,第442页

中华民国政府外交部工作报告
1932 年 3 月

二月二十四日,本部以据报在日军侵占之东北各地,有所谓独立运动之积极酝酿,而国联行政院二月十九日开会时,日本代表佐藤竟声称日本对于东三省独立运动颇表同情,予以赞助等语。中国政府曾于上年十月二日正式声明,在日军未正式交还其所侵占各地方城市以前,当地如有不合法之组织,日本政府应负其责,中国政府概不承认,并屡次为郑重之抗议在案。兹并提出严重之抗议,所有自日军非法侵占东北各地后,在该处建立所谓独立或自主政府之举动,及令中国人民参加此种傀儡之组织,日本政府应负完全责任云。

乃二月二十八日日本使馆送来复照,以满洲各地所谓独立运动者,应视为一向不满该处政治情形中国人所为之事,日本政府及官员并无

何等关系云云。本部乃于三月十一日严重驳复,以日本政府及官员对于东北非法组织不仅予以赞助,且实为其主动者,此为举世所知不容掩饰之真确事实。日军非法侵占东北各地,显系破坏中国领土行政之完整,故在该项日军未撤退期间,中国政府对于在该处建立所谓独立或自主政府之举动,及令中国人民参加此种傀儡之组织,仍绝对不能承认,应由日本政府负其全责云。

(二)2—2,651—1

选自《日本帝国主义侵华档案资料选编:九·一八事变》,第442—443页

2. 国联调查团在华活动

国际联盟调查委员会会见日记

1932 年 2 月 29 日—3 月 8 日

东京(一九三二年二月二十九日至三月八日)

二月二十九日　调查团会见内阁总理大臣犬养氏。

三月二日　调查团会见日本新闻记者协会。

三月三日　调查团谒见日本天皇。

三月三日　调查团会见外务大臣芳泽氏。

三月三日　调查团会见日本国际联盟协会会员。

三月四日　调查团会见外务大臣芳泽氏。

三月四日　调查团会见日本工商业家代表。

三月五日　调查团会见日本各妇女团体代表。

三月五日　调查团会见陆军大臣荒木中将。

三月五日　调查团会见外务大臣芳泽氏。

三月五日　调查团会见太平洋问题调查会日本支部。

三月七日　调查团会见中国留日学生代表。

三月七日　调查团会见海军大臣大角中将。

三月七日　调查团会见外务大臣芳泽氏。

三月八日　　调查团会见外务大臣芳泽氏。

　　大阪（三月十日）

三月十日　　调查团会见大阪商业会议所代表。

　　上海（三月十四日至二十六日）

三月十六日　　调查团会见上海工部局参事会议议长马克诺丁。

三月十七日　　调查团会见中国海关总税务司萨·弗列德里克·梅兹。

三月十八日　　调查团会见野村海军中将和盐泽海军少将。

三月十九日　　调查团会见主要盐税务司。

三月二十二日　　调查团会见上海日本商业会议所代表。

三月二十二日　　调查团会见中国商工业者代表。

三月二十二日　　调查团会见日本外务大臣上海特派个人代表松冈氏。

三月二十三日　　调查团会见中国银行代表。

三月二十四日　　调查团会见全国水灾救济委员会。

三月二十五日　　调查团会见上海中国总商会代表。

三月二十五日　　调查团会见战争难民上海救济协会代表。

三月二十五日　　调查团会见上海地方工人团体代表。

三月二十五日　　调查团会见中国人基督教徒代表。

三月二十五日　　调查团会见拥护女权中国妇女协会代表。

三月二十五日　　调查团会见广东各商行驻上海代表。

　　南京（三月二十六日至四月一日）

三月二十九日　　调查团会见中国政府当局。

三月三十日　　调查团会见中国国际联盟协会代表郑（或程）氏。

三月三十日　　调查团会见中国政府当局。

三月三十日　　调查团会见中国各大学代表。

三月三十一日　　调查团会见人民外事协会代表。

三月三十一日　　调查团会见商业会议所、农业会议所、教育团体和工人团体。

三月三十一日　调查团会见中国政府当局。

四月一日　调查团会见中国新闻界代表。

四月一日　调查团会见中国政府当局。

四月一日　中国国民政府主席接见调查团。

　　汉口（四月四日至五日）

四月四日　调查团会见武汉大学代表。

四月四日　调查团会见汉口中国商工会代表。

四月四日　调查团会见汉口报界代表。

四月四日　会见汉口各工人团体代表。

四月四日　会见汉口英国商工会代表。

四月四日　会见湖北邮政局长。

四月四日　调查团会见驻汉口日本总领事和商业会议所、日本租界当局代表。

　　南京（四月七日）

四月七日　调查团会见外交部长罗文幹。

　　天津（四月九日）

四月九日　调查团会见天津知名人士（南开大学、新闻界、商界、银行界、教育界、各妇女团体及商会代表）。

四月九日　会见满族知名人士。

　　北平（四月九日至十九日）

四月十一日　调查团会见英美烟草公司理事埃·埃斯·肯特氏。

四月十一日　调查团会见东北矿务总局总办王正黼氏。

四月十二日　调查团会见张学良元帅

四月十二日　调查团会见原东北政府官吏。

四月十三日　调查团会见原东北军参谋长荣臻将军和原北大营指挥官王以哲将军。

四月十三日　调查团会见巴黎《ジエルナール》报特派员阿尔贝

尔·伦德尔。

　　四月十三日　　调查团会见张学良元帅。

　　四月十四日　　调查团会见满洲及蒙古王族和贵族代表。

　　四月十四日　　调查团会见日本代理公使矢野氏和日本陆军当局及日本外交代表。

　　四月十四日　　调查团会见张学良元帅。

　　四月十五日　　调查团会见在北平的东北各省代表。

　　四月十五日　　调查团会见张学良元帅。

　　四月十五日　　调查团会见教授代表及北平的教育文化各团体理事。

　　四月十五日　　调查团会见北平教授团代表。

　　四月十六日　　调查团会见张作相将军及万福麟将军。

　　四月十六日　　调查团会见日本驻北平公使馆武官永津中佐。

　　四月十六日　　调查团会见东北难民代表。

　　四月十六日　　调查团会见东北大学教授团代表。

　　四月十九日　　会见青岛市长沈鸿烈海军大将。

　　四月十九日　　会见热河省政府主席汤玉麟将军的代表孟昭田及热河省外交处长。

　　　　奉天(第一次访问,四月二十日至五月二日)

　　四月二十三日　　调查团会见日本代理总领事森岛氏。

　　四月二十四日　　会见奉天朝鲜人部落代表。

　　四月二十四日　　调查团会见关东军司令官本庄中将。

　　四月二十四日　　调查团委员长会见南满洲铁道会社社员代表郡氏。

　　四月二十五日　　会见奉天省农事协会会长。

　　四月二十五日　　调查团会见关东军司令官本庄中将。

　　四月二十六日　　调查团会见东三省民报社理事。

　　四月二十六日　　会见关东军司令官本庄中将。

四月二十六日　会见铁岭、长春、安东及奉天的朝鲜人侨民代表。

四月二十七日　会见佛教协会代表河村氏；会见关东军司令官本庄中将。

四月二十八日　会见奉天教育协会会长。

四月三十日　调查团会见关东军司令官本庄中将。

五月一日　调查团会见关东军司令官本庄中将。

　　　长春(五月二日至七日)

五月三日　调查团会见土肥原大佐。

五月三日　调查团会见"满洲国"外交部长谢介石。

五月四日　调查团会见日本领事田代氏。

五月四日　调查团会见"满洲国"总理郑孝胥。

五月四日　会见朝鲜人农民。

五月四日　会见"满洲国"人民代表。

五月四日　会见蒙古代表。

五月四日　调查拜访"满洲国"执政溥仪氏。

五月五日　调查团会见关东军参谋长桥本将军。

五月五日　调查团会见"满洲国"立法院长赵欣伯博士。

五月五日　调查团会见吉林省长及财政部长熙洽氏。

五月六日　会见长春商工会代表。

五月六日　会见蒙古回教徒使节。

五月六日　调查团会见"满洲国"国务长官驹井氏。

五月六日　会见"满洲国"交通部长。

五月六日　调查团会见"满洲国"实业部长。

五月六日　会见满蒙青年会代表。

五月(八)〔七〕日　会见"满洲国"交通部长。

　　　吉林(五月七日)

五月七日　调查团会见日本总领事石射氏。

五月七日　调查团会见关东军第(×)〔二〕师团指挥官多门将军

五月七日　会见朝鲜人代表。

五月七日　调查团会见吉林省政府使节。

五月七日　会见日本人部落代表。

　　　哈尔滨（五月九日至二十一日）

五月十日　会见三十名朝鲜难民。

五月十一日　调查团会见关东军第（×）〔十〕师团指挥官广濑将军。

五月十一日　调查团会见哈尔滨市长鲍观澄氏。

五月十一日　调查团会见日本代理总领事长冈氏。

五月十一日　调查团会见中东铁路会社社长李氏。

五月十三日　调查团会见驻哈尔滨日本陆军特务机关长小松原大佐。

五月十三日　会见三井物产支店长吉田氏。

五月十四日　调查团会见哈尔滨日本侨居地委员长高桥氏和哈尔滨日本商业会议所会长加藤氏。

五月十六日　调查团会见哈尔滨日本陆军特务机关长小松原大佐。

五月十六日　会见三井物产支店长吉田氏。

五月十六日　调查团会见哈尔滨特别区长官张景惠。

五月十七日　会见满蒙协会代表。

五月十七日　调查团会见哈尔滨各白俄团体代表。

五月十七日　会见南满洲铁道会社职员。

　　　齐齐哈尔（五月二十二日至二十四日）

五月二十二日　会见日本领事清水氏。

五月二十三日　会见南满洲铁路、洮昂路、四洮铁路代表。

五月二十三日　会见天野将军。

五月二十三日　会见黑龙江省长程志远氏。

　　　奉天（第二次访问，五月二十一日至二十五日）

五月二十二日　调查团会见日本代理总领事森岛氏。

五月二十四日　调查团会见日本代理总领事森岛氏。

　　　大连（五月二十六日至三十日）

五月二十六日　会见南满洲铁道会社职员。

五月二十六日　会见法律家、实业家等。

五月二十七日　会见关东州长官山冈氏。

五月二十八日　会见关东州内的法律家和实业家。

五月二十八日　调查团会见南满铁道会社总裁内田伯爵。

五月二十八日　会见锦州农事协会会长。

五月三十日　会见矿山局局长。

　　　奉天（第三次访问，五月三十日至六月四日）

五月三十一日　调查团会见商业会议所会长藤田氏和日本人会会长野口氏。

六月一日　会见朝鲜人代表。

六月一日　会见满洲人代表。

六月二日　调查团会见奉天省长臧式毅。

六月二日　会见丁将军。

六月三日　会见满洲青年会使节。

六月三日　会见奉天妇女团体。

六月三日　调查团会见岛本中佐和河本中尉。

　　　锦州（六月四日）

六月四日　调查团会见关东军第×师团指挥官西将军。

　　　山海关（六月五日）

六月五日　调查团会见何柱国将军。

　　　北平（六月五日至二十八日）

六月十四日　调查团会见奉天北大营原指挥官王以哲将军。

六月十五日　调查团会见奉天北大营原指挥官王以哲将军。

六月十九日　调查团会见中国政府当局。

六月二十日　调查团会见中国政府当局。

六月二十七日　会见奉天省警务处长黄将军。

　　　青岛(六月九日)

六月九日　会见工人团体代表。

　　　日本(七月四日至十七日)

七月六日　调查团会见内阁总理大臣齐藤海军大将。

七月九日　调查团会见陆军大臣荒木中将。

七月十二日　调查团会见外务大臣内田伯爵。

七月十四日　调查团会见外务大臣内田伯爵。

七月十七日　调查团会见大阪商工会议所议员(于神户)。

(注)本日记中不包括委员会所属专家同日、中两国专家之间进行的多次会见。

(三)131

原编者注:此件摘自田中清《国际联盟调查委员会的满洲视察》,满铁"极秘"手稿。

选自《日本帝国主义侵华档案资料选编:九·一八事变》,第443—451页

参与国联调查团中国代表顾维钧在欢宴国联调查团席上致词

1932 年 3 月 17 日

　　调查团诸君,或系政治家,或系军事家,或系外交家,著名于世界,国联指派诸君来华,调查中日纠纷,可谓人选确当。鄙人欢迎诸君,系正义及和平之信徒,国难期间,虽不能作盛大欢迎,然欢迎却是诚恳而热烈。国联基本原则,多符合中国历代理想,自孔子到宋儒,鼓吹"民吾同胞物吾同与"理想,不遗余力,国联精神,即是中国文化的精神,所以创议设立国联时,鄙人为首先赞同并参加起草盟约。诸君初入中国国门,谅已察及中国国家之新运动新生命,以后行踪所至必益能明了,中国版图之广,户口之繁,及问题之复杂,生长于中国之邻近者,不无忽略。但诸君来自远方,胸无成见,定能用公平眼光观察中国,中国现在处于过渡期间,国家正在改造,新陈代谢,进行极速。近自日兵侵入,事

情逐渐扩大,中国所受损害,暂缓全盘托出。但中国改造前途,因此受极大打击,政府行动,亦受严重阻挠,诸君调查期间,当能发现中国人民于中日关系问题,民气极为激昂,但作更进一步研究,便知中国人民愤慨,实系武力政策对付中国之反响,表示愤慨之方式虽各不同,或以言语文字,或在购买外货上示区别,其原因要在中国以外,且非中国所能控制。九一八后,事变影响,尤为重大,调查团使命,不但中国重视,世界各国亦深关切,远大眼光之政治家,苦心孤诣,以盟约及非战公约导世界于和平,然此项约章,是否能为国际关系健全原则,是否有保障和平效力,现成绝大疑问,和平公约能否实行,世界前途如何,亦成问题,然国联对现在远东问题,异常努力,不断努力,于维持和平,立图一永久解决,且美国诚挚合作,诸君就地调查真相,余深信于尊重中国领土主权完整,必有相当办法,和平公约尊严,必能重行恢复云。

天津《大公报》1932 年 3 月 18 日

汪兆铭在欢宴国联调查团席上致词
1932 年 3 月 28 日

各位先生受国际联盟之重托,远来中国,鄙人代表政府,谨致无限之敬意。各位先生为调查中日事件而来,各位先生于抵上海后,不辞跋涉,亲赴淞沪一带察看战迹,日本海陆空军所加于中国人民土地之破坏,一切文化上、经济上之建设,为飞机炸弹及重炮弹击为灰烬;从枪林炮雨中逃命而出之难民,彷徨无所归;学生失学,工人失业,社会问题益形严重。至于因战事而致死者之家属,孤儿寡妇,凄徨无告,又触目皆是。此皆一月二十八日以来,淞沪一带所受日本侵掠的战争之一幅实写,为各位先生所亲接于目闻于耳者。至于东北的情形,也就可以推想而知了。各位先生:中国与日本同为国际联盟的会员国,负有遵照国际联盟公约以保障和平杜绝战争之义务,而今竟不幸两国之间俨然发生战争的行为;鄙人今者郑重声明:此次争战行为之发生,中国方面实无何等之责任;中国方面实因受日本不断的攻击,始不得已而出于正当防卫的。自从去年九月十八日，日本进兵侵占东北以来，中国遵守国际联盟会员国之义务，以此重大事件，取决于国际联盟，所有国际联盟行政院之决议，中国无不诚恳接受；而日本则对于国际联盟行政院之决议，悍然违反。最近且以其陆海空之兵力，蹂躏及于东南。本月国际联盟特别大会之决议，亦不值其一顾。所有日本方面不仅是中国领土主权之破坏者，而且是国际联盟公约之破坏者。鄙人如今代表政府，以中国人民之希望及志愿奉告于各位先生：国民政府奉行中国国民党总理的遗嘱，努力以求中国之自由平等；所谓求中国之自由平等，其意义与排外全然不同，盖中国之自由平等，实为中国国家及民族生存上之必要条件。中国曾将此等要求，于民国八年间巴黎和会诚恳披露，接着又披露于翌年之华盛顿会议，其后十四、五、六年间，中国国民党的政府及其所组织的国民革命军，由广州出发，统一全国之际，更将此要求充分表现。因为这是任何一个国家为其生存上所不能不具有的条件，而其意义决非排外，这一点鄙人不能不请求各位先生加以注意。中国不但没有排外的意义，而且对于和各国所订立的条约，亦无不尊重维持。中国固然有废除不平等条约的要求，但中国决没有由单方而废除的意思；中国深知不平等条约之废除及平等条约之订定，不但为中国生存上所需要，而且与关系各国间亦有共同之利益关系，各国必能予以援助的。鄙人如今举一例为证：这一次日本侵占淞沪，系以公共租界为军队之登陆地点及作战根据，此于中国防卫方面，实蒙极大之不利；而中国因尊重条约之故，始终不肯妨害公共租界之安全。当日本军队背公共租界而向中国军队发炮射击之际，中国军队因恐损伤及于租界，至于不肯还炮。举此一例，则中国政府及其人民之忍耐程度，可以推见了。各位先生来自日本，或者听见说过中国人民有排日的事实，如抵制日货等等；鄙人如今附带说明，中国人民之有此等事实，乃日本对于中国侵掠行为所激成。例如民国四年间，日本以哀的美敦书强迫中国签字于二十一条，曾因此而引起中国人民抵制日货的事实；十七年间，济南惨案亦是如此；至去年九月十八日以后，则中国人对于日本之恶感，随日本的侵略行为而日益扩大。如欲消除此等排日的事实,其唯一有效之方法,在日本消除其侵略行为。中国人民本来没有排日的意思,中国人民对于现在时局所抱的希望及志愿为领土与主权的完整,所以对于东北最近的傀儡政府的出现,认为与日本当日灭亡朝鲜,同一手法,决不能容忍。至于在东北从事于经济的开发,则中国人民必乐与各友邦携手进行,而且希望得有和平以遂其发展,亦与各友邦维持商务之热望,无有异致。兹者各位先生受国际联盟之重大使命,来华调查,鄙人深幸得此机会,贡献其所见,以供各位先生参考;并愿尽其能力,协助各位先生完成此重大任务。敬祝各位先生为公理与和平有所成就,谨满举一杯,以祝各位先生之康健。

　　　　　　　　　　　　上海《时事新报》1932 年 3 月 29 日

罗文幹在欢宴国联调查团席上致词
1932 年 3 月 28 日

　　诸君:诸君是代表全世界最高的权威(即国际联盟),本部长现在代表中华民国国民政府欢迎诸君,非常欣幸,这次事变发生之始,我们就立即诉诸国联,深信各国正式并自由签订的国际条约,必能为我们作正义的保障,对于国联行政院及大会殚心竭力的工作,以求缓和此次事端或缩小事变的范围,本部长深幸得此机会明白表示中国感谢的热忱。尤其使我们不能忘怀的即曾充国联行政院主席的一位大政治家的溘然长逝引起全法国人民的哀悼和人类的同情。诸君莅临中国,适当中国历史上一个最悲惨的时期,当诸君离欧时,东省事变的发展已足危及中国领土的完整,随后日本在上海的军事行动,更促中国社会和政治组织的基础濒于危殆的境地,诸君都知道中国自宣布共和以来,就想法适应政治上和社会上的近代观念,希望由和平而渐进的发展,中国对于全世界的繁荣和进步可以有充分的贡献,我国完全明了这种事业的前途横布着许多的困难,在幅员辽阔的国家,差不多占有全世界五分之一的人口,加以交通不便以及其他种种原因,致智识阶级对于民众的努力,未免延迟而少功效,中国政治和行政的组织,与诸君本国不同,中国所有关于领导和发展共和政体的大业至为艰钜,因此各种障碍亦在所难免,我们有时不得不尝试新试验,以促进实现我们的新理想,但我们至少希望没有外来的危险,并获得各国的同情和友助,尤其是土壤相接的邻邦的同情和友助,以继续我们的努力,在我们正在试行解除各种困难和阻碍的时候,不意竟有一邻邦于事前不为预告,也不诉诸国际公法上与中日两国共同签字的条约上所规定的和平解决国际纷争的方法,而突然用军事力量攻击我国,先袭我东省,继攻我天津,复攻我上海,我们对于这个邻邦,本来希望和他依据相互平等和互尊主权独立的原则竭诚合作的,乃不料他竟有此等的举动。我们是最爱和平的国家,所以自始即采取最和平的态度,满望着以我和平的态度来改易他侵略的行为,不料此种希望全归泡影。诸君此次在沪时,对于自一月二十八日以来,关于上海事变的经过,谅已能搜集适当情报,并以诸君公平的眼光来估计一般和平无辜民众所受的痛苦,我们为保护领土起见,对于侵略者曾经加以抵抗,并为自卫计,将继续抵抗,但我们深愿和平,并愿根据国联决议案及现行条约缔订任何公正办法,以解决时局。我们对于诸君调查的结果和诸君对国联的建议很为信赖,我们深知诸君具有大公无我的精神,在调查时所需各项材料和各种情报,自当尽量供给,我们毫不隐蔽,深信坦白无私,最足表现我方理由的公正,鄙人谨举杯祝诸君的康健和诸君使命的成功。

天津《大公报》1932年3月29日

中华民国政府外交部工作报告

1932年5月

关于国联调查团及我国参与代表赴东北调查事项

(1)国联调查团初步报告之内容及我国顾代表声明之三点

五月四日,国联发表初步报告,大致叙述中、日军事当局所告在东省军队之种类、性质与数目,以九月三十日、十二月十日及现今之驻军相比较,纪录叙入。日军司令所称日军之完全撤退与否,须视满洲国军队编成后能否维持治安为标准等语。至对中国所允担任设法保护日侨生命财产之义务已否实行,则仅谓此项问题尚未发生,其意盖指须该日军撤退后方能执行义务。顾代表(顾维钧)对此报告曾声明三点:(一)日军事当局所称"满洲国"字样,应由调查团说明,此为国联秘书长所不容者,除中、日双方外,不能默认有第三者。如目前未便辩明,亦应声明保留将来发表意见,以明态度;(二)不能承认所谓满洲国军队得替代日本军队,而使日军卸责;(三)不能承认因"满洲国"军队之无力维持东省治安,而日本军队得继续不撤。总之,吾国只知日本军队,无所谓满洲国军队等语。

(2)力谋摧破日本在东北巩固地位之计划

本部迭据报告,日本继续调集多数军队进攻北满华军,战事日渐激烈,如不予积极抵御,则日本在东省之非法地位,将益巩固。曾与上月二十五日电令日内瓦颜代表(颜惠庆),向国联提出节略、以日军此种行动,实属违反国联行政院上年十二月十日之决议及白里安氏之宣言,促其严重注意。并密呈行政院分函军事委员会、外交委员会通盘筹划。复电达张主任筹划进行。

(3)搜集日人排华材料,向国联调查团提出说帖

五月五日,准顾代表电称,日本向调查团所提说帖及要人陈述,均注重吾国排日各点,除解释外,请速将日当局与人民抵制华货、虐待华侨,取缔行动与通信自由,威迫回国人数等事查示、以便撰拟说帖送调查团等因。当经本部以此事极关紧要,急电驻日使领馆限期搜集材料,编具报告送部进行办理。

(4)将黑龙江马主席电转国联调查团

黑龙江马主席迭电国联调查团,均经本部交我国代表处译转。

(二)2—2,651—1

选自《日本帝国主义侵华档案资料选编:九·一八事变》,第451—452页

参与国联调查团中国代表顾维钧
随同调查团赴东三省调查经过报告书（摘要）

（一）行程。

（二）日方对付调查团之经过。

　　（甲）武断行程。

　　（乙）假造民意。

　　（丙）表显成绩。

　　（丁）包围。

（三）日人对于我代表之策略。

　　（甲）行程限制。

　　（乙）人员限制。

　　（丙）取缔行动。

　　（丁）隔离。

（四）调查团在东省之工作。

　　（甲）机关之接洽（包含伪国机关在内）。

　　（乙）私人访问。

　　（丙）我国代表之赞助。

（五）调查时东省之状况。

　　（甲）我国人民之受压迫。

　　（乙）叛徒及满蒙民族之利用。

　　（丙）日人消灭抗日军队之进行及计划。

　　（丁）日人把持东三省政权之内幕。

（六）结论。

　　　　附件

　　一　致调查团备忘录。二十一年四月二十五日发。

　　二　致调查团节略。二十一年四月二十七日发。

　　三　致调查团节略。二十一年五月三日发。

　　四　致调查团节略。二十一年五月十二日发。

五　邹专员恩元关于铁路之报告。

(一)行程

调查团于四月十九日偕中、日代表离北平,次晨抵山海关,转秦皇岛,即分三部,维钧与委员长英委员李顿爵士、秘书派尔脱、爱斯托等,乘海圻军舰,日代表与法委员克劳特、德委员希尼、秘书派斯搭柯夫助佛兰等,分乘日本芙蓉、朝颜两驱逐舰,绕道大连,美委员麦考益、义委员马柯迪、秘书长哈斯、秘书万考芝等,换车经锦州,分别于二十、二十一日抵沈,五月二日赴长春,七日赴吉林,当晚回长,九日赴哈尔滨,原定由哈赴齐齐哈尔,因未得日方同意,未得全体成行,仅派顾问希爱慕、秘书万考芝、翻译默思及秘书爱斯托、皮特尔等,于二十一日乘飞机前往,其余全体返沈,二十五日赴大连,二十七日赴旅顺,晚返大连,三十日返沈,六月一日赴抚顺参观,四日离沈,计留东北三省各地凡四十五日。

(二)日方对付调查团之经过(以下略——编者)

(三)日人对于我代表之策略(以下略——编者)

(四)调查团在东省之工作

按照国联行政院十二月十日之决议,调查团之任务为就地研究任何情形影响国际关系,而有扰乱中日两国和平,或和平所维系之谅解之虞者,故其重要工作为调查九一八事变之前因后果,此原因据我方简明言之,为日人侵略我国之野心,日本则谓举凡东三省之行政、教育、财政、交通、经济,无不与此事有关,而尤引为诟病者,为所谓滥发纸票,虐待韩民,竞筑铁路,排斥日货,抗日宣传等,调查团除聘请专家如安葛林诺担任行政、希爱慕铁道、台纳雷财政、道夫门经济、渥尔脱阳格法律、万考芝军事分别研究外,到沈阳后即从事与地方官宪绅商士民接洽,以搜集关于上列各问题之文件证据,详情如左:

(甲)机关之接洽

调查团在东省接触之机会,除日本军政、外交机关外,则为伪国之当局,其时我国之正式机关尚存在于东省者,只有黑龙江马主席占山及李、丁两司令，虽经维钧函调查团要求会见，究因战线相隔，日人反对无法会晤也。

到沈阳后，调查团首先访问者，为日本驻沈代理总领事森岛（四月二十三），次为关东司令官本庄繁，会晤凡四次，四月二十三、四、五等日，所有桥本参谋长、松井参谋、藤本参谋、第二守备队长岛本中佐均列席，后五月二十三日返沈，复访森岛及本庄，询问关于满洲中日铁道交涉问题，附属地内不纳税问题，及事变前之形势，中国之行政等。

长春访问者为日领代田（五月四日、五日）土肥原、驹井等，询问万宝山事件及事变前后之一般形势，北满军事，伪国建国经过组织详情等。

驹井虽系日人，而以伪国务院总务长官之名义接见，又日人大桥亦以伪外交部总务司司长之名义接见，并以代表伪国名义与调查团秘书长哈斯，磋商我代表团入伪国境之条件。

吉林访问者为石射总领事及多门司令，石射曾陈述吉林之排日状况，事变时兵匪对朝鲜人之暴状，并将切断指头之幼童及身体烧坏之鲜农，传集为证，询问多门者则为吉林义勇军之状况。哈尔滨访问者为长冈总领事（五月十二日），广濑师团长，询问日军入城以前哈埠之情形，北满各军队及马占山出逃等，日人小松原（大佐）以哈特务机关之名义接见（五月十三、十六），陈述日军占领哈埠以后之事件，盖哈埠特区长官仍任华人，除加添日人顾问外，殊少更动，特务机关则盖乎特区长官之上，实际上哈埠之最高行政机关也。小松原在此机会曾向调查团丑诋我李、丁两司令，谓其与胡匪及共党有关，调查团派赴齐齐哈尔之专员默思皮特尔、爱斯托等，在齐会晤台野旅团长、滨本队长、林特务机关长等，询问日军入齐前后之情况。

旅顺访问者为关东厅长官山冈（五月二十七日），大连为南满铁道总裁内田（二十七、二十八日），询问中日条约（一九〇五年）及铁道问题。（按一九〇五年条约内田乃当事者），又专员希爱慕等频访南满职员，询各铁路问题，其台纳雷、道夫门、派尔脱、经济财政各专委，则返沈后仍复遄程来连,与南满职员会晤。

入关过锦州时(六月四日),有日人西团长、吉冈参谋长,到站迎接,即引调查团至交通大学,陈述占领锦州经过,并以该大学大门曾经中国排日学生绘有日本国徽之菊纹章两扉,绘成圆形太阳,开扉即将太阳破开,为排日之证,经我方告以洋式屋之铁门上,每镌有菊纹为饰,事属常见,毫无排日之意,嗣调查团参观北戴河海滨房屋时,见张主任别墅大铁门四扉,均有菊纹在其中,始晓然于锦州日人所疑者,为毫不成理由。

调查团本拟不与伪国机关接触,故对于伪外交部长谢介石之欢迎电,初未置复,后在沈阳因偕我代表团前往问题,为日人诡词所困,陷于进退两难之地,日本乃乘机以与伪国接洽为要挟,该团遂于二十五日(四月)电复谢介石,而与伪国机关,乃开创接触之例矣。

调查团所访问延见者,在沈阳为阎传纹(伪奉天市长)、臧式毅(伪奉天省长),在长春为溥仪(伪国执政)、郑孝胥(伪国务总理)、谢介石(伪外交部部长)、熙洽(伪吉林省主席兼财政部长)、丁鉴修(伪交通部长)、赵欣伯(伪立法院院长),在哈尔滨为鲍观澄(伪哈尔滨市长)、李绍庚(伪东铁督办)、张景惠(伪东省特别区长官)、沈瑞麟(伪东铁理事长),在黑龙江为程志远(伪黑龙江省长)等。

伪官吏之延见调查团,必有多数日人在座,如溥仪与中岛(主席咨议)、郑孝胥与驹井、谢介石与大桥等,均形影不离,固不必论,即其余机关亦莫不有所谓日籍顾问、事务官、翻译等,同时参加出席,调查团某秘书曾言伪国真正之外交部长实为大桥,可谓直洞其隐,后自长春以北,日方以种种要挟手段,竟遂意以大桥代表伪国外交部长随同前往,肆其包围监视之能事,则傀儡政府之内容,益暴露无遗矣。

所谓伪国机关与调查团之谈话,咸经日人早为撰就,所谓伪国政府人员,不过照稿诵述,其临时发生问题不能答,或不令答者,则由陪座之日人代答,溥仪之接见调查团,除宣读撰就之欢迎词外,对于调查团之质问,觉无一答,郑孝胥颇述其所信之王道,至调查团质以伪国如何成立,则以不能答对,而所谓满洲当局对调查团之陈述,千篇一律词意相同者,不外三省人民苦军阀之虐政,起而自决等语。

(乙)私人访问

调查团私人之访问,可分为外国领事、商民、教士、中国退职官员、绅商、满蒙民族等。

外国领事、商民、教士之消息,乃各委员视为极可靠者,故凡所至各地,有该委员国籍领事者,该委员无不首先访问,惟各委员均各依本国国籍分别询问,并无联合谈话之形式,既系私人谈话,内容无从详悉。

中国退职官员、绅、商等,该委员会亦非常注意访问,方法可分为口头及书面两种,口头访问主体,或由我方事先开单介绍,辗转通知接洽会晤地点与时日,颇多周折,或由他方如领事馆个人团体,认有可被咨询者,开单介绍,其见面之困难亦同,盖此等会晤为日方所严禁,往访调查团者,既不得其门而入,被访者又随即捕去,以此该团只得秘密派员前往,或秘密约晤,惟日方既监察严密,华人亦畏缩不前,每有事先接洽已妥,临时未到者,即使见面亦踟蹰不安,不敢尽言,费时甚多,收效甚少,其属于书面者,当为调查团在东省期间内所得华人之函件,此等函件共一千五百五十余封,陈述其自身所受日人蹂躏之痛苦,及其对于事变前后所见之事实,此等函件完全由个人自动,又多系缮函人亲持设法转交,或俟委员外出时途中掷入车内,致得逃避日人之检察,盖可视为东省之真正民意矣,函内陈述事件内容,大略可分析如左:

(一)关于九一八之事者

①原因　原因分为远因及近因两种,远因当然为日本之侵略世界传统政策,而以吞灭满洲征服中国为起点,(可以证明者为田中奏章、本庄繁侵略世界计划及所谓保持在满利益会议),近因则为嫉视我近年来东三省之猛进,痛恨我刷新图治之地方官长,乃借口驱逐军阀为民谋利,以挫其萌而断其根,其万宝山案、朝鲜惨杀华人案,及中村案,或属有意制造,或属偶然,不过取为鼓动舆论之机耳。

②真象　九月十八夜轰炸铁路之事,完全为日人制造,自掷弹一粒,是否铁道破坏尚不可知,而即指此为中国军队谋轰铁道,进兵袭击。此事可证明者:(一)所称炸毁铁路不过一公尺之铁轨,而日人乃于六小时内占领沈阳及其他各大城市,北至宽城子,南至营口,若只为保护铁路计,有占领此等城市之必要乎?(二)日人攻沈阳城时,用无数竹梯以为攀登之用,若非先事筹备,何能得此?(三)日人以为炸毁铁路,乃华军进攻之证,则不知九一八夜日军入城,如入无人之境,若华军果有此意与日军开衅,焉有不防守沈阳之理。

(二)关于日人之故意扰乱东省治安以为进兵之藉口者

日人动谓东省盗匪遍地,为我政治不良之证,实则彼暗中收买胡匪,扰乱地方秩序,乃藉口保护本国人民生命财产,为实行进兵之计,一方面亦欲藉匪之力,抢掠焚烧,致民不聊生,流离迁徙,彼乃以极廉之价,诱买其地产。

(三)关于事变前后社会之状况者

事变前农民均能安居乐业,九一八以后,则崔苻遍地,安宁无日,所有土地亦大都为日人占领,以供军事之用。

(四)关于东省不抵抗之真象者

东省军队对于日军侵犯之不抵抗,并非怯懦,盖相信国联规约保障和平之规定必能有效,以为无论日军如何寻衅,亦难置条约于不顾,不以武力抵抗,正不欲使事件益加严重扩大耳,近来丁超、李杜转战数月,无饷无械,迄不稍懈,忠诚勇敢可见一(般)〔斑〕。

(五)关于日人之制造傀儡伪国者

九一八以后,日人乘地方纷乱之际,即攫夺沈阳市政,委土肥原为市长,卒以情形捍格,窒碍实多,乃强迫绅耆(如袁金铠、阚朝玺等)组织所谓地方维持会,暂司行政,然该会知为人利用之危险,成立日即宣布只愿维持地方秩序,不问政治,嗣后盗匪益炽,情形愈加严重,日人不得已,乃命彼曾逮捕监禁之臧式毅为省长,以资镇压,一面组织所谓自治指导部,以为组织伪国之筹备,以日本人、朝鲜人、金州一带已归化之中国人,及南满铁路学校毕业生等为中坚,加以训练,毕业后分发各地宣传建国,至二月末在沈阳开所谓满洲建国大会,迫令各处民众推举代表赴会,由日本赠各代表每人金票一百五十元,会中招待员、办事员等,无不以娴熟华语之日本人充之,临时穿着华服冒充华人,会场标语,无非人民自决,真正民意字样,强迫议决建设伪国,并诱劫溥仪于天津,迫其就伪国执政之职,而所谓大同年号之伪国,乃成立矣,哈尔滨民众来函,述如何受强迫参加庆祝伪国成立者极多,如所谓伪国旗,均由日人在大连制造,转运各处颁发,哈尔滨庆祝伪国成立大会时,中国人均一律拒绝同呼伪国万岁,可为人民反对伪国之铁证。

(六)关于日人之欺骗调查团者

日人用以欺骗调查团及世界舆论者,其法甚多,其一则为收买无赖华人集会游行,表示亲日,将其摄影制片分送各处放演,以示华人之亲日,并乘调查团到站之际,令本国侨民着华服冒充民众代表前往欢迎,或强迫农商各界,呈递其所撰就之赞成伪国陈情书。

(七)关于东省三千万人民之公意者

日人以武力强占东省土地,劫夺地方公私财产,或则强迫所谓伪国订立让与经济财政之契约,或则强租强买农民之地产,此等强暴行为,东省人民恨之切骨,所缔之公私契约,亦不能视为有效,至于所谓伪国,名为驱逐军阀,为民幸福之新构造,实不过日人压迫人民之工具,现东省人民处此暴力之下,水深火热,痛苦万状,决与强权奋斗,义勇军所至,农夫辍其耕,商贾弃其业,踊跃加入,共同奋斗,并抱定抵抗到底决心,宁为玉碎,勿为瓦全,无论如何,不甘作异族之奴隶云。

(丙)我国代表之赞助

我代表之任务为协助调查团搜集材料,以明事变之经过及现在之状况,而处处尤须阐明我国之立场,俾调查团得时时注意,故当四月二十四日李顿委员长面告以日代表吉田谓,若调查团对于伪国外长谢介石之来电始终不复,则伪国当视为侮辱,沈阳以北之调查将无由着手,现拟复谢一电,称为谢君,而不称外长,措词现正在磋商,要以不令引起作为任何承认伪国之法律解释为宗旨,同时并拟发一宣言,说明调查团之态度,其内容须先得中日代表同意等语,答以调查团与他方往来文电之事,我自不欲置喙,但关于中国方面须声明者,按照国联行政院十二月十日之决议案,中日两国政府应予调查委员会一切便利,并未言及第三者,故调查团若与所谓伪国有任何接洽,则中国方面不得不声明并未参加,且尚有奉告者,日本以伪国为名,种种要挟,以遂其任何形式间接或直接承认之要求,贵团举动必须谨慎,免至失足无法挽回,此不仅为中国计,亦实为国联本身计,其发表宣言一则关系重大,虽无庸签字,亦须请示政府,次日并补去一函,重述上列各点(附件第一号),日人对我之行动严重监视,不但使我不能履行职务,亦实违反国联十二月十日之决议案,除随时面告调查团外,并于二十七日去一长函(附件第二号),胪列被监视之各种事实,要求设法制止,但此函迄未发生效果,监视行为,变本加厉,盖日人置之不理,而调查团自身且不能免日人之监视,故对我代表团所受之待遇,更无法强之停止也。

沈阳、长春、吉林、黑龙江、哈尔滨各处,凡可详述事变之人,我均开单转送调查团,请其设法约谈,一面派员密与接洽,俾搜集材料递传消息,然彼等受日人监视,行动绝不自由,每叹报国心余,无从自效,盖不但不能见面,邮电且不能达,无已则如臧式毅在日人监视之下,作形式上之会见,然臧君在此情形之下,不能畅言,其隐又可断言也。在哈尔滨时,适上海停战协定成立,其时北满日兵正节节失利,日人乃乘此机会,抽调驻上海师团,猛攻我苦战累月无饷无械之马、丁、李各部军队,日人一方停战,一方戕我之手足,痛心之事,孰逾于此,爰电陈政府,径电国联,要求制止日人军事之行动,以符国联不使情形益加严重之决议,俾调查团得充量履行调查之任务。

会晤马主席占山事件,事实上虽未能实现,然精神上实有重大影响,此在我国方面言,则调查团此举可以证明该团在法律上、事实上仍认马主席为我国黑省之正式长官,消息所播,不但马主席之威信益得增进，而东省之忠勇军民闻之，亦精神奋发，勇气百倍，不以久战无援而自馁，在日人方面言，则至调查团离平出关以来，该国用尽种种方术，予调查团以深刻之印象，俾能承认彼在满洲已成之势力，其惧调查团对于伪国之存在有所疑虑也，则令伪国始而来电欢迎，继而宣传反对中国代表，再则于赴长春时，为文春交换之要挟，俾此虚伪之国家成为实体化，惧彼审悉伪国为日人所手造，而非东省人民之公意也，则威迫利诱各级民众为拥护伪国之陈情，唆使赵欣伯、丁鉴修辈，伪饰伪国之领袖，为所谓建国要义之宣言，其东省夙负声望，足以代表真正民意之绅耆，则加以监视或逮捕，令其不得与调查团接触，而告发其蒙蔽耳目之计，用意至深，布置至密，自大连登陆至行抵哈尔滨时，沿途停留考察计凡二十三日，日人在此期内，本此宗旨，积极布置，奏效匪鲜，使彼深信调查团之脑海内，已视伪国为正式国家，而无复中国置喙之余地矣，故晤马议起，彼极愕然，方知调查团尚未完全受其蒙蔽。此伪外部总务司司长大桥所以一怒而返长春也。

先是我函调查团，详述欲明黑省真象，有前往晤马之必要，该团乃于五月十四日在英领馆开一会议，并邀我代表列席，委员长李顿爵士首先发言，谓调查团现可谓处于非常状态之下，彼自到东后，困难丛生，致不得搜集其所欲得之材料，然调查未尝不竭其所能，尽力以赴，今日谈话宗旨，为询中国代表对于约晤马、丁、李三将军之意见，维钧答中国代表对于调查团在东省履行职务，因环境所迫，不能尽援助之责，至为抱歉，中国代表自抵大连以迄今日，不但不能履行代表之职务，且行动亦不自由，致拟搜集贡献于调查团之材料及介绍熟谙情形之证人以备咨询者，均多不能实现，故关于调查团在现在特别情形之下所得材料，对其性质之真确与完全与否，均不得不声明保留。嗣讨论如何往晤马、丁、李之法，维钧声明应由调查团直接致电接洽，如有必要，中国代表处可设法代达，法委员克劳特以为现伪国与马等军队立于交战态度，欲冲过阵线，必须先得该国同意，故唯一办法为先与伪国协商，美委员麦考益谓一越阵线，伪国即不负保护之责，故与马会晤与伪国无关，亦无庸与彼商议,义委员谓兹事固属困难,但并非绝对不可能,最好与马、丁、李接洽,约一共同聚会地点如海伦,则调查团可全体前往,顾代表亦可参加云,结果委哈斯秘书长一面与伪国接洽,一面由我代表探询是否与马主席有接洽之可能。

十八九日,日报为谋晤马事大肆宣传,哈尔滨公报大书调查团拟晤马占山,新国家认为侮辱,拟撤回保护等语,十九日满洲报载顾维钧到哈后甚为活动,调查团亦听其言,"满洲国"官宪甚为愤慨,审察形势,当舍拘顾外,别无他法云云。

调查团之会见伪国官吏,我既不能阻止,亦不克参加,深恐调查团不识此等叛徒之本来面目,致为彼所欺,故每次调查团会晤此等伪国人员如赵欣伯等,必事前由我方查明该叛徒之略历、媚日之证据、叛国之由来等,详细说明,书面送去,俾调查团胸有成竹,洞察背影,不易为狂言所惑,又迭次拟就详细问案,以为调查团质问日人及奸徒之索隐,择其弱点加以搜索,此项办法得以裨调查团之发觉日人发踪指示少数叛徒、推波助浪各情形,尤非浅鲜也。

日报攻击调查团之新闻论著及捏造之件,或其他关系要件不易入于调查团之目者,我则代为汇译,随时送阅,间有更正之件,亦采同样手续办理。

我代表处人员与调查团正式会见机会虽少,但同人等多能自觅机会与各该团委员、顾问、秘书等接近,或传递消息,或探询意见,或切磋讨论,或更正辩难,于接洽矫正,不无裨益。

（五）调查时东省之状况（以下略——编者）

（六）结论

综观调查团赴东北之经过、行程、工作,每受日人之掣肘与操纵,所以参观接洽会晤等事,不能完全自由决定进行,凡所公然晤见之华人,均系日方介绍,其为日方所不同意者,如见马占山之议,因被尼阻,即不能实行,间有未经日方介绍而为调查团秘书等所得而径自接见者,则必先经多方迂回曲折之布置而秘密行之,以避日人之觉察,情形困难,可想而知。

日人自去冬起,即积极筹备创立伪国,以逃避国联之束缚,调查团抵华时,事实已成,计乃大逞,调查团某委员曾言伪国如私生子,虽不合法而不能认为无有,可见已成事实之重要,而调查团之不能早日东来,其影响亦非浅鲜,查调查团之遣派已于一月就绪,其中委员亦有准备立即经西伯利亚前来者,果使乘伪国尚未建设之际,翩然莅止,则伪国或竟受阻止,未能成立,实未可知,即调查团抵沪之日,伪国一切草创,组织亦未就绪,果能立即前往,或亦可使日方有所顾忌,不便猛烈进行,则其所处地位或不致如在东省之困难,惜乎虽经再三催促,而卒不能及早前往也。日人组织傀儡满洲国,为抵制国联之利器,彼即恃此公然破坏十二月十日决议案内给予便利之规定,以阻止调查之进行,调查团偶一抗议,彼则诿诸伪国,并谓伪国于国联无干,不受其任何决议之束缚,调查团明知其伪,而事实存在,无可如何也。

调查团之意,以为欲与日本谋一解决中日纠纷之妥协,绝不可因细故发生龃龉,而尤不可因行程之或海或陆,我代表处人数之限制与自由行动之取缔等问题,径与日本决裂,致调查使命顿成泡影,盖彼深悉日人欲破坏调查团前往之隐衷,不惜于无可忍耐之余曲为忍耐,于无可容纳之余勉为容纳,以避免决裂,勿堕日人之计。故排除万难,完成使命,当为调查团赴东北之最大意义,而吾国既恃国联处理东案为主要政策,自亦以与调查团协调为最要之图,故对于日方之种种恫吓、播弄、与一切不法行为,在所必争,但争之不得,亦惟有隐忍,而一听调查团自由应付,勿使调查使命半途中辍也。

处此特种情形之下,调查团欲搜集真切消息材料,当然有相当困难,况调查团既已委曲求全,则对方气焰益盛,要挟胁制,层出无穷,处处谋阻调查团真相之工作,而一经事实上与伪国接触,则用华人之口作反华之宣传,颠倒是非,混淆黑白,尤所难免,经维钧于哈尔滨会议席上及入关后去文声明,对于调查团在东省所得消息材料之真确完备性质,均加以保留矣。

附件一:致调查团备忘录(以下略——编者)

——中华民国二十一年四月二十五日发——

附件二:致调查团节略(以下略——编者)

——中华民国二十一年四月二十七日沈阳发——

附件三:致调查团节略(以下略——编者)

——中华民国二十一年五月三日长春发——

附件四:致调查团节略(以下略——编者)

——中华民国二十一年五月十二日哈尔滨发——

附件五:邹专员恩元关于铁路之报告(以下略——编者)

(录自外交部档案)

《革命文献》第40辑,总第9373—9417页

参与国际联合会调查委员会中国代表处说帖(目录)①
1932年4月—8月

说帖第一号　　关于中日纠纷问题之总说帖

说帖第二号　　关于平行线问题及所谓一九零五年议定书之说帖

说帖第三号　　关于日本侵占东三省之说帖

说帖第四号　　关于二十一条及一九一五年五月二十五日中日条约之说帖

说帖第五号　　关于朝鲜人在东北各省之地位之说帖

说帖第六号　　关于吉会铁路之说帖

---

① 国联调查团在中国调查期间,中国代表处(以顾维钧代表的名义)在北平,向调查团提出了一系列说帖,计总说帖1件,分说帖28件。其中历数了日本侵略中国东北、发动"九一八"事变、扶植伪满洲国以及其他的相关侵华史实,并再次表明了中国政府的立场。这些说帖对于国联调查团了解历史与事实,起草报告书,起到了重要的参考作用。兹据上海商务印书馆1932年出版的中英文对照本,摘录该说帖的目录。关于该说帖的内容摘要,参见《中日外交史料丛编》(五)日本制造伪组织与国联的制裁侵略,台北:中国国民党中央委员会党史委员会,1995年,第142—153页。

说帖第七号　　关于南满铁路护路军之说帖

说帖第八号　　关于万宝山事件之说帖

说帖第九号　　关于一九三一年七月朝鲜各地仇华暴动之说帖

说帖第十号　　说明日本不赖东三省供给原料粮食之统计表

说帖第十一号　　中国对于日本所谓五十三悬案之驳正

说帖第十二号　　关于日本破坏中国统一之谋划之说帖

说帖第十三号　　关于日人在东北津沪以外各地挑衅寻仇情形之说帖

说帖第十四号　　关于抵制日货之说帖

说帖第十五号　　关于日本企图独占东三省铁路之说帖

说帖第十六号　　关于日方所谓中国教科书内排外教育之说帖

说帖第十七号　　关于中国努力开发东三省之说帖

说帖第十八号　　关于日本违犯条约及其侵夺中国主权二十七类案件之说帖

说帖第十九号　　关于东三省币制及其与大豆关系之说帖

说帖第二十号　　关于中国政府在沪案开始时决定和平政策之说帖

说帖第二十一号　　关于外蒙古之说帖

说帖第二十二号　　关于东三省匪患之说帖

说帖第二十三号　　关于东三省海关被劫经过之说帖

说帖第二十四号　　关于中国之共产主义之说帖

说帖第二十五号　　关于东三省盐税被劫经过之说帖

说帖第二十六号　　关于所谓东三省独立运动之说帖

说帖第二十七号　　关于东三省邮政被劫之经过之说帖

说帖第二十八号　　关于日本劫夺东三省担保外债盐税摊款之说帖

说帖第二十九号　　关于日本人民商行在华贩运麻醉毒品之说帖

3. 国联调查团报告书与国联决议

国联调查团报告书(摘要)
1932 年 10 月 2 日发表

绪言　绪言首述中国因一九三一年九月十八日沈阳事件发生,而将中日争议提交国联行政院时(中国之要求系于一九三一年九月二十一日依国联盟约第十一条提出)之情形,国联所采之行动及依一九三一年十二月十日之决议指派调查团。

该调查团由左列各员组成之:

克劳特将军(Gen. Henri Claudel)(法)

李顿爵士(Lord Litton)(英)

麦考益少将(Gen. Frank Mccoy)(美)

希尼博士(Dr. Heinrich Shnee)(德)

马柯迪伯爵(Count Aldrorandi)(义)

在一九三二年二月三日该调查团启程经由美国来远东之前,曾在日内瓦举行两次集会,并经一致选举李顿爵士为调查团主席,嗣经日本政府及中国政府指定参与代表如左:

中国前国务总理前外交部长顾维钧

日本驻土耳其大使吉田

国联秘书厅股长哈斯嗣被任为调查团之秘书长,在调查团进行工作之时,并有各专门家供其顾问。在该调查团启行之前数日,中国政府曾于一月二十九日依照国联盟约第十条、第十一条及第十五条提出更进一步之要求,及于一九三二年二月十二日请求行政院依国联盟约第十五条第九项之规定,将中日间之争议提出国联大会讨论,自此以后,该调查团即未从行政院得有任何训令,故仍本十二月十日之行政院决议,解释其本身之任务如左:

一、审查中日间之争议(包括此项争议之原因发展及在调查时之现状）。

二、考虑中日争议之可能的解决办法（务须对于两国之根本利益予以调和）。

调查团对于其自身使命所具之概念　　调查团工作及旅程之纲领以及报告书之计画，均决于该团对于其自身使命所具之概念，其概念如次：

（一）中日两国在满洲之权益，实为此次争议之根本原因，该团对于此项权益，曾加以叙述，以作此次争议之历史背景。

（二）对于争议发生前最近发生之特殊争端，加以考察，并对一九三一年九月十八日以后事件进展之情况，加以叙述，在研究此项争议之过程中，该团声明对于已往行动之责任坚持较轻，而对于寻求防止将来再发生此类行动之方法坚持较重。

（三）最后该团对于各项争执点加以考虑，并依据该团认为足以永久解决此次冲突并恢复中日间好感之原则，提出建议数条，而报告书即告结束。

旅程　　在未达满洲以前，该团曾与中日两国政府及代表各方意见之人物发生接触，以求确定各方利益之性质。该团于二月二十九日行抵东京，三月十四日至二十六日停留于上海，三月二十六日至四月一日在南京，再在中国续行，于四月九日抵北平，然后前往满洲，在该地勾留至六月四日，历时六周，中间曾巡视该地各重要城市，最后调查团于六、七两月中，再度赴北平、东京各一次后，即于七月二十日留居北平，而在该地从事于报告书之起草。

现时争执之背景　　第一、第二、第三章说明九一八沈阳事变之发生，乃历年轻微冲突之结局，足以显出中日关系日趋紧张，如欲彻底了解两国间最近争议之真相，必须明了最近两国间之关系，例如中国民气之发达，日本帝国及旧俄帝国之拓展政策，最近苏联共产主义之广播，中、日、苏三国经济及国防策略上之需要，凡此诸端，皆认为研究满洲问题之重要事实，九一八以前中日两国在满洲之若干主要交涉，亦有叙述之必要,盖必如此,然后可以确定满洲何以成为争议之焦点,以及将来彼此争议平息,双方根本利益如能真正调和,为求此项争议永久解决起见,何种问题值得研究。

第一章　中国近年发展之述要

（以下略——编者）

第二章　满洲之状况及其与中国其他部分及俄国之关系

（以下略——编者）

第三章　一九三一年九月十八日以前中日关于满洲之争执

（以下略——编者）

第四章　一九三一年九月十八日以后满洲事变之叙述

（以下略——编者）

第五章　上海"一·二八"事件

（以下略——编者）

第六章　日本在东北组织伪满洲国

（以下略——编者）

第七章　日人之经济利益与华人之经济绝交

（以下略——编者）

第八章　在满洲之经济利益

（以下略——编者）

第九章　解决之原则及条件

中日问题之本身,用公断方式,非无解决之可能,然因各该国政府,处理此问题,尤其满洲问题,使两国关系益臻恶化,遂致冲突,迟早不能避免,业于本报告书之前数章述明。中国乃一由政治上之纠纷,社会上之紊乱,与夫因过渡时代所不可避免之分裂趋势而进展之国家,亦经陈其梗概。日本所主张之权利与利益,如何因中国中央政府权力薄弱,致受重大之影响,及日本如何急欲使满洲与中国政府分离,亦经阐明。又对于中俄日三国政府之对满政策,为简略之考察,足以证明以前东三省地方政府对中国中央政府,曾屡次宣布独立,顾其人民大半为中国人,未尝有与中国脱离之意。最后：我等曾悉心详查一九三一年九月十八日及自是日以后所发生之真确事件，并曾发表我等对此之意见。

现在我等可对于过去之感想作一结束，而集中注意点于将来。凡阅过前章者必明了现在冲突中之问题，并不如寻常所拟议者之简单。此项问题实属异常复杂，而惟深悉一切事实及其历史背景者，始足以表示一正确之意见。良以此案既非此国对于彼国不先利用国际联合会盟约所定和解之机会而遽行宣战之事件，亦非此一邻国以武力侵犯彼一邻国边界之简单案件，实因满洲具有许多特点，非世界其他各地所可确切比拟者也。

此项争议系发生于国际联合会两会员国间，涉及一领土其辽阔与法德两国相埒，双方均认有权利与利益于其间，而其权益中为国际公法所明白规定者，仅有数端耳。又该领土在法律上虽为中国不可分之一部，其地方政府实具有充分自治性质，足与日本直接谈判构成此次冲突根源之事件。

日本管有一条铁路，及由海口直达满洲中心之一段土地，约有一万兵力保护该地，日本并主张依照条约于必要时有增兵至一万五千之权。该国对于在满洲之日侨，行使法权，并遍设领馆警察于东三省。

上述各节为辩论此问题者所必须考虑之事实。日本军队未经宣战，将向来毫无疑义属于中国领土之一大部分地面，强夺占领，使其与中国分离并宣布独立，事实具在。完成此事所采之步骤，日本谓为合于国际联合会盟约、非战公约、及华盛顿九国条约之义务，而实则各该约之意义正谋防止此种行为。且此种行为开始于本案最初提出于国际联合会之初，而完成于嗣后之数月。乃日本政府以为此种行为与九月三十日及十二月十日其代表在日内瓦所提出之保证相符合。其为此项行动辩护之理由，谓一切军事行动为合法之自卫行为，该项自卫权利，在上述各项国际条约中既均已默认，而国联行政院各项决议亦未加以取消。至于替代中国在东三省之行政组织之新组织，则谓系当地人民之行动，盖当地人民因自愿独立，遂与中国脱离关系，另组政府。日方声称,此种真正之独立运动,自不为任何国际条约或国联行政院之任何决议所禁止。且是项事实之发生,已将九国条约之适用,予以重大之改易,并将国联正在调查之事件之性质,完全变更。

此种辩护论调实使该项冲突顿形复杂与严重。本调查团之任务,并不在就该案作辩论;但欲设法供给充分之材料,使国联能得一适合于争议国双方之荣誉、尊严、暨国家利益之解决办法。仅恃批评不足以达此目的,必须从事于调解之切实努力。我等曾力求过去满洲事件之真相,而坦白说明之;并承认此仅为一部分之工作,且非最要部分。我等在调查期间,曾送告双方政府,愿以国联之力,助两国调解争端,且决定向国联建议,以适合于公道与和平之办法,保持中日两国在满洲之永久利益。

(一)恢复原状

由上述各节观之,可以明了,如仅恢复原状,并非解决办法。因此次冲突原系发生于在去年九月前所存在之各种情形之下,故今日如将各该情形恢复原状,亦徒使纠纷重见,且有仅仅顾及全案之理论方面,而忽略其局势之真相之弊。

(二)维持"满洲国"

从前述两章观之,维持及承认满洲之现时组织,亦属同样不适当。我等认为此种解决办法与现存国际义务之基本原则不合,并与远东和平所系之两国好感有碍,且违反中国之利益,不顾满洲人民之愿望,兼之此种办法,最后是否利于日本永久之利益,至少亦属疑问。

满洲人民对于现实组织之情感如何,可称毫无疑义;中国亦决不愿承认东三省之完全分离,作为一种持久之解决。至以远处边陲之外蒙古与满洲相比拟亦欠切当,因外蒙古与中国并无经济上与社会上之密切关系;且人口稀少,大部分均非汉人。满洲之情形,与外蒙古大异。自各方面言之,现今在满洲耕种之数百万汉人早已使满洲成为中国领土由关内向关外之延长;且从种族文化及国民情绪各方面言之;东三省之为中国东三省,直与其大部分移民所自来之邻省河北山东无异。

　　且就已往之经验,可以证明从前支配满洲之当局,曾对于中国其他各部——至少华北——之事务有重大之影响。且占有毫不容疑之军事上与政治上之便利。无论在法律上事实上将该省等自中国他部割离,日后恐将造成一严重之"未收回领土"问题,使中国常存敌意,以致危及和平,且有引起继续抵制日货运动之可能。

　　本调查团曾接到日本政府关于该国在满洲重大利益之明晰而有价值之声明书。关于日本对于满洲经济上之依赖,前章已经论及,本调查团不必再为之铺张;本调查团亦不主张日本因经济关系即可操纵东三省经济上乃至政治上之发展;但我等仍承认满洲在日本经济发展上之重要性。日本为谋满洲之经济发展,要求建设一能维持秩序之巩固政府;此项要求,我等亦不以为无理。但此种条件,惟有一合于当地民意而完全顺乎彼等之情感及志愿之行政机关,始能为安全的与切实的担保。抑尤有进者,惟有在一种外有信仰内有和平而与远东现有情形完全不同之空气中,为满洲经济迅速发展所必要之投资始可源源而来。

　　日人现虽备受激进的人口过剩之压迫,然彼等尚未充分使用其现有之便利,以从事于移民,而日本政府迄今犹无大规模移民满洲之计划。但日本确欲利用再进一步之实业计划,以谋应付农业危机及人口问题。此种实业计划需要更大经济出路,而此种广大而比较可靠之市场,日本仅能在亚洲尤其中国获得之。日本不仅需要满洲市场,即全中国市场亦在需要之列,而中国之巩固与近代化自能使生活程度抬高,因而使贸易兴奋,并增加中国市场之购买力。

　　中日间此种经济上之接近,固于日本有重大之利益,即于中国亦有同等之利益,盖中国因与日本有经济上及技术上较为密切之合作而可获得建设国家基本工作上之助力。中国若能抑制其民族主义难堪之趋势,并俟友好关系恢复后切实担保有组织之抵货运动不再发生,则于此项经济接近大有裨助。在日本方面,若不求单独解决满洲问题,使其脱离日本对华关系之整个问题,致令中国友谊及合作成为不可能,则此项经济接近亦当易于实现。

但日本在满洲之动作及政策,其取决于经济原因之处或较少于其自身安全之顾虑。日本政治家及军事当局常称满洲为"日本之生命线",职此故也。常人对于此种顾虑可表同情,且亦能谅解日本担负国防重任之当局所采取之行动及意旨。日本之欲谋阻止满洲被利用为攻击日本之根据地,以及如在某种情形之下满洲边境被外国军队冲过时,日本欲有采取适当军事行动之能力,吾人均可承认;但同时吾人以为置满洲于无期限之军事占领之下,势必负财政上之重担,是否确系抵制外患之最有效方法,仍不无疑问。又设遇外患侵袭之时,日本在满军队受时怀反侧之民众包围,其后又有包含敌意之中国,日本军队能否不受重大之困难,亦殊难言。为日本利益计,对于安全问题,似应考量其他可能的解决方法,使更能符合现时国际和平机关之基本原则,而与世界其他列强间所定之办法相同。日本甚或可因世界之同情与善意,不须代价而获得安全保障,较现时以钜大代价换得者为更佳。

中日两国以外,世界其余各国在此次中日争议中,亦有重大利益须予保卫。吾等前已述及现行之各种多方面条约,由协定而得之任何真正及持久之解决,必须适合此等基本条约之规定,此等基本条约,即世界和平组织所依据者也。华府会议时驱使各国代表之意旨,现仍有效。扶助中国建设,维持中国主权及领土与行政之完整为保持和平之必要条件;今日此项政策之与列强利益相吻合,亦正与一九二二年无异。各种分解中国之行为,必致立即引起国际间之竞争,此种国际竞争,如与相异的社会制度间之冲突同时发生,则将更行激烈。要之,维持和平之旨趣,举世相同。倘国联盟约及非战公约原则之实施,在世界任何部分失其信仰,则此项原则之价值及效能将无往而不受减损。

调查团对于苏俄在满洲之利益范围未能获得直接之报告,而对于苏俄政府关于满洲问题之意见亦未能确定。但虽无直接报告,而苏俄在满洲之地位,及其因领有中东路暨中国国境外北部及东北部之领土而获得之重要利益,均不容忽视。故解决满洲问题时倘忽略苏俄之重大利益,则此项解决必将引起将来和平之决裂,且不能持久,事极显然。

　　倘中日两国政府均能承认彼此主要利益之相同性质，并愿以维持和平与夫树立睦谊为彼此利益之部分，则上述各节足以指示问题之解决途径。至恢复一九三一年九月以前状态之不可能，前已述及之矣。由现时组织，毋须经过极端之变更或可产生一种满意之组织。我等将在次章提出若干种建议，以贯彻斯旨，兹先规定任何圆满解决所应依据之原则如下：

　　（一）适合中日双方之利益　双方均为国联会员国，均有要求国联同样考虑之权利，某种解决，苟双方均不能获得利益，则此种解决必无补于和平之前途。

　　（二）考虑苏俄利益　倘仅促进相邻二国间之和平，而忽略第三国之利益，则匪特不公，抑且不智，更非求和平之道。

　　（三）遵守现行之多方面条约　任何解决必须遵守国联盟约、非战公约及华盛顿九国条约之规定。

　　（四）承认日本在满洲之利益　日本在满洲之权利及利益乃不容漠视之事实，凡不承认此点或忽略日本与该地历史上关系之解决，不能认为满意。

　　（五）树立中日间之新条约关系　中日两国如欲防止其未来冲突，及回复其相互信赖与合作，必须另订新约，将中日两国之权利利益与责任，重加声叙。此项条约应为双方所同意之解决纠纷办法之一部分。

　　（六）切实规定解决将来纠纷之办法　为补充上开办法以图便利迅速解决随时发生之轻微纠纷起见，有特订办法之必要。

　　（七）满洲自治　满洲政府应加以变更，俾其在中国主权及行政完整之范围内获得高度之自治权以适应该三省地方情形与特性。新民政机关之组织与管理，务须满足良好政府之要件。

　　（八）内部之秩序与对于外来侵略之保障　满洲之内部秩序，应以有效的地方宪警维持之；至对于外来侵略之保障，则须将宪警以外之军队，扫数撤退，并须由关系各国，订立互不侵犯条约。

　　（九）奖励中日间之经济协调　为达到此目的，中日二国宜订新通商条约。此项条约之目的,须为将两国间之商业关系,置于公平基础之上;并使其与两国间业经改善之政治关系相适合。

（十）以国际合作,促进中国之建设　现时中国政局之不稳,既为中日友好之障碍,并为其他各国所关怀,因远东和平之维持,为国际间所关怀之事件;而上述条件,又非待中国具有强有力之中央政府时,不能满足,故其圆满解决之最终要件,厥惟依据孙中山博士之建议,以暂时的国际合作,促进中国之内部建设。

现在情势如能改变,至足以满足上述条件及包括上述意见程度,则中日两国当可将其困难解决,而两国间之密切谅解及政治合作之新时代,或将由此开始。如二国间不能成立此项协调,则无论具有何种条件之解决办法,必将无真正效果可言,然则际此险象环生之时,上项新关系果真无实现之可能欤？少年日本现正力主对中国采取强硬政策及在满洲采取彻底政策。凡作此项要求之人靡不对于九月十八日以前之延宕及刺激,表示厌倦。彼辈现甚急躁并亟欲求其目的之达到。但即在日本,为达到任何目的,亦有寻求适当方法之必要。经与主张积极政策较力之辈——尤其一般富于理想及个人信仰之造成"满洲国"之先锋队——接近之后,本调查团遂不得不承认:日人方面问题之核心,纯为日人对于新中国之政治发展及此种发展之未来趋势所表示之焦虑。此种焦虑,已使日人采取行动,其目的冀以操纵上项发展并领导之使之趋向于日人经济利益得以完全,及其帝国国防战略上之需要得以满足之途径。

但日本舆论已微觉日本对满洲及对中国其他各部采取两个单独政策之不复合于实际。故日本纵以其满洲利益为目标,其对于中国民族精神之复兴,亦当表示承认与同情的欢迎;与之为友,引导其趋向,而界之以扶掖,使其不必另求他助。

中国有识之士亦已承认建设与国家之近代化为该国之重要问题,亦即该国之真正国家问题,而彼等不能不确认为完成此种业已开始且有如许成功希望之建设及近代化政策起见,必须与一切国家,尤其与其距离最近之邻国,培植友好之关系。在政治上,及经济上,中国均需要列强之合作,而日本政府之友善态度及在满洲方面之中日经济合作,尤为可贵。中国政府应将其新醒之民族主义之一切要求——纵属正当而急切——置于此项国家内部有效的建设之最高需要之下。

第十章　考虑及对于行政院之建议

以解决现时纠纷之建议,向中日两国政府直接提出,非本调查团之职责。但如白里安君向行政院说明组织本调查团之决议时所言,"为便利两国间目前纠纷原因之最后解决起见",本调查团特以我等研究之结果向国际联合会提出建议,期于联合会适当机关因欲提交于争议两方面起草确定方案时有所裨助,此项建议,意在表明前章所设各条件足以适用之一端,故其性质仅涉广泛原则,各项细目留待补充,如争议两方愿意接受基于此种原则之解决方法时,亦尽有修正之余地。

即使日本在日内瓦讨论本报告以前,即已正式承认满洲国——此为不容忽视之可能的事实——吾等工作亦不致因此而丧失其价值。吾等深信行政院如欲为满足中日两方在满洲之重大利益,而有所决定或向两国有所提议,则对于本报告书所载建议,终将认为不无裨助。

吾等悬此目标,故一方面顾及国联原则,及关于中国一切条约之精神及文字,以及和平之一般利益,而在另一方面,仍不忽视现存之事实。即对于正在演化中之东三省行政机关,亦曾加以注意。为世界和平之最高利益计,行政院之职责,应不问结局如何,毅然决定如何能使本报告书中之建议推行并适用于现尚日在发展中之事件;以期利用现正在满洲酝酿之一切正当势力,无论为理想或人力,无论为思想或行动,藉谋获得中日间持久之谅解。

吾等首先建议国联行政院应请中国政府暨日本政府依照前章所开之纲领,讨论两国纠纷之解决。

此项邀请,如经接受,第二步即应及早召集一顾问会议,讨论并提出一种设立特殊制度以治理东三省之详密议案。

此项会议,可由中日两国政府之代表,暨代表当地人民之代表团两组组成之。该两代表团,一由中国政府规定之方法选出之,一由日本政府规定之方法选出之。如经当事双方同意,顾问会议可得中立观察员之协助。

如该会议有任何特殊之点不克互相同意时,该会议可将此意见参差之点提出于国联行政院,行政院对此当设法觅得一同意之解决办法。

同时于顾问会议开会期中,所有中日间关于各该国权利利益所争论之事件,应另行讨论,倘经当事双方同意,亦可得中立观察人员之协助。

吾等末复提议此项讨论与谈判之结果,应包括于下列四种文件之中:

一、中国政府宣言,依照顾问会议所提办法,设立一种特殊制度治理东三省;

二、关于日本利益之中日条约;

三、中日和解公断不侵犯与互助条约;

四、中日商约。

在顾问会议集会之前,应由当事双方,以行政院之协助,对于该会议应行考量之行政制度之方式,先行协定其大纲。当事双方此际所应考议之事件如下:

顾问会议之集会地点,代表之性质,是否愿有中立观察人员;

维持中国领土行政完整之原则及准许东省有高度之自治;

以一种特殊宪警为维持内部治安唯一办法之政策;

以所拟各种条约解决所争各项事件之原则;

对于所有曾经参加东省最近政治运动人员之准予特赦。

此种原则大纲,既经事前同意,关于其详细办法,当以最充分可能之审择权,留诸参见顾问会议或磋商条约之代表。至再行诉诸国联行政院之举,仅得于不能同意时行之。

在此项程序各种优点之中,应称述者为此项程序既与中国主权不相违反,仍可采取实际有效之办法,以适应满洲现存之局势,同时复留以后修改之余地,此类修改将视中国内部情形之变迁而定。例如:在满洲最近所已提议,或已实际施行之某种行政上与财政上之变更,如省政府之改组,中央银行之设立,以及外国顾问之雇用等等,皆本报告书所已注意及之者。此类特点,顾问会议或可因其利便而予以保留。又如依照吾等所提议之方法而选择满洲居民代表出席顾问会议,亦足以为现政体与新政体递嬗之协助。

此项为满洲而设之自治制度,拟仅施行与辽宁(奉天)、吉林、黑龙江三省。日本现时在热河(东内蒙古)所享有之权利,当于关系日本利益之条约中,加以规定。

兹将四项文件依次讨论如下:

一、宣言

顾问会议之最后议案,当送交中国政府,由中国政府以该项议案列入宣言之内,而以此宣言转送国际联合会及九国条约之签字各国。国联会员国,及九国条约之签字国对于此项宣言当表示知悉,而此项宣言将被认为对于中国政府有国际协定之约束性质。

此项宣言嗣后倘须修改,其条件当依照前述之程序彼此同意后,于宣言本身中,预为规定。

此项宣言当对于中国中央政府在东三省之权限与该地方自治政府之权限,加以划分。

兹提议保留于中央政府之权限应如下列:

(一)除特别规定外,有管理一般的条约及外交关系之权,但中央政府不得缔结与宣言条款相违反之国际协定。

(二)有管理海关、邮政、盐税之权,并或可有管理印花税及烟酒税行政之权。关于此类税款之纯收入,中央政府与东三省政府间如何公平分配,当由顾问会议规定之。

(三)有依照宣言所规定之程序,任命东三省政府行政长官之权。至少初步应当如此。至出缺时,当以同样方法补充,或以东三省某种选举制度行之,此则应由顾问会议合意议定,并列入宣言之内。

（四）有对于东三省行政长官颁发某种必要训令，以保证履行中国中央政府所缔结关于东三省自治政府管辖下各事项之国际协定之权。

（五）顾问会议所合意议定之其他权限。

一切其他权限均属于东三省自治政府。

应计划切实可行之制度，期使人民对于政府政策得表示其意见。或即袭用自昔相沿各机关如商会、公所、及其他各市民机关亦可。

应订立某种规定，以保护白俄及其他少数民族之利益。

兹提议以外国教练官之协助，组织特别宪警，为东三省境内之唯一武装实力。该项宪兵之组织，或于一预定时期内完成之，或在宣言内，预定程序，规定其完成时期。该项特别队伍，既为东三省境内唯一武装实力，故一俟组织完成，其他一切武装实力，即应退出东三省境内。所谓其他一切武装实力，包括中国方面或日本方面之一切特别警队或铁路守备队。

自治政府行政长官得指派相当数额之外国顾问，其中日本人应占一重要之比例。至细目应依前述程序订定，并于宣言内声明之。小国人民有被选之权，与大国人民同。

行政长官得就国联行政院所提名单中，指派国籍不同之外籍人员二名，监督（一）警察及（二）税收机关，该二员在新政制草创及试行期内，当掌有广泛之权限。顾问权限当在宣言中规定之。

行政长官当就国际清理银行董事会提出之名单中，指派一外国人为东三省中央银行之总顾问。

至于雇用外籍顾问及官员一节，实与中国国民党总理及现今国民政府之政策相符。东省方面之实际状况，及外人在彼权益与势力之复杂，为谋和平及善良政治起见，不能不有特殊之办法，吾人希望中国舆论对此，不难予以认识。惟应有郑重声明者，此间所拟议之外籍顾问及官员，包括在新制度草创期内应有特别广泛权限之顾问及官员，仅系代表一种国际合作之方式。此项人员之选出，必须在中国政府所能接受之状态内行之，且须与中国主权不相抵触。经指派后，此项人员，应自视为雇用国政府之公仆,与在过去时期内关税及邮政或国联与中国合办之专门机关所雇用之外籍人员相同。

关于此节,内田伯爵于一九三二年八月二十五日在日本议会演说中之一段,颇堪注意。

"我国政府自明治维新以后,雇用多数外籍人员为顾问或正式官吏;在一八七五年前后,其数目超过五百人之多。"

兹有应注意之点者,即在中日合作空气中指派较多日籍顾问,可使此项官员,贡献其特别适合于当地情形之训练与学识。在此过渡期内所应抱之目标,乃为造成一种完全中国人之吏治,终使雇用外人,不复需要。

二、关系日方利益之中日条约

中日间拟议之三种条约商订人,自应有完全审择之权,但于此处略示订约时所应议之事项,亦不为无益。

此项条约既须提及东省方面之日本利益,及热河方面之日本一部分利益,自必首要涉及日侨之某种经济利益及铁路问题。

此项条约之目的应为:

(一)东省经济上之开发,日本得自由参加,但不得因此而取得经济上或政治上管理该地之权。

(二)日本在热河现在享有之权利,予以维持。

(三)居住及租地之权,推及于东省全境;同时对于领事裁判权之原则,酌予变更。

(四)关于铁路之使用,订一协定。

在南满与北满间虽未尝订有固定界线,但日本人民之居住权向仅限于南满及热河。日本人民行使此项权利之态度,常使中国方面认为不能容受,因是而发生不断之龃龉与冲突。在纳税及司法方面,日本人民及朝鲜人民俱认为享有领事裁判权之待遇。关于鲜民方面,实另有特殊规定,不过此项规定未能厘订明确,致常为争执之焦点,就调查团所得证明,吾等相信,若不附有领事裁判权,中国或愿将现在有限制之居住权推及于东省全境。因附带领事裁判权之结果,认为可使在中国境内造成一日本民族之国家也。

居住权与领事裁判权关系密切,至为明显。而在东三省司法及财务行政未达到较前此更高之程度以前,日本不欲放弃领事裁判权地位,其事亦同样明显。

于是有调和方法二种:其一,现有之居住权及其附带之领事裁判权地位,应予以维持,其居住权范围应加以扩大,俾在北满及热河之日本人民及朝鲜人民,均得享受,但无领事裁判权。其二,在东三省及热河之任何地方,日本人民应予以居住权及领事裁判权,而朝鲜人民则仅有居住权而无领事裁判权。是两项建议各有优点,亦各有可以严重反对之处。倘能将东北各省之行政效率增高,使领事裁判权不复需要,此则本问题最满意之解决方法也。吾等以是建议该地方之最高法院应延用外国顾问,至少二人,其一须为日本国籍。其他法院延用顾问,亦殊为有利。法院审理涉及外国人之案件时,顾问对于各案之意见,不妨公布。吾等又以为在改组期间,财务行政方面参以外人之监督,亦颇相宜。关于此节,吾人于讨论中国宣言时业已有所提议矣。

更进一步之保障,可依和解条约,设立公断法院,以处理中国政府或日本政府,以政府名义或其人民名义所提出之任何声诉。

此项复杂而困难之问题,其决定必须归诸议订条约之当事双方,自行酌夺。但现时所取之保护外国人制度,苟施于多如朝鲜人之少数民族,在朝鲜人数目继续增加,及其与中国人民密接杂处情形之下,其将发生刺激之机会,因而引致地方意外及外国干涉,殆为必然之事。为和平利益计,此项冲突之源,应予消弭。

日本人民之居住权利,如有任何推广,应在同样条件之下,适用于其他一切享有最惠国条款利益之国家之人民,只须此类享有领事裁判权人民之国家,与中国订立同样条约。

关于铁路问题,在过去期中,中国与日本之铁路建造者及当局者,缺乏合作,不知成就一广大而互利之铁路计划,此在第三章中已论之矣。将来苟欲免除冲突，则在现所拟议之条约中，必须加以规定，使已往之竞争制度归于消灭，而代以关于各路运费及价目之共同谅解。此项问题在本报告书之附件特别研究第一号内，另有讨论。在本调查团之意以为有两种可能之解决。此两种解决可择一而行，或可视为达到最后解决之步骤。

第一种方法，范围较为限制，为中日铁路行政之一种业务协定，足以便利彼此合作者。中日两国可协议在合作原则之下管理其各在满洲所有之铁路，并设一中日铁路联合委员会，至少有外国顾问一人参加。铁路联合委员会行使之职务则类若他国现行之理事会然。至于更彻底之救济方策，莫若将中日两国之铁路利益合并。如双方能同意于此种合并办法，实为中日两国经济合作之真实标记，而中日两国经济合作，乃本报告书所靳求之目的之一也。此种合并办法一方面既可保障中国之利权，一方面又可使满洲一切铁路得利用南满铁路专门经验之利益，而将近数月来应用于满洲铁路之制度，引申推用，当亦无甚困难。且将来更可藉此辟一范围较广之国际协定之新途径，将中东铁路亦包含在内。此种合并方法之详细说明虽已载在附件之内，惟只能视为一种举例，其详细计划，惟有由当事双方直接谈判，始可产生耳。铁路问题如此解决，则南满铁路将成为纯粹的营业性质，特别宪警队一旦完全组成，铁路得有保障，则护路队可以撤退，藉可节省一宗极大开支。此项办法如果实行，特别地产章程及特别市政制度，应即在铁路区域范围内，预先制定成立，俾南满铁路与日本人民之既得利益得有保障。

如能依照以上大纲，议定条约，则日本在东三省与热河之权利，可有法律根据，其有益于日本至少当与现有之条约及协定相同，而在中国方面，则当较易接受。如一九一五年等条约与协定所给予日本之一切确定让与，苟未为此项新条约所废弃或变更者，中国方面对之当不致再有承认之困难。至于日本所要求之一切较为次要之权利，其效力问题如有争执，应提出协商。如不能同意时，应照和解条约中所载之办法补救之。

三、中日和解公断不侵犯及互助条约

本条约之内容,因已有许多先例及现行成案可稽,自可不必详细叙述。

此项条约应设一和解委员会,其职务当为协助中日两方解决两政府间随时发生之任何困难。并设一公断庭,以具有法律经验及明了远东情形者组织之。凡中日两国间关于宣言或新条约解释上之争执,以及和解约中所列举之其他争执,均应归诸公断庭办理。

最后依照约文内不侵犯及互助各规定,缔约双方应同意满洲应逐渐成为一无军备区域。以此为目的,应即规定俟宪警组织完竣后,缔约国之一方或第三者,如对无军备区域有任何侵犯,即成为一种侵略行为,其他一方——或遇第三者攻击时,则缔约双方——有采取其所认为适当之任何办法,以防卫无军备区域之权,但并不妨碍国联行政院依照盟约而为处理之权。

倘苏联共和国政府愿意参加此种条约之不侵犯及互助部分,则此项相当之条款,可另行列入一种三方协定。

四、中日商约

商约自应以造成可以鼓励中日两国尽量交易货物,而同时并可保护他国现有条约权利之情形为目的。在此项条约内,并应由中国政府担任在其权力之内,采取一切办法以禁止并遏抑有组织之抵制日货运动,但不妨害中国买主之个人权利。

以上关于宣言,及各项条约之目的。吾等所为之建议与理由,系备提供国联行政院之考虑。无论将来协定之细目为何,最要之点,在尽早开始谈判,并应以互信之精神行之。

吾等工作现已告竣。

满洲素称天府之国,沃野万里,一年以来,叠经扰攘,当地人民,创钜痛深,恐为前此所无。

中日关系已成变相战争,瞻念前途,可胜忧虑。

其造成此种景况之情形,吾等于本报告书中已言之矣。

国联当前问题之严重,及其解决之困难,尽人皆知。本调查团正在结束报告之际,报章适载中日两国外交部长之宣言。批阅之余,各有要旨一点,兹特为揭出:

八月二十八日罗文幹先生在南京宣称:

"中国深信解决现在时局之合理办法,必以不背国联盟约、非战公约及九国条约之文字与精神,与夫中国之主权,同时又确能巩固远东永久之和平者,为必要条件。"

八月三十日据报内田伯爵在东京宣称:

"政府认中日关系问题较满蒙问题,更为重要。"

吾等以为结束报告,莫妙于重述此两项宣言所隐伏之意思。此种意思与本调查团所搜集之证据,及本调查团对本案之研究暨其判断,其确切相合,竟若符节,故敢信此种宣言所表示之政策,倘迅为有效之应用,当能使满洲问题达到圆满之解决,不特有裨于远东两大国之利益,即世界人类,亦胥受其赐焉。

(录自外交部译印白皮书第二十四号载国际联合会调查团报告书)

原书编者注:国联调查团报告书,系于一九三二年九月四日在北平签字。除绪言外,计分十章,对于种种问题之特殊研究,均载入报告书附件内。此外尚有一附录,载明该团所取之行程,所会见之人物姓名表,及中日双方所提交该团之文件。本处所录调查团报告书,系根据外交部所正式译印者,惟前八章系关于事实之叙述,故为摘要。第九章提出解决之原则及条件,第十章乃调查团对国联行政院提出解决满洲纠纷之建议,为报告书之精华,故照全文录出。

《革命文献》第40辑,总第9340—9373页

罗文幹对国联调查团报告书宣言
1932年10月3日

国联调查团报告书业经公布,此乃李顿爵士与其同事诸君,数月来为国际和平而不辞劳瘁,坚苦工作之结果也。

吾人犹忆去年十二月十日国联之所以决定派遣调查团,乃欲对于因日本侵犯中国领土而引起之局面,贡献一最后根本解决之办法。当白里安氏于是日提出派遣调查团之决议案于国联行政院,以备其考虑并采纳时,曾言:"调查团职务范围,在原则上极为广泛,任何问题足以影响国际关系而有扰乱中日两国间和平,或和平所赖以维系之两国间谅解之虞,经调查团认为须加研究者,均不得除外。"故就调查团之职务而言,调查团所称得审查一切有关系之事实,并得以和平解决办法建议于国联云云,固为完全正确之解释。试将报告书略加浏览,即觉有最显明呈现之两点,一为九一八日及九一八以后之一切日本军事动作,均无正当之理由,不能认为自卫之手段。一为所谓"满洲国"者,并非真正及自然之独立运动所产生,而为日本军队及日本文武官操纵造作之结果。

报告书包含许多性质极重要之问题,现正在中国政府当局悉心考量之中。

南京《中央日报》1932 年 10 月 4 日

颜惠庆对报告书意见

1932 年 10 月 5 日

渠对于李顿报告之披露,甚为欢迎,报告书对于中国国家思想之发展及国内之纷扰状态,均有叙述,报告书对于日本之对外扩充政策及国内之危机,亦有同样叙述,则中日纠纷之实在原因,更可明了。颜继引报告书内之论断,证明日本对华之指责,全无根据。如此则日本之有心以武力及阴谋占领满洲,破坏国际条约,违反国联威权,以及世界舆论,更为明显。至于报告书内所提出解决原则,以及建议,颜认为偏重所谓满洲事实者,而中日事件之是非,双方权益之条约根据,及国际条约之某项原则,反居于次要地位,颜对此引为遗憾。颜末称,渠对于调查团所采政策之意旨,甚为欣感,中国政府当依亲邻之意旨,并为世界和平前途计,充分研究报告书第九第十两章之建议。

天津《大公报》1932 年 10 月 6 日

顾维钧对报告书意见

1932 年 10 月 9 日

东北问题为国联从来未见之重大事件,因其涉及条约之遵守,此种条约为国际合作之基础。顾氏称,此事之构成并非中国政府之过,中国对国联应负之义务,已完全履行,自始即愿寻求与日本和平解决之法,因日本反复无常,日本军事当局蓄意使争执扩大,苦心计划在东北组织傀儡政府,殊违背国联盟约及九国公约,并破坏该政府所予国联行政院会及大会之担保,日本不但未照其允许退兵,兵额反较争执初起时增加三倍。去年日本占领满洲之前,该外极为安谧,按调查团报告书结论,即知该处之纷乱,系由日本造成,所称东北因日本之干涉而渐兴盛,殊与事实不符。关于东北铁路问题,顾氏谓,日本虽管理东北铁路之半,然中国于过去十年内,虽经日本百般阻难,已建筑新路一千公里,调查团报告书已证实日本对铁路之垄断,全案不久即将由国联行政院会及大会评断。顾氏继称中国接受行政院会去年十二月十日之决议案,始有调查团之成立,中国协助该团工作,今准备接受将来讨论之同意基础,然须保留批评此种基础之权利,望国联有忠诚永久之解决方法,俾中日两国咸能获益。

天津《大公报》1932 年 10 月 11 日

蒋介石对报告书意见

1932 年 10 月 17 日

在目前情势之下,中国政府为取得国联及一般国际舆论之同情起见,对于报告书自宜采取温和态度,不可表示过度之反抗,但同时不能不注意次列几项事实。

第一,调查团报告至少尚须经过两度审议,(十九国委员会之审议与国联大会之审议)在未达最终决定前,中国政府自尚须为最大之努力以期改正。

第二,就目前形势观察,除非列强对日有执行经济或武力制裁之决意,或日本国内有不利于军阀之重大变化发生,日本决不接受调查团报告,但以上两种情事,现时均无实现之希望,因此中国纵表示愿意让步,仍无补于中日纠纷之解决,徒为将来交涉或行动上增加拘束,且将引起国内重大攻击。

第三,国民党对外政策,在求民族之解放,对于东三省事件之解决,如完全不顾此种立场,则本党信用与本党所领导之不平等条约废除运动,将受重大打击。

第四,调查团报告书在前八章陈述事实时,虽属公允,在九、十两章建议解决方案时,则几完全注重日本之希望与其在东三省之实力,而将九一八以来事变之责任弃置不顾,为国联公约、非战公约及九国公约之尊严计,为国联之威信计,为远东及世界永久和平计,吾国均不能不要求国联为必要之修正。

基于以上种种之考虑,窃意吾国政府对于报告书,应采取如下所示之态度与对策:

(甲)应取之态度 政府对于报告书中事实之陈述部分,即第一章至第八章可以接受,至于第九、十两章之建议,则须要求修正。在此项修正中,永久和平之树立与九一八以来事变之责任,应均顾及,且此两事,实有其连带关系。

报告书中关于树立远东永久和平之建议,如中日两方撤除东三省军队互订不侵犯条约之计划和解及公断计划,虽使中国不免受重大之牺牲,如能出以适当之方式,使能确保和平,中国仍愿以诚意考虑接受,以副国联爱护和平之旨。

报告书既认九一八事变,非出于日方之自卫,其为日本有计划的武力侵略,已无疑义,九一八事变以来之责任既如是确定,则解决方案断不能直接或间接容认九一八以来日本武力所造成之任何新情势,或强迫中国接受九一八以来中日两国条约上所无之义务,因以消灭中国之主权或行政之完整,调查团方案中所列建议,如关于顾问会议之召集,外国顾问之强制任用,中日铁路之合并,永远禁止排货等项,或则默认日本武力所造成之情势,或则纯为条约以外之义务,中国方面不能不要求废弃或根本修改,中国方面对于东三省未来行政之改善,固具热愿与热心,且亦愿向国联为隆重之宣示,但不能接受妨害其行政完整之国际拘束。

（乙）应提出之对策　中国政府认为解决东三省方案,在原则上必须恢复九一八以前之状态,惟为永久和平及中日关系之改善计,中国可同意于下列三项计划。

（一）撤除军备及互不侵犯条约计划　报告书中中日两方撤除东三省之军备一项,在建议书本占极重要地位,此项计划之实行,在中国虽不免有重大之牺牲,但使确能保障永久和平,中国仍愿以诚意考虑之,惟为辅助此项计划,贯彻目的起见,如仅由中日两国订立互不侵犯条约,而无其他诸国参加保障,亦终无补于事,故东省军备撤除计划之实行,必须更附以一种保障公约,其性质须与一九二五年英、意诸国保障德、法国境之罗卡洛公约相似,凡与远东和平在地理上或历史上有关系诸国,须参加保障,成立一种保障中国国境之公约,必如是而后中国所受之牺牲或限制乃有其代价。

（二）和解及公断计划　设置中日和解委员会及公断法庭,东三省旧状恢复之后,一切纠纷乃至中日间条约及合同效力之争执,分别交由和解及公断机关解决。

（三）改善东三省行政　中国可向国联声明,当励行东三省行政之改善,此项改善计划当包含逐渐设立人民代表机关,实行中央地方均权制度及利用外国专家之辅助等项,惟外国专家之任免,必须照中国文官任免法令之所定,而不受任何关系条约之拘束,方不妨行政完整之原则。

（录自外交部档案）

汪精卫对报告书意见

1932 年 10 月 20 日

当九月初旬,兆铭患病增剧,请假调理,以为静养旬日,即可痊愈,及十月初旬四医生诊断书发表后,始知病势严重,且有出国疗养之必要,中央遂宽予假期,俾得从事医药。当此国事危急,悢然舍去,实乖素愿。但与其困卧床褥,因循无补,不如从医所言,暂时出国,以谋专门治疗,或得康复以继续为国事努力也。卧病以来,时承同志垂问,久稽答复,至歉于怀,今当暂别,仅述鄙见数事,以当面谈。

兆铭自去岁十月由广州至上海,今岁一月入京以至于今,共赴国难之志,始终未有变易,惟政治设施,十未达一,内疚神明,非言可喻。夫政治不修明,则虽欲共赴国难,亦苦无所藉手。然政治上之张弛缓急,各同志间见解容有异同,则又不可不以共赴国难之念驱之于一致,此两者似相矛盾,实则相成,所愿诸同志精神不懈,而审慎从事也。中央政治会议常务委员,本为蒋胡两同志及兆铭三人,胡同志久未赴京,兆铭今又因病旷职,致蒋同志独任其难,思之戚然于心。而兆铭抱病以来,行政院长职务,得宋副院长毅然代理,且得安心疗养,诚不胜其感谢。国联调查团报告书病中已得披阅,兹述其感想如下:第一,中国政府此次将对日案件提交国际联合会,立场与方法实为最合理及最合法者。盖国联盟约,为今日世界会员各国及赞成国联盟约者所应共同遵守之惟一法律,惟世界各国能共守此约,然后世界之和平方得维持,中国政府始终不忘保持,故将此案件提交身负保障和平责任之国联。第二,实行国联盟约,为国联所负之责任。自中国政府提出此案,国联历次决议案,亦皆根据国联盟约之原则,此次调查团之派遣,在调查事实之真相,及决定责任之谁属。第三,调查团报告书对于事实之叙述及东北事件因果之观察,明白公认,对于日本蓄意破坏中国领土完整,以遂其侵略政策,认为该国预定之计划一点,尤为明确,值得吾人对调查团之努力及公平评断,予以赞赏。惟于此尚不能无憾者,调查团叙述事实后,而建议之解决方法,似觉与其自述之事实不相符合耳。第四,由报告书立言之意旨言,调查团似明白以法律政治及道德上之全副责任加诸日本,且知调查团于日本过去在东三省所作为及所图谋者,认为远东一切祸乱之源,而于所谓满洲国者,亦明认为仅由日本武力哺育而成之傀儡组织,然调查团于此不敢责令日本担负此项事变之完全责任,乃不惜迂回曲折,以提出所谓和平的和解方法,倘使调查团此种建议而为国联所完全接受,则适足表现国联虽有公平的观察及对于正义之同情心,而其制裁力不足以副之,不仅世界和平全失保障,即国联所引为职志之消弭国际纠纷,亦无从贯彻。中国为和平前途计,对于此点不能不唤起世界对此之深切注意。第五,我国今应郑重考虑者,当前问题之对付方法,战争乎? 和平乎? 由前之道,则凡日本用武力攫夺而去者,亦由武力恢复之,此由武力以求公道也。由后之道,则由和平以求公道,其最要方法,在接受国联对于我之同情心,而于其制裁力之薄弱,则求所以矫正而增益之,以期得最后之胜利。惟无论如何,均须政府人民团结一致,否则,言和平则乱唱高调,无裨实际,言战争则又不能自整其一致之阵,是益促吾国家之危亡而已。过去失败之造成,其原因殆不外乎此。今后能不蹈覆辙,则所获多矣。第六,团结即是力量,今日救亡之道,团结一致而已。同志与同志之间,政府与人民之间,中央与地方之间,均当视此为天经地义,而一致以赴之。至于地方与地方之间,因地盘冲突而发生内战,则尤不容于中国。彼身冒大不韪而甘为戎首者,适足自灭耳。以上鄙见所及,聊述梗概,惟垂鉴之,幸甚,二十一年十月二十日汪兆铭谨启。

天津《大公报》1932 年 10 月 21 日

日本政府对报告书意见

李顿报告书于日本非常不利。然此均系他国之意见,实为不得已。日政府应付办法,一概委诸外务省。目下外、陆、海三省联合协议会正锐意考究中,问题实在于国联如何措置报告书。然日本决保持既定方针,断不能为其所动。关于设置统制日满经济之调查委员会事,正在次官会议协议中,然调查委员会无论如何计划,总须与"满洲国"磋商,殊非简单也。日政府为提出国联之意见书,特组织外务省、陆军省与海军省三省联合协议会。强硬主张日本立场之意见,已归一致。预定本月二十日制作完毕后,由松冈洋右携往日内瓦提出国联。其内容大体如下:①使各国谅解日本之立场。意见书本文约占洋纸五十页。②对于李顿报告书之"误谬"加以彻底的反驳。③中国为无统制之国家,亦经李顿之承认,兹再举其事实,以作彻底的证明。④根绝排斥日货之事,说明其为不可能。⑤说明军事行动为纯粹之自卫手段。⑥"满洲国"之独立,系依据住民之自由意志,并举出历史上许多之前例。⑦举出过去中国对列国外交之例,以强调解决中日之纷争,系于国联避开无用之干涉。

十二日日本新联电又传,日政府对于李顿报告书之意见书大要如下:①国联宜静观今后"满洲国"之发展。②日本之国策为假使国联第三国有介入"满洲国"之事,即予以一切排击。③调查团之调查,系在于贡献解决满洲问题,乃其报告"因认识不足而不公平",致问题之解决加一层纠纷。④对于李顿之报告,不期世界之识者及新闻之论调皆对其价值抱甚大之疑问,是以颇有倡议国联静观论者,即美国之倡议静观论者亦渐次增加。⑤列国舆论对于"满洲国"之发展及日本对于满洲之经营,有结局归于失败之论调,然若如此主张,则对于日满关系与将来之推移,尤其可以默视,国联之态度可作如是决定。

据九日泰晤士报称:数星期前日本曾向法国提出正式缔结联盟。当时法外部加以审慎讨论后,认李顿调查团正在调查中日争端,法国倘于此时与日本缔结联盟,对于其他关系各国未免失信。法某外交家在远东有多年外交经验,亦向当局郑重表示,此时缔结法日联盟为不荣誉之举。故法外部兹已拒绝日本之提议。又闻巴黎及其他各处人士现均从事研究一九零七年之法日条约及其换文是否继续有效。是项条约及换文,虽表示尊重中国主权及领土之完整,但对于日法在华特别权益之范围,表示互相尊重。目前巴黎及其(地)〔他〕方面热烈讨论上述日法条约及换文是否已因国联会章第二十条而失其效力。

按法日协约之缔结,适在日俄战后,时日本经营东三省,对英因新法铁路计划不惬意,而法国则专注意于非洲之霸权,无暇东顾,因有此约缔成。兹志其内容如次:"日本帝国政府与法兰西民国政府为巩固两国敦睦关系与免除因此等关系将来发生误会计,决定缔结下列协约。法日两国政府,因同意尊重中国之完整与独立,与各国在中国之商业及臣民同等待遇之原则,并因在与两国所统治,保护或占领土地接壤之中国地域内,对其秩序与事物和平状态之保障,有特别之关切,故约定相互协助,以确保该项地域内之和平与安宁,以维持两缔约国在亚洲大陆各自之地位与领土权利,签字栗野慎一郎,毕勋,一九○七年六月十日签于巴黎。"此外同时并签订一关于日本与安南间相互最惠待遇之宣言如下:"关于在法属印度支那之日本臣民生命一切,以及其财产之保护,得享用最惠国待遇。关于在日本帝国内之法属印度支那人民及受保护者,亦适用同等之待遇。以迄一八九六年八月四日法日签订之通商航海条约届满时为止。"近日日本已正式否认联法之说矣。

罗文幹在中央政治会议的报告
1933 年 2 月 8 日

去年十二月间,国联对于中日事件,拟有调解方案。日本即表示反对,而我国亦认为须提出修正案,其间以榆关事发,国联认为不能适用调解方式,乃交九人起草委员会,起草适用盟约第十五条之报告书,现该项报告书,闻已起草完竣,全文数万言。但我方尚未接到,闻内容叙述经过之事实,引用李顿报告书八章,明言不承认满洲国,嗣后又生波折,以日本提出新建议,以延缓国联对于此事件处理之时间。我方亦已注意应付。美国对于中日事件,取不承认满洲国政策,以战债问题,本年三月间即须开会,关于欧洲经济,颇有相当影响,英国于战债问题上,须与美国提携,故对中日事件之态度,业有改变,且此次英使蓝溥森来京后,鉴于我国国情,为免除中英间之恶感,曾时时建议于其本国政府,以转移其政府之态度,英国现时不明白祖日,或系此故。吾人观察中日事件,和解似难成功。这是最近国联调节中日事件的大概情形。

(录自中华民国二十二年二月八日中国国民党中央执行委员会中央政治会议第三四三次会议速记录)

《革命文献》第 40 辑,总第 9510—9511 页

外交部为国联十九国特别委员会通过关于中日争议之报告书事谈话
1933 年 2 月 18 日

在十九国委员会通过报告书以前,二三月来,吾人在外交上,实处于最危险之时期。盖十九国委员会于进行调解之际,吾人时时均处于不利之境地也。最为吾人之心腹大患者厥为英外相西门之祖日。西门于十九国委员会中,曾一度竭力主张报告书中不明白规定否认伪组织,亦不主张邀请美俄两国参加调解委员会(即今之谈判委员会),与我国之外交方针,绝对相反,吾人誓予断然反对。再如国联秘书长德留蒙,与日人杉村所接洽之妥协案与新妥协案,亦放弃邀请美俄参加调解之计划,而对不承认伪组织一节,予日方以保留之权,此与西门之主张,无分轩轾,亦为吾人所断难接受者。至西门之主张,与夫德留蒙之接洽果为国联所接受,则今后之外交,岂仅棘手万分,且将陷于绝境。至西门之态度,吾人如谓其祖日,则无宁谓其祖己,更为确当。盖西门与我非有何宿仇,势在必报,与日亦非有何大恩,期在必酬,亦非不知中日争端,曲在暴日,欲维持世界和平,非伸张公道正义不可也。特以英美两国,正因战债问题,纠纷不已。西门特藉中日问题,对美要挟,以期战债问题得一适当之解决耳。盖中日问题,设一旦破裂,而非国联所能解决,则所谓九国条约,乃美国所发起者也,非战公约,亦美国所主持者也,华盛顿会议,亦美国所召集者也,美国固不能袖手旁观,势必转入漩涡。故西门之祖日,非真为祖日,特藉此向美示威,意谓如战债问题,美不让步,则中日争端,英亦不与美合作耳。

在十九国委员会中,混沌一时,不得进展之调解问题,迄乎最近,形势乃忽告转变。其初十九国委员会,一面进行调解,一面复由九国委员会起草报告书,九国委员会草竣前三章后,对建议部分,因不能负此重任,向十九国委员会请训。十九国委员会,即毅然规定其原则。九国委员会,不旋踵而起草蒇事。十九国委员会,亦毅然予以通过。且于文字之修改上,与我更为有利。考十九国委员会,此次进展,所以如此顺利者,其原因则不外下述数端:

(一)我国态度始终强硬,决不妥协。我政府方面,对暴日之武力侵略,早已决心抵抗,而于榆关事变发生后,益为坚决。外交当局,既获得军事之后盾,自可抱定坚决之主张,放胆前进,故无论十九国委员会,进行调解也,抑起草报告也,我则始终坚持九一八事变之责任,必须判明,东北叛逆组织,断然不能承认,进行调解或谈判,必须邀请美俄参加等重大原则,不肯放松。不然者,我除拒绝任何解决办法与方式外,将进一步作更严重之表示。同时榆关之役,已彻底表现我抵抗之精神,于是国际空气,为之一变。盖我国对东三省问题,所以诉诸国联者,原期国联伸张公道正义,获得道德上之胜利耳。如国联不能伸张公道正义,而我所希望之最低限度的道德上胜利,亦不能获得,则我又何求于国联? 日本常以退出国联为恫吓,而我则必于必要时,说干就干。于以信外交操之在我则存,操之在人则亡之说,信为不谬。而外交尤须以内政及军事为后盾,为不我欺矣。

(二)英国态度转变,亦为此事急转直下之一大关键。自西门迭次表示祖日之言论后,引起我国朝野一致之极大反感,而所谓英日密约之说,又甚嚣尘上,舆情更为激昂,甚且有主张开始抵制英货者。值此形势日趋紧张,空气渐转恶劣之际,而英使蓝溥森氏,适翩然返任来京,与我外交当局及政府要员,周旋一周之久。外交当局,即以中英关系,向英使剀切详述,并以五卅惨案为例,加以解剖,盖五卅惨案,最初系由日纱厂枪杀我工人顾正红而起,但日人狡猾,卒嫁祸于英,致酿成中英间之极大恶感也。蓝使在华十数年,对我国情民气,至为熟悉,且于英政府中颇有发言之地位，即据其观察，向英政府迭电贡献意见，作严重之建议，于是西门即托故不出席十九国委员会，而由外交次官艾登氏代任其职，而十九国委员会中，遂不复闻英国代表反对否认伪组织，反对邀请美俄参加调解之论调矣。英国态度之转变，蓝溥森氏之建议外，尚有一极重要之原因，吾人不能忽视者，即英美日渐谅解，关系渐形妥协是也。英美为同文同种之国，向有不可分裂之密切关系，战债问题决不能使两国断然破裂，故一旦能得一谅解之转机，自可趋于合作，国际间之纵横捭阖，无一不以利害关系为前提，岂偶然哉。

（三）各小国态度之始终强硬，亦为一重大原因。九一八事变之责任，应由日本担负，世间已有定论，日本以其暴力，侵略他国之土地，劫夺他国之主权，此种暴行，如不加以制裁，则立国于世，惟武力是视，岂有公理可言？而举世小国，将惶惶然不能安枕矣。故各小国势必坚决主张公道正义，而为我竭力声援，而其势力，则未可厚非。综上所述，则此次十九国委员会之能通过此公正之报告书，盖有故矣。

报告书之内容，甫值公布，尚未及对全文作精密之研讨，然其大要，则早经传述，大体上自可满意。国人如不欲吹毛求疵者，则当不致有人欲拒绝此项报告书者。概括而论：（一）报告书中对九一八事变，认为决不能称为日方之自卫行动，其责任应由日本负担，此则我于道德上，已获得完全之胜利矣。（二）东北之叛逆组织，系由日本一手所造成，且依赖日本之势力而生存，断不能认为真正之民意，故不能承认，且不与之合作，此点关系至为重大，而叛逆之生命，亦于此判决宣告死刑矣。（三）日军应撤退至南满铁路区域，必如此方能恢复九一八以前之原状，而日军之暴行，亦可藉此制止矣。（四）谈判委员会，邀请九国条约签字国及苏俄参加，此点亦为我向来所坚决主张者，九国条约签字国，除美国外，均为国联会员国，现决邀请美国及苏俄参加，为集中全世界之力量参加谈判，而予日方以严重之威胁与制裁也。（五）谈判委员会之谈判时期，为三个月，三个月后，即须将谈判经过，报告大会，无须得当事国之同意，即可执行。此点亦极重要。盖如此须得当事国之同意而始能执行者,则日方可想尽方法,故意刁难,而中日争端亦永无解决之期矣。总之,报告书大体上,均于我有利。且吾人之诉诸国联,原只欲得道德上之胜利,至东三省失地之收复,吾人决不能完全倚赖国联,必须时时作长期之准备,地由我失者,仍由我收复,则吾国前途,庶能有光明之出路也。

关于报告书中规定东三省设立自治政府一节,或有以未能完全恢复九一八以前之状态为憾者,但吾人必须注意者,则报告书中明白规定东三省之主权,仍属诸我国是也。东三省过去之一切设施,未能尽满人意,吾人亦不庸讳言。东三省处于日俄两大势力夹攻之下,而财富之雄厚,直可谓遍地皆是黄金。如中央政府,能派一廉洁干练之大员,前往整理经营,则不及三载,必可将东三省辟成一光明璨烂之园地,最低限度,亦可为关内三千万人民,解决失业问题,事在人为,此吾人不能不深自警惕者也。

日本政府对报告书,当然反对,且以退出国联相恫吓,按其预定步骤,先召回出席国联会议之代表团,俟松冈等一行返国后,再考虑退出问题。据吾人观察,日本之退出国联问题,仍含有恫吓作用,恐未必敢于断然退出。盖日本如果真退出国联,则第一,国联昔日委任日本统治之南洋一带土地,国联势必即日收回。第二,日本退出后,国联对中日问题仍可与美俄合作进行,日本如不退出,尚可用尽狡计,推诿抵赖,退出后,则只可任凭制裁矣。且按国联盟约,会员国欲退出国联者,须于二年前,预先通告,退出后之二年中,仍须履行一切国际义务及盟约所负之义务,则报告书,仍然有效,日本纵然退出国联,复有何益。故退出国联问题,无论日方如何宣传,吾人可毫不介怀也。

日本于外交绝望,无法转圜之际,再向热河穷兵黩武,以期打破现状,转移国际视线,早在吾人意料之中,故消息传来,并不惊讶。固无论国联对日军进犯热河,已予严重警告,于此报告书行将通过大会之际,断不能坐视日方扩大事变。即以我国本身而论,热河存亡关系之重大,举国朝野,已深知熟悉,必出全力以争,自无疑义。回忆九一八事变,日军乘我不备,一举而侵占三省,然一年来,先后经马、苏、李、丁及各路义勇军之极力抵抗,已使日军疲于奔命,而国内经济,几陷破产之境。上海之役,日军初以为我军必不抵抗,冒险尝试,但我十九路军及第五军,奋勇应战,结果我虽功亏一篑,但日军于物质上及精神上亦牺牲钜大,毫无所得。岁初榆关之役,日军亦以为我必不抵抗,但何柱国振臂一呼,全军奋起,虽山海关终于不守,但安德馨之阵亡及其全营之覆没,已使我抵抗之决心与精神表现无遗,国际视听,且为之一变。此次日军之进犯热河,已不若前此之从容镇静,观日军部发表侵热之消息后,东京大阪证券狂跌,交易所停闭,已可见其手忙脚乱,而我方则军事早有准备,士气且更为激昂,虽军事实力悬殊,但十九路军所能为者,非他军所不能为,若全国一心,将士用命,则日军之侵略,并不足畏。如抵抗而幸能获胜,则可使日军一举崩溃,而使东三省问题,得一痛快之解决。如不幸而失败,则亦为光荣之失败。我只须充分表现抵抗之决心与力量,彻底发挥不屈服之精神与意志,亦自可另谋出路。总之,吾人对日军之进寇热河,不必为其军容所震慑,不可为其气势所眩惑,只有誓死抵抗,彻底抵抗而已。须知我国时至今日,尤如一破落户,虽再被人打得头破血流,亦无损颜面,而日本则俨然自命为高贵绅士,如吾人能力批其颊,即可使其无以自处也。再以作战而论,如我军一役而牺牲万人,亦不足为忧,且公诸报章,反可激起全国人民之热血,获得世界之同情。而日军如牺牲一千人,而讳称数百,则公诸报章后,已可使其全国人民惊慌失措矣。吾人于外交上,坚持十七个月,已稍得出路,今后如于军事上,再能坚持三个月,乃至六个月,则最后胜利,自必属于吾人,东三省失地,自有收复之一日。

《外交部公报》第 6 卷第 1 号,1933 年 4 月

国联特别大会关于中日争议报告书(摘要)

1933 年 2 月 24 日

大会按照盟约第十五条第三项所为之种种努力,期使依据该条第

九项所提交大会讨论之争议得有解决者,既不幸失败,兹爰依照同条第四项之规定,通过下列之报告书,以载明是项争议之事实,及认为公允适当之建议。

第一部　远东之事变——国联调查团报告书首八章之采用

——本报告书之计划(以下略——编者)

第二部　中日争议在国联方面之进展(以下略——编者)

第三部　本争议之主要特性

由上所检讨者以观,可见行政院或大会继续试觅中日争议之解决办法,已逾十有六月,并已根据盟约各条及其他国际公约(过)〔通〕过多数决议案。凡已经陈述的此项事变历史背景之复杂,与此后即将述及的日本在中国境内行使广大权利之满洲特殊情形,以及在满洲数处中日当局间事实上现有关系之错综与困难,均证明国联之长期尽力于协商及调查确为必要。然行政院及大会,因当事国之声明及当事国参加(过)〔通〕过之决议案,所促起之改善局势之希望,则已失败,而局势反趋于时更恶劣。在国联会员国之一之满洲及其他地方,军事行动,如彼调查团所称为"变相的战争者"至今犹日进不已。

大会将此项争议之特要各点,详加考虑后,爰得如下之结论,并知悉下列各项事实:

(一)提交国联大会之中日争议,发生于满洲。中国以及列强,始终皆认满洲为中国之一部,其主权属于中国。日本政府,于其对调查团报告书之意见书内,辩驳在范围极小之南满铁路区域内,中国前给俄国,嗣转让于日本之权利,与中国主权冲突之说,谓:"其实此项权利系由中国主权而来。"

中国始给俄国,嗣给日本之权利,均起源于中国之主权。依照一九〇五年之北京条约,"中国皇室政府同意于俄国按照朴资茅斯条约,对于日本之一切让予。"一九一五年,日本展长其在满洲权利之要求,系向中国政府提出。其后同年五月二十五日关于南满及内蒙东部之条约,亦系由日本与中华民国政府所缔结。华盛顿会议时,一九二二年二月二日，日本代表团声明日本放弃南满及内蒙东部之某项优先特权，并云："日本之所以决定放弃者，系基于一种公平温和之精神，始终注意中国之主权，以及机会均等之原则。"华盛顿会议所缔结之九国条约适用于满洲，与适用于中国其他各部无二。即在此次冲突之初期，日本对于满洲为中国之一部之说，亦从未持异议。

（二）就已往之经验而言，从前支配满洲之当局，对于中国其他各部之事务，至少在华北方面，要具有甚钜之势力，在军事上政治上，处于有利之地位，尤无疑义。若强将东省与中国他部割开，势将造成一严重之未收回领土问题，而危及和平。

（三）国联大会提出上述之事实，非不注意及满洲过去之自治历史。举其极端之例，在中国中央政府权力极弱之时代，张作霖之全权代表，竟以中华民国东三省自治政府之名义，于一九二四年九月二十日，与苏联缔结关于中东铁路，航行，划界，以及其他问题之协定。惟该协定之规定，显然表示东三省自治政府，并未自视为对中国独立的国家政府，而仅信关于影响中国在东三省权益之各问题，虽数月前中央政府已与苏联缔结协定，东三省政府亦可自行与苏联谈判耳。

东省之自治，亦可于以前之张作霖及以后之张学良兼为民政及军事领袖与夫藉其所属之军队及官吏在三省内行使权力各节窥见之。但张作霖迭次宣告之独立，从未表示张氏本人或东三省人民，有欲脱离中国之愿望。张氏军队之侵入关内，仅加入内争，而并非视中国如外国。故在东省屡次战争，及独立期间，东三省仍为中国之一部分。且自一九二八年以来，张学良已承认国民政府之权力矣。

（四）在一九三一年九月以前之二十五年，中国与东三省之政治经济关系，日增密切，同时日本在东三省之利益，亦继续发展。在中华民国时代，东三省所组成之满洲，已为中国他省移民，完全开放，此项移民，取得土地后，已于种种方面，使东三省成为中国本部在长城以北之延长部分。东三省人口，约三千万，其中汉人及与汉族同化之满人，占二千八百万。且于张作霖父子时代，中国人民以及中国人之利益，对于发展及组织东三省经济利源,较前尤为重要。

而在另一方面,日本在满洲所获取或要求之权利,其影响所及,足以限制中国主权之行使。此项限制之情形及程度,殊属逾越常轨。例如日本之治理关东租借地,公然行使与完全主权相等之权利。又日本以南满铁路为媒介,管理铁路地带,包括多数之城市,以及人烟稠密之要镇在内,例如沈阳、长春等地。日本在此数处,管辖警政,税捐,教育,以及公用事业。并在东省之各处,驻有武装军警,如关东租借地内之关东军,铁路地带内之铁道守备队以及各处领馆之警察。此种状态,如系双方所自由愿望,或承受,且系双方彻底了解之密切的经济及政治合作之表现,或可长久继续,不致发生纠纷及不断之争议。但因无上述条件,此种状态,终必引起双方误会及冲突。且两方权利之相互关系,法律状况之有时不能确定,以及日本在满特殊地位之观念,与中国民族思想之益形对峙,又为许多事变及争议之源也。

(五)在一九三一年九月十八日以前,中日双方之在东省,原各有相互之合法的不平理由,盖日本系利用有疑问之权利,而中国则阻碍无疑问的权利之形使。在九一八事件发生以前之最近期内,中日两方,曾竭力以外交谈判之通常方法与和平手段解决两方悬案。此项手段,并未用罄。但中日间在东省紧张之情势,日见增加,且日方意见,主张于必要时,以武力解决一切悬案。

(六)在中国目前所处之过渡及国家建设时期内,虽有中央政府之努力,以及已经获得之甚钜进步,然政治上的骚乱,社会上的不安,以及分裂之趋势,实为过渡情形所必不能免,而必须运用国际合作之政策。此项政策之一种方法,即凡中国为使其人民,改造及巩固其国家而请求之关于革新制度之技术上帮助,悉由国联继续供给之。

导始于华盛顿会议席上之国际合作政策,其原则今仍有效,然迟迟未能充分实行者,要皆由于中国不时有激烈之排外宣传。此项宣传,在经济抵制及学校之排外教育两方面,特有长足之发展,遂以造成此次争议爆发时之空气。

（七）九一八前,中国为表示对某事之愤慨,或图援助某项要求而实行之抵货运动,固足使已形紧张之局势,更趋紧张。九一八事件后之抵制日货,则属国际报复之举。

（八）国联盟约对于解决争议之规定,其目的,系在制止足使国家与国家间不免决裂之紧张局势。国联调查团认为中日间之一切问题,均可用公断程序解决。但正因中日间问题之汇集的增加,使两国间关系,更形紧张。某因此自觉受损之国家,于外交谈判过分延长之时,自不得不唤起国联对于此项局势之注意。

国联盟约第十二条,曾含有以和平方法解决争议之正式的义务。

（九）一九三一年九月十八——十九日夜间,当地日本军官,或许自信其行动出于自卫。此种可能,不必断定其为必无。但日军是夜在沈阳以及东省他处之军事行动,国联大会不能认为自卫手段。即日本嗣后在此项争议进行中所采取之全部军事行动,亦不能认为自卫手段。且一国之采取自卫手段,并不免除其遵守盟约第十二条之义务。

（十）自九一八以来,日军当局之行政及军事之活动,均特带有政治之意味。日方在东省继续前进之军事的占领,使东省一切重要城镇,均脱离中国当局之支配,并于每次占领之后,行政机关,必经一度之改组。若干日本之文武官吏,筹组施行满洲之独立运动,藉谋解决九一八后满洲之状况,因即利用某某中国人之名义及行动,以及素来不满于中国当局之某某少数份子与地方团体,以期达到此项目的。此种运动,旋受日本参谋部之援助与指导,其所以能实行者,端赖日军之存在,不能认为自动及真实之独立运动。

（十一）前段所述运动所产生之"满洲国"政府,其主要政治及行政权,均操诸日本官吏及日籍顾问之手中。彼辈所居地位,足使其实在的指挥及支配东省行政。在东省占人口大多数之中国人,大抵均不拥护此种政府,并视为日人之工具。又有应予注意者:即"满洲国"于调查团完成报告书后,尚未承认,与一九三二年三月十一日决议案之精神不合。

引起九一八事变之情形,实具有若干特殊之色彩。随后因日本军事动作之进展,"满洲国"政府之产生,及日本对该政府之承认,情势更增严重。此案固绝非此国对于彼国,不先利用国联盟约所定调解之机会而遂行宣战之事件,亦绝非此一邻国以武力侵犯彼一邻国边界之一简单案件,良以就上述情形而言,东省固具有许多特点,非世界其他各地所能确切比拟也。然日本军队未经宣战,将中国领土之一大部分强行占领,且使其与中国分离,宣布独立,则又为不争之事实。

国联行政院,于其一九三一年九月三十日决议案中,提及日方声明,谓日本军队,业经开始撤退,日本当以日本人民生命财产之安全得有确切之保证为比例,仍继续将其军队,从速撤退至铁路区域以内,并希望从速完全实行此项旨愿。又行政院于其一九三一年十二月十日决议案中,重申九月三十日之决议,提及当事双方,承诺采取必要办法,防止情势之再行扩大,并避免任何行动,致再令发生战争及丧失性命之事。

关于此案,应请注意者,即按照盟约第十条,联合会会员国,担任尊重所有联合会会员国之领土完整及现有政治上之独立。

又按照盟约第十二条,联合会会员国同意,凡会员国间,遇有争议,足以引起决裂者,愿将其提交公断,或依法律解决,或交由行政院调查。

在九一八事变以前,原来之紧张状态,其责任固在于当事双方。但自九一八事变后,所以情势的发展,中国要不负任何责任。

第四部　建议之叙述

本部系叙明关于此项争议,大会所视为公允适当之建议。

第一节

大会之建议,系注意本案件异常特殊之情形,并以下列各项原则、条件及观念为基础。

(甲)本争议之解决办法,须遵守国联盟约、非战公约及华盛顿九国条约之规定。

查盟约第十条规定："联合会会员担任尊重并保持所有联合会各会员之领土完全，及现有之政治上独立，以防御外来之侵犯。"

依照非战公约第二条："缔约各国互允，各国间设有争端，不论如何性质，因何发端，只可用和平方法解决之。"

依照华会九国条约第一条："除中国外，缔约各国协定，尊重中国之主权与独立，暨领土与行政之完整。"

（乙）本争议之解决办法，须遵守一九三二年三月十一日大会决议案第一第二两节之规定。

在该已经本报告书援引之决议案中，大会曾认盟约所载各项规定，对于此次争议，完全适用，而以关于

（一）严格尊重条约之原则，

（二）联合会会员，担任尊重并保持所有联合会各会员领土之完整，及现有政治上之独立，以防御外来侵犯之诺言。

（三）将彼此间所有一切争议以和平手续解决之义务，

为尤应适用。

大会曾采用一九三一年十二月十日彼时在职之行政院主席宣言中所定之原则。并回溯行政院十二会员，于一九三二年二月十六日致日本政府之申请书中，曾重申此项原则。宣言凡蔑视盟约第十条之规定，侵害联合会会员领土之完整，及变更其政治之独立者，联合会各会员，均不能认为合法有效。

大会曾申述意见，以为上述支配联合会会员国际关系及和平方法解决争议之原则，实与巴黎公约，完全相符。大会于尚未采取最后步骤以解决此项交其处理之争议时，曾宣告上述原则及规定，负有一种必须遵守之性质。并声明凡用违反联合会盟约或巴黎公约之手段所缔造之任何局势、条约，或协定，联合会会员，均应不予承认。

最后大会并郑重申说，此次中日争议，如由任何一方，用武力压迫，觅取解决，实与盟约精神相违背。并回忆一九三一年九月卅日及十二月十日经当事双方同意之行政院所通过之决议。

（丙）为使中日两国间得以尊重上述各国际之承诺为基础,树立一种能垂诸久远之谅解起见,解决此项争议之办法,须遵照李顿报告书中所定之十项原则,即:

（一）适合中日双方之利益　双方均为国联会员国,均有要求国联同样考虑之权利。某种解决,苟双方均不能获得利益,则此种解决必无补于和平之前途。

（二）考虑苏俄利益　倘仅促进相邻两国间之和平,而忽视彼第三国之利益,则匪特不公,抑且不智,更非求和平之道。

（三）遵守现行之多方面条约　任何解决,必须遵守国联盟约,非战公约,及华盛顿九国条约之规定。

（四）承认日本在满洲之利益　日本在满洲之权利及利益,为不容漠视之事实。凡不承认此点,或忽略日本与该地历史上关系之解决,不能认为满意。

（五）树立中日间之新条约关系　中日二国,如欲防止其未来冲突,及回复其相互信赖与合作,必须另订新约,将中日两国之权利利益与责任,重加声叙。此项条约,应为双方所同意之解决纠纷办法之一部分。

（六）切实规定解决将来争议之办法　为补充上开办法以图便利迅速解决随时发生之轻微争议起见,有特订办法之必要。

（七）满洲自治　满洲政府,应加以变更,俾其在中国主权及行政院完整之范围内,获得高度之自治权,以适应该三省地方情形与特性。新民政机关之组织与管理,务须满足良好政府之要件。

（八）内部之秩序对于外来侵略之保障　满洲之内部秩序,应以有效的地方宪警维持之;并对于外来侵略之保障,则须将宪警以外之军队,扫数撤退,并须由关系各国,订立互不侵犯条约。

（九）奖励中日间之经济协调　为达到此目的,中日二国,宜订新通商条约。此项条约之目的,须为将两国间之商业关系,置于公平基础之上;并使其与两国间业经改善之政治关系相适合。

（十）以国际合作促进中国之建设　现时中国政局之不稳,既为中日友好之障碍,并为其他各国所关怀。因远东和平之维持,为国际间所关怀之事件;而上述条件,又非待中国具有强有力之中央政府时,不能满足,故其圆满解决之最终要件,厥惟依据孙中山博士之建议,以暂时的国际合作,促进中国之内部建设。

第二节

本节所载各项规定,系构成大会根据盟约第十五条第四项所作之建议。

大会既确定解决本争议应予适用之原则、条件及观念,爰建议如下:

（一）兹因满洲主权既系属诸中国:

（甲）鉴于日军进驻南满铁路区域以外,及其在铁路区域以外之动作,既与解决本争议应予适用之合法原则,不相符合,而在极早期间成立一种与各该原则互相吻合之局势,又在所必要;

大会建议,此项军队,应予撤退。而鉴于本案件之特殊情况,此后建议谈判之第一目的,应为布置上述之撤兵,并决定其方法、步骤及期限。

（乙）鉴于满洲之地方的特殊情形,及日本在该处所有之特殊权利利益,以及第三国之权利利益;

大会建议,于一适宜期间内,在满洲建立一种隶属于中国主权下并与中国行政完整不相违背之组织。此项组织,应具有甚大范围之自治,应与当地情形相适宜,同时并应注意多方面所订之各种现行有效条约,日本之特殊权利利益,第三国之权利利益,以及一般的第一节（丙）项所述之各项原则及条件。至中国中央政府与该地方当局权限之划定及其彼此间之关系,则应由中国政府以宣言方式行之。该项宣言,应具有一种国际承诺之效力。

（二）兹因在上云（一）（甲）、（一）（乙）两建议内所处置各问题之外,调查团报告书在上述第一节（丙）项所定解决本争议之原则及条件

中,尚提及某某其他各问题,而各该问题均系与远东和平所系之中日良好谅解有关;

大会建议,当事国双方,应即以各该原则与条件为基础,将各该问题解决之。

(三)兹因实行上述建议之谈判,既应由一适当机关进行;

大会建议,当事国双方,应依照后开方法,开始谈判。

当事国双方,并应向秘书长通知,就关于其本国方面而言,是否以对方接受为唯一之条件,接受大会之建议。

当事国双方进行谈判时,应由大会按照以下方法所组织之委员会予以辅助:大会兹邀请比、英、加拿大、捷克、法、德、爱尔兰自由邦、意、荷、葡、西、土耳其政府,一俟接到秘书长通知当事国双方业已接受大会建议之后,立即各派委员会委员一人。秘书长并应将当事国业已接受大会建议一事,通知美国及苏俄。各该国如愿意指派委员会委员,并应请其各派一人。又秘书长在知悉当事国双方业经接受大会建议后一个月内,应采取一切适当步骤,以开始谈判。

为使国联各会员国于开始谈判后,得评判当事国双方,是否遵照大会建议起见:

(甲)委员会无论何时,如视为适当,对于谈判情形,而尤以关于实行上述(一)(甲)、(一)(乙)两建议之谈判情形,得缮具报告。关于(一)(甲)之建议,委员会无论如何,在开始谈判三个月以内,应缮具报告。各该报告并应由秘书长分送国联会员国及在委员会中派有代表之非会员国。

(乙)委员会得将与本报告书第四部第二节之解释有关之一切问题,提出于大会。大会应依照盟约第十五条第十项,以通过本报告书之相同情形,予以解释。

第三节

鉴于本案件特殊之情形,故所作之建议,并非仅事恢复一九三一年九月以前之原状。亦非维持及承认满洲现在之制度,盖维持并承认满洲现在之制度，与提存国际义务之基本原则，及远东和平所系之中日良好谅解，均属不相符合。

国联会员国之通过本报告书，意即在避免足以妨碍或延宕本报告书建议之实行之任何行动，而以对于满洲现行制度一事为尤甚。无论在法律上或事实上，各该国均将继续不承认该项制度。各该国对于满洲之时局，意在避免采取任何单独行动，且系欲继续在各会员国及与本事件有关系之非会员国间，采取一致行动。至关于签字九国条约之国联会员国，应回忆依照该条约之规定："无论何时，遇有某种情形发生时，缔约国中之任何一国，认为牵涉本条约规定之适用问题，而该项适用宜付诸讨论者，有关系之缔约各国，应完全坦白互相通知。"

为极力便利在远东成立一种与本报告书建议相符合之局势起见，兹训令秘书长，将本报告书，各即分送一份于非战公约或九国条约签字国之并非国联会员之各国，并向各该国声明，大会希望各该国赞同报告书之见解，并于必要时，与国联会员国采取一致之行动与态度。

（录自中华民国二十二年五月外交部出版白皮书第二十八号）

《革命文献》第 40 辑，总第 9536—9567 页

国联特别大会对于中日争议通过之决议案

1933 年 2 月 24 日

因根据国联盟约第三条第三项："大会开会时，得处理属于联合会举动范围以内，关系世界和平之任何事件。"因而大会对于中日争议之发展，不能漠视；

又因根据大会依照盟约第十五条第四项所通过报告书之第四部第三节，国联会员国关于满洲情势，系欲避免采取任何单独行动，并系欲继续在各会员国及与本事件有关系之非会员国间，采取一致行动；且为按照本报告书之建议，尽力以便利远东情势之奠定起见；因训令秘书长

以此报告书,通知签字或加入非战公约及九国条约之各非会员国,告以大会希望彼等赞同报告书中表示之意见,并于必要时与国联会员国采取一致之行动与态度。

大会兹决定指派一顾问委员会,观察今后情势,协助大会实行其在盟约下第三条第三项之职责,并协助国联会员国与非会员国作一致行动。

此项委员会,应以十九国委员会之各会员及加拿大与荷兰之代表组织之。

此项委员会,应邀请美俄政府合作。且应于认为适当之时,提出报告与提案。此项委员会并应将报告通知合作之非会员国之政府。

大会并不闭会。大会主席,于与委员会商洽后,得于认为适当之时,召集会议。

（录自中华民国二十二年九月外交部出版白皮书第三十号）

《革命文献》第 40 辑,总第 9567—9568 页

出席国联代表颜惠庆在特别大会第十七次会议为接受报告书事演说辞

1933 年 2 月 24 日

吾今日发言有两种感想,即安慰与满意。何谓安慰,当十七月以前,世界无不承认日本在国际会议中发言占有重要之位置,今则该国之军阀专权,蔑视国际保障和平条约,及世界舆论,而自处于孤立地位是也。何谓满意,因中国之理由得申,而中国人民反对暴力侵略所受之痛苦,为历史中所罕见者,并非毫无价值是也。又因国联对于此案之是非曲直,予以勇敢之判断,日内瓦机关遂成为维持世界公理之强固工具。虽吾侪与日本临歧分手,不毋怅怅,然譬如良医治病,因救全病者之生命,不得已而割舍其身体一重要部分,在所不惜。则今日国联宣布其重要会员之罪状,亦不过尽其职责耳。大会会长,十九人委员会会员,大会诸代表,秘书厅各职员,数月以来,因此次不幸之争端所费之时间、脑

力,余请代表中国政府,表示热忱感谢。诸公努力维持世界和平,保全盟约原则,解纷排难,委曲求全,其中遭逢困难,不胜枚举,其功绩不但垂诸国联,兼且惠及人类。至于报告书之本身,在吾人观之,虽不免有遗漏之处,且难事事尽表同意,然中国为国联忠实会员,深信第三者之判断,乃公平之基础也。该报告书第一部,采用李顿报告前八章,及上海领事团关于沪案报告为其本身之一部分,中国对于此等报告,业已在行政院及大会表示,并用书面陈述意见,现仍维持此项意见。查李顿调查团之任命,系以盟约第十一条为根据。虽中国政府嗣后又提出盟约第十条及十五条,而该调查团之职务,仍系依照一九三一年十二月十日行政院之议决案解释,故对于已往事变之责任不甚坚持,而注意防止将来冲突之方法。现在大会尽力调和,归于失败,则读李顿报告者,须变更其观察点。大会现在讨论报告之第二部,乃此次争端经过之信史。该报告之第三部,乃大会之结论,及查照之重要事实。中国代表请申述意见,满洲在历史上,政治上,地理上,人种上,均为中国之一部,中国代表团对于报告中"如将东三省与中国其他部分脱离,将来必发生一恢复领土之严重问题,足以危及和平"之语,甚为满意。该报告又云:"日本在满洲获得各种权利,妨碍中国统制权之施行,其状态及发展之程度,实为非常"。实则由于日本夺取权利,遂使南满铁道成为超越之政府,侵犯中国主权,违背国际公法,原则,及条约规定。报告书中对于中国政府因改革所遭逢之困难,表示同情,良足感谢。中国始终欢迎友邦合作,襄助国家建设事业,无庸赘言。中国对于排货之意见,业已在行政院及大会中表示,并阅悉此项报告书中"中国排货乃九一八事件之结果,属于报复之类"之宣言。中国代表团又阅悉报告中之结论谓,中日双方发生之缪辖,本可用外交方式及和平办法解决之。乃自九一八事件爆发后,此种方法实未应用,中国政府固极愿将中日关于解释条约之争执,提交公断,以资解决,此点业经该报告第二部叙明,但吾亦愿将日方之态度追述,以为比较。日本代表于一九三二年一月廿九日在行政院申明谓,中国代表曾言日本决不将中日争端按照盟约第十二条之义务,提交公断,此言诚当,盖日本不欲与任何人承受公断,乃人所尽知云云。由此言之,该报告之结论,实足证明日人违犯第十二条之规定,拒绝公断,不惜以武力解决纠纷焉。关于日人自九一八以来,在中国之军事行动,报告书断定大会不能认为系合法之自卫,中国代表团深为满意。并以为即使当时日本军人自信其行动为自卫,亦不能开脱日政府之责任。报告书关于日人创造满洲独立国之结论,甚为确当。与中国代表团之意见,若合符节。关于日人侵犯中国领土问题,报告书亦明白宣言谓,未经宣战,中国一部分之领土,竟为日军武力占领,致使脱离中国而独立,乃不容疑问之事实等语。在此情形之下国联会员国,应考虑维持盟约第十条义务之方法。关于“自九一八以来所发生之事件,中国不能负责”之判词,实足证明中国政府及人民,对于九一八后各事件不负任何责任,应负责任者,乃日本及其政府当局是也。此种判词,严厉公正,足定日本专政诸人侵略中国之罪。兹余请讨论报告中最重要之部分,即建议是也。报告书首先正式确定中国在满洲之主权,所谓满洲者,即中国之东三省是也。各会员国领土主权完整之原则,乃国职之基础,故确定中国在满洲之主权,在吾人观之,不独对于中日争端为正当判断,并对于国联基本原则表示尊重也。报告书虽不主张恢复九一八以前原状,但同时固定中国在满洲之法律地位。李顿调查团曾谓在法律上,中国在满洲之主权,毫无疑问,诚为名论。大会一九三二年三月十一日议决案谓,盟约规定完全可以适用于中日争端。报告书对于此点重行申明,中国代表团极为满意。凡日本所谓条约上之权利,自应与其他解释条约问题,同样办理。大会三月十一日议决案之另一点,亦为报告书 A 部中第一建议所采用,该建议规定云,“磋商之第一目的为撤兵,应决定方法、步骤、时间,并不得因撤兵发生任何政治条件”,中国代表团对此点,表示同等满意。又报告书 B 部第一建议,谓中国中央政府与满洲地方官厅之权限,及关系应于日本撤兵之办法成立后,由中国政府决定,此点与中国之意见相符。国联坚持不承认“满洲国”,乃极正当之办法,中国代表团深为钦佩。各会员国业已表示不承认以和平以外之方法所造成之局势，或协约，现又继续在事实上，在法律上，均不承认"满洲国"。并与有关之非会员国，同力合作，此种决定，甚为重要，实与国联之目的日趋接近也。中国政府对于美国及苏联政府与国联合作解决中日争端极表欢迎。该太平洋两大国参加，实与维持远东和平有莫大利益。余请向大会正式宣言，中国政府对于报告书，将投票赞成之，并于该报告书通过后，通告秘书长，中国政府接受报告书之建议，无所保留，其惟一之保留见于报告书，即日本拒绝该报告书及其建议，则中国关于盟约第十五条第六段之权利，当然不受影响也。

《外交部公报》第6卷第3号，1933年10月

出席国联代表顾维钧在特别大会第十八次会议演说辞

1933年2月24日

大会按照盟约第十五条第四段之规定，通过报告书，乃大会关于解决中日争端之努力，告一结束。该报告书对于日本在已往之十七个月中，以武力侵犯满洲所造成之局势，指示两造国以善意解决之途径，在普通情形之下，此种机遇原足庆幸，余殊不欲再事琐渎。然现在远东时局非常严重，倘不乘此时机向诸君陈述，请予特别注意，实属有忝职责。现在热河省东境，业已发生战事，乃日本军队开衅，意在使该省陷入东三省同等之苦境。热河省为中国领土之一部分，面积有六万五千方英里之广，约大于瑞士四倍，该省有中国人口三百五十万，与丹麦之人口相等。从军事上言之，乃中国本部北方之屏障，犹之满洲乃（西）〔东〕方之屏障也。倘该省不幸陷入日军之手，则中国北方之重要城市，如北平天津等处以及黄河以北之地，皆受日人侵略之危险。日人在占据满洲之后，又复侵犯热河乃实其亚洲大陆政策。法国前任总理赫里欧对于日本此项政策，于一月以前曾著论云：

"热河事件将成为历史过程之进展中一段事故，其进行由于坚决意志与冷静之态度，故远东所发生之事件，与日人之理论相符合，其残

忍之性质,惟肤浅者始能有误解耳。欲知其真相,非明了日本自一八九四及一八九五年战胜中国,订结马关条约,分割中国领土以来,种种侵略事迹不可。并当知其步骤非常急速,如并吞台湾,缔结朴资茅斯条约,驱逐俄人于北满之外,以及兼并高丽是也。且胶州事件,亦当研究。各种事件,均有连带关系,有时几难察觉。然事实则如此,其原动力则为日人之决心,在日人目中,中国为生产大宗原料之地,并为消费其工业品之大市场。山海关事件,余正欲审查而了解之,如谓非其历史大剧中一幕新景,余不信也。因此之故,日本帝国蓄意征服中国,希望将来获得最后之胜利,即黄种战胜白种是也。"

以上所言,是否允当,吾请各国代表一深思之。日人图取热河,发动于一九三二年八月。其时李顿调查团,尚在北平草拟报告,故该报告中,曾明白言之。日本因彼时军事失败,又于十二月间作第二次之企图,正当大会开会之时,日本为向世界表示其挑战之精神起见,于一九三三年元旦日攻打山海关,该关为侵入热河之要道。攻打三日,始告陷落。一星期后,又将著名要隘九门口占领,最近六星期以来,日本从该国及朝鲜运送大军,集中热河边境,预备总攻击,以图达到占据热河全省之目的。日本已往之企图,及现在攻打热河之行动,足以表明继续侵略中国领土之野心。观于日本关于此事送达国联之文件,更足证明日本毫无权力与理由。至谓热河省主席汤玉麟于一九三一年九月二十九日宣布独立,或谓汤主席于一九三二年三月一日签字于满洲新国独立之宣言,均属毫无根据。汤主席于以往之一年中,防范日人侵略之努力足以证明上述传闻之无稽。日人反对中国军队在热河调动,实属荒谬,盖不承认中国保护中国领土,防御日人侵略之权利,亦由之不承认中国国家之存在,乃破坏国际法之根本原则,与推翻近世国际秩序之基础。现在日本军人要求中国司令将热河军队撤退。数日前日本致国联之通告有云:日本代表曾迭次向张学良声明,谓将有敌意之军队,调至热河,乃何等严重之事,但伊对于此种警告,似未予以注意云云。余请日本向世界明告日本究有何种权力,能要求中国撤退其防卫领土之军队乎?

又日本提及"满洲国","满洲国"究为何物乎？不过日本军国主义之假面具。故日人要求中国撤退在热河之军队，在中国观之，无异一暴客以武力侵入私人家室以手枪驱逐家主而谓其扰乱家中之和平秩序也。日本又于一九三二年九月十五日与"满洲国"签订一议定书，据日本致国联之通告云，日本辅助"满洲国"维持内部安宁，防御外来危险。但根据李顿调查团之发见，及十九人委员会之结论，此种条约究有若何价值耶？日本虽欲掩饰其在满洲之权力，及其在热河之行动，然实足以自彰其罪。此足以证明日人违犯盟约第十条，尊重会员国领土完整政治独立之规定，及华盛顿九国条约第一条，尊重中国主权独立领土及政治完整之规定。日本毫无权利与理由，仍继续实行侵略热河之计划，其兵力达十万人，步兵五师，骑兵两师，炮兵两联队，加以唐克车，飞机队，铁甲车，机关枪等利器，已于今日分三路侵入热河。朝阳、开鲁均发生激烈战事，吾国已决定竭全国之力，抵抗暴力侵略，实行合法自卫之权利。热河边境之和平，业经日人破坏。日方挟新式之武器，我方挟守土之决心，血战之期，迫于眉睫。热河事件之严重，乃联合会成立以来所未有，而嗣后继续发生之事件，必更形严重，日本外交部人员称，日本非至不得已时，决不攻击平津，此乃日本宣示其第二步行动之办法也。现在余侪当前之问题，诚非常严重。昨日下午五时，日本驻华公使馆向中国外交部长送达一通牒，业经中国代表团照抄一份，送交大会会长。其内容无异日本之宣战书，除表示日本决定在热河采取军事行动，及要求中国立即撤退驻军外，并谓日军将留守于"满洲国"境内，但若华军采取积极行动，则难保战事不扩及华北等语。中国政府对于此种无理要求，业于昨夜答复，完全拒绝，并以为不但热河事件，日本应负其责，及华北一带，因日本行动而受波及，日本亦应负责。上述日本致中国之通牒，乃日人攻击热河重大事件之证明。自中日争端发生以来，日人每次挑衅之举动，均系违反日人对于国联声明，不使形势恶化之义务，且此次日人之挑衅，尤超过从前一切之暴行。约两星期以前十九人委员会曾托秘书长警告日本谓，倘军事行动又复开端，将发生严重之结果。十九人委员会旋又将此项警告,用书面送达日本,星期二日大会会长更将此项郑重警告追述,但日方对此三次之警告,毫不注意,一面已开始攻击此种无理之挑衅,以公然违反国际公法,及漠视人类一致主张之公道。行之在近代历史中,实为仅见。现在之问题,乃吾人应如何对付此事之问题。但联合会之创立人,已深知国际间有悍然启衅之可能,是以于共同责任维持国际和平之基础上,规定共同制裁之办法,现在日本仍继续使形势恶化及侵略热河,其为从事战争,毫无疑问,故日人举动,不但违背非战之条文,亦且与全部盟约之目的,精神相冲突也。中国本身将以勇敢态度应付时局,为保存热河及恢复满洲计,虽有任何牺牲,亦所不惜。并深信抵抗日人之侵略,不独为对于本国所应尽之神圣责任,亦且为联合会会员应尽维持盟约之义务也。十二个月以前,英国代表在行政院宣称英国政府以为远东情势不能任其继续如此,倘任其继续如此,则国联盟约、巴黎非战公约、九国条约均不为世界所信赖矣。一年以来,因日本不顾一切,情势更形恶化矣。就已往十七个月中所得之经验,中国极力防止情势之严重,以免实行大会通过报告书中之建议更增困难,而失威信于世界,是以应请各国襄助中国维持国际和平,以符盟约。并请大会在设法应付远东严重时局之前,不得休会。当此危急之时,为和平关系计,为盟约之神圣义务计,吾侪自应有所举动。倘存观望,则全世界之人民及联合会之良友,必非常失望。以为大会根据盟约第三条第三段,有处理任何影响和平事件之权,今日甫告休会,而明日远东战争方兴未艾,将来或能危及全世界之和平。吾请各国代表不必为中国兵士丧失其生命设想,但为其本国及全世界之利益人民设想,现在残酷之战争,业已爆发,各国是否愿意协力制止,抑各不相谋,先后卷入灾害之深渊,是在诸代表之自择耳。现因情势严重,危及世界和平,余以中国代表团名义,请求大会在休会以前,决定委托大会所组织之委员会,从速采取必要办法,以便联合会会员国及非会员国间,为一致有效之行动。中国对于该委员会,自当尽力襄助。盟约对于严重情形如现在远东所发生者,特规定各种制裁之法,自应使世界深信联合会不但关心于国际公理,如大会现在通过之报告书所载之一切,亦且能忠实履行维持国际和平之最高责任也。

《外交部公报》第 6 卷第 3 号,1933 年 10 月

罗文幹为日本政府宣告退出国联事宣言

1933 年 3 月 28 日

日本政府不顾国际条约之尊严,国际联合会之决议,实行以武力占据东三省,进攻上海,并侵入热河,今复更进一步,正式宣告退出以促进国际合作确保国际和平与安全为职志之国际组织,当兹国联积极努力解决中日问题之时,日本政府采取此项步骤,不啻故意设法损害大战后维持世界和平之组织。且无异明白宣言拒绝以和平方法解决此极重大之国际争执,并强迫中国接受日本所欲提出之任何条件。

日本政府所陈述之脱离国联之理由,现无再行申辩之必要。良以此种谬论,屡经中国政府及国联之迭次决议与大会报告书予以彻底之驳斥也。惟有必须指明者,即日本退出国联之宣告,并未免除其实际脱离国联前所必须履行之种种义务。查国联盟约第一条第三项,明白规定:"凡联合会会员经两年前预先通告后,得退出联合会。但须于退出之时,将其所有国际义务及为本盟约所负之一切义务履行完竣。"今试将此项规定适用于日本之宣告退出,其意义显谓,自国联受理中日争议以来,所有行政院及大会所通过之决议案,对于日本均仍有效。并在日本之退出能视为法律上之事实以前,所有国联方面关于此案所可采用通过之一切决定或决议,亦将对于日本同等有效。不仅如是,凡各项国际条约,经国联宣告为解决本争议之原则者,其规定之义务,在日本尚未完全履行之前,日本亦不能享有退出之权利。简言之,即日本如欲享有退出国联之权利,更须在通告退出后之两年期间内,实行非战公约、九国条约及国联盟约所规定之一切义务。否则日本仍将为国联之一员,且将与其他之国联会员国同等受国联之管辖,以此种种,中日争议在国际联盟下之公允处置,决不因日本现所采取之步骤,而受有任何不

良之影响。

　　自他方面言之,日本宣告退出国联,不仅不足以损及国联之威信如日本私心所希冀者,且适所以促使国联以更迅速有效之方法处理中日问题。盖日本出席国联代表曾一再以退出国联相恫吓,而国联毅然不顾,以一致之决议通过大会报告书,足见其欲以国联之原则解决中日问题,早具决心。唯其如是,故彼一意孤行屡违国联盟约及国联决议之日本,一旦宣告脱离,反足减少国联执行其艰钜任务时之牵制。中国政府深信国联地位必将益形巩固,且将采取紧急有效之方法,以应付日本宣告退出国联后之新局势。

　　日本宣告退出国联之后,势将招致全世界一致之反对。盖世界各国固均热烈拥护国联盟约及和平正义者也。中国政府深信国联所代表之原则,终必战胜,中日问题终必得公平之解决,而彼黩武横行之侵略者,终必受其应得之果报也。

《外交部公报》第 6 卷第 1 号,1933 年 4 月

（三）日本入侵华北与《塘沽协定》的签订

　　说明:日本关东军侵占中国东北三省之后,又于 1933 年元旦,在山海关挑起事端,随后开始了入侵华北的新行动。3 月 4 日侵占承德、进占热河省,并将其作为"满洲事变"画龙点睛之笔之后,又举兵进攻长城各口、侵入冀东地区。中国政府在查办汤玉麟、撤职张学良之后,组建新的华北军政机构,以东北军、西北军和中央军之一部,进行了长城抗战;同时,在寻求第三国调停失败后,又以黄郛为首的华北当局,与日本关东军代表进行谈判,最终在塘沽签订了停战协定。以下主要选自外交部与国民政府的电报资料,就反映了这一外交过程。

1. 榆关事件与热河沦陷的交涉

外交部致有吉明[①]照会
1933 年 1 月 4 日

　　为照会事:迭据报告,日本军队在此次榆关事变发动前,先由其宪兵队自将其室门炸毁,并在他处投弹,遂于 1 月 1 日下午 9 时 30 分,令其便衣队在榆关南门实行向城内开枪射击。同时,车站日步哨放炸弹一枚,日警亦放枪十余发,日宪兵亦放枪数发。经我驻军派员向日方诘问真相,未获满意答复。而日方反提出无理要求,经我方拒绝。此时日军已将我南门外警察缴械,将马分局长监视。2 日午前 8 时许,日方由前卫开来兵车三列,步炮兵约三千余名,大炮二十余门,飞机八架,甲车三列,占据南关车站,及李家沟、五眼城、吴家岭之线。10 时许,即向我开始轰击,发炮约三百余发,并以飞机向城内投掷炸弹,约十余枚。3 日上午 10 时,日军又以飞机向临榆城内作大规模之爆击,并连络甲车山野重炮连合之炮兵及海面炮舰,向我南门猛烈射击,致城内起火,破坏甚巨。同时,日军坦克车又在其炮火掩护之下,向我南门猛攻。我军为自卫计,竭力抵抗。至下午 3 时许,将南门冲破,我军退出城外各等语。查此次日本军队在榆关之种种行动,显系预定之计划,实属有意扩大事态,违反贵国代表迭次在国际联合会之诺言。为此提出严重抗议,照会贵公使查照,转电贵国政府迅饬该处日军即刻退出榆关,嗣后不得再有此种举动,对于此次肇事者,加以严重处罚;至我方之一切损失,本国政府保留提出要求之权。并希见复为荷。须至照会者。

　　附:有吉明致外交部复照(1933 年 1 月 11 日)

　　为照会事:准本月 4 日来照内称关于山海关事件各节,业经阅悉。此事据我方调查之结果,因本月 1 日下午 9 时 20 分,有人向山海关南

---

　　①　时任日本驻华公使。

关日本宪兵分(遗)〔遣〕所内,及日本军驿监视所等处附近,投掷手榴弹数个,且开枪射击该处。日本守备队以大多数日本侨民居住其间,虑有万一,须保护侨民,同时依据关于交还天津换文所定之弹压治罪权,而搜查逮捕上述犯人,故(遗)〔遣〕派小部队于南关,并一面与中国方面军宪成立协定。正在执行上述任务之际,南门临时归我方处理,嗣已得平稳经过。惟 2 日上午 11 时,我方为欲实行上述决定,突被中国军队射击,儿玉中尉阵亡,并伤兵士两名。日本军对于中国军此等显系不法而背信之行为,于自卫上不得已施以还击。本案之事实既如上述,所有一切责任属于中国方面,自不待言。我方关于此事,兹保留提出要求之权利。相应照请贵部查照,须至照会者。

《长城抗战资料选辑》,第 14—15 页

外交部致有吉明照会

1933 年 1 月 22 日

为照会事:关于山海关事件,准本月 11 日贵公使来照,业已阅悉。查此事本部为求真确起见,曾经再饬详查,其所得结果如下:本月 1 日上午,日本守备队已有战斗准备,北宁铁路山海关外正在运兵。下午 1 时余,南关外有轰炸及枪声,查系日方自己到处发射。嗣日方向我南门外步哨射击,哨兵退入城内,彼复向城门开枪两排。经我驻军派陈秘书向日本宪兵队诘问,彼反诬为我军所为。是晚日本守备队已出动,南关关外日军铁甲车及兵车已停站外。翌晨 2 时,日军反向我提出无理条件,并要求立即承认,否则开始夺取,当经我军拒绝。而日军此时竟将南门公安分局马局长扣留,2 日午前 10 时起,竟开始海陆空军联合攻击,3 日下午日军占据临榆城。此乃事变之真确事实,并无所谓协定。根据以上事实,当时掷弹开枪者,确系日方,中国驻军与日本军队并无任何协定,已属毫无疑义。至临榆地方并非通商口岸,日本人民原无在该处侨居之权,纵日侨不遵约章而至该处,保护一节亦应由该管中国官厅办理,日军何得越俎代庖?而日方竟又滥引所谓弹压治罪权,为调集

大批军队攻击中国领土之借口，其背情违理，尤为显然。总之，日本军队此次攻占山海关城，始而自加破坏工作，继而诬指中国方面予以挑衅，以掩饰其预定之计划。此种沿用之惯技，早为举世所共知，所有一切责任，自应完全由日方负担。来照所称各节，即非事实，尤多附会，本国政府万难承认。再，日本军队最近占据山海关后，复在九门口、石门寨等处，攻袭我国驻军，威胁关内治安，并在北平等处，时于人烟稠密地方持械游行及举行作战演习。凡此举动，不独违反国际公法及中国迭次指出之重要国际条约，即对于1901年各国约定之条款，日方亦复积极破坏。兹特并案提出抗议，照会贵公使即希查照本部本月4日去照，转电贵国政府迅饬现在占据山海关及其附近之日军即行撤退，嗣后不得再有此种举动，严重处罚此次之肇事者。并对于北平等处之日军严加约束，勿令再有妄动。统希见复为荷。须至照会者。

附：有吉明致外交部复照（1933年2月2日）

为照会事：接准上月22日来照，所指关于山海关事件及其他各节，业经阅悉。查山海关事件，概因中国方面之不法行为而起，所有与此案相涉之一切责任，乃在中国方面，业于上月11日照达在案。至九门口日军行动，乃因中国军队逾长城，侵入满洲国内扰乱该处治安。为维护治安计，仅予以驱逐，纯属满洲国内行动，对于此事，无受贵方抗议之理。又北平等处行军演习，乃根据惯例及条约，并无若何违法之处。故来照所指各点，悉为我方所不能容认者也。相应照复贵部查照。须至照会者。

《长城抗战资料选辑》，第22—24页

外交部致有吉明照会

1933年1月27日

为照会事：日军自非法占据东三省后，时向热河边境侵扰，日本飞机更任意到热掷弹轰炸。兹据报告：本月22日，日本飞机六架到开鲁掷弹二十余枚。23日，先后又来日机九架，共掷炸弹七八十枚，炸毙人民数十名,伤者尤众;骡马死十余匹,毁房屋四五十幢,器物无算等语。
查日本军队按照预定计划,积极向我侵略,此次于非法强占榆关之后,
更肆无忌惮进扰热河。日机对于无辜民众,竟肆意轰炸,以致死伤枕
藉,财产损失无数。此种残暴行为,不独为法律所不许,亦为人道所不
容。兹特提出严重抗议,应请转电贵国政府对于日本飞机此种不法
行为,立予制止。至开鲁因日机轰炸所受生命财产之损失,并保留一
切要求之权。相应照会贵公使,即希查照办理,并见复为荷。须至照
会者。

附:有吉明致外交部复照(1933 年 2 月 7 日)

为照会事:接准上月 27 日来照所指,关于开鲁日军行动一节,业经
阅悉。查开鲁日军行动,乃系满洲国维持治安,讨伐匪贼所采当然之措
置,而讨伐之际,并无杀伤无辜人民情事。此纯属满洲国内事,本使无
受贵方抗议之理。相应照复贵部长查照,须至照会者。

《长城抗战资料选辑》,第 27—28 页

罗文榦致蒋介石电

1933 年 2 月 23 日

南昌蒋委员长赐鉴:天密。今日下午 5 时,日领上村来部面交节
略,大意谓:(一)张学良及其他反满军队在热河省内,不但与满洲国主
权抵触,且与热河治安税收不能两立。故满洲国肃清该省内匪贼及兵
匪余党,日军按照"日满议定书"应协助该国军队。满洲国屡向张学良
军队等要求撤回关内,未能容纳,故引起满洲国军队及日军与张学良军
队等冲突,其责任应由不接受满洲国要求之中国方面负担。(二)日本
军队协助满洲国军队在热河之行动,其目的在确保该省之治安,原则上
仅限于满洲国领埠以内。惟张学良军队等若采取积极行动,则难保战
局不及于华北方面,若因此发生任何事态,其责任悉在中国。(三)汤
玉麟军等若于此时归顺满洲国,则仍将照从来之方针,予以宽大办理等
语。现本部正备文痛驳,一面将节略连同本部复文于今晚电日内瓦公

布。除本部复文再另行电达外,谨先奉闻。罗文幹。漾。印。

《长城抗战资料选辑》,第30—31页

外交部致有吉明照会

1933年3月2日

为照会事:2月23日准贵公使派二等参赞上村伸一面交节略,以中国政府派兵驻防热河,抵触所谓"满洲国"主权,为攻热之借口。业经本部略复以所谓"满洲国"系日本政府以武力侵占东三省在该地所设之傀儡伪组织,及其所谓《日满议定书》,均为中国政府迭次抗议所决不承认。热河为中国领土与东三省之之中国领土相同,日本政府要求中国政府撤退在热河自卫守土之驻防军队,显系扩大侵略范围,破坏中国领土主权,日本政府应绝对担负攻热责任在案。查日本政府,不顾世界公论与中国政府迭次去文,继续肆意侵略,不惟不立即撤退东省驻兵,将东三省归还中国,近反调集大批军队,对热河各地进攻不已,并用飞机任意轰炸各该城镇,以致无辜人民之生命财产惨被损害,实属违背正义人道,专恃武力侵略之非法举动。中国政府特再提严重抗议,并保留一切正当要求之权。相应照请贵公使转电贵国政府查照为荷。须至照会者。

《长城抗战资料选辑》,第33页

汤玉麟撤职查办命令

1933年3月8日

热河省政府主席汤玉麟,身膺边疆重任,兼统军旅,乃竟于前方军事紧急,忠勇将士矢志抗敌之时,畏葸弃职,贻误军机,深堪痛恨。著即先行褫职,交行政院监察院会同军事委员会澈查严缉究办,以肃纲纪。此令。

　　主　席　林　森

　　行政院院长　宋子文代

《国民政府公报》第1074号,1933年

蒋介石灰电

1933 年 3 月 10 日

限即刻到。南京中央党部叶楚伧先生转林主席、政治会议、军委会：请即明令准张学良辞职，令尾加几句温慰之语，勿使其过去拥护中央与统一之功抹煞，是否请斟酌。准辞后一面将北平军事委员会分会取消，所有部队归军事委员会直接统辖。中正。灰。

《长城抗战资料选辑》第 40 页

张学良辞职通电

1933 年 3 月 11 日

各报馆转全国同志均鉴：余父与余历以保持中国在东北之主权为己任，余父以身殉焉。迨余就任以后仍本先父遗志，始终以巩固中央、统一中国为职志，兢兢业业，未尝或渝。即如不顾日本之公开恫吓而易帜，辅导国民党在东北之活动，与夫民国十九年秋余奉命入关，拥护中国统一，凡此种种，事实俱在。盖余深信惟健全政府，然后可以御外侮也。"九一八"之变发生，余正卧病在平，初以诉诸国联，必主张公道。及今日军侵热，余奉命守土，乃率师整旅，与敌周旋。接战以来，将士效命者颇不乏人，无论事之成败若何，然部下之为国牺牲者，已以万计。此次蒋公北来，会商之下，益觉余今日之引咎辞职，即所以效忠党国，巩固中央之最善方法，故毅然下野，以谢国人。惟眷恋多年袍泽，东北之健儿，孰非国家之将士。十九年奉命率兵入关，援助中央，于今国难未已，国土未复，无家可归者数万人。但盼中央俯察彼等劳苦，予以指导，并请社会人士加以援助。彼等为国为乡，皆抱热诚，并熟悉东北情形，倘遇报国之机，加以使用，俾得为收复东北之效命，遂其志愿，免于飘泊，于愿斯足。并盼国人鉴余诚悃，谅余庸愚，虽愆尤丛脞，而余本心只知为国，余皆不复自计也。张学良叩。真。

《申报》1933 年 3 月 11 日，号外

国民政府命令

1933 年 3 月 12 日

北平政务委员会常务委员兼代军事委员会北平分会委员长张学良呈请辞职,应即准予免职。

此令。

特派军政部部长何应钦兼代执行军事委员会北平分会委员长职权。

此令。

主　席　林　森

行政院院长　宋子文代

《国民政府公报》第 1077 号,1933 年

2. 长城抗战期间的交涉

刘崇杰致外交部漾电

1933 年 4 月 23 日

南京外交部:极密。昨晚沈司长①在北京饭店遇及蓝使,已将部长私函面交。据称:当即报告政府,蓝使迭与蒋君②所谈之事,本日密告美使,意见相同,已各电本国政府。沈云:关于蒋君接洽一事,未接本部训示,惟个人以为部中或尚有意见③,不日刘次长当与贵使晤谈。至日

---

① 外交部亚洲司司长沈觐鼎。

② 指蒋梦麟 4 月 20 日受何应钦派遣往访英使蓝普森,请其安排中日停战谈判。蓝表示:英国调停淞沪停战曾引起中国人"误解";停战谈判应严加限制内容;中方代表必须由政府任命等。何应钦将蓝使意见电告蒋介石、汪精卫。汪复电称:中国对英调停淞沪停战至为感激,保证以后不发生任何影响;停战谈判范围限于军事,不涉及东三省及其他问题;建议只作口头协议而不形诸文字;指派外交部次长刘崇杰为中国官方代表。(汪原电缺,内容转引自吴相湘著《第二次中日战争史》)。

③ 蒋梦麟与蓝普森接洽事遭外交部长罗文幹、政务次长徐谟等反对。参见罗文幹、徐谟 4 月 23 日致刘崇杰电。

方果有诚意停止侵犯,似无须要有文字协定,且万不可因此影响及东亚全部问题。蓝云,日方似确欲停止进攻,本人所欲斡旋亦限于现在战局,决非涉及东亚全局,至商议停战如无文字,恐对方不同意,且恐日后易起争执。沈云:停战提议,似宜由英、法、美等第三国出面,蓝使云此正在研究,将来法公使想亦可参加,至今贵方如拟有停战草案,希见示。沈云当回明刘,一面对询华府谈话会有效讨论远东问题之可能,蓝答恐成数不多。沈将部长日前对美馆参议所谈意见陈述,蓝谓宋部长似可相机提出。谨闻。杰。漾。9号。

罗文幹、徐谟致刘崇杰电

1933年4月23日

北平刘次长子楷兄密鉴:亲译。密。6号电均悉。弟等一再讨论,大致意见如下:

(一)不论外交或军事当局,均不宜向任何方面乞怜求和。

(二)不论外交或军事当局,不能签订任何停战协定。因一签此项协定,在法律上永不能以自己力量收复失地。

(三)我方与第三国接洽时,只可晓以利害,动以情感,请其警告日方阻止再行进攻。

(四)如第三国问我愿否停战,可密告就我方现在实力,只可坚守未失领土,倘敌犯平津,决与周旋。如彼不来,则拟集中力量,专心整理华北民政。至整个中日问题,仍听国联及根据国际条约为适当之解决。

(五)现在我军既无反攻力量,只得坚守现有阵地,不向敌人挑战。如敌人不前进,则可知日方确无必取平津之意。如此可暂时造成事实上之休战状态,静待华盛顿谈话之发展,或其他国际间之机会。

(六)如我方不攻而日军仍节节进逼,则可证明日方必取平津,纵与约定停战,亦属无效。

以上系弟等熟商后所归纳之个人意见,特电达参考。姑勿向外宣泄,明日拟提国防会讨论。当续告。幹、谟。第 4 号。

刘崇杰致罗文幹有电

1933 年 4 月 25 日

南京外交部。密。部长、徐次长勋签:极密。本日约蓝使午饭,蓝云顷接应格兰谒罗部长谈话报告,阅后对于中国方面究竟是否希望停战,或其他办法,觉欠明了,现在局势若任延宕,日方恐复乘机前进。如系停战,中国政府应将希望要点明白见示,以便探询对方意旨,为避免种种误会,及足以防碍根本问题者,当然亦应预先言明,或书明此事,本人只可从中斡旋,不愿自动提议。杰当将国防委员会第二十五次会议录所定方针及历次部电意旨,演译告之,请其对日方最少程度有劝告之举,并谓日方一面宣言不再前进,一面仍继续战事,如侵犯平津,我方惟有尽力抵抗,盼友邦自动的出面。在停战一事,只须做到事实,不能有任何文字,汪院长来电亦是如此主张。蓝云各国对日劝阻一节,目前恐难做到,如中国政府欲令电伦敦,自当照办,但于未充分明了中国希望以前,只好静候消息等语。彼亦认此情形与上海不同,又以为斡旋停战较劝阻为易,但恐须用文字。杰言何妨先电告伦敦,彼仍执前说,当答以即报告罗部长云。谈话中彼未明提与梦麟接洽各节,杰亦未便明提,再:沈司长与蓝使谈话业已电闻不赘。杰。有。第 17 号。

刘崇杰致外交部宥电

1933 年 4 月 26 日

南京外交部:蓝使约美詹使便餐,当将政府意见详婉告之。詹言当报政府,并与英使接洽。杰询有可能性否,答:且看华盛顿回电。彼对我方希望事实上停战之理由,甚为了解。杰意此事关健,仍在蓝使。应格兰昨今有无来谒,如何措词,至念。詹又言宋到华盛顿时,英、法两代表已回欧,宋到美如希望谈及远东问题,当并电告政府云。崇杰。宥。第18号。

《革命文献》第 38 辑,第 2177 页

国民政府任命行政院驻平政务整理委员会人员令

1933 年 5 月 4 日

特派黄郛、黄绍竑、李煜瀛、张继、韩复榘、于学忠、徐永昌、宋哲元、王伯群、王揖唐、王树翰、傅作义、周作民、恩克巴图、蒋梦麟、张志潭、王克敏、张伯苓、刘哲、张厉生、汤尔和、丁文江、鲁荡平为行政院驻平政务整理委员会委员,并指定黄郛为委员长。此令。

主　席　林　森

行政院院长　　汪兆铭

《国民政府公报》第 1123 号,1933 年

杨永泰致黄郛鱼电

1933 年 5 月 6 日

上海祁齐路 44 号黄膺白先生勋鉴:密:总座顷致黄(绍竑)、何(应钦)电要领四则,文曰:(1)敌军全线业已撤退,当不致独向古北口一路深入,惟中央各师之在该方面者,连日苦战不停,又无单独反攻驱敌出口之实力,此种无企图之兵力消耗,殊属不宜,似应相当隔离,俾便得暂整理。如此路长此纠缠不清,甚或惹起全线战事之再发,亦难预料,请兄等特加注意,亟谋适当之处理。(2)多伦既失,全察动摇,该地屯兵七八万,竟为伪军张海鹏、刘桂堂辈所攻陷,不胜诧异。欲图挽救,自以统一该路之指挥为最急最要。阎(锡山)、徐(永昌)既不允就,仍请(黄)季宽兄以参谋长代行委员长职务,速赴张北负责指挥,以图恢复。(3)此次敌兵自动撤退,本非我军战胜之结果,中外共知。我军乃据为通电报捷之资料,如雪片纷飞,内长国人之虚妄,外召友邦之嗤笑,致外报竟有我国军人奇不知耻之讥,实之痛心,应即切实纠正。一切口号标

语之政策,徒增倭寇之敌忾心,于我毫无实益,亦应概予停止撤销。(4)我军实力不充,只能妥择阵地抵抗,此种战略策定,宜使全线一体恪遵,怯者固不得擅退,勇者亦不许轻进。论者每恃以攻为守之说,欲乘敌人薄弱之点,贪图小利,轻于突击,徒为局部一时之快意,固于事无济,且最易牵动全线。请兄等与各将领分别面谈,切实声明此言,共同注意为要。即希查照办理,并盼确复等语。特录全文密达参考。弟永泰叩。鱼申。

《革命文献》第38辑,第2112—2113页

黄郛致蒋介石元电
1933年5月13日

特急。南昌蒋总司令勋鉴:德密。极密。本日得关东某要人致沪友回电,略谓:承询〔日〕军之行动,全属机密,恕未能告;惟可明言者,决无进展平津之本意,但务盼华军能撤至离日军守备区域炮程不及之地点为要等语。此间复研究所谓守备区域线,究何所指?由战略地形推测,金谓必指前次所述密云、玉田、滦州、滦河之线,证以文日荒木在内阁之宣言,谓必须待华军确实反省后再撤回长城之语,似与关东复电,大意相符。兄意锐锋应避,我军经苦战之余,亟待补充整理,不如仿欧战时兴登堡在东普鲁士对俄作战之故事,由尼缅撤至瓦萨,敌锋虽锐,而因后方接济兵力配备关系,不能不止。故古北方面之中央军,若能撤至密云后方牛栏山前一带,或可减少巨大牺牲,而于华北政局亦有裨益。弟如谓然,务盼共同负责,切实主持,庶几军事外交,两可立于不败之地。除摘要另电敬之、精卫外,特闻,盼复。兄准明晚入京,勾留半日,即渡江北行,决不改期,希释念。郛。元午。

《革命文献》第38辑,第2115页

黄郛致蒋介石、汪精卫养电
1933年5月22日

南昌蒋总司令、南京汪院长勋鉴:密。抵平5日,危疑震憾,不可言

谕。自美国申请书发表后,日方态度骤变,既往工作,尽付流水。赵敬时案又适逢其会而发生。昨晚,敬之兄召集军事会议,已决定在白河线作最后抵抗。但平津若动摇,则前在沪商定之六百万,事实上又成空话。财政如无新途径以资接济而维军心,则全部华北情形将不知纷乱至何程度,应请中央预为注意。郛等进止,尤须请示。北平既入战区范围,政整会自无工作余地,现虽尚未成立,拟至必要时即随军事机关转进,或即南旋面陈经过,如何?盼复。郛叩。养。

《抗战前华北政局史料》,第 251 页

黄郛致汪精卫养电

1933 年 5 月 22 日

南京汪院长:密。马亥电奉悉。近日对方态度骤变,本晨已另电详告,想蒙钧阅。连日专制造小问题迫我,并无条件提出。略取平津,虽尚未必,而包围平津,迫我接受严酷之条件,不可不防,现正慎重应付中。电稿未毕,闻天津日司令要求北宁路备车一列,明日要运兵五百名来平护侨①。按《辛丑条约》,无法拒绝。敬之兄约晚间召集会议,商筹应付,附闻。郛叩。养。

《抗战前华北政局史料》,第 250 页

汪精卫致黄郛养电

1933 年 5 月 22 日

北平黄委员长膺白先生:密。马亥电计达。欲谋停战,须向对方问明条件,由负责长官决定其可答应与否。弟以为除签字于承认伪国,割让四省之条约外,其他条件,皆可答应。且弟决不听兄独任其难,弟必

---

① 5 月 20 日,北京爱国青年持利刃在北平日驻华使馆刺伤日卫兵,当场为日兵逮捕。日本即以此事为借口,对停战谈判取强硬态度。并以"护侨"为名,23 日,由天津派日军 500 名至北平,北平地方当局,还为之提供车辆运输。

挺身负责。乞速与敬之、季宽、岳军诸兄切实进行为盼。弟兆铭。养。

何应钦漾电

1933 年 5 月 23 日

限二小时到。南京军事委员会并译转汪院长、南昌蒋委员长:密。亲译。极密。关于最近前线军事部署,昨电已详。惟各部队兼月作战,将士伤亡甚多,疲敝之余,战意已不坚决。就昨晚情形观测,方成不战自退之势,经职等再三筹计,若竟任其自行崩溃,华北局面将至不可收拾,当即召集重要将领,多方激励,众人意志稍转坚定。同时日本中山代办及永津武官与郭约定晤谈,结果由日方提出如下之四项条件:(一)中国军撤退延庆、昌平、高丽营、顺义、通州、香河、宝坻、林亭口、宁河以南以西,今后不准一切之挑战行为。(二)日本军亦不越上之线进击。(三)何应钦派正式任命之停战全权员往密云,对日本军高级指挥官表示停战之意志。(四)以上正式约定后,关东军司令官指定之日本军代表与中国方面军事全权代表定某日某时,于北宁线上某地点作关于停战成文之协定。比由职等就此条件详密商议,金以此时前线情形如彼,而日人复以多金资助齐燮元、孙传芳、白坚武等失意军阀,有组织华北联治政府之议。熟权利害轻重,与其放弃平津使傀儡得资以组织伪政府,陷华北于万劫不复,何若协商停战,保全华北,徐图休养生息,以固党国之根基,较为利多害少。众意既归一致,于是遵照汪院长迭电指示之意旨,由应钦答复日代办,对其所提四项条件完全接受,并拟于今日派上校参谋徐燕谋为停战代表,偕同日本武官前赴密云表示停战之意。嗣后进行协议情形,自当一秉钧旨,随时密呈核示。职等为党国为地方人民着想,惟有牺牲个人,以求顾全大局,是非毁誉,所不计也。肃电奉闻,伏乞鉴核。职何应钦、黄绍竑、黄郛。漾辰。行秘。印。

汪精卫致何应钦、黄绍竑、黄郛漾电

1933 年 5 月 23 日

北平居仁堂何部长敬之兄、黄部长季宽兄、黄委员长膺白兄均鉴：密。漾辰行秘电敬悉。弟决同负责，请坚决进行为要。弟兆铭。漾未。印。

《抗战前华北政局史料》，第 254 页

黄郛致蒋介石梗电

1933 年 5 月 23 日

南昌蒋总司令勋鉴：密。时局至昨日极险，军心不固，士气不振，内幕尤不堪问。日方决定本晨拂晓大举进攻，故一时不得已预备军政两机关移驻平汉线。兄思平津一失，中央政局亦必动摇；财政无办法，粮饷之源绝；平汉、平绥、北宁、津浦各线之交通枢纽，尽落敌手；溃军且将波及豫鲁；种种不堪设想之后患，均意中事。且昨日得精卫电略称："只要不涉及承认伪国割让四省问题，一切条件，均可商订"，并称"决不使兄独任其难，弟必挺身而出，共同负责"等语，故于临出发移驻之前，思为最后之努力，于昨午夜 12 时赴一私友处，不露声色，与中山代办、永津陆军武官、藤原海军武官彻夜讨论，天明始归。商定结果，已与敬（之）、季（宽）二兄联名另电详达。事机迫切，间不容发，未及事先电商，至为惶惧，好在交涉仅以停战为范围，条文上能加意审填，当不致受大指摘。兄泪内流，兄胆如裂，想吾弟亦必能想象也。特闻。盼复。郛叩。梗。

《革命文献》第 38 辑，第 2121—2122 页

汪精卫致何应钦、黄郛漾电

1933 年 5 月 23 日

何部长敬之兄、黄委员长膺白兄勋鉴：密。今晨国防会议议决如下：（1）外交方面，近日英美意见日益接近，对日斡旋，俾我得较有利之

解决,当可做到。但恐缓不济急,于我目前平津之危,恐来不及解救。惟外交既有此希望,子文兄今日来电力请注意,不必灰心。(2)军事方面:江西军队不能调开,其他军队则不听调,例如两广高谈抗战,但至今迄未出兵。中央对于华北各军苦战三月,不能不急筹援应,但能做到若干,诸兄已不难洞悉。(3)财政方面,子文兄赴美赴英,正在接洽,即使有望,亦缓不济急。平津若失,则海关收入骤形短缩,其他一切筹款办法,亦惟有更形拮据。根据以上外交军事财政情形,对于应付平津危局,决定原则如下:(甲)如日本来攻平津,我将士惟有尽力应战,不可轻易放弃。盖平津情形,适与去春淞沪相同,极系世界之观听。我若示怯,从此国家人格更不堪问。且战事愈烈,愈易引起各国之干涉也。(乙)如暂时休战希望尚未完全断绝,仍希继续进行。即在交战中,此种接洽仍不妨并用。以上两项原则,切盼两兄根据办理,中央当共负责任也。以上决议,谨达,乞鉴察为荷。弟兆铭。漾。

《革命文献》第 38 辑,第 2123—2124 页

汪精卫致何应钦、黄郛敬电

1933 年 5 月 24 日

北平何部长敬之兄、黄委员长膺白兄:今日国防会议议决:"与对方商洽停战,以不用文字规定为原则,如万不得已,只可作为军事协定,不涉政治,其条件须经中央核准"等语。此为中央自负责任,俾不致有第二伯力协定发生,请查照为荷。兆铭。敬午。

《抗战前华北政局史料》,第 254 页

蒋介石致黄郛有电

1933 年 5 月 25 日

限即刻到。北平丰泽园黄委员长膺白兄:梗电敬悉。密。忍辱周旋,为国苦心,实深感佩!惟弟始终不信倭寇有休战诚意,尤在威胁吾人使之自动撤退,俾其唾手而得北平也。至于协定一节,总须避免文字

方式,以免将来引以为例,其端由吾人而开也。否则万不得已,最多亦不可超过去年淞沪之协定,绝不能涉及伪国事实之承认,以及东四省之割让与界限问题。故其内容及字句,必须加意审慎。鄙见所及,于昨复兄等漾电业已详述之,惟赖兄匠心独运,使之得当耳! 以后周折必多,应付甚难。故于谈判时期,城防设备,尤应加紧。最高无上之决心,不可须臾或忘。弟以为不有一北平死战,决不能满倭寇之欲,亦不能得国人谅解也。中正。有申。机。

《抗战前华北政局史料》,第 258 页

何应钦等致汪精卫、蒋介石有电
1933 年 5 月 25 日

限二小时到。南京军政部陈次长译呈汪院长、南昌蒋委员长:亲译。密。极机密。今日徐参谋燕谋与日本永津武官签定之觉书原文如下:

觉书:昭和 8 年 5 月 25 日,日本公使馆附代理武官永津中佐、北平军事分会委员长何应钦阁下:关东军司令官之意志如次:(1)承诺经上校参谋徐燕谋推出之停战交涉。(2)贵军应撤退延庆、昌平、高丽营、顺义、通州、香河、宝坻、林亭口、宁河、芦台之线以西及以南,尔后不仅不越该线前进,并不为一切之挑战行为。(3)日本军为认识诚意,第一步随时以飞行机侦察及其他方法视察中国军之撤退状况,但中国方面对此予以保护及一切之便宜。(4)有以上之确认后,关东军司令官之正式最高全权代表与何委员长之正式最高全权代表在北宁路上之某一地点会合,相互承认正式委任状之后,作关于停战成文之协定。(5)成文协定成立为止,中国军不挑战之限度内,日本军队不越前记撤退线追击之。右五个条件,系关东军司令官之意旨,由永津武官传达前来,兹以北平军事分会委员长何应钦之代理资格负责承诺。中华民国 22 年 5 月 25 日,北平军事分会陆军上校参谋徐燕谋。

又其附件如下:觉书:昭和 8 年 5 月 25 日,日本公使馆附代理武官永津中佐,北平军事分会委员长何应钦阁下:关东军司令官之意志如次:(1)5月25日觉书第三项第二行及派必要人员约定改为依其他之方法。(2)其他方法之意,虽非直接派遣日本军检查,但日本军于必要时得贵方之谅解,可选定适当之方法。(3)本件永津武官确实声明负完全责任等。谨闻。职应钦、郛、绍竑。有戌。行秘二。印。

《革命文献》第 38 辑,第 2128—2129 页

汪精卫致何应钦、黄绍竑、黄郛有电
1933 年 5 月 25 日

特急。北平居仁堂何部长敬之兄、黄部长季宽兄、黄委员长膺白兄钧鉴:密。今日国防会议议决如下:现在前方停战谈判已经开始,逆料对方进行方针,不出两种:(甲)对方以强力迫我屈服承认伪组织及割让东四省,如果出此,我方必毅然拒绝,无论若何牺牲,均所不避。(乙)对方鉴于我牺牲之决心,与列强之环视,此种停战目的,在对方军队退出长城以北,我军不向之追击,保留相当距离,以免冲突,如果出此,则我方鉴于种种情形,可以接受。惟以不用文字规定为原则,若万不得已,只限于军事,不涉政治,并须留意协定中不可有放弃东四省承认伪组织之疑似文句等语,谨闻。汪兆铭。有。印。

《抗战前华北政局史料》,第 258—259 页

黄郛致蒋介石感电
1933 年 5 月 27 日

南昌蒋总司令勋鉴:密。有申电奉悉。停战协定,岂兄所愿?因21晚开军事会议,听各将领所表示,知危机已间不容发。22晨日使馆又由津增兵两连,而前线各路急报频来,城内反动团体复跃跃欲试,津埠暴动,相应而起,一时人心恐慌,秩序大乱,其时环境之险恶,较之当年在济南退城时之程度,有过之无不及。在平同人见大势已去,认弟电所称最后关头已至,决定一面守城,一面将军政最高人员暂移驻长辛

店。然犹虑离平以后,华北局面,必至不堪设想,故迟迟未发。延至晚间 10 时,得汪院长养电略称:欲谋停战,须向对方问明条件。其可答应与否,弟以为除签字于承认伪国割让四省之条约外,其他条件,皆可答应。且弟决不听兄独任其难,弟必挺身负责,乞速与敬之、季宽、岳军诸兄切实进行等语。得电时,敬之兄正与徐军长(庭瑶)研究城防,岳弟未在侧,乃与季宽兄密商,时已深夜 11 时,不容有踌躇之余地。遂决然偕李择一君,电约中山代办、永津武官至某私人宅会谈,直至次晨 2 时始散。彻夜周旋,心酸胆裂,勉获缓和,重留北平。今后谈判进行,自当遵嘱认定以停战条件为范围。伪国承认问题,双方均非疯狂,深信决不至涉及。盖局部军事长官所派代表,其资格并不足以代表国家,何得议此有关领土完整之政治问题?所当注意者,条款文句之间,彼等或用偷关漏税之狡猾手段,插入满洲国境线等之字句,为将来交涉东北问题之伏笔,此则当时时防范耳!总之,弟既强我以肩此重任,弟必给我以同等信用。兄山居六载,虽不敢谓已达悲智双修之域,然自信悲愿决不至卖国,智慧决不致误国,深盼彼此把握既定之方针,勿为外来蛊惑之词所蒙蔽,更勿为南来之消息所动摇。盖国际援助一层,以兄平素所具之国际常识判断,敢断不过一片空言,让百步言之,其实际之援助,为时必甚迂缓,远水不救近火,为量必甚微薄,杯水无补车薪者也。至南部情形,彼等早已决策,所谓"你东我西",无论如何,无可避免,惟有用种种方法,以图应付。至尊电所谓应下最高无上之决心,以求得国人之谅解一语,则兄尤不能不辩。两年以来,国事败坏至此,其原因全在对内专欲求得国人之谅解,对外误信能得国际之援助,如斯而已矣。最高无上之决心,兄在南昌承允北行时,早已下定,无待今日。兄至今尚未就职,弟如要兄依旧留平,协赞时局者,希望今后彼此真实的遵守共尝艰苦之旧约,勿专为表面激励之词,使后世之单阅电文者,疑爱国者为弟,误国者为兄也。赤手空拳,蹈入危城,内扰外压,感慨万端,神精刺乱,急不择言,惟吾弟其谅之,并盼电复。郓叩。感。印。

汪精卫致何应钦俭电

1933 年 5 月 28 日

限即刻到。北平居仁堂何部长敬之兄、黄委员长膺白兄勋鉴:密。本日下午偕哲生、钧任诸兄在牯岭与蒋先生会商结果,对于河北停战,弟等本不主张文字规定,惟前方万不得已之情形,已签定觉书,弟等自当共负责任。关于成文协定,自关重要,能避免最好,若不能避免,祈参照国防会议决议:(1)限于军事,不涉政治;(2)不可放弃长城以北领土之类似文句;(3)先经中央核准。弟等因知前方情形紧张,但觉书签定后,我方不挑战,对方自不进攻,则时间稍宽,从长讨论,宁迟勿错,实为必要,尚祈裁察为荷。弟兆铭。俭亥。印。

注:5 月 28 日,汪兆铭偕孙科、罗文幹、马超俊、曾仲鸣、王世杰、陈绍宽、梁寒操等于下午抵牯岭,蒋委员长偕杨永泰继至,当即举行会商,由汪、孙、罗报告中央军事外交各情。晚,汪兆铭电告何应钦、黄郛。

《抗战前华北政局史料》,第 261—262 页

蒋介石致何应钦、黄绍竑艳电

1933 年 5 月 29 日

急。北平何部长敬之兄、黄委员长膺白兄:密。据戴笠电称:一、关东军电各部属云:现深悉中国不敢出全力以对帝国作战,对日军之继续威胁,亟求作局部谋和,以维持平津,顷我决定之对策:①使华军在北宁线作工事布置,并划滦东为缓冲区,我可借此向各国宣言,中国已默认满洲国界。②使中国彻底取缔一切排日运动。二、日陆军省电驻津日军云:傅作义军现仍不改顽强态度,对日军有显著之挑战行为,已电令关东军对该部除用飞机爆炸外,即断然予以攻击。三、驻津日军电陆省云:据密报蒋介石对日之不即妥协,实因受西南及反对派之牵制,倘使对日立即妥协,必致促成反蒋运动具体化。就此形势观察,倘我将蒋之苦衷不谅解,则必演成蒋之容共,出全国力以对日。四、关东军电云:中国急收徐水至廊房一段铁路,我不可忽视,已令前方部队由香河占廊

房,以截断于学忠部之联络及威胁平汉线为目的。五、又电云:凡不退却平汉线之中央军密集队收容地点,皆宜派飞机扑灭,对东北军暂不可轰击,留作反蒋之用,但王以哲除外等语,特电转达,以供参考。中正。艳午。行机。

《抗战前华北政局史料》,第263页

汪精卫致何应钦、黄郛艳电

1933年5月29日

北平何部长敬之兄、黄委员长膺白勋鉴:俭亥电计达。协定条件须经国防会议核准,此为中央负责之表示,决非对于两兄有掣肘之意。权衡轻重缓急,存于两兄之运用。弟无论如何,必与两兄共进退,决不致使两兄有后顾之忧,乞坚决进行为荷。弟兆铭。艳辰。印。

《抗战前华北政局史料》,第263页

汪精卫致何应钦、黄郛艳电

1933年5月29日

北平居仁堂何部长敬之兄,黄委员长膺白兄:密。承示代表已派定,明日在塘沽开始谈判,请两兄查照国防议决坚决进行。倘因此而招致国人之不谅,反对者之乘间抵隙,弟必奋身以当其冲,绝不令两兄为难。区区之诚,祈鉴察为幸。弟兆铭。艳午。

《革命文献》第38辑,第2133页

蒋介石致何应钦、黄郛卅电

1933年5月30日

北平居仁堂何部长敬之兄、黄委员长膺白兄勋鉴:艳酉电悉。密。自汪先生偕(孙)哲生、(罗)钧任、(王)雪艇各人到牯,初对协定形式内容及手续,均多怀疑,嗣经一再讨论,并充分告以前方之实情,(黄)季宽兄昨夜复赶到牯岭,面报兄等之孤诣苦心,众意均已谅解。今晨汪、王、罗已回京。明日下午国防会议,季宽、哲生当由此间乘机飞京出席。经此多番接谈之后,但求能确守国防会有日决议之原则,中央内部当可一致。惟盼文字斟酌,打磨干净,不可有影射。纵属同一意义,而用语必须堂皇,则电呈核准,自亦可不成问题也。中正。卅亥。行机。

《抗战前华北政局史料》,第 264 页

汪精卫致何应钦、黄郛世电

1933 年 5 月 31 日

北平何部长敬之兄,黄委员长膺白兄勋鉴:艳酉行秘电敬悉。密。请两兄负责进行,弟当负责报告国防会议,请其追认。弟兆铭。世辰。

《革命文献》第 38 辑,第 2134 页

罗文幹致何应钦、黄郛世电

1933 年 5 月 31 日

北平刘次长勋鉴:并转何委员长、黄委员长勋鉴:密云所签条款,分电顾(维钧)、郭(泰祺)、施(肇基)、颜(惠庆)各使后,兹陆续接到复电。施谓政府目前政策,基本能表示同情。顾谓停战之议,既由我方首先提出,日方所开一切条件,内容与字面均片面口气,令我难堪,原属意中事,且因直接向日要求,无第三者居间作证,是以日本要求觉书上签字,此层亦所难免。现观重要者,即成文协定,万不宜牵涉政治问题,或直接间接承认日本因侵占而造成之任何事实。此间国联与各国代表团议及,亦以日方乘胜迫我承认政治条件,如承认伪国、河北省中立、不扰乱伪国治安、取缔义军、放弃抵货等为虑。且谓如中国承认政治条件,无异甘自对国联与各国违约失信,此后彼等对本案尽可置之不理云云。总之,日军所占之线,距平津仅咫尺,如我对协定之条件,拒而不受或条件不能遵守,日军随时可以进攻,是结果平津仍不能保,此层亦不得不虑及。郭谓:一、敌方不惟逼我认错,且撤退亦属我方片面义务,而敌撤退地点与时间,则无规定。二、觉书第三项敌以飞机迫我撤兵,既许其

破坏我领空权,更须予以保护与便宜,未免太虐。三、关东军司令系兼驻满洲国大使,认渠为对手方,恐含有承认组织之嫌。但以上各点,比之任何方针条件,固又较轻矣各等语,谨闻。罗文幹叩。世。

《抗战前华北政局史料》,第 265 页

3.《塘沽协定》的签订

停战协定

1933 年 5 月 31 日

关东军司令官,五月二十五日于密云接受何应钦之军使参谋徐燕谋所陈正式停战提议。据此,五月三十一日午前十一时十分,关东代表陆军少将冈村,关东军副参谋长,与华北中国军代表陆军中将熊斌,在塘沽签定停战协定,其概要如左:

(一)中国军即撤退至延庆、昌平、高丽营、顺义、通州、香河、宝坻、林亭口、宁河、芦台所连之线以西以南地区,不再前进。

又不行一切挑战扰乱之举动。

(二)日本军为确悉第一项实行之情形,可用飞机或其他方法,以行视察;中国方面应行保护,并予以便利。

(三)日本军确认中国军已撤至第一项协定之线时,不超越该线续行追击,且自动概归还至长城之线。

(四)长城线以南,第一项协定之线以北及以东地域内之治安维持,以中国警察机关任之。

(五)本协定签字后即发生效力。

中国华北驻军代表　熊　斌　印

日本关东军代表　冈村宁次　印

《中日外交史料丛编》(三)日军侵犯上海与进攻华北,第 177—178 页

塘沽会谈记录

1933 年 5 月 31 日

（一）午后二时两方代表入席。

（二）熊代表提出节略第一项（如附纸第一）。

此项双方辩论至三时许，提议休息，最后双方之案（如附纸第二），双方认为接近，即照日方之案通过。

（三）午后三时二十分，再入席，双方盖印于觉书上。再日方有希望四点声明，不用觉书之形式，另行文件送达（如附纸第三）。

（四）午后三时，双方代表致词（如附纸第四），并用香槟后，在庭园摄影。

（五）四时十分我方代表退出。

附纸第一：

协定节略

停战协定已经双方签订，为恢复东亚和平计，自应确实履行，但有应注意者如左：

（一）中日两方履行协定第三、第四两项后，该区域内万一发见有妨碍治安之武力组织团体，非警力所能制止者，得依临时与贵军方面之协商，为必要之处置。

（二）中国军当然依协定第一项，无挑战扰乱行为，希望日本军对于有刺激中国人民感情之一切行动亦竭力避免。

（三）中国军队已退至本协定第一项之远后方者，依本协定之规定，略有移动时，希望日本军勿生误会。

附纸第二之一：

熊：节略第一项为敝国最感痛苦之事，不能不开陈于贵代表之前，并希望贵代表慨予接受。

冈：贵代表所提节略第一项，敝方认为重要，但敝代表之判断，撤兵地区内，匪类之出没，用警察之力足可处置，决不致有有力之武力组织存在。

熊：如丁强等即其一例。如吾方以武力处置，恐引起贵方误会，故应先声明。

冈：丁强之部队内不少曾与日军作战过之分子，日、满二方均难收容，依敝人之见，请贵方收编为最妙。如贵方能照办，敝方愿尽推挽之力。

熊：丁强所部之处置能否如贵代表所示，尚须请示当局。但敝人以为协定成后，华北军队过剩，且该部之纪律不佳，当局亦未必愿意收编，况反动之组织尚有较丁部强大者，如进入该地区内，恐将促成中日两方之误会。

冈：贵方警察当然应有相当力量，即有稍大武力之组织，若系正式军队，则依本协定第一项所示，凡有进入该区域内者，无论是否何委员长所部，敝方均可认为违反协定，取适当之处置。

熊：为适合协定第一项计，兹将"中国军队"改为"中国方面"如何。

冈：如不与日军商量而中国随意处置，仍恐易生误会。

熊："中国军队……"以下更改如左：

"得依临时与贵军方面之协商，中国方面为必要之处置。"

冈：如于"协商"之下再添"得其谅解"为善。

熊：可以增加。

喜多：此条不妥，不能中国一方处置，日本亦应保有处置之自由。

冈：是……

熊代表意以为中国如保有自由处置该区域以内匪类讨伐之权，则协定第一项即成具文，故不惜迁就冈村之意见。不幸于将得胜利之际，为喜多一语所颠覆。此时双方辩论已一时余，我方坚欲自由处置，而日方坚持须双方同行处置，各不相下，乃不得已而请暂行休息。休息之间，我方代表集一室讨论，金以节略第一条固认为最重要，但协定已签字，自不能因此条而推翻。况冈村之语中，并未限制我警察之数量及组织，即默认我于该地区内可有强大之警察力，则所争执者，已不成问题。但为限制彼方退至长城以后随意进出计，以两方协商以后再行处置于

我亦属有益,乃决定如次:

(一)中日两国履行协定第三、四两项后,该区域内如发见有妨害治安之武力组织团体非警力所能制止者,经协商后再取必要之处置。

同时日方亦提出一案如下:

一、万一中间地域有妨碍治安之武力团体发生而以警察力不能镇压时,双方协议之后再行处置。

我方认为与我所提之案原则相似。但"中间地域"因我主权所在,且恐外界误解为"中心地带"、"缓冲地域"等,故请改为"撤兵地域"。

日方亦同意,仅此条用觉书之形式以成文表示,余二条则冈村代表口头认诺。

附纸第二之二:

觉书译文

万一撤兵地域有妨碍治安之武力团体发生,而以警察力不能镇压之时,双方协议之后,再行处置。

> 昭和八年五月三十一日
>
> 关东军代表　冈村宁次
>
> 中国军代表　熊　斌

附纸第三译文

恳谈之际,关东军代表希望事项:

(1)丰宁西南方大黄旗一带有骑兵第二师进入,应即撤退至限制线以南。

熊答:调查之后即行处置。

(2)北平、天津一带之中国军不下四十师,速将此等军队他移。尤以刺激日本方面之中央军应移往南方。

熊答:日军撤退,则吾方决不能于如此狭隘之处集合如此大军,自然有适当之处置。

(3)白河河口之防备,实违背案约,速即撤去以示诚意。

熊答:协定实行后即无问题。

（4）取缔排日不在协定范围之内，但此问题实为中日争执之源，希望华北当局速结第二次协定，厉行取缔以示诚意。

熊答：本职军人，不能直接处置，当代转达。

附纸第四（略）

《中日外交史料丛编》（三）日军侵犯上海与进攻华北，第177—178页

熊斌等致蒋介石等电

1933年5月31日

牯岭蒋委员长、南京军事委员会朱主任、唐主任、参谋本部贺次长、军政部陈次长钧鉴：行密。职等于昨三十日午后二时到塘沽，四时行第一次会见，本日早九时正式会议，日方提出停战协定五条，吾方修正文句接受，午前十一时十一分签字，其要旨如下：（一）中国军即撤退至延庆、昌平、高丽营、顺义、通州、香河、宝坻、林亭口、宁河、芦台所连之线以西以南地区，不再前进。又不行一切挑战扰乱之举动。（二）日本军为确悉第一项实行之情形，可用飞机或其他方法视察，中国方面应行保障，并与以便利。（三）日本军确认中国军已撤至第一项协定之线时，不超越该线续行追击，且自动概归还至长城之线。（四）长城线以南，第一项协定之线以北及以东地域内之治安维持，由中国警察机关任之。（五）本协定签字后即发生效力，午后二时再行会见互示关于实行协定之意见，午后五时许磋商完成，拟六时开车返平。谨陈，职熊斌等叩。世西。印。

（录自总统府机要档案）

《中华民国重要史料初编——对日抗战时期》绪编（一），第654页

汪兆铭为停战交涉事书面谈话

1933年5月31日

此次河北停战谈判，限于军事，不涉政治，即就前方军事当局所派出之代表亦足以证明。盖军事代表，对于政治问题，固无谈判之权

能也。

人谓昔以不抵抗而失地,今以抵抗而失地。此言诚然,苟一量度现有国力,则抵抗之不能得到胜利,固自始而知之,知之而犹抵抗,亦惟尽其力之所能至,以行其心之所安耳。

三月以来,我军在长城一带,与对方苦斗。对方所挟持者为近代最优良之攻击工具,如重炮、坦克车、飞机轰炸等,皆我军所无。即稍有之,数量质量,均远不足以相敌。所恃者忠勇之气与血肉之躯而已。阵地被毁,躯命与之同尽,死伤之余,为战略上之退却,其悲壮惨烈之事实,昭著而不可掩。加以各处赤匪之骚扰及其他牵制,援应不以时至,使整个军事计划,不能实行。而战地人民之竭蹶供应,以及因兵燹而致之颠沛流离,又为全国所共见。凡此种牺牲,皆为国家争人格、为民族求生存之坚决表示。至于成败利钝,自始即未尝计及也。

当此之际,政府及其所辖之军队,一息尚存,最后牺牲之决心,必不放弃,故如外间所揣测谓将有签约于承认割让之举动,敢为国内外保证其必无。至于局部缓和,不影响于领土主权及在国际所得之地位,则为久劳之军队、穷困之人民得所苏息计,政府将毅然负责而为之。以是非利害诉于国民真实及悠久之判断可也。

（录自外交部档案）

《中华民国重要史料初编——对日抗战时期》绪编(一),第 656 页

汪精卫报告与日本在塘沽订立停战协定经过情形[①]
1933 年 6 月 3 日

22 年 1 月 3 日榆关失陷后,我军约 30 万众布防于长城、热河间,越二(日)〔月〕热河陷落,日军复以主力猛攻我长城各口及滦东方面。自 3 月上旬以迄 5 月上旬两个月中,幸赖我将士奋勇,勉力撑持,惟敌恃利器,我凭热血,各部伤亡极重,而阵地工事,几为敌炮火飞机轰炸毁

坏无遗。截至 5 月中旬,各军疲敝之余,应付极为艰难,延至 5 月 22 日,滦东、冷口、喜峰口方面,我军已退至通州及富豪庄,经通县至马头镇白河之线;古北口方面,已撤至九松山、牛栏山一带,日军迫近北平,不过四五十里。当时我军事情形如彼,而石友三、白坚武等失意军阀,正获得资助,有组织华北联治政府之阴谋,形势极为恶劣,适日使馆代办中山详一,及日使馆陆军武官辅佐官永津佐比重,与黄委员长膺白晤谈,由日方提出休战之接洽。经何代委员长、黄委员长膺白、黄部长季宽、张委员岳军、蒋委员伯诚等详密商议,佥以就实际情形而言,若在平津附近背城一战,其结果平津亦终难保守,彼时日人必助叛逆组织又一傀儡政府,其结果所及,收拾益难。经熟权轻重利害,遵照中央意旨,与日方进行休战之谈判。

《革命文献》第 38 辑,第 2236 页

中央政治会议对于塘沽协定之决议案
1933 年 6 月 3 日

中央政治会议第卅二次临时会议,准委员兼国防委员会执行委员长行政院院长汪兆铭口头报告与日本在塘沽订立河北停战协定之经过情形及协定内容。

决议:接受汪委员报告,交行政院办理。

(录自总统府机要档案)

《中华民国重要史料初编——对日抗战时期》绪编(一),第 657 页

三、华北事变前后的中日关系

说明:1935年间,日本发动了一场通过制造事端、逼迫签约,以使中国华北五省(河北、山西、山东、察哈尔、绥远)脱离中国中央政府而"自治"的运动,史称"华北事变"。

《塘沽协定》之后,日本大规模的侵华行动暂告一段落,中日关系进入所谓安定化的"平静期"。中国政府在继续执行"攘外必先安内"的总体国策之下,调整了对日关系,并与之进行了塘沽协定的一系列善后谈判。日本虽然发表了旨在独霸中国的"天羽声明"、并酝酿新的对华政策目标,但主要以上述谈判获取实利。以1935年5月大使升格为标志,中日关系似乎臻于亲善。

但就在此时和稍后不久,日本军部按照既定政策目标,在华北挑起了"河北事件"、"察哈尔事件",并在日本外交方面的配合下,分别迫使中国华北当局与之签订了《何梅协定》、《秦土协定》,驱离国民党中央势力于河北省之外、将塘沽协定的停战线延伸到察东。此后,日本继续策动华北地方实力派和内蒙古德王等分裂势力,实行脱离中央政府的"自治"运动。与此同时,日本政府则否认中国政府此前提出的改善中日关系的三原则,而抛出了"广田三原则",企图在外交上征服中国。

中国政府面对华北危局,被迫进行了一系列回应之举和必要的外交谈判,并在一定程度上挫败了日方的图谋。进入1936年之后,日本变本加厉地推行分裂华北、内蒙古地区的政策。在"中华民族到了最危险的时候"的新的民族危机高涨之际,国民党及其政府逐渐改变了对日政策,在准备抗战的同时,与日本进行了艰苦的外交谈判。西安事变和平解决之后的1937年初,中国开始进入合作抗日的局面,最终在"七七"事变爆发后走向全民族的抗战。

本章主要资料来源：

中国第二历史档案馆编：《中华民国史档案资料汇编》第五辑第一编《外交》，江苏古籍出版社，1994年

中央档案馆、中国第二历史档案馆、吉林省社会科学院合编：《日本帝国主义侵华档案资料选编：华北事变》，中华书局，2000年

中国第二历史档案馆：《有关张群出任南京国民政府外交部长期间中日交涉的一组史料》；四川省档案馆：《何应钦有关"何梅协定"电文四件》，均载于《民国档案》1988年第2期

中国第二历史档案馆：《中日间有关中英借款与中国币制改革交涉情况资料选》、《驻日大使馆关于日本对中国币制改革态度的报告》，分别载于《民国档案》1989年第2期、1990年第2期

南开大学马列主义教研室中共党史教研组编：《华北事变资料选编》，河南人民出版社，1983年

卢明辉著：(中华民国史资料丛稿)《蒙古"自治运动"始末》，中华书局，1980年

中国国民党中央委员会党史委员会编，秦孝仪主编：《中华民国重要史料初编——对日抗战时期》绪编（一）、（三），台北"中央"文物供应社，1981年

"国史馆"审编处：《蒋中正总统文物：革命文献》四"中日关系史料"，台北："国史馆"，2002年

"中华民国"外交问题研究会编：《中日外交史料丛编》（三）日军侵犯上海与进攻华北，台北：中国国民党中央委员会党史委员会，1995年

［日］外务省编纂：《日本外交年表并主要文书》下卷，东京：原书房，1978年。译文分别选自：复旦大学历史系中国近代史教研组《中国近代对外关系史资料选辑》（1840—1949）下卷第一分册，上海人民出版社，1977年；章伯锋、庄建平主编(中国近代史资料丛刊)《抗日战争》第一卷"从九一八到七七"，四川大学出版社，1997年，邹念之译

[日]岛田俊彦、稻叶正夫编《现代史资料》(8)日中战争(一),东京:みすず书房,1964年。译文分别选自:章伯锋、庄建平主编(中国近代史资料丛刊)《抗日战争》第一卷"从九一八到七七",四川大学出版社,1997年,邹念之译;复旦大学历史系日本史组编译《日本帝国主义对外侵略史料选编》(1931—1945),上海人民出版社,1975年

[日]外务省编纂:《日本外交文書》昭和期Ⅱ第一部第五卷(昭和十一——十二年七月对中国关系),东京:外务省,2008年。译文选自:葛爽译《1936年张群与川樾茂谈判的日方史料》,《民国档案》2013年第4期

《中国外交年鉴》(民国二十三年一月至十二月),世界书局,1935年

[日]秦郁彦著:《日中战争史》,东京:河出书房新社,1961年。

(一)国民政府调整对日关系与塘沽协定善后谈判

说明:《塘沽协定》后,国民政府决定继续执行"攘外必先安内"的总体国策,集中全力"剿共",对日本则进一步采取妥协政策。1933年8月,汪精卫兼任外交部长,对日妥协路线得势。1934年4月,日本外务省情报部长天羽英二发表对华政策声明,即所谓"天羽声明",企图独霸中国,国民政府仅限于形式上的抗议。日本乘机诱使中方举行塘沽协定的一系列善后谈判,通过关内外的通车、通邮,达到了迫使中方事实上间接地承认伪满洲国的目的。

1934年底,蒋介石发表《敌乎?友乎?》一文,透露了改善对日关系的信息。他与汪精卫合唱一个调子,中日"亲善"关系活跃一时,并以5月间的中日双方公使升为大使为其高潮之标志。然而好景不长。中国政府的对日亲善,非但没有遏制、反而更加助长了日本侵略者的气焰。

以下主要来自国民党与国民政府外交部方面的档案资料和部分日

方外交史料,较为全面地反映了上述历史过程。

1. 国民政府对日关系的调整

在国民党江西省党部扩大纪念周上的讲话(节录)
1933 年 4 月 10 日

抗日必先剿匪,征之历代兴亡,安内始能攘外。但匪未肃清之先,绝对不能言抗日,违者即予最严厉的处罚。各方务专心全力,必于最短期间,肃清匪共。

《申报》1933 年 4 月 12 日

敌乎? 友乎? ——中日关系的检讨(节录)
1934 年 10 月

一、引言——中日间的僵局

世上论述中日问题论文,已经很多,就是中日两国政治家及学者所发表的意见,不论专门的或一般的,也已经不少。但我敢断言一句,两国公私各方对于中日问题的见解,真能从国家终极的利害上打算,不为感情或意气所驱使,或一时错误所蒙蔽的,实在太少。我们至少可以说,对于问题正面的认识,实在太不够。国际间许多悲剧,都是起因于一时毫厘之差,致酿成万劫不复之祸。为打开中日两国徬徨的僵局,免使愈走愈趋绝路,也为确奠东亚和平,消弭世界战机起见,对于中日问题,实在有作一番忠实的检讨,无避忌无隐讳的下一番坦白的批判之必要。

我不是一个研究国际政治的专家,本文之作,完全在根据常识和事实,而作一种纯客观的真实事理的指陈,以供中日双方的反省。凡是一般政治学者所已经论到的,我无须赘言,但一般所忽略或有所避忌而不言的,此文将倾量尽述而无所隐饰。知我罪我,听诸读者。

首先我敢说,一般有理解的中国人,都知道日本人终究不能作我们的敌人,我们中国亦究竟须有与日本携手之必要。这是就世界大势和中日两国的过去现在与将来(如果不是同归于尽的话)彻底打算的结论,我想日本人士中间怀抱同样的见解的,当亦不在少数。但至今为止,不但没有打开僵局,以更新两国关系的征象,而且也找不到一点曙光,只是苟且迁延,得过且过,任令自然变化。人类已进步到了20世纪,还不能直认事实,而却是遮遮掩掩的缺乏勇气与真诚,真令人大惑不解。

二、就中国立场说明僵局延长之利害

就中国方面说,现在支配中国政治的是中国国民党。国民党应该崇信中山先生的遗教,是没有疑义的。中山先生曾经说:"如果东亚没有日本,中国早已被人瓜分或共管了。"他又说:"从日本动员之日起,开到中国攻击之日为止,最多不过十天,中国假若和日本绝交,日本在十天以内,便可以亡中国。"(民族主义第五讲)其他证明中日两国辅车相依,合则两利,敌则两败的话,散见于各种讲演文件的还很多。本来从世界大势来看,如果中国从远大的将来着想,中日两国便应该相互提携而没有交恶到底的理由。现在虽然有许多国民,激于当前的仇恨,颇有愿与日本偕亡的气概,但中国国民党的当局,既然自任以全国安危之重,便应该从大处着想,堂堂正正的有忠于国家利害的打算。我们固然知道中日问题,主动完全在日本,当日本无意缓和时,中国无法单独缓和,但依目前所标榜的"一面抵抗","一面交涉"的政策,实在只足以表示当局的无办法。现在更有一类人,悬想到俄日或美日开战时,乃至第二次世界大战发生时,中国将何以自处,因而有主张中国应绝对不参加战争且实行严守中立的。殊不知战端一启,中国决没有守住中立到底的可能,最可能的立场,大约将不积极的站在那一方面,而是反对那一方面,或者可以说有那一面强迫我们或破坏我们中立的时候,我们便不恤牺牲的反抗他。但这样仍然是与加入战团无异,这样不能保持中立而处于被逼参加的被动地位,于中国并没有何种的利益,而且必陷于最悲惨的绝境。所以我说与其说严守中立的话,还不如说是准备牺牲参加战争,若要说是站在那一方来参战,毋宁说是反抗那一方面之为当。因此可知中国要在第二次世界大战中守住中立,或希望从中取巧,得到什么利益,就无异于痴人说梦。我以为目前中国,只有尽力消弭战机,才是唯一可采之路。而欲消弭战机,至少须将足为引起战机原因之一的中日问题,求得一个解决。中日问题解决了,世界局势将为之一变,俄美与日本间之战争或者可以不发生,即使还有俄日或美日战争,在中国也可以有清清楚楚的立场,自由应付,而不受丝毫的牵制。所以无论由中山先生的遗教及国家永久利害上着想,或是因应现在国际间局势着想,中国方面断乎不应听任中日僵局无期延长下去,而不谋解决之道。

三、为日本打算说明僵局延长之利害

再从日本方面说,自"九一八"以至于现在,自内田以至于广田,自从侵占东北四省其后退出联盟,乃至去年 4 月 17 日强硬的声明,以迄于最近,虽然中间一再有"增进及维持东亚和平"之口头的标榜,但所作所为,无不是增重东亚和平的危机,而且积极遂行其对华强硬之政策,始终没有改变的迹象。我们固然知道日本既然在三年以前向中国向世界投下如此惊人的一颗炸弹,现在已欲罢不能的在某种理想之下,径行直遂的走去,彼国的政治,及军部,自有其对世界对中国的打算,或者其自身的计划已很周详,但我们局外静观,至少就日本对中国所取策略而言,可以直言,日本的打算并不是算无遗策。论到日本对中国关系,我们必须将其对俄对美(与对英)之错综关系连带并论。盖在一方面,因为日本欲遂行其大陆政策,与独霸太平洋的理想,打倒劲敌,混一东亚,所以引起俄美的嫉视;在另一方面,日本当局所持以欺骗其国民者,谓如不取得满蒙,无以解除日本国防安全之威胁,换言之,就是日本为对俄对美备战,所以必须经略满蒙。我们现在也以纯客观的态度替日本打算一下,国际上无论在战略政略上说,正面以外,当然应该算到侧面和背面,侧背方面如其有了对敌,这对敌的兵力如果运用得法,就可以当得过正面二倍三倍甚至十倍以上的效力,这是世上无论任何政

略家或战略家所了然无疑的。现在日本如欲东向美国启衅,中国即在其背面,如欲北向苏俄开战,中国即在其侧面,所以日本如欲对美对俄备战,如不消弭侧背方面的顾虑,岂但没有制胜的把握,直无开战的可能。但消弭侧背方面顾虑的方法,本来也有两途,一种是以力量绝对控制住这个邻国,使无能为患;一种是与这个处在侧背方面的邻国结成协调关系。现在日本人既不从协调方面与中国提携,则日本的打算,显然是采取以强力控制中国的办法。然日本能否绝对达到控制中国的目的呢?而且以我们所见,中日两国既已交恶到这般田地,只控制中国也还不是办法,而必须在对美或对俄开战以前彻底灭亡了中国,若日本不能如孙中山先生所说,十天以内灭亡了中国,则日本地位甚为危险,因日本灭亡中国的时间,如要用三个月十个月或半年的期间,则美或俄必不能坐等日本之从容对付中国,而将迫日本以速战。然而我们就事实观察,日本占领东北已有三年之久,不但东北义勇军尚不能消灭,而沈阳一县的民间枪械,何尝能如期缴清?由此事实推断,日本毕竟能否在最短期间,如十天以内,彻底的控制中国甚至灭亡中国呢?至于中山先生何以明言日本在十天内可以亡中国?要知中山先生之言,是看破日本早具有十天内占领中国要地之野心与其可能,故特加重其词,以警惕国人,彼亦何尝不明知日本只能于十天之内占领中国重要交通地区,而不能消灭中国四千五百万方里之土地,与四亿八千万之人民?吾人既明此意,则可就种种之事实与情势上观察,日本有无彻底控制中国或灭亡中国之可能?

(一)就控制中国来说——日本当然要先以海军力量封锁中国的海岸,但中国现在尚处于次殖民地的地位,欧美各国对中国有错综的政治经济的关系,尤其是英国的关系为更切,岂止关涉一二国的利害而已。日本如欲如此做去,将不止与中国为敌,不止与俄美为敌,而且强迫英国以及全世界作敌人。控制中国海岸本来为对俄或对美作战之便利,但在主战没有开始以前,便扩大敌对范围到全世界,是否为有利之战略?这是就海上说。

（二）在陆上方面——我们可信日本所积极打算中者，即为造成第二第三的"满洲国"，亦即一般所传，将扩大侵占范围，以造成所谓"华北国"或"蒙古国"，但此是否为日本力量所容许呢？先就经济方面来说，日本自出兵满洲以至造成"伪国"以来，所支出的军费有多少的数额，这是世人所共知的，其国内财政上赤字数额的继长增高，这是世人所共知的。现在如扩大侵占范围，须知经略华北决不如强占东三省时可以垂手而得，一则当时事起无备，二则华北之民气民力与人民知识程度，又与东三省久处日本势力之下，精神上早受影响者不同。日本如真欲在华北或蒙古造成其意想中之第二第三的傀儡组织，所消耗的兵力与支出的费用，视前必以倍计，而如内蒙一带，遍野荒凉，既鲜生产毫无收入可言，强欲经略，倍多耗费，此就其直接经济影响而言。在间接影响说，日本如必须欲更进一步扩大侵略范围，中国国民的抵货运动，将非任何力量所能抑制，彼时日本在华是否尚有商业或其他产业可以立足，也就不难想像。再就军事及所需兵力而言，先以"满洲国"为例，日本驻在"满洲国"的军队，表面上说是五个师团，实际我们知道在十万人以上。有十万以上的军队，至今尚不能确保所谓"满洲国"境内的治安而时时要受义勇军的威胁，然则日本如再欲造成与"满洲国"同样的第二第三伪组织，至少也须派出二十万陆军，才能对付得过。日本常备兵额总计十七个师团，全数调来尚且不敷，国内与朝鲜治安的维持镇慑，也还需相当的兵力，至此势必征调及于预备役及后备役，如此则日本就是与中国正式作战。与中国正式作战就不是我上面说过，仅仅控制中国北部的范围以内的事，这样他就要以支战场作为主战场，就要完全抛弃他的主目的敌。日本如出此下策，就不啻自取败亡。此种有意义的牺牲，将非中国之所畏，且无宁为中国之所乐受而不辞。

（三）日本如以任何理由对中国正式用兵，中国的武力比不上日本，必将大受牺牲，这是中国人所不容讳言。但日本的困难，亦即在于此，中国正唯因为没有力量，即是其不可轻侮的力量所在。战争开始，在势力相等的国家，以决战为战事的终结，但在兵力绝对不相等的国家,如日本同中国作战,即无所谓正式的决战,非至日本能占尽中国每一方里之土地,彻底消灭中国之时,不能作为战事的终结。两国开战之际,本以占领政治中心为要着,但在对中国作战,如以武力占领了首都制不了中国的死命(因中国尚在革命未成时期,俟下面再详论之)。日本至多也不过能占领到中国若干交通便利的都市与重要的海港,决不能占尽四千五百万平方里中国全土。中国重要都市与海港全被占领时,在中国诚然将陷于极度的困苦与牺牲,然日本亦何尝能彻底消灭中国之存在? 即就东北四省被占为例,在中国国家丧失此重要之领土,当然为一极严重之损失,但以革命期内的国民政府的性质视之,一时的得丧几无关系,且无宁谓塞翁失马。盖吾人曾听到中国国民党当局说:"收复东北,革命党当然应负其责任,但失去东北,革命党不负其责任。"作者不是国民党党员,对于此话,不欲断言其是否为国民党自圆其说。事实上东北在"九一八"以前,仅名义上归属于国民政府,而军权政权财权,俨然独立,至少可说非革命势力范围以内之地。不过从前是有名无实,而今则并丧其名,但表面虽属沦亡,实际自东北被占以后,东北军队反得因此而完全统一于中央,东北人心,亦彻底认识民族主义的意义,精神上更密切归属于统一的中国之下。就此一段的证明,可以知道日本若以继续侵略蹙削中国疆土为得计,其结果不过使中国踵行放弃欧洲退保亚陆时的土耳其的先例,缩短战线,出死力以争生存,彼时两国人民的生命牺牲,惨烈不堪预想,但兵连祸结,日本毕竟能否达到彻底消灭中国的目的呢?

由于上面几点,可见日本无论为对俄对美备战,或为遂行其五十年前传统的大陆政策,而出于武力压迫中国或侵略中国之计,在日本立场上,决然为牺牲极大而毫无把握的企图。换言之,不论控制中国,或消灭中国,皆为不可能。至于国际上侧面而视,以及日本内在的危机,我此文已不用赘说。日本国内现在也有不少有识之士,十分忧虑日本之将来的,但以我所见,日本实在没有非孤行到底不可的理由,如果撇开成见,认清事实要改弦更张,那就回头是岸。

国际上大错的铸成,有主因也有副因,往往不止一方有错误而必是双方均有其错误。我们综观自"九一八"前后以迄于今,不论中国方面,或日本方面均有其对大势及对彼我认识之错误,以及措置上的错误,这些错误有已成过去的,有继续仍循着错误而还不断制造新错误的。本文既欲忠实的检讨中日关系,当然应将两方所有的错误,一一指出,而后可定应采取的解决途径。

四、中国方面之错误与失计(略)

五、日本方面的错误(一)——直接的对中国的认识之错误(略)

六、日本方面的错误(二)——间接的国际间举措上之错误(略)

七、中日两国所应认识之要点及应采之途径

明白了我上文所说的中日两国的诸般错误,便知道事变演化,以至造成僵局的不可再令延长,不待赘言,错误的反面即为真理,只要由上文所举的几点在反面上推寻,便可以发现中国与日本应认识之点,及其应取之途径,上文所论已极详明,所以只须概括的举出如下:

(一)中国所应认识及应取之途径

打开中日僵局的主动,当然在日本;但假定日本诚意表示时,中国方面应该怎样?我以为中国所应认识者,虚骄不是办法,拖延不是办法,僵化不是办法,期望或倚赖他人不是办法,为感情而牺牲理智也不是办法。过去的事就误于虚骄,所以今后举国上下应认清事实,自己的将来应有自信,自己的弱点不可忽视。再则国家民族的生命是千年万年的,一时的荣辱得失,只要不碍及根本,在历史上也是常见的。所以只要日本有诚意谋解决,中国只须要求放弃土地侵略归还东北四省,其他方式,不必拘泥。过去悬案,应以诚意谋互利的解决,一扫国交上的障碍,人民应洞明大义,不作苛求,当局应忍辱负重,掬示忠诚。至于期望国际间发生波澜,以为中国可乘此以求收获,则须知日本战胜非中国之福,日本战败以至于灭亡,也非中国及东亚之福。目前日本自伦敦海缩谈判破裂以后,四面楚歌,已成众矢之的,完全陷于孤立的层围中,因此也有一部份人,以为多行不义,终必自毙,中国亦何惜一时痛苦,宁为

瓦砾之场的比利时，亦使日本蹈欧战时德国之覆辙，而遭更大之惨祸。故为中国计处此形势更须坚持，且当长其骄矜，以观其敝。作者之意，则以为人类意义不在相厄，而在共存于世界进步，应视正道重于意气。日本今日之冥行不顾，有类于狂夫之趋井，吾人视之孰不洞如观火，然中国本其固有之道德观念，唯有以自力挣扎图生存，无取乎因人之利以就便，应知日本所为，虽不惜以害人害己，而中国则应堂堂正正，秉持正义，救人兼以救己，如其形势可能，且当为日本开觉悟之路，不必存投石下井之心。如果不是日本逼迫中国同归于尽，中国应从生路中求生存，不宜随狂澜以俱倒，相牵率以共趋于错误。若说留得强敌压迫的事实，可以鞭挞国民之志气，依我看来，只要国民以昨死今生之决心，自力振作，再不像从前散漫萎靡、自乱步伐，虽无外患亦可复兴。至于饱受教训以后，还不脱观望国际形势，或存倚赖他人的心理，则非但不智，亦适以表示中国之无志气无觉悟。譬如现在仍有一部分人士，注意日本对九国公约及华盛顿条约之态度如何而随之为欣戚，其实须知所谓领土完整之保全及门户开放等等，如须保障于国际协定，这已是中国的危险所在，列国之所以为此协定岂在为中国打算，表面上无非是维持均势，保护商业，实际上就是帝国主义所以处置次殖民地的唯一方法，如果中国不能以自力复兴，还一味依赖此等条约，则时势推移，即可为瓜分或共管的先兆。须知日本目前的悍然不顾，是要夷中国为保护国，其要求为独霸；而欧美对于不能自强自立的中国，则其意想中之结局为瓜分或共管，其口号，则为利益均沾；由中国立场言，无论为独占、为均沾，都是国家民族不能忍受之危害。中国所能自为计者，唯有依于自力，艰苦图存。对于当前障碍，尤其与日本之间的葛藤，应该当断则断，速图解除，而对于自强自存之至计，则不可丝毫懈怠。须知唯自己站得起来，才是安全之保障，至若激于悲愤，动于意气，袭用亡清末年的口号，以为宁亡于欧美，不亡于日本，则须知中国为独立国家，寸地尺土，不能灭亡于任何国籍之种族。所以一切都似为次要，唯一要求即为保持国家独立与完整。

（二）日本所应认识及应取的途径。

日本所应首先认识者，第一应知有独立的中国，始有东亚人的东亚可言，故第一要义应彻底扶持中国真正的独立，才为日本百年不敝的国策，有独立的中国以平等地位与先进的日本相提携，而后日本为能善用其在东亚之特殊地位与利益（广田之言），中国亦可发挥其对东亚的使命。第二应知时代变迁，明治当年的政策不复适用，为彻底更新中日关系，应抛弃武力而注重文化的合作，应舍弃土地侵略而代以互利的经济提携，应唾弃政治控制的企图，而以道义感情与中国相结合。第三应知过去中日关系的紧张，中国方面如有十分之四的责任，日本方面至少也应有十分之六的责任，而"九一八"事件以来，日本为贯彻主张，更由中日间紧张关系而造成与国际间的紧张关系，此种原因，实由日本对遥远而未实现的企图太乐观，而对于切近可能的解决，又太悲观之故。吾人相信国际间动荡的风云，实起于中日问题，而中日问题的解决只须日本一念之转移。日本如真能觉悟长此僵化以共趋危亡之非计，勿再以浮词掩饰，勿再制造种种不实的理由，强作自慰自解之词，即应切实表示其"保全中国统一"且"对于中国之独立或利益，绝不予阻碍且无加害意思"（日外务省声明及广田谈话中语）。两语的诚意，断然归还东北四省，使归属于中国的版图，一面解决中日两国之间的悬案。这种交涉，当然应由日本率先提议，但无妨由两国直接谈判，定义以后，即由中国报告国联，国联为维持和平，必乐于接受。同时，退出国联的原因既已消灭，则应重新加入国联，以消除因退出联盟而引起诸般困难问题存在。如此则中日两国间的恶感，必可烟消，而世界上战机紧迫的惨雾愁云，也可立见澄清，世界人类，皆受日本之赐，此于日本尊严及原来立场毫无损伤，而一面可免除后来无穷的荆棘，为日本计，唯此始为最妥善的国策。

八、结论——解铃还须系铃人

本文之作既不是策士式纵横的辩言，也不是专门家谨严的著述，在作者自信，并不夹杂有丝毫的偏见或成见，更没有什么忌讳，只是平平实实的就两国真正利害，也为东亚局势与世界和平作打算，所指陈的，没有如何精奥的理论，实是一种平凡的庸言，但世界上真理之所寄，往往就是这些平庸道理上面。两国政治家如果有博远的胸襟和深切的识见，即应不顾一切的排除障碍，起而实现上段所说的途径，以打开今日的僵局。但是这个责任，几乎完全在日本方面，因为问题的前半段姑且不论，后来一切解决途径的阻塞，是日本拒绝一切劝告的结果，自此以后，第三国或其他机关，固然大家只好束手，而中国方面既在国土被占的屈辱状态之下，也更无打开僵局的可能。我以为日人应知前路荆棘，皆由日本所自造，及此回头，坦途立现于俄顷，中国古语说："解铃还须系铃人"，所以打开难关的责任，毕竟还须日本来承当。

总而言之，中日两国在历史上地理上，民族的关系上，无论那一方面说起来，其关系应在唇齿辅车以上，实在是生则俱生，死则同死，共存共亡。究竟是相互为敌以同归于绝灭呢？还是恢复友好，以共负时代的使命呢？这就要看两国，尤其日本国民当局有没有直认事实，悬崖勒马的勇气，与廓清障蔽谋及久远的和平。

注：民国二十三年秋，中日局势更趋危急，正进入最后关头，极思设法打开僵局，乃在病榻分章口述，而属布雷同志笔录其详。以此为中日两国朝野作最后之忠告，期其警觉，克免同归于尽之浩劫。惟以当时政治关系，不便以布雷名义出之，乃托徐道邻君印行。近阅是编，抚今思昔，不禁感慨万千。特付重刊，以备自反，或仍有助于将来东亚民族之前途乎?!

中正　三十九年九月

（录自中央党史委员会库藏史料）

《中华民国重要史料初编——对日抗战时期》绪编（三），第613—637页

蒋介石对中央社记者的谈话
1935 年 2 月 1 日

日本有吉公使与铃木中将前日先后谒见蒋委员长，纯系私人资格之往还，乘便说明日本广田外相在议会演词之真意，表明日本对华之真

诚态度,并对各地排日情形有所陈述,希望设法改善,此外并未言及任何具体问题。外间种种谣传,如所谓日方要求缔结协约等,绝无其事。记者因欲详细中央意旨,除经各方证明外间谣传之无稽外,并谒蒋委员长。兹将与蒋委员长谈话记录如下:

记者问:政府外交之方针如何?

蒋委员长答曰:中国素以信义和平为外交标准,冀与任何友邦增进其合作之联系,消弭其仇视之恶因,我政府无时不以至诚示人,俾人亦得其深切之认识。此次日本广田外相在议会所发表对我中国之演词,吾人认为亦具诚意,吾国朝野对此当有深切之谅解。中国人民因迭受刺激,发生一部分反日运动,政府曾不断予以合理的弭止。盖处此国际间形势黯淡之境,唯有以平等之原则开诚相见,乃得打开疑团,以进于光明坦荡之途。中国过去反日之情感,与日本对华优越之态度,皆应共同改正,方为敦友睦邻之道。我全国同胞亦当以堂堂正正之态度,与理智道义之指示,裁制一时冲动及反日行动,以示信义,余信日本亦能以信义相应也。

天津《大公报》1935 年 2 月 2 日

蒋介石对日本大阪朝日新闻记者谈话

1935 年 2 月 14 日

蒋委员长对日新闻记者之访问,作下列之谈话。

(一)日记者问:(下同)东亚大局上中日两国有提携之必要,提携之方法如何?

蒋答(下同):中日两国不仅在东亚大局上看来有提携之必要,即为世界大局设想,亦非提携不可。因为东亚只有中日两国,同时这两国亦是世界重要分子,至于中日提携,首当以道义为出发点,则提携不难具体实现。

(二)问:对于日本及日本人之意见如何?

答:贵国维新以来进步之速,及一般国民忠义孝友之德,礼仪勤俭之风,向所倾佩。但如抛弃东方文化之固有精神,而为崇力黜理的思想所支配,则为至可惋惜之事。

(三)问:中日两国现在之难局有无解决之根本良策?

答:余始终认为道义两字是解决中日两国现在难局之根本原则。君既为希望中日提携之新闻记者,应先彻底了解中国人民真正心理。实际说,中国不但无排日之行动与思想,亦无排日必要的理由。但中国人民实普遍的具有深刻的反清思想,即排斥清室统治之思想,积三百年间之不断奋斗,始得解脱满清恶政之羁绊,全中国人民至今尚有极沉痛之回忆,自东北问题演变至现阶段,创痛愈深,此一思想可为根深蒂固,万难消除。如东北问题一如今日之现状,则此种反感心理日见深刻,史实所积,非任何力量所能消灭。故研究中日提携能否实现? 万不能忽略此种国民心理之重要因素。

(四)问:关于改变排日态度,改善两国感情,尤其在教育上,委员长之意见如何?

答:中国向来崇尚信义和平,冀与各友邦增进合作,若仇恨观念,则向非所取,即在教育上亦复如此,总以养成仁爱互助之德性为主,凡违反此种精神而足以引起仇恨心理者,为健全国民思想计,自当注意矫正。但关于教育与思想,必须两国均有同样之注意与努力,而对于中国宜避免侵略与侮辱之事实,勿再引起我国民任何之刺激与百世莫解之隐恨,乃有根本改善感情之可能。

(五)问:请问对于中日经济提携之感想。

答:此事有一前提。应先从改善两国间之现状,并恢复其正常关系做起,则合理而互利的纯粹经济提携不但可能,且有必要。但彼此应有互助互惠之诚意,不可带有其他之作用。

(六)问:对于广田对华政策之演说,委员长感想若何?

答:此次广田对华政策之演说虽极抽象,但吾人对之感想颇深,至少可说是中日关系好转之起点。余想广田必能以此后事实证明其演说之内容,同时我国民众亦可因此而得一番对日之新认识。

（七）问:对于民族复兴,国民党所采步骤似不无过急,自然生出排外之倾向,尤其中日间易起纠纷,尊见以为如何?

答:孙中山所领导之国民革命,其目的只在求中国之平等自由,中国近来正在本此独立自强之精神为建设一现代国家而努力。当不致引起对外纠纷。

（八）问:过去在日本经验,对中日间认为以外交方式更易得到解决,鄙意以为此后应以诚意解决为最妥善,尊见以为如何。

答:余认为中日问题唯依正义可以解决之,亦唯依外交方式乃可得到解决。

（九）问:对于日本所倡之大亚细亚主义,请以中国地位不客气的批评。

答:关于大亚细亚主义请参考孙中山遗著,即可明了鄙人之意思。

（十）问:个人以为中国有相当程度独裁之必要,委员长之意如何?

答:中国与意德诸国国情各异,不适宜于独裁。

（十一）问:请问委员长对中国历史上最崇拜之人物为谁?

答:中国历史上可崇拜之先圣贤哲甚多,余所及身私淑而毕生服膺者则孙中山先生也。

（十二）问:对于日本古今人物委员长有无尊重之人,其人为谁?

答:维新以前之赖山阳,维新诸杰中之胜安房与吉田松阴二氏,均为余所钦佩者云云。

（录自总统府机要档案）

《中华民国重要史料初编——对日抗战时期》绪编(三),第 637—640 页

王宠惠访日期间发表的谈话
1935 年 2 月 19 日—20 日

王宠惠氏访问日本

王宠惠 19 日抵东京,预定将与旧知广田外相,重光次官等要人晤谈,就因南京之中日会谈,而转换一新局面之两国关系,作详细试探。

盖氏当离南京前,业与蒋汪两氏,以此次访问东京为前提,作重要协议,故此次与广田外相之会晤,极为一般所注目。王广两氏会见,预定在20日或21日午前行之,此外王氏拟更与军部并民间有力者晤谈。

王氏抵日发表谈话

王宠惠氏于本早(19日)行抵横滨后,谈话如左:

"本人此次访问,系以个人资格前来,并未带有中日提携之重大使命,故未带有关于提携之具体案。逗留日本期间预定为十日,并拟于20日与广田外相会见,而听取其对华意向。又予对中日提携,虽表赞成,但中国并不欢迎日本作各种之投资。且政治关系若不获平常化,则难达到经济提携之目的也。就理想上言,虽当立即作成提携具体案,但以华方尚有种种情形之故,尚望暂行静观中国之举措。要之,最近两国关系,已渐复常轨,自属一可贺之事也。"

王氏与广田之晤谈

王宠惠于20日午前,访广田外相于外务省,作重要会谈,约二小时半后,始行辞去。王氏谓"余归国后,普遍视察中国各地,对于中国内地财政状态,四川共匪讨伐,对日感情等问题,加以调查,此项工作大致告一结束,拟将中国事情,躬亲与日本政府,并民间各方面人士晤面,加以说明。但余并未经政府授以使命,全然以个人资格晤谈,此层务请见谅。东亚平和,有待于中日两国之协力亲善者正大,处现下国际情势,此种感情特别深刻。关于经济问题,亦欲促进中日之提携,因此,就各方面言,均愿求日本予以好意的援助,惟关于具体的方法,则愿彼此互相研究"云云。王氏于强调中日亲善关系之确立,并未作何等具体的提案,广田外相对之,则谓:"最近中国,有清算从来态度之倾向,此为中日两国计,不胜庆贺。在帝国政府,如中国宜厉行禁止排日的措置,而披沥诚意,则持不吝所有援助之方针。"

王氏与冈田之晤谈

王宠惠氏于本早(21日)9时,访问冈田首相,寒暄毕,即谓:"此次系就中日提携问题,以个人资格前来贵国,而期获在中日两国亲善上,有所贡献。故拟于逗留期间中,与贵国朝野名士会见,一面就中日外交关系及经济提携对策等,听取日方真意,一面使贵国朝野人士,彻底明悉中国当局所持之意见,以图在确立东亚和平上,使中日关系,愈益好转,并克解决关于东亚之经济问题。"冈田首相首先向王氏致欢迎之辞,继谓:"日政府对于阁下之努力,不吝予以充分援助。"王氏于此即告辞而去,其会见时间,约达半小时。

王氏与林陆相之谈话

王宠惠氏于本早 10 时赴陆相官邸,访问林陆相时,该陆相谓:中日提携非仅恃两国间之外交辞令,所能达到目的,而须由中日当局间,开诚交换意见方可,故本人依此意义,而持如左之意见:

一、中国若过于依赖欧美,而对须作极密切的提携之日本,出于排击的言行,则足刺戟日方感情,而使中日提携发生阻碍。

二、当以南京政府取缔排日侮日,为中日提携之先决条件。

三、日方确有谋中日提携之诚意,故望贵国亦示此种诚意。

王当即答以中国决无依赖欧美而行排日之意,盖以中日提携,乃属正道。而依赖欧美则属旁道故也。又南京政府对取缔排日,确具有诚意。又本人望今后中日两国,均努力于除去阻害提携之原因云云。

《政治周刊》第 2 卷第 8 期,1935 年 2 月

汪精卫在中央政治会议上关于中日关系的谈话

1935 年 2 月 20 日

汪精卫院长在中央政治会议,对于中日关系之报告如下:1 月 23 日日本广田外相在日本国会演说对华外交方针,兄弟愿意将本人对于广田的演词所生的感想,向各位说明,也可说就是对于中日外交的根本方针,这是应请各位注意的。我们要使中国成为一个现代的国家,有两个必要的条件,便是"统一"和"建设"。以我国过去制度的缺点,如交通的困难,经济的落后,教育的不备,种种原因,要想实现"统一"和"建

设",必需要长时间的和平,而且现代世界交通益便,各国相互间一切政治经济均息息相关。所以我们的爱好和平是广义的,不仅中国自身要薪求和平,且愿各国自身各能保持和平,尤其各国相互间亦能确实保障和平。因此之故,中国对于任何友邦都愿意在平等互助原则之下,保持增进友谊与和平的关系,何况对于在地理上历史上文化上种族上和我国有密切关系的邻国日本呢? 还记得 13 年 11 月 28 日总理孙先生在神户演说,有几句话道:"照中国同日本的关系说,无论讲到那一方面,两国国民都是应该携手,协力进行,共谋两国前途的发展。"这篇演说是总理一生最后的演说,凡我同志,刻骨不忘。而且总理一生对于中日外交的关系根本方针,也不离乎此。即就我国革命而言,自兴中会,历同盟会,以至辛亥革命的成功,都曾得到日本朝野友人间不少的同情和应援。这种事实,大凡参加过去革命工作的人,都能记忆得到的,从这一点,更可看出中日两国关系,是应当如何亲密的了。但是不幸中日两国间,不仅不能举亲善之实,而且二十余年来,两国间不断的发生意外的纠纷。更不幸所发生的纠纷的严重性和危险性,愈来愈大,不仅中日两国间的关系为之益形恶劣,即全世界的空气,亦因此感觉不安,这实是中日两国所应共同引为遗憾的,也是全世界所惋惜的。我们固然在极严重的国难当中,但我们终相信中日两国间的关系既有过去如此悠长的历史,现今所发生的纠纷,终归是可以用双方的诚意来解决的。读了这次广田的演说,认为和我们素来的主张的精神上是大致吻合,中日两国间既有如此共鸣,加以相互的努力,中日关系,从此可以得到改善的机会,而复归于常轨,这是我们所深引为欣幸的。我现在坦白的郑重的声明,我们愿以满腔的诚意,以和平的方法和正常的步调,来解决中日间之一切纠纷,务使互相猜忌之心理,与夫互相排挤,互相妨害之言论及行动等,一天一天的消除,庶几总理当日对于中日携手的希望,可以期其实现。总之,如中日两国的人士不拘于一时的利害,不骛于一时的感情,共以诚意主持正义,以为两国间谋永久的和平,则中日两国间之根本问题,必可得到合理之解决,这决不仅是两国的福利,东亚的福利,也即是对于世界和平的最大贡献云。

《正风》第 1 卷第 6 期,1935 年 3 月

蒋介石致汪精卫电
1935 年 3 月 2 日

南京汪院长尊鉴,读上月 20 日兄在中政会报告对日关系书,为我国复兴计,为东亚和平计,并为贡献世界和平计,均应如此,灼见宏猷,至深钦佩,与弟在京时对中央社记者所谈各节,实属同一见解。中央同人既有所决定,弟能力所及,自当本此方针,共策进行也。弟中正叩。冬午。

天津《大公报》1935 年 3 月 3 日

汪精卫会见有吉时的谈话
1935 年 3 月 7 日

日使有吉,7 日,访汪院长于铁道部官舍,恳谈历两小时,始辞去。有吉公使于会谈时,先表示感谢中国方面有诚意之取缔排日,于中日关系渐上常轨,不胜庆幸。汪院长对之答称:"即今后亦以诚意取缔排日。"更谓:"日本一部人士,有曲解吾人意图为欲获得借款,因利用日本,以为一时之权宜者,此在中国方面,殊引为遗憾。"复次关于中日提携之具体的条件交换意见,力言中国并无向英美提议借款问题之事实,此说全为无稽之恶宣传。汪又对日本朝野之欢迎王宠惠氏,表示感谢。有吉公使复质问,"国民政府对于中国财政经济状态之现实,如何处理?"旋以严肃态度,关于中日经济提携,尤其就日本对华经济援助之根本方针,详细开陈广田外相意向之所在。汪氏答称:接到王宠惠氏之报告后,已十分明晓日本朝野关于此事之意向,今更聆公使之声明,深为满意。有吉与汪院长意见,一致认为入手具体的问题,为时尚早,故未作何等具体的决定。最后彼此互约为使中日空气好转,今后共为有诚意之努力,就数项具体办法交换意见。

※　※　※　※　※

有吉公使与汪院长晤谈后，发表谈话如下："前者蒋介石氏即发表中日问题正常化之声明，国民政府亦复努力取缔排日，致中日关系，已有急速好转之机运，当此时特来南京，向外交部长致谢。汪氏言明拟仍继续注意取缔排日，对王宠惠氏之报告内容，表示满意，对日本朝野之欢迎王氏，衷心表示感谢，并极力否认，决无向英美提议借款之事实。"

※　※　※　※　※

关于驻华日使有（日）〔吉〕明与汪兆铭氏会见之结果，外务省方面，虽尚未接到此项官电，但该省当局对于报传内容，则表示大体满意。并似持如左之见解：

一、一部人士对于国民政府对日态度之骤变，虽有疑其系意在向英美进行对华援助者，但现则已获判明，汪正负责力图使中日关系正常化。

二、关于对华国际共同借款问题。虽有对华方真意所在，持怀疑态度者，但近依汪氏在中央政治会议中之言明，已获判明其尚未正式作借款提议。

三、华方已声言将使取缔排日排货运动事，更行强化，且表示决意讨伐中日两国公敌之共匪。

《政治周刊》第 2 卷第 11 期，1935 年 3 月

外交部关于中日使节升格的公告及日本外务省的谈话
1935 年 5 月 17 日

（中央社南京十七日电）外部十七日发表公告如次：我国拟将驻日使节升格，远肇于民国十七年。最近中日两国外交当局，复对此事交换意见，决定自即日起，将两国互换之公使升为大使。中国驻日第一任大使，即以中国驻日现任公使蒋作宾充任。日本驻中国第一任大使，亦即以驻华现任公使有吉明充任。两国政府对此亦已互表同意云。

（东京十七日新联电）关于中日公使馆之大使馆升格事，外务当局

发表谈话如左："日本政府因鉴于中日关系之重要,于大正十三年七月与华方决定交换大使之方针,尔后其必要之经费,已计入预算。此次认为实施为妥当,故决定任命有吉为大使,驻扎中国,五月八日由南京驻扎总领事通告外交部长汪兆铭,于是华方亦决定同时升格驻日公使馆为大使馆,任命蒋公使为大使。"

天津《大公报》1935 年 5 月 18 日

邦交敦睦令
1935 年 6 月 10 日

(中央社南京十日电)国府十日命令:我国当前自立之道,对内在修明政治,促进文化,以求国力之充实;对外在确守国际信义,共同维持国际和平,而睦邻尤为要着。中央已屡加申儆。凡我国民,对于友邦,务敦睦谊,不得有排斥及挑拨恶感之言论行为,尤不得以此目的组织任何团体,以妨国交。兹特重申禁令,仰各切实遵守,如有违背,定予严惩。此令。

天津《大公报》1935 年 6 月 11 日

国民党中央宣传委员会致各省市党部电令
1935 年 7 月 7 日

上海《新生周刊》登载文字欠妥,业经分别处分,此案刻已解决。中央宣传委员会为防止将来再有同样事件发生起见,已再令各省市党部,转饬当地出版界及报社通讯社,嗣后对此类记载评论,务须严行防止。兹录原电如次:

"各省市党部鉴:本年 5 月,上海《新生周刊》刊载对日本皇室不敬文字,引起反感,按日本国体以万世一系著称于世,其国民对于元首皇室之尊崇,有非世人所能想像者。记载评论,稍有不慎,动足伤日本国民之感情,一年以来,本会曾迭次告诫,所幸尚能恪守。不意该《新生周刊》有此意外之记载,除业经另案处分外,并为防止将来再有同样事件发生起见,兹特再行切实告诫,着即转饬当地出版界及各报社通讯社,嗣后对于此类记载或评论,务须严行防止。再关于取缔排日运动,中央迭经告诫,应遵照本年 6 月 10 日国府明令转告各级党部同志,并随时劝导人民切实遵守,是为至要。中央宣传委员会印。"

记者今日因上海《新生周刊》案,特访中央宣传委员会主任委员叶楚伧氏,承叶氏将处理该案之经过,详细说明,并云:"自蒋委员长及汪院长于 2 月 1 日及 20 日次第发表谈话及报告以后,对日主张已为全党所一致赞助,中央于当时且曾分别召集各省市党部负责人员,予以充分之说明,各省市党部亦具有深切之领会,间有少数地点,未及尽喻,其言动偶有出入者,亦已由地方党部秉承中央意旨,逐渐纠正矣"云云。

北平《晨报》1935 年 7 月 8 日

新生事件
1935 年 8 月

上海新生周刊社于本年 5 月 4 日出版之《新生周刊》第二卷十五期内,刊有易水所作之《闲话皇帝》一文,涉及日本天皇,日本驻沪总领事认为不满,向我上海市政府提出交涉,要求禁止该刊发行,惩办该刊及该刊负责人,市长道歉,并担保将来不再发生同样事件。吴市长经日领事要求后,认该刊文字实有欠妥之处,且体念时艰,对于日总领事提出之要求,尽予接受。对该刊之处分,除以该刊文字妨害邦交为理由,令其停止发行外,并令由公安局转送江苏高等法院第二分院侦查起诉。

7 月 9 日,江苏高等法院第二分院开庭审讯此案,仅到该刊编辑及发行人杜重远,该文作者易水未到。开庭后,首由检察官郑钺对杜重远论告起诉意旨,略谓:"该案被告为《新生周刊》编辑兼发行人,该刊第二卷十五期内有易水所作《闲话皇帝》一文,有诽谤日本天皇之言词,经上海市公安局请求该处侦查。经该处侦查之下,以著作人易水屡传无着,而该案被告既属编辑兼发行人,自应负责任。合依新刑法第三一〇条第二项,旧刑法第三二五条第二项诽谤罪及新刑法第一一六条规定妨害友邦元首名誉,得加重本刑三分之一,请求刑庭从重处断。"刑庭长郁华,推事周翰、萧燮棻根据检察官之论告,向被告杜重远略讯一过,即当庭判决:杜重远散布文字共同诽谤,处徒刑一年二月,《新生周刊》二卷十五期没收,并谕依刑法第六一条之规定,不得上诉,故判决即为确定,送监执行。

　　"新生事件"至此,在对外关系上,似已告一段落。日大使馆亦发表声明,最后谓:中央党部在大体上已实行日方所要求之各种措置,此后只须期待各种措置之充分效果,并严重监视之。其对内关系,则发生判决之"违法"问题,盖此案判决以后,中国各界人士,颇有认为对杜重远之处刑与不准上诉之判决为过重者。前任国民政府工商部次长、现任华商纱布交易所理事长穆藕初氏亦就商人之地位向市商会提出意见,认江苏高等法院第二分院不准杜重远上诉与法律程序不合。其理由略谓:"刑事诉讼法第三六七条规定不服高等法院之第二审或第一审判决而上诉者,应向最高级法院为之,最高级法院审判不服高等法院第一审判决之上诉亦适用第三审顺序。第三六八条规定刑法第六一条所列各罪之案件,经第二审判决者不得上诉于第三审法院。是则法律明明规定刑法第六一条所列各罪之不能上诉于最高级法院者须经第二审判,决非指经高等法院判决即不得上诉于最高法院,故江苏高等法院第二分院不许杜重远上诉为违法。"市商会即以此种意见转请上海律师公会研究,研究结果,亦认高二分院之判决为失当。除函复市商会外,特呈请司法院予以纠正。另一方面,监察委员对高二分院法官所根据之刑诉法法条亦认为可疑,对判决后不准上诉之审判程序的法律解释,尤为注意,故特调查此案判决真相,备呈院长决定办法。此外立法院刑法刑诉法原起草人立法委员赵琛对走访之新闻记者发表意见,谓:"新生案"有上诉权,沪上法官,均富有司法经验,对于法律条文,决不至于曲解,所云不许上诉,或系传闻失实。但事实上杜重远及其夫人侯御之因不服此种判决而向高二分院提出上诉,竟遭驳回。现杜夫人侯御之已向最高法院提起控告,是本案之法律争点之最后解决,将系于最高法院之判辞矣。

7月14日，日本著名评论家室伏高信对上海日文《每日新闻》记者发表其对于"新生事件"及日本对华政策之意见，特转录如次，以供读者参考：

一、对日不敬记事，不独中国一国，即其他外国，亦屡见不鲜。然独对比日本武力国力薄弱之中国竟小题大做，实非大国民之态度。若以些微琐事，一一压迫中国，则中日关系之调整，永无希望。

二、日本酿成满洲上海两事变后，要求中国禁止排日运动，查事变以前之排日，究有何种原因，应先究明。盖中国国民，在感情上，自古从无反抗日本之理，昔年排英运动发生，因英国政策巧妙，渐次消灭。其后渐次对日本帝国主义发生反感，于是一部分子，肆意排日，然日本苟无激昂中国国民感情之理由，虽有一部分策动，全国国民，岂皆肯追随乎？

三、世人以蒋汪二氏，认为非绝对有权力者，此实根本的误谬，其实蒋汪二氏，为代表中国文武之伟大人物。

四、我日本以皇道为基础，正在大发展之时机，然日本切不可如19世纪之欧美列强，专采侵略主义，应正正堂堂之立论，坚守正义为之。军人须有军人之态度，正当实践其职。尝有人谓，满洲称为王道乐土之独立国，但事实上果如此乎？若以满洲为独立国，则讨伐匪贼，应一任满洲人之手，日本不应以维持他国之治安，牺牲自己之生命。至在中国，不假外交官之手，而用其他手段，压迫国民政府与国民党部，对华政策，根本上完全错误。余之所见，（室伏氏自称）欲调整中日关系，应将驻华日本武官，退出中国全境，不留一人，同时减少关东军兵力十分之一。

五、军人应公明正大，处理直接问题，不应虚构捏造。日本军部之人，屡有干犯大权问题，例如满洲上海之动乱，不曰"战争"，而曰"事变"。因为事变，不必经过议会之协赞，枢密院之审议，实际上所谓事变，即战争也。仅就军部单方面之意向而行，岂非侵犯大权乎？故就余之管见,专在缺乏公明的小事上着想,对于日本之前途,不堪忧虑也云。

2. 日本"天羽声明"及其应对

"天羽声明"

1934 年 4 月 17 日—26 日

一、4 月 17 日,情报部长在定期接见记者时,就日本在东亚的立场对记者们作了大意如下的非正式谈话:

日本为了满洲事变和满洲国问题,于去年 3 月,不得已通告退出了国际联盟。这是因为在维持东亚和平的根本意义上,日本和国际联盟之间发生了意见分歧。日本经常致力于维持和增进与各国的友好关系,自不待言,但是,关于东亚问题,日本的立场和使命,也许和其他各国的立场和使命有所不同。对于维持东亚的和平与秩序,日本当然应该和东亚各国分担责任,日本有决心完成维持东亚和平与秩序的使命。为了完成这一使命,日本首先必须和友邦中国一同努力维持和平与秩序。

因此,日本最迫切地希望中国得以保持完整统一及恢复秩序。然而,从过去的历史可以明显地看出,中国的保持完整统一及恢复秩序,只有依靠中国本身的觉悟和努力。所以,如果中国采取利用其他国家排斥日本、违反东亚和平的措施,或者采取以夷制夷的排外政策,日本就不得不加以反对。另一方面,各国也应该考虑到由满洲事变、上海事变所产生的特殊情况,如果对于中国想采取共同行动,即使在名义上是财政的或技术的援助,必然带有政治意义。如果助长这种形势时,终于将在中国划定势力范围,开国际管理或者瓜分之端。这样不仅给中国带来莫大的不幸,并且对东亚的安全,甚至对日本也会带来严重的后果。因此,日本在原则上不得不对此表示反对。但是,如果各国个别地和中国在经济贸易上有所往来,只要不妨碍维持东亚和平与秩序,日本没有必要加以干涉。然而,如果这种行动有扰乱东亚和平与秩序的性质,则不得不加以反对。例如,提供武器、军用飞机、派遣军事教官,提供政治借款等等,最后显然要导致离间中国和日本以及其他各国的关系,产生违反维持东亚和平与秩序的结果。因此,日本不能对此置之不理。

以上所述,是从日本以前的方针必然得出的推论,而最近有明显的迹象表明某些外国用共同援助名义,积极向中国扩张。因此,相信在这个时候阐明一下日本的立场,决不是没有意义的。

二、4月20日,情报部部长在定期接见外国新闻记者会上答复问题,对前一次谈话作了如下的说明:

我前几天的谈话,引起了国外的反应,对此感到意外。前几天的谈话,不过是把今年1月外务大臣在议会里发表的演说的要旨加以阐述而已。而那次演说,世界上对之颇有好感,表示欢迎。

外务大臣在议会上说:

"帝国是维持东亚和平的唯一基础,负有全部责任,因此,我们一天也不能离开这种意识。"

又说:"如果美国方面也能充分认识东亚的复杂而特殊的情况,谅解我国成为东亚和平的安定势力的原因,则深信日、美间感情上的紧张状态就会缓和下去。"

又说:"帝国政府对于维持东亚和平感到责任重大,并且具有坚定的决心。"

日本无意侵犯中国的独立和权益。日本希望中国保持完整统一和繁荣。如果中国能够统一、繁荣时,由于地理的关系,日本处于可以分享其利益的地位。然而,统一和繁荣,有待于中国本身的觉醒和努力,不能依靠别国利己主义的开发。

日本无意侵犯第三国的权利。日本欢迎第三国为了中国人的利益而和中国进行通商贸易。日本本来不想无视有关中国的门户开放和机会均等以及现在有效的各种协定。然而,日本反对各国采取任何形式以导致扰乱东亚和平和秩序的行动。对于维持东亚的和平秩序,日本要和东亚各国,尤其是和中国分担责任。其他外国或国际联盟对于中国实行利己本位政策的时代,已经过去了。

三、4 月 26 日,外务大臣对英、美两国驻日大使的质问提出答复,声称:4 月 20 日主管官员的答复大体上说明了帝国政府的立场。以下为提交的纲要的译文:

(一)日本不仅从未侵犯过中国的独立性和利益,也没有加以侵犯的意图,并且衷心希望中国的保持完整统一及繁荣。而中国的保持完整统一及繁荣,在原则上要靠中国本身的觉醒和努力。

(二)日本没有侵犯第三国在中国的任何权益的意向。第三国善意地通过经济通商上的贸易关系接近中国,对中国是有利的,就日本来说,毋宁说是欢迎的。日本本来就支持有关中国的门户开放、机会均等等原则,并遵守有关中国的现行有效的各种条约及规定。

(三)然而,日本对于采取任何形式违反维持东亚和平及秩序的行动,不能置之不理。日本也顾及在东亚所处的地理位置,对维持这方面的和平与秩序有密切的关心。因此,关于中国问题,如任何第三者不考虑以上情况,而利用中国来实行自己的本位政策,日本不能置之不理。

《日本外交年表并主要文书》下卷,第 284—286 页
《中国近代对外关系史资料选辑》(1840—1949)下卷第一分册,第 261—264 页

四月十七日之日方声明及我国之应付
1934 年 5 月

日本对华之一贯政策,不外对内使其纷乱离析,对外使其孤立无与,故凡有以阻滞中国之进步,促起中国之分裂,破坏中国之统一者,彼必直接间接参加援助。而凡中国对外之行动有足以提高国家之地位,增进物质之实力,获取国际之声援者,彼又率猜疑嫉忌,设法阻挠,或竟明白破坏。盖欲使日本为东亚之霸主,而使中国等于附庸,则必使彼视为禁脔之中国,内不足自成为国家,外不足厕身于国际,彼始可操刀而

剖,踌躇满志！顾欲达此暴横之目的,要又不妨兼取巧伪之手段,于是诪张其术,婉转其词,首创为东亚和平,日本肩负钜责之说,冀以摈斥国际之势力,使不复与闻东方之事。更进而申说东亚和平,中国应与日本提携,共同负责,冀有以巧诱中国,使其自动的摈斥国际之势力,不复与闻中国之事。今年一月二十三日广田在日本议会演说,即谓:"日本有维持东亚和平之重责,且抱有必然之决心",又谓:"中日两国应常保互助关系,以贡献东亚和平",均所谓虎质羊皮,意存炫惑。然而中日直接交涉,既始终无由进行,国联技术援助,且骎骎与时俱进,日成孤立之势,我有多方之援,骄横疑忌之日人,遂至觉忍无可忍。四月十七日之声明,则不惟本广田演说之论调,谓东亚之事应中日负责,且进而明白声称,中国不得"利用他国排斥日本……以夷制夷之对外政策……日本惟有排击",对于吾国之外交权,既欲妄加箝制矣。又谓"各国对华共同动作,纵令其名目为财政的援助,或技术的援助……日本在主义上不得不加反对"。最近各国向中国售卖军用飞机,教授飞行术,派遣军事教练官、军事顾问,及供给政治借款……日本亦均反对,则不惟干涉中国之外交或内政,且将对于世界一切国家关涉中国之行动,均进而一致干涉。其跋扈凌厉藐视一世之概,盖真可令人健羡！十七日之声明,系彼外务省情报部长天羽所发表,东报西报及我国各报所译载,均系详略互见,文字亦间有出入,兹据我国驻日使馆译呈外部之件,录载如左:

四月十七日日本政府之声明

关于中国问题,日本之立场及主张,容有与列国不一致者,而日本为达成在东亚之使命实行其责任,实处于不得不尽其全力之立场。日本前此迫不获已,退出国联,即因对于日本在东亚地位与国联见解不同所致。而日本对中国之态度,亦有不必与各国一致者。此由于日本在东亚之地位使命,不得不然。日本对于各国无时不努力于维持增进友好关系,固不待言。惟维持东亚和平及秩序,在日本责任上单独行之,乃当然之归结,而遂行此事,乃日本之使命,日本具有决行之决意,然而实行此项使命,日本不得不与中国共同分担维持东亚和平之责,中国以外,固无分担责任之人。是以中国之保全统一,以及恢复国内秩序,即自东亚和平见地上观之,亦日本所最切望者也。而中国之保全统一并秩序之恢复,要俟中国自身之自觉与努力,此为已往历史所明示,现在及将来,亦复如是,从此种见地观之,中国如果利用他国排斥日本,或竟用违反东亚和平之手段,或用以夷制夷之对外政策,在日本不得已惟有加以排击。再如各国方面,如因顾虑由满洲事变上海事变所造成之局面,而欲对华采取共同动作,纵令其名目为财政的援助或技术的援助,要之其在中国必然的含有政治意味。此种形势,必将进而启划定势力范围并国际共管及瓜分之端绪,此不仅造成中国之大不幸,亦且于东亚之保全,推而至于日本本身,亦有发生重大结果之虞。是以日本在主义上,乃不得不加以反对。如各国各自与中国在经济贸易上,有所交涉,事实上虽成为对华援助,以不碍及维持东亚和平为限,无干涉之必要。倘至扰乱东亚和平,则不得不加反对,例如最近各国,向中国售卖军用飞机,教授飞行术,派遣军事教练官、军事顾问等(驻日使馆译呈之件,于此数语,似间有难解者,因参合各社社稿酌译如上。)及供以政治借款,其结局显系离间中日及他国间之关系,并造成违反维持东亚和平之结果,日本亦不得不反对。此种方针,实为日本向来方针当然之演绎,因最近外国方藉其共同动作以援助一类之种种名义,在华积极活动,故于此际表明我立场,要不为无谓也。

四月十七日日本之声明发表后,举世震骇,各国舆论,纷起攻击,英美两方,尤为激昂。吾国于四月十九日,亦即由我外部发言人,发表声明,以诚恳和平之口吻,阐明我方之立场,全词如次:

"中国深信国际和平之维持,端赖世界各国之群策群力。国际间苟欲维持长期之和平,尤须促进互相谅解之诚挚精神与铲除可成争端之根本原因。世界无一国家得在任何地方,主张有独负维持国际和平之责任。

"中国既系国联会员国之一,对于提倡国际合作,促成国际和平与安全,认为其应有之义务。中国于努力达到此项目的之际,从无欲中伤任何他国之意,更无扰乱东亚和平之念。中国因实行上项目的而与他国发生之关系,一如任何独立主权之国家间应有之关系。

"中国尤须说明者,中国与他国之合作,不论其为借款或技术协助,常限于不属政治之事项。至购买军用品,如军用飞机等,及雇用军事教练官或专家,亦仅为国防上之必要,大都为维持本国之秩序与安宁。他国对中国苟无野心,则对于中国力谋建设及安全之政策,殊不必有所过虑也。至中日间现有之情势,有不能不郑重申告者,则两国间,犹如任何国家间,真正与永久之和平,总须建设在善意与互相谅解之基础之上。倘现有不幸之事态可予纠正,中日间之关系可令其改善,而顾及两国间之共同愿望,则上述和平基础之设立,事半而功倍矣。"

同时我国驻外各使,群起活动,驻美驻日两使馆,报告情况之电报,羽驰蝟集。驻英驻法两使馆,且于廿日以各该使馆名义,在英法各报分别发表下列之同样声明:

"此次东京对华政策之声言,不外为日本侵占亚陆传统政策之再度申说。益足以暴露其对中国之野心,意同攫取东亚之一切天然富源,垄断中国之无限市场,而置中国主权与各国之正当利益于不顾。

"但此项政策,于促进远东和平与秩序,适相违背。中国人民深明独立主权国家之权利与义务,对于日本称霸东亚之主张,认为毫无根据,绝不赞同。即其他各国,亦断不能为所胁迫而予以接受。

"中国政府业已训令驻日公使向日政府交涉,要求解释。

"在过去三十年中,破坏远东和平者,除日本外无他国。其大陆政策,实为现实之扰乱原因,过去事实之证明,不胜枚举,而如一九三一年九月至突攻辽城,一九三二年一月之炮击上海,嗣复完全占据东三省及热河,则尤为其彰著之近证。

"远东和平最稳固之保障,不在西方列强之不与中国为友善而有利益之合作,而在日本放弃其对亚洲之残暴的帝国主义,并对其条约上义务恪为遵守而已。"

日本外交当局,鉴于其声明之反响,大不利于彼方也,则诿称是项声明,为非正式的,为外务省一部分人之意见,发表之前,完全不知。一方面则又谓此项声明,不过根据广田一月廿三日之外交演说,重述日本久已遵行之政策。其驻在各国之代表,则又迭逞词锋,或诡居说明之立场,或妄肆矛盾之申述,或尤鞭辟入里,为更进一步之深刻主张,群口嚣呶,内外桴鼓,似相应亦不相应,似相谋亦若不相谋,惝恍迷离,殆极变幻之能事!而于声明之本身,则要内外一致,绝无否认。同时东京方面,且复迭作蜚语,谓此项声明,在未发表前,曾得我方政治领袖之默认,纽约讲坛报竟据以转载,四月廿一日,我外部发言人,当又有下列之谈话,以力斥其妄:

"此项消息,荒谬绝伦,全无根据。我国政府对日外省之声明书内容,事前既毫无所闻,何从默认?且声明书内容,不啻将中国置于日本保护之下,政府非丧心病狂,亦何至于予以默认,断丧国家命脉。该项消息发自东京,其为故意宣传,欺骗世界,至为显明。幸各国对于日本此次之声明,已有深刻认识,断不致轻信事后自东京所发布之谣言也。"

又四月廿日,日本外务省发言人,于会晤外国记者时,曾特对十七日之声明,为三项解释,并于廿四日,经由其驻京总领事须麿,代表有吉明公使面陈我外交最高当局,略称:

"(一)日本诚恳希望中国之保全统一及繁荣,对于中国之独立或利益,绝对不予阻碍,且无加害之意。(二)外国因经济或通商上之关系,与中国交易,日本表示欢迎。日本且进而遵守关系中国之各种协定。同时希望中国诚实实行机会均等门户开放之主义。(三)日本对外国在华之利益,固毫无加害之意,但外国如以共同之力临诸东亚、采取有违背东亚之秩序及和平之行动时,日本惟有绝端反对。以上系负有与中国及东亚诸国共同维持东亚之和平及秩序责任之日本应取之当然态度。换言之,如列国及国联以共管中国之态度临于中国,惟有排除之耳"云云。

次日(廿五日)我外部发言人,当更对此项解释,根据十九日声明

之意旨,以极严肃之态度,说明我方之意见如下:

"日方申述之各节,与日外务省十七日原声明,内容不尽相符,而日本负责当局,对于原声明,虽在国内外迭为种种解释,或与原文显然矛盾,或较原文更为深刻,但始终未对原声明加以否认。是日本政府对于原声明,自应负其责任。至中国之立场,已于十九日经我发言人发表声明。该声明书就维持和平之责任,中国与他国之合作,以及中日间关系各点,阐明中国之严正态度。兹再应加以说明者:则中国之主权与其独立之国格,断不容任何国家以任何借口,稍予损害。中国与他国或与国联之一切关系,无不合于法律,无不以中国自身之发展与安全为基础,断不容任何国家以任何借口稍加干预。日本过虑列国及国联以共管态度临于中国,无论现在国联方面或列国间绝无如日本所虑之意思,即中国以独立之尊严,岂能须臾忍受束缚中国之共管势力?中国不能容受列国间之共同束缚势力,犹如不能容受任何国家之单独束缚势力,其理至明,其义至正。且中国与国联开始合作之时,日本尚未宣告退出国联,是日本对于中国与国际合作之政策,早经拥护在前,矧现在法律上日本仍系国联之会员国乎?

"日本希望中国实行机会均等门户开放之主义。关于中国与他国之经济关系,中国本无排除任何国家之意。惟查此项主义发起之动机,原为防止任何一国藉其特殊势力,在任何地域内,有垄断其经济及其他关系而排除他国之情事。今依照日方声明,日本显欲排除他国与中国合法之关系。然则开放门户主义之动摇,其责任固不在中国而在日本也。

"总之,中国此时对内正努力于肃清匪患及生产建设工作;对外则致力于国际安全之保障及国际条约如国联盟约及九国公约之维护。对内工作之进行,不容他国之干预,对外政策之实施,端赖有关系国之协作,而国际公约之不可侵犯与条约之神圣尊严,尤盼有以共同维护之焉。"

是后日本方面,以欲缓和各方之空气,则又称此项声明为"正式不存在"。夫所谓正式不存在,其反面即不啻"非正式存在",舞文弄舌,更属滑稽之尤！签字《九国公约》之国家如英美等方面，亦以是项"正式"或"非正式"存在之声明，侵犯我国独立，违背门户开放，破坏机会均等，显与《九国公约》之精神文字相悖，颇多以拥护该约为言，吾国内外人士，亦复有主张召集《九国公约》签字国会议，以谋讨论抵制者。惟是《九国公约》与《国联盟约》，性质本不尽同，援引载有制裁方法之《国联盟约》，尚不能于中日纠纷，实现何种具体之裨益，则仅恃只定原则之《九国公约》召集该约签字国会议，又是否能确收箝制日本之效？五月八日，我国某公法家，关于此事，曾有极精辟之重要谈话，兹特并志如左：

"最近日本所发表之荒谬声明，引起国际反响甚大，英美两国，先后根据《九国公约》原则，向日本提出责问，法国亦有同样性质之说明，《九国公约》之被列国注意，于此可见一斑，国内人士有鉴于此，乃有主张召集《九国公约》签字国会议，藉以制止日本之野心者，用意未为不善。惟就实际而论，《九国公约》之性质如何？内容如何？颇有研究之必要，吾人似应就此方面，先加以研究，然后可以明了《九国公约》签字国会议，能否即时召集？爰就所见，申述如左：

"就《九国公约》之性质言，此系一种多边的政治条约。虽此项条约之全部条款，签字各国均有遵守之义务，但与《国联盟约》颇有不同。盖《国联盟约》中所有条款，不特限于决定会员国应负何种义务之基本原则，且含有他方面之法律条款。易言之，国联盟约内有若干条款，其目的不仅在肯定国际法上原则，有被会员国绝对遵守之义务，且尤在说明会员国违反此项原则，国联应有何种救济办法，此即吾人所谓程序法方面之条款。观于《盟约》第十条上文：为'国际联合会会员国相约尊重各会员国之领土完整，与政治独立，对于外来之侵犯，愿任保障'。而下文则谓：'值此项侵犯发生或其发生之情势甚为逼迫时，行政院当提议方法履行义务，'可见《国联盟约》中所有之条款，其性质实较为复杂。是故国联会员国虽相约尊重彼此之领土完整与政治独立，然当一国侵犯他国时，此被侵犯之一国，尽可依照合法程序，向行政院及大会呈诉，以求保障，此所以盟约第十条之外，又有第十一条第十五条及第十六条各款之规定也。东北事变发生后,我国所以向国联申诉者,即由于《国联盟约》不但规定日本对于中国之领土完整,应绝对尊重,且明白昭示中国得依照合法程序,请求国联制止日本之侵略之故。国联屈服于暴力之下,终未能尽援助中国之责,固令人为之失望。顾就《国联盟约》之性质以观,要与《九国公约》不同,则可深信无疑。良以具有程序法条款之《国联盟约》,虽迭经我国引用,犹不能制止日本之侵略,则《九国公约》所能适用于中日事件者,效力能有几何,更可想见,此其一。

　　"至就《九国公约》之内容言,其最重要之规定,不外乎(一)尊重中国主权独立暨领土与行政之完整,(二)确定并维持各国在中国全境之门户开放及商业机会均等原则。此两项规定,确有密切之联带关系。因各国必须尊重中国之主权独立,暨领土与行政之完整,而后中国门户开放,与各国在华商业均等机会之原则,方能维持于不坠。进言之,尊重中国之主权独立暨领土与行政之完整,各国之义务也。必须各国恪守此项义务,而后能在"门户开放"及"商业机会均等"两项原则之下,享受同等之权利。愿事实昭示吾人,日本既侵占我东北四省,复一手制造伪国,而予以承认,是《九国公约》所规定之第一项原则,早因日本侵略而失其效力,我国政府,当伪国宣告成立时,曾根据此层意思,警告《九国公约》签字各国,促其注重,又于日本承认伪国时,曾根据《九国公约》第七条,分致牒文于该约各当事国,请其共同采取有效办法,应付日本造成之严重局势。然各国政府,对此终无切实表示,其不能以有效方法,排除此项公约之蹂躏,凡稍明国际情势者,均已看透。时至今日,英美等国,因日本发表声明,足以动摇门户开放与商业机会均等之原则,遂不能不起而诘问。此种表示,固未始不能反证英美等国,始终不愿放弃《九国公约》之立场,以对付日本,但须知彼等所注意者,不过重行肯定《九国公约》所给予签字各国之同等权利,至欲竟令彼等积极遵守此项公约之义务,而予日本以严厉的干涉,则揆诸事实,是否可能,颇属疑问。何则,盖英美各国,果有干涉日本之决心与力量,一年前即可实行,奚必期待今日哉?此其二。

"要之,就九国公约之法律性质以观,吾人似未能发见其中有关于违反此项公约之裁判或救济办法之规定,至就《九国公约》签字国所处地位而言,则欲希望彼等即时召集国际会议,设法制止日本之侵略,恐亦为目前形势所不许,职是之故,吾人以为多数人主张召集《九国公约》签字国会议,论其动机,固十分正当,但如认为此系目前中国外交上应采取之唯一途径,则显有考虑之余地。"

《外交部公报》第七卷第五号,1934年5月,专载"民国二十三年外交大事记"(陆俊),第55—63页

我对日本声明决无默认之理

1934年4月22日

外部负责人力辟美报荒谬消息,非丧心病狂何至断丧国家命脉,各国有深切认识决不致受欺骗。

南京纽约讲坛报称,据东京可靠方面消息,日本外务省之声明书,在未发表前曾取中国政府领袖之默认同意云云。政府闻此,大为骇异。外部负责者云,此项消息荒谬绝伦,毫无根据。我政府对日外务省之声明书内容,事前毫无所闻,何从默认?且声明书内容,不啻将中国置于日本保护之下,政府非丧心病狂,亦何至于予以默认,断丧国家命脉?该项消息,发自东京,其为故意宣传、欺骗世界,至为显明,幸各国对于日本此次之声明,已有深刻认识,断不致轻信东京所发布之谣言也。(二十一日专电)

南京日本外相十七日发表非正式声明,反对国际与我技术合作,各国朝野一致抨击。据经委会方面消息,我国与国联之合作,依据去年国联决议,标明技术合作,自不属于政治项。国联以往亦曾与欧美国家协作,不乏先例。日人竟作此项声明,深表遗憾。我国为独立国,并为国联会员国之一,不能因日方之反对而停技术合作,且要进一步永远合作到底,日方其奈吾何?(二十一日专电)

《申报》1934年4月22日

外部对日再阐明严正态度
——中国之主权与其独立之国格断不容任何国家损害与干预
1934 年 4 月 25 日

关于四月十七日日外务发言人所发表之声明,日方于廿四日将该发言人所说明之点,向我外交当局摘要解释,略称:一、日本诚恳希望中国之促使统一及繁荣,对于中国之独立或利益,绝对不予阻碍,且无加害之意;二、外国因经济或通商上之关系,与中国交易,日本表示欢迎,日本且进而遵守关系中国之各种协定,同时希望中国诚实实行机会均等门户开放之主义;三、日本对外国在华之利益,固毫无加害之意,但外国如以共同之力临诸东亚,且取有远背东亚之秩序及和平之行动时,日本惟有绝端反对,以上系负有与中国及东亚诸国共同维持东亚之和平及秩序责任之日本应取之当然态度,换言之,如列国及国联以共管中国之态度临于中国,惟有派出之耳云云。

我外部发言人称,日方申述之上开各节,与日外务省十七日原声明内容,不尽相符,而日本负责当局对于原声明,虽在国内外迭为种种解释,或与原文顾然矛盾,或较原文更为深刻,但始终未对原声明加以否认,是日本政府对于原声明自应负其责任。至中国之立场,已于十九日经我发言人发表声明,该声明书就维持和平之责任,中国与他国之合作,以及中日间关系各点,阐明中国之严正态度。兹再应加以说明者,则中国之主权与其独立之国格,断不容任何国家以任何藉口稍予损害,中国与他国或与国联之一切关系,无不合于法律,无不以中国自身之发展与安全为基础,断不容任何国家以任何藉口稍加干预。日本过虑列国及国联以共管态度临于中国,无论现在国联方面或列国间绝无如日本所虑之意思,即中国以独立之尊严,岂能须臾忍受束缚中国之共管势力? 中国不能容受列国间之共同束缚势力,犹如不能容受任何国家之单独束缚势力,其理至明,其义至正。

且中国与国联开始合作之时,日本尚未宣告退出国联,是日本对于中国与国际合作之政策,早经推让在前。矧现在法律上日本仍系国联之会员国乎？日本希望中国实行机会均等门户开放之主义,关于中国与他国之经济关系,中国本无排除任何国家之意,惟查此项主义发起之动机,原为防止任何一国藉其特殊势力在任何地域内有垄断其经济及其他关系而排除他国之情事。今依照日方声明,日本愿欲排除他国与中国合法之关系,然则开放门户主义之动摇,其责任固不在中国而在日本也。总之,中国此时对内正努力于肃清匪患及生产建设工作,对外则致力于国际安全之保障及国际条约如国联盟约及九国公约之维护。对内工作之进行,不容他国之干预;对外政策之实施,端赖有关系国之协作,而国际公法之不可侵犯,与条约之神圣尊严,尤盼有以共同维护之焉。(廿五日中央社电)。

南京外交界消息,日本十七日发表所谓对华政府反对各国对华建设上之襄助后,已引起欧美各国之重大注意。昨路透东京电谓日内阁对十七之非正式发表之宣言,日内阁方面已予以赞同。惟我外交当局尚未看到此种正式证件,故对十七之宣言与二十四日内阁所赞同不变更东亚和平政策之内容,是否同一性质,尚难判定,故暂时不予发表意见。但关于此问题,国联技术会议时,预料拉西曼必将有详细意见提出报告,我国方面并有以顾维钧代表出席说(二十五日专电)。

《申报》1934 年 4 月 26 日

3. 塘沽协定善后谈判

关于停战协定善后处理问题的议定条款(北平会谈)
1933 年 11 月 7 日—9 日

关于停战协定善后处理问题,准照大连会议①的要领,关东军代表陆军少将冈村宁次、陆军步兵大佐喜多诚一、大使馆书记官花(输)

---

① 大连会议,指 1933 年 7 月 3 日至 5 日,关东军代表冈村宁次和北平政务整理委员会代表在大连召开举行的会议,会谈曾就所谓"非武装区"的处理及铁路通车等问题,达成了妥协。

〔轮〕义敬与华北军政当局代表战区接收委员殷同、北平军分会参事陶尚铭、驻平政整会参议殷汝耕，自昭和 8 年 11 月 7 日至同月 9 日在北平举行会谈，议定事项如下：

第一，关东军希望，华北当局应伴随其治安维持机能之充实，迅速对不包括长城线的长城以南及其以西地域，予以完全之接收。

第二，华北当局容认，短期内在其接收地域范围内连接长城或接近长城的地方，为处理交通、经济等各种事务，配置经关东军指定的各种必要的机关，并对此等机关提供业务上的方便。

第三，华北当局同意，在接收地域内为日本军队的短期驻地，向日本军贷与其所需要的土地和建筑物。

第四，为处理长城内外的贸易、交通及通讯等事宜，华北当局应指定必要的委员与关东军指定的委员迅速逐项进行协商。

关于议定条款的双方谅解事项

一、议定条款第二条所述各机关的配置地点，暂定如下：

山海关、古北口、喜峰口、潘家口、冷口、界岭口。

二、议定条款第三条所述日本军的驻屯地点，暂定如下：

山海关、石门砦、建昌营、抬头营、冷口、喜峰口、马兰峪、古北口。

但为运送军需物品，在利用滦河水运期间，根据需要，除滦州外还有在迁安、撒河桥等地设置所需设施及配置警卫部队之可能。

三、议定条款第四条所述之交通，包括航空联系。

中国方面的希望事项

1933 年 11 月 9 日

关于北平会谈的议定条款，为避免将来发生误解或纠纷，希对下列事项予以承诺：

一、接受地域内暂时驻屯的日本军队以及由关东军指定配置的各机关，对于当地中国的行政不得进行任何干预及其他妨碍行为。

二、根据议定条款，除早经华北当局同意者外，不得另有任何正规部队进入接收地域。

三、为使察东地区及多伦的接收得以顺利完成,关东军应同意华北当局对该地方的抗命部队以及土匪等自由进行加以讨伐和处理。

关东军对 11 月 9 日中国方面所提希望的回答致驻北平武官电

1933 年 11 月 15 日

一、关于中方希望事项之第一项,如接收地域内不再发生排日行为,而且议定条款第二条所述各项能得到彻底履行,则不持异议。

二、希望事项之第二项,希望中方收回。但中国方面如不违反停战协定,本军可考虑不使满洲国军队进入接收地域内。

三、希望事项之第三项,因与停战协定根本抵触,故本军不同意。

《日本外交年表并主要文书》下卷,第 277—278 页

(中国近代史资料丛刊)《抗日战争》第一卷"从九一八到七七",第 489—491 页

山海关移交交涉实施经过和协议事项

1934 年 2 月 10 日

准据昭和 8 年 11 月 9 日于北平缔结的关于停战协定善后处理协议事项进行的战区接收交涉:

一、昭和 8 年 12 月 31 日　第一次交涉

二、昭和 9 年 1 月 19 日　第二次交涉

三、昭和 9 年 1 月 30 日　第三次交涉

四、昭和 9 年 2 月 10 日　第四次交涉(决定)

关于接收山海关附近之协议事项

第一,鉴于接收地区的特殊性,禁止反日排外活动。

第二,接收地区的行政,特别是日侨和杂居关内的外国人的生命、财产的保护及权益保障应予特别考虑。

第三,关于接收地区的治安维持,特别努力于消除并取缔造成相互感情对立恶化的原因。

接收地区禁止警察采用军事武装和收藏武器。

但警察武装护身用的武器(手枪、刀剑),不在此限。

第四，接收地区主要行政机关，根据需要可用日本人充作事务嘱托。

其人选，相互商量决定。

第五，关东军指定留驻机关如下：

税关、旅行护照查证办事处、国境警察队、邮政局、电报局、专卖分署、绥兴税捐局驻关分卡、中央银行。

第六，日军驻扎必需的土地建筑物如下：

关东军特务机关及附设军通信所

关东军宪兵队

关东军军事邮政局

关东军警备队用宿舍

战死者合葬必要的土地

第七，应特别注意接收地区的社会设施，应特别注意尽快建设所需设施。

同意接收前业已着手的电灯事业，并给予方便。

此外，还达成以下谅解：

一、山海关移交交涉计划三项所示治安维持会、公安局、收捐所等现有职员的沿用、其身份保证及对解职者给以补贴等，相信中国方面有意充分承担其责，故不记述。

二、关东军指定留驻机关的业务设施，接收后，仍原状保持到北平善后处理协议第四实施前的状态。

三、关于协议第七接收地区社会设施的实施，用治安维持会保管的剩余款（4799.83元），主要作为修理南门岗楼和南关主要道路之用。

（三）资334

《日本帝国主义侵华档案资料选编：华北事变》，第272—274页

关于接收山海关附近协议事项之件

1934 年 2 月 13 日

关参谋第 5 号　关东军参谋长小矶国昭

2 月 10 日关于由中国方面接收山海关一事协议事项如附件,现送上。

另外,在协议事项中,因采纳对方的回避直接表示满洲国的要求,在协议事项中的

第一,"排外"

第二,"关内外"

第三,"相互"

均表示与满洲国的关系。

第三中的"兵式武装"、"警察武装"的用语,系根据对方的希望而使用的。

关于接收山海关附件的协议事项

准据昭和 8 年 11 月 9 日关于停战协定善后处理之协议事项(第一至第三),昭和 9 年 2 月 10 日,关东军代表陆军步兵中佐仪我诚也与华北当局代表督查专员陶尚铭,在山海关会晤,关于接收山海关附近,协议如下:

第一,鉴于接收地区的特殊性,禁止反日排外的策动。

第二,接收地区的行政,特别是在日本侨民及关内外人杂居的关系上,对其生命财产的保护及权益的保障,予以特别的考虑。

第三,关于接收地区的治安维持,特别努力于排除和取缔相互对立感情恶化的原因。

接收地区禁止警察员采用兵式武装及储存武器。

但警察武装(护身用武器——手枪、刀剑),不在此限。

第四,接收地区主要行政机关,适应需要,或以日本人为事务嘱托,但其人选,相互商量决定。

第五,关东军指定残留机关如下:

税关

车票查证办事处

国境警察队

国境检疫所

邮政局

电报局

专卖分署

绥兴税捐局驻关分卡

中央银行。

第六,日本军驻扎所需土地建筑物如下:

关东军特务机关及附设通信所

关东军宪兵队

关东军军事邮便局

关东军警备队用宿舍

战死者合葬所需土地

第七,接收地区的社会设施,特别是急速所需的设施,即接收前既已着手的电灯事业,予以承认,并提供方便。

（三）资 276

《日本帝国主义侵华档案资料选编:华北事变》,第 274—275 页

关于接收古北口协议事项
1934 年 3 月 4 日

根据昭和 8 年 11 月 9 日停战协定善后处理的协议事项第一及第三,昭和 9 年 3 月 4 日关东军代表陆军步兵中佐松井源之助与华北当局代表督察专员殷汝耕在古北口会见,就接收古北口附件地区达成协议如下:

第一,接收日期为昭和 9 年 3 月 4 日。

　　第二,接收地区的地方行政事务,全部由蓟密区专员公署古北口办事处及密云县古北口佐治局接收处理。

　　第三,鉴于接收地区的特殊性,禁止一切反日排外策动。

　　第四,关于接收地区内的日本人及外国人的居住、营业、生命、财产及其他权益的保证,中国方面格外予以考虑。

　　第五,禁止接收地区警察采用军事武装及收藏武器。

　　但警察武装(护身用手枪、刀剑)不在此限。

　　第六,日军驻扎所必要土地、建筑物如下:

　　关东军古北口警备队及附属设备

　　关东军古北口宪兵分队

　　关东军邮政局

　　日本领事馆警察署

　　阵亡者合葬所需土地

　　第七,关东军指定的各机关如下:

　　税关

　　旅行护照查办处

　　国境警备队(包括各种缉私队)

　　国境检疫所

　　邮政局

　　电报局

　　中央银行。

　　昭和9年3月4日

松井源之助

殷　汝　耕

附属备忘录

　　一、警备队的附属设备中除飞机场外,还包含通信所、医院、各种仓库、警备队用宿舍、各种工程等。

二、古北口公安局人员以约 30 人为限。

昭和 9 年 3 月 4 日

松井源之助

殷 汝 耕

（三）资 334

《日本帝国主义侵华档案资料选编：华北事变》，第 276—277 页

平沈铁路通车办法（北宁铁路管理局公布）

1934 年 6 月 28 日

查关内外通行客车一案，前奉行政院驻平政务整理委员会转奉行政院令饬，根据行政院院长与军事委员会委员长核定标准办法，与日方代表洽办等因，遵即进行交涉，商定各项具体办法。兹经呈奉行政院核准备案，兹定于七月一日开始实行，合将办法公布如左：

（1）自本年七月一日起，恢复由北平至辽宁直达客车，每日以平沈对开一列为限。

（2）由中国方面责成中国旅行社，日本方面责成日本观光局，于山海关组设东方旅行社，负责经理此项直达通车事宜。

（3）一切行车规章、时刻、车辆编成、车票发售等项办法，由北宁铁路管理局另行规定。

局长 殷同

中华民国二十三年六月二十八日

《中国外交年鉴》（民国二十三年一月至十二月），第 163 页

汪精卫电蒋中正通邮全案已结束兹寄上纪录全文

1934 年 12 月 19 日

介兄赐鉴：高宗武、余翔麟两君昨已回京，通邮全案已经结束，兹将纪录全文寄上。此乃最后定本，比较上次有壬兄所带回者，似更周密也。数日来，尊体何似？甚念。报载牙恙复发，确否？专此敬庆

痊安。

弟　兆铭顿首

十二,十九

民国二十三年十二月十四日,上海邮政总局代表高宗武、余翔麟同参加员殷同、李择一与关东军代表藤原保明同参加员仪我诚也、柴山兼四郎会于北平,关于通邮在不涉及"满洲国"承认问题原则之下,商定办法如左:

以下上海邮政总局简称甲方,关东军简称乙方。

一、通邮于双方邮政机关间行之,因此在山海关、古北口设转递机关。

二、通邮用之乙方特种邮票其面上不表示"满洲国"及"满洲"字样。上记邮票印制四种,使用于函件、明信片、挂号快信等,务力求贴用。

三、邮戳在乙方则用现用欧文。

四、邮资由邮政业务主管机关各自定之。

五、关于通邮事务之文书(单据在内)尽量标用公历,不表示"满洲国"及"满洲"字样。

六、通邮实施期为明年一月十日,于同月五日前后公表之,但包裹、汇兑则自同年二月一日起实施。

七、通过西比利亚之邮件依照旧例办理。

八、本办法之变更须经双方之相互协议。

九、依上述之旨趣作成处理出进山海关、古北口邮件暂行办法及处理出进山海关、古北口邮政汇兑暂行办法如附件(另册)。

通邮办法之谅解事项

民国二十三年十二月十四日,上海邮政总局代表高宗武、余翔麟同参加员殷同、李择一与关东军代表藤原保明同参加员仪我诚也、柴山兼四郎会于北平,关于通邮办法,其谅解事项如左:

以下上海邮政总局简称甲方,关东军简称乙方。

一、关于通邮办法之公表,除协议部分外,其全部不得公表,并不得为恶意之宣传,但"通邮于双方邮政机关间行之"当然不在发表之列。

二、通邮用之乙方特种邮票,其花纹由乙方预示甲方。

三、向甲方寄发之邮件上,乙方以诚意努力使用特种邮票。

四、甲方对于由乙方寄发之邮件,倘已纳足邮资,则虽误贴普通邮票,得免征欠资,但以极少数为限度。

五、乙方在现用欧文邮戳之局则使用欧文邮戳,在现用中文邮戳之小局则得用中文邮戳。

以上现用中文邮戳中务不表示"省"字。

六、关于通邮之文书(单据在内),乙方以诚意努力不表示"满洲国"及"满洲"字样。

七、所有两邮政业务主管机关往来之文书由乙方所发者,以邮务司长(Director General of Posts)为发信者,以邮政总局局长或邮政储金汇业总局局长为收信者;而由天津邮局转交由甲方所发者,以邮政总局局长或邮政储金汇业总局局长为发信者,其由代理人签名者,则附书代理者之职衔,并于本文末尾为奉命(By order)之表示,以邮务司长为收信者。

《蒋中正总统文物:革命文献》四"中日关系史料",第463—466页

外交部关于关内外通邮的密电稿
1934 年 12 月 29 日

溯自塘沽协定成立以来,日本关东军虽停止向平津前进,而战区十九县仍在其占领状态之下,所有战区内一切行政机关及交通机关均在其掌握,嗣后一再向商撤退军队至长城以外,关东军必须以通车通邮等项为条件,其后大军虽经撤退,而古北口、马兰峪等五口仍驻有少数日军。至我方则于今年七月方实行通车,其通邮一项,则我方始终维持我国最初实施之封锁办法。彼方虽多方催迫,迄不为动。然事实上则以

外籍车船之私带,关外信件久已发现在关内。复因国联议决通邮原则,我国独予立意,亦失其法律上之意义,而关外数千万同胞因封锁之故,与关内势成隔绝。即其终岁勤苦血汗所积亦无法寄回内地,私人痛苦固不待言,国民经济损失尤巨,政府权衡利害,审度环境,忍辱含垢,勉与开议,虽国联议决通邮原则,有机关与机关之接洽,不能视为政府与政府之关系之明文,但我方仍参照通车办法,以关东军为对手方,除声明不涉及承认伪国外,仍着重间接承转,暨邮票上不得有伪满等字样,表征戳记采用公历及英文之三点,几经交涉,屡濒决裂,费五个月之时间,直至上月底方勉强就绪,定于明正月十日及二月一日分别实行,双方均同纪录,不签字,不换文,以避免条约之形式。此通邮交涉之实在情形也。凡此经过事非得已,但求能维持不承认原则,俾我国对外立场不生动摇,特先密电接洽。俟公布后希本此意旨,向国联驻在国政府当局及舆论界密为解释,以免误会为荷。外交部。艳。

（国民政府外交部档案）

《中华民国史档案资料汇编》第五辑第一编《外交》,第 857 页

邮政总局关于关内外通邮的通告

1934 年 12 月

为通告事:查东三省境内邮务,前为形势所迫,暂行停办,业于廿一年七月廿三日通告在案。兹为便利民众起见,将邮件、包裹、及汇兑三项业务,由山海关、古北口两转递机关负责承转,所有寄往辽宁、吉林、黑龙江、热河四省之邮件,如封面书明省名及地名而无伪组织字样者,自一月十日起均予收寄转发,其包裹及汇兑则自二月一日起照章办理。特此通告。

（国民政府外交部档案）

《中华民国史档案资料汇编》第五辑第一编《外交》,第 856 页

（二）日本发动华北事变及其交涉

说明：从 1935 年初的察东事件与"大滩口约"开始，日本关东军与中国驻屯军相互配合，在这年春季，陆续制造了"河北事件"、"察哈尔事件"，随后迫使华北当局领导人何应钦、察哈尔省代主席秦德纯，分别与之签订了解决该两事件的"何梅协定"、"秦土协定"，以驱离国民党中央势力于河北省之外，并将塘沽协定停战线延长到察东。在此基础上，日本进而策动华北地区的地方实力派人物，进行旨在脱离中央政府的华北"自治"运动。与此同时，日本政府否决了中国政府此前提出的"三原则"，出台了旨在从外交上征服中国的"广田三原则"。对于中国政府实行的币制改革，日本也极力反对，并以之作为策动"华北自治"的重要依据。

面对华北危局，国民政府被迫进行应对，与之进行外交谈判，部分挫败了日方阴谋，并不顾日方反对和阻挠而果行币制改革。以下所收主要来自国民政府外交部的档案资料和部分日本军政资料，就反映了华北事变期间的上述对日外交过程。

1. 日本在华北制造事端与中方的交涉

察东又发生事端
1935 年 1 月

《塘沽协定》以来之华北局面，无时不在日本得寸进尺之形势中。通车既已如愿，通邮方始实行，察东之炮声又响。此事虽早有酝酿，近乃表面化。缘察省沽源县属境之长梁乌泥河、南北石柱子、永安堡、四道沟一带地方，日本谓系热河丰宁县辖境，应为"满洲国"领土。日军遂提出要求两点：（一）请将沽源县属第一区地方长梁等村划归热境；

（二）请我军撤长城线以西。日伪军遂即向前推进。问题发生后,事实上所争之地区内已无华军,只有少数民团。迄本月 23 日日本竟实行开衅。是日晨 10 时,日本飞机在察东东栅子掷弹数枚,11 时日军又在该处向我发 40 余炮,12 时日步军向独石口东北方之长城线前进,沽源方面亦有日机盘旋天空。据北平官方公布消息,察东日炮、空各军自 23 日晨开始轰击东栅子,并向独石口东北之长城线前进后,至晚 7 时始停止,东栅子一带之保卫团及居民死亡 40 余人。沽源方面 24 日又增加日伪军 1000 余名,多伦日伪军似有准备模样。24 日晨 11 时日机两架又至独石口、沽源上空盘旋,旋向独石口城内掷放炸弹八枚,向东栅子投弹三枚云。据此情报,所争之地已入日伪军之手,日伪军现尚汹汹不已,大有突入长城线之势,中国军队则迄未反击也。

《国闻周报》第 12 卷第 5 期,1935 年 1 月,《一周间国内外大事述要》

察东事件解决
1935 年 2 月

察东事件发生后,我方仍抱和平宗旨,不加抵抗,而日军军事动作迄未停止。且日机于 25 日在独石口、东栅子连续掷弹,毁伤我民房,炸死我人民。26 日又在南北石柱子西峰岩增兵 800 余名,似有前进模样。同时日方又向我谈判和平解决步骤。日军事联络员松井于 26 日晨由张垣来北平,日武官高桥即于是日上午 11 时约察省外交特派员岳开先,战区整理委员会常务委员朱式勤,交换意见,会商解决办法,然日军仍未停止军事动作。27 日进占东栅子,已越过所指之长梁乌泥河之线,形势似甚严重。虽双方时有和平接洽,然因会议地点问题,我方主在北平,日方不允,和平遂告无望。日方忽于 28 日退出东栅子,29 日晚间日武官高桥忽向我当局提出关东军方面对于和平会议之原则三项,和平大见转机。我方对于会议地点已不坚持,会议日期亦无延至 3 月 1 日举行之必要,遂各向政府请示核准,乃约定于 2 月 2 日在大滩举行会议。我方派出席代表为第三十七师参谋长张樾亭,沽源县长郭堉恺,察哈尔省政府科长张祖德,日方代表关东军第七师团十三旅团长谷实夫,二十五联队长永见俊德,及岩永中佐,板井中佐。2 日上午 11 时半在大滩日军司令部举行会议。首由日方代表谷实夫报告,略谓察东事件出于误会,现双方均不欲扩大,故日军已撤回原防,希望嗣后不再发生此项事件。继由我方代表张樾亭答词,略谓中国始终维持和平原则,现日方既已撤退,双方误会自可解除云云。12 时散会,会后双方代表聚餐。我代表张樾亭饭后即返张垣,3 日到平与宋哲元同谒何应钦报告经过,何即分电中央及蒋委员长报告。4 日北平军分会发表大滩会议经过,此一幕察东事件,至此遂告和平解决矣。

　　……

《国闻周报》第 12 卷第 6 期,1935 年 2 月,《一周间国内外大事述要》

蒋介石、汪精卫、黄郛致何应钦电
1935 年 1 月 26 日

　　北平居仁堂何代委员长勋鉴:敬申行秘、有午行秘两电诵悉。关于此事,拟定原则如下:(一)务求速了,勿使迁延以免扩大。(二)察东方面,如能亦划定一条停战线,以示限制,或可免其进无止境。(三)停战线只作为军事处置,万不可有国境字样。(四)停战线虽不妨延长,惟缓冲地区务求缩小,其详由兄酌定,但沽源、独石口两处为必守之据点,万不可划入。(五)此事既作为军事处置,应避免外交政治方式,岳开先前往谈判,不宜用特派员名义,似应由军分会临时以别种名义派往为佳。如需就近酌派一二能员前往张垣,为岳协助,亦由兄决定。(六)敬申行秘所提注意事项三点,极为惬意。中正、兆铭、郛。宥未。机京。

　　(录自总统府机要档案)

《中华民国重要史料初编——对日抗战时期》绪编(一),第 664 页

大滩口约

1935 年 2 月 2 日

据陆军第二十九军军长兼察哈尔省政府主席宋哲元报告,察东事件,经派第二十九军第三十七师参谋长张樾亭,率同随员沽源县长郭堉恺、察省府科长张祖德,于 2 月 2 日前往大滩与日军第七师团第十三旅团长谷实夫、第二十五联队长永见俊德及松井中佐等,于是日上午 11 时在该处会商,口头约定解决办法如左:

察东事件原出于误会,现双方为和平解决起见,日军即返原防。二十九军亦不侵入石头城子、南石柱子、东栅子(长城东侧之村落)之线及其以东之地域。所有前此二十九军所收热河民团之步枪计 37 枝,子弹 1500 粒,准于本月 7 日,由沽源县长如数送到大滩,发还热河民团。

附:日方刊出的《大滩协定》(译昭和 10 年 2 月 5 日《满洲日报》)

关于支那军侵入大滩附近事件之善后处理,日支两国代表,于 2 月 2 日午前 11 时半,在南岗子(大滩南方约五公里)会见。双方诚意折冲,至正午和平解决。日本军代表谷少将先述今次事件发生之经纬,殊属支那方面之非是,后提出左列诸项之要求:

一、支那方面将来誓严禁以兵入满洲国内或与满洲国以威胁刺戟日本军等之行为,即如现支那方面使密侦之侦察关东军之行动,一切中止。

二、支那方面将来违反上誓约之场合,日本军断乎执行自主的行动,其责任支那负之。日本军对于支那方面如增加兵力或增强阵地之企图,认定系挑战的行为。

三、支那方面前押收之满洲国民团之武器,由沽源县长于 2 月 7 日送至南围子返还于日本军。

右列诸项,宋哲元军之代表张参谋长回答,承认谷少将所述事件之经纬,表示陈谢之意。并誓将来决不再发生此种不法行为,上第一项至第三项之要求均承认,且速实行第三项之意。如上所述,热河西境肃清工作终了,关东军监视支那方面实行之诚意,以免不幸事件之发生,更进一步,希望日支间友好关系之恢复。

《外交月报》第 6 卷第 2 期,1935 年 2 月

河北事件双方口头交涉全卷
1935 年 5 月—7 月

第一件

民国 24 年 5 月 29 日,天津日本驻屯军参谋长酒井隆,偕驻华日本大使馆武官高桥坦,到居仁堂访见何代委员长。

酒井谓渠代表天津驻屯军、高桥代表关东军作口头之通知(其大要如下):

(甲)

一、平津现为扰乱日满根据地,中国政府是否知情?

二、天津发生胡、白暗杀事件,查与中国官厅确有关系,政府是否知情?

三、中满国境仍有义勇军受中国官厅委任接济,近如孙永勤曾受遵化县接济,并指示逃走途径,政府是否知情?

(乙)因此提出下之质问:

一、反日集团究为蒋委员长指导,或何部长指导,或中国政府指导?

二、此种责任究由何人负责?

(丙)特预先通告两点,请中国方面注意:

一、对日满之扰乱行为,如仍以平、津为根据地,继续发生,日方认为系破坏停战协定及辛丑条约,停战区域或将扩大至平、津。

二、对于军之关系者,白、胡之暗杀,军认为系中国之排外举动,及向驻屯军挑战行为,如将来预知或有类此事件之情事,日军为自卫上取断然之处置,或再发生庚子事件,或"九一八"事件亦不可知。

又照停战协定,须中国方面无扰乱日满行为,日军始自动撤退长城之线。如再发生扰乱日满行为,日军可随时开入战区,中方不可不知也。

（丁）酒井个人意见：

一、蒋委员长对日之二重政策，即对日阳表亲善，暗中仍作种种抗日之准备，如此政策不根本改变，以后演至何种程度，殊不可知。

二、于学忠为扰乱日满之实行者，张汉卿之爪牙，仅迁保定，于事无补，中国政府应自动撤调。

三、宪兵第三团，河北省市党部、军分会政训处、蓝衣社，似以撤退为宜。

四、最好将中央军他移。

如上项诸点能办到，中日关系或能好转。

第二件

6月4日酒井、高桥到居仁堂访见何代委员长。

何代委员长口头答复酒井等（其要点如下）：

一、天津发生胡、白暗杀事件，其地点在日租界，系地方临时发生事件，我政府何从知情。但因租界毗连天津市，此间已严令河北省政府转饬津市政府协同缉凶。

二、孙永勤匪部窜扰遵化、迁安附近，我政府当时即令警团协同围剿，业已将其击溃。至谓曾受遵化县接济一层，此间已严令河北省政府转饬严查，如果查有实据，自当照律惩处。

三、于主席已经中央决定他调，现正斟酌调后之位置，稍缓数日即可发表。

四、宪兵团团长蒋孝先、政训处处长曾扩情，已于6月1日免职。宪三团之特务处亦已令其撤销，天津市党部将由中央令其停止工作，蓝衣社根本无此组织。如有妨害中日国交亲善之团体，即予取缔。

酒井等对于此项答复，表示仍希望优先办到下各项：

一、于学忠之罢免。

二、河北省市党部之撤退。

三、军分会政训处及宪兵第三团之他调。

四、类似蓝衣社组织之抗日团体之撤废。

五、五十一军他调。

并谓至于中央军他调与否,视蒋委员长之对日方针如何而定,如蒋委员长确定以日为友,则一切问题均可迎刃而解。否则不仅中央军撤退之问题,军部方面对华北及全中国均有最大之决意,及充分之准备也等语。

最后又问何委员长个人今后对日之根本方针及上述五项如何解决。何委员长当答以中日亲善提携,为我中央既定方针,本人当本此方针努力进行。过去各地如有注意不周之处,当尽力改善。至上述一、四两项业已决定办法,其二、三、五三项可向中央报告,加以考虑等语。

酒井又谓,总之中日问题之关键,全在蒋委员长是否真正与日亲善。抑系阳作亲善,暗中仍准备抗日。华北近日问题不过其枝节等语。

第三件

6月9日酒井、高桥到居仁堂访见何代委员长。

何代委员长口头答复酒井等谓:

一、对于日方希望之点截至昨日止已完全办到。

1.于学忠、张廷谔之免职。

2.军分会政训处已结束,宪三团已他调。

3.河北省党部已移保,天津市党部已结束。

4.日方认为有碍两国国交之团体(如励志社、军事杂志社)已结束。已严令平、津地方当局负责取缔一切有害国交之秘密组织。

5.五十一军已决调防。

二、蒋委员长对于中、日问题之见解,于其今年2月14日对大阪《朝日新闻》记者之谈话可以见之。中、日必须亲善提携,方足互维东亚大局之和平,此乃我中央既定之方针,亦即蒋委员长之方针,迄今并未变更。凡此皆有事实可以证明,非仅言语所能掩饰者也等语。

酒井等表示对于我方已办诸事,认为尚未满足,并提出以下四点:

一、河北省内一切党部完全取消(包含铁路党部在内)。

二、五十一军撤退并将全部离开河北日期告知日方。

三、中央军必须离开河北省境。

四、全国排外排日行为之禁止。

谓希望即日办理，否则日军即采断然之处置。并谓一、二、三项均系决定之件，绝无让步可言。并请于 12 日午前答复等语。

同时酒井并交来缮写之件一份，照录如次（译文）：

第一，至今中国方面依据交涉所承诺之事项：

一、蒋孝先、丁昌、曾扩情等之罢免。

二、于学忠及张廷谔一派之罢免。

三、第二十五师学生训练班之解散。

四、天津市党部之解散。

五、宪兵第三团之撤回。

六、军事分会政治训练处解散。

七、蓝衣社类似机关之撤废。

八、励志社北平支部之撤废。

九、所撤除各组织及可能再对日关系造成妨害之人物或组织皆不得进入。

十、省市职员之人物之件。

十一、约束事项监视纠察手段。

第二，未着手事项：

一、河北省内党部之撤退。

二、五十一军之撤退。

三、中央军之撤退。

四、全中国排外排日行为之禁止。

酒井等谈毕即去，俄顷又复返，谓：中央军调离河北系日军部之决意，万难变更等语。

第四件

节录汪院长蒸巳电：

急。北平何部长：今晨中央紧急会议，对于河北省内党部已有决议,由秘书处电达,对于全国排外排日之禁止,已由国府重申明令,对于五十一军及中央军之撤退无异议。特闻。兆铭。蒸已。印。

第五件

6月10日下午高桥到居仁堂访见何代委员长。

何代委员长口头告高桥:

一、河北省内党部之撤退已于今日下令即日起开始结束。

二、五十一军已开始移动,预定自11日起用火车向河南省输送。大约本月25日输送完毕。但如因车辆缺乏或须延长数日。

三、第二十五师、第二师已决定他调(预定一个月运毕)。

四、关于全国排外排日之禁止已由国民政府重申明令。

第六件

6月11日高桥以所拟觉书稿一件交军分会朱副组长式勤,托朱副组长转交何代委员长,请照缮一份,盖章送交日方,何代委员长当即派朱副组长转告高桥加以拒绝。

照录高桥交来所拟觉书稿如下:(原件存北平军分会)

觉书(译文)

(一)中国方面对于日军所承诺实行之事项如左:

1.于学忠及张廷谔一派罢免。

2.蒋孝先、丁昌、曾扩情、何一飞等之罢免。

3.宪兵第三团之撤去。

4.解散军分会政治训练处及北平军事杂志社。

5.对日方所称妨害中、日两国邦交之秘密组织如蓝衣社、复兴社等,加以取缔,并且不容许其存在。

6.撤退河北省内一切党部,撤除励志社北平支部。

7.第五十一军撤出河北省。

8.第二师、第二十五师撤出河北省,第二十五师学生训练班解散。

9.禁止中国国内全面性之排外及排日。

(二)为以上诸项之实行,下列附带事项亦须并予承诺:

1. 与日方所约定之条款,应于所规定之时间内完全履行。对于有再度渗入之嫌疑或有妨害中、日关系之虑之人物或组织不得重新进入。

2. 日本希望中国于任命省市等职员时,应选择不致妨害中、日关系之人物。

3. 对于约定事项之履行,日方得采取监视及纠察之手段。

为以上诸项之实施以书面送致。

昭和 10 年 6 月 10 日。

国民政府军事委员会代委员长○○○

北平日本陆军武官　高桥坦殿

何代委员长派朱式勤口头向高桥表示:

(一)此次关于中、日事件,矶谷、酒井与高桥晋谒部长面谈,均希望中国方面自动处理和平解决,中国方面业已照贵方所希望之各点,分别办理多项,其余诸项,现正在积极办理中,故无须再用书面表示。

(二)此次事件并非悬案性质,已克日解决,其未办结者,在约定之期间定可办到,今贵方又续行要求书面表示,似无必要。

(三)觉书第二款之事项中,多关于政治方面,非部长权限内之事。且此事昨日何部长答复高桥武官时,高桥表示满意,当将经过呈报中央等语。当时因高桥已由平赴津。此项表示系托日武官室职员渡边转达。

第七件

6 月 21 日高桥访见军分会办公厅主任鲍文樾。面交第二次代拟之通告稿一件,照录原文如下:

军分会何委员长所提对梅津司令官之通告。

6 月 9 日酒井参谋长所提出之约定事项,以及有关履行此等事项之附带条款,吾人一概加以承认,并可望将此等事项及附带条款自动付诸实现,特此通告。

第八件

7 月 1 日高桥以第三次代拟之通知稿一件,交军分会周副组长永

业,托其交鲍主任转呈何代委员长。照录原文如下:

6月9日酒井参谋长所提出之各项期望,均予承认,且自动加以实施。

特此通知。此致。

梅津司令官宛

何应钦

第九件

照抄上汪院长支申电

上海汪院长钧鉴:密。关于河北问题,日方请用书面通知事,冬日有壬兄曾经面禀钧座,兹由鲍文樾转来高桥交来最后之稿,译文如下:"径启者,6月9日酒井参谋长所提各事项,均承诺之,并自主的期其遂行,特此通知,此致梅津司令官阁下,何应钦"等语。可否乞表。职应钦。支申。秘。印。

照抄汪院长歌辰电

南京何部长:支申秘电悉。密。稿文与前次吾辈所商定者大致相同,弟同意发出。弟兆铭。歌辰。印。

第十件

照抄致梅津函

径启者,6月9日酒井参谋长所提各事项均承诺之,并自主的期其遂行,特此通知。此致

梅津司令官阁下

何应钦

民国24年7月6日

右件于7月6日用打字机誊正,盖章,寄由北平鲍主任派员送交高桥转交梅津。

第十一件

照抄鲍文樾庚19时电:

南京何委员长:密。致梅津函已于本月派周副组长永业送交高桥,

高桥已照收,谓河北事件告一段落,颇表满意。职鲍文樾叩。庚19时。印。

按此次河北事件,中日双方自始即系口头交涉,并无文字记载。中间酒井所交来其所书之件,并非正式文件,且何代委员长并未承诺签字。最后虽经高桥坦自拟觉书稿件,请照缮盖章送去,当亦经正式明白拒绝。迨日本梅津司令官及有吉大使于6月28日正式发表声明书,声明无扩大事态干涉内政之意。日方复表示,希望我方对于此次事件之解决,有所表示,以作结束。乃由何代委员长请示中央,以军分会委员长权限内,自主办理之事项,予以承诺之书面。该函所云,6月9日酒井参谋长所提各事项,即指下列二事:①五十一军之移防;②第二师、第二十五师之移防两项而已。至于其余两项:①河北省内党部之撤退;②全国排外排日行为之禁止,为军分会委员长权限所不及,系由我中央自动办理,何代委员长实无权表示诺否。事后,日本报纸往往宣称所谓"何梅协定",乃系有意造作之名词。总之,此次事件,除军分会委员长,在其权限内办理事项有一书面外,别无任何文件也。——原书编者注

附:日方声明文件

(一)天津日本驻屯军之声明

关于华北交涉,幸经中国军警受诺我方之要求,行将见诸实行者,此乃同庆之至。盖承认其具有诚意,暂行注视缔约实行之推移,以期其局面之好转也。抑此次交涉,我军所要求之主点,严乎彼我军警之誓约,纠明责任,而铲除扰乱之祸根,互相尊重信义,努力和平,以图华北状态之宁谧。更以俾便除去中日亲善之障碍,苟如徒为扩大事态,或妄行干涉内政,决不在考虑之中矣。惟中日亲善关系,即为帝国文武官民所希望者,然纯以表面或形式之言辞,非始所以达到所期也。如此次表面化之不祥事件,其所来由之深,可以推想而知,此为颇堪遗憾者也。然而曩日经国府重行发表禁绝全华排外排日布告,足使上述铲除祸根上能进一步,实属庆贺。但愿勿使其为敷衍一时之办法,尤其帝国既须

完成与承认支持其独立之满洲国,协同防御,且又以在接满地域之治安维持有重大关心,日本国军之立场最小限度,对于该地各方面今后一切之抗日满行为不能使其绝灭,必不止也。特此声明。昭和 10 年 6 月 28 日。日本军司令官梅津中将。

(二)日本陆军部当局,关于河北问题以谈话形式发表意见(1935 年 6 月 12 日)

此次河北交涉问题,在根本上为在华北表面标榜亲日,然而里面则运用各机关实行排日,其结果始发生此事。因此次交涉,现在之各种排日机构,已渐次撤销。惟华北一处,纵即铲除排日份子,而中央政府如不根本的改变其态度,则全部之消清实不可能,而中日两国之善邻关系之恢复,亦不可能。故陆军当局不拟直接干涉,惟在里面则不惜予以援助。因此以此次问题为一转机,外务省应积极的进出全中国之排日铲除工作,而切望其努力于中日关系之调整。

(三)日本驻华公使有吉之声明:

关于此次河北及察省事件,帝国军宪向中国军宪提出之要望,期望中国军宪能容纳该项要望,因之事态日见好转,诚至可同庆事也。如此驻屯军司令官之声明中,亦曾期待该事,殊愿华方对于该方面之和平维持,更希望其能努力。此外尚期望中日两国国交之圆满,不仅限于地方的,对于全国之排日风潮颇有一扫之必要。然而今日该项风潮尚未达到绝灭之境,吾人借此机会,切实希望华方能充分运用此次颁布之邦交敦睦令等,对于排日风潮之禁绝,更作进一步之努力。

《抗战前华北政局史料》,第 438—440 页

何应钦有关"何梅协定"电文四件
1935 年 6 月 1 日—12 日
四川省档案馆

本馆所藏 1935 年《何梅协定》前后何应钦致刘湘等人电文四件,具有一定的史料价值,特予刊布,供研究者参考。

①六月一日电

刘主席甫澄兄:庄密。亲译。上月艳日,天津日本驻屯军参谋长酒井偕高桥武官来见,口头申述此次孙永勤匪部在遵化附近扰乱时,中国官宪有援助之嫌,日方认为破坏塘沽停战协定。又谓天津日租界两报社长被暗杀事件,与中国官厅不无关系,日方认为系中国之排外举动,若中国政府不加以注意改善,日军为自卫上将取断然处置等语。又据确报,日军将于本月中旬向北宁路沿线增兵,其进入长城线至遵化剿办孙永勤匪部之日军亦未撤退,观日方之用意似在借此与我毫不相关之两事为口实,而达其把持华北之阴谋。第一步在使于孝侯难安而不能不去,第二步使政训处、津党部及宪兵团各主要人员离开河北。除已电呈中央请示应付方针外,知注特闻,并请守秘。弟应钦。东戌。行秘。印。

②六月四日电

刘主席甫澄兄:庄密。今日日军参谋长酒井与高桥武官来见,弟当对其艳日所提各点作口头之答复。略谓,天津胡、白被暗杀事件,因其事发生在日租界,我政府无从知其详情。但因租界毗连天津市,已严令河北省政府转饬津市政府协同缉凶。至孙永勤匪部窜遵化迁安附近时,军分会即令河北省府命令警团协同围剿,业已将其消灭。至谓曾受遵化县接济一层,亦已严令河北省府转饬严查,如果查有实据,自当照律惩处。最后又谓中日亲善提携,为我中央既定之根本方针,个人自当遵此方针努力进行,过去如有不周之处,亦当加以改善,务使中日国交日益亲密接近等语。特闻。弟应钦。支亥。行秘。印。

附:刘湘复电(六月九日)

立刻到。北平。何部长敬之兄勋鉴:东戌、支亥两行秘电均奉悉。○密。日军咄咄逼人,言之愤慨!现孝侯已明令调离河北,未识是否可免纠纷。交涉情形,盼时见告,以慰下怀为荷。弟刘湘叩。佳。省秘渝。印。

③六月十一日电

阎主任百川兄、徐主席次(家)〔辰〕兄,韩主席向方兄、宋主席明轩兄、傅主席宜生兄、刘主席经扶兄、张主任汉卿兄、杨主席虎城兄、邵主席力子兄、张主席岳军兄、何主任雪竹兄、朱主任一民兄、黄主任季宽兄、陈主席公洽兄、蒋主任铭三兄、陈主席果夫兄、刘主席雪亚兄、熊主席天翼兄、龙主席志舟兄、何主席芸樵兄、刘主席甫澄兄、顾主任墨三兄、薛主任百〔灵〕〔陵〕兄、吴主席礼卿兄、马主席少云兄、吴市长铁诚兄、沈市长成章兄：嘉密。极秘。此次河北问题，日军方面口头所提希望事项，已由此间请示中央，酌量自动办理，如冀主席、津市长之更调，宪三团之调防，政训处之结束，河北省、市党部之停止工作，五十一军之调防，全国排外之取缔等。并于昨日口头答复日方，此事可望告一段落。知注特闻。弟应钦。真巳。行秘。印。

附：刘湘复电（六月十四日）

南京。何部长敬之兄勋鉴：真巳行秘电奉悉。嘉密。承告交涉情形，吾兄隐忍负重，煞费苦心，钦慰无暨。惟虽暂告结束。后顾仍切殷忧，推演情形盼时赐示为祷。川省自徐匪窜茂县一带后，朱毛残余复由滇窜入川境，现两匪虽有合股之势，实力消耗已甚，委座节临亲示方略，扫荡之期当不在远。后方整理及缩编精锐亦经次第进行。至政治策略则以便利剿匪为方针，年度设施正在审查公布中，或可略见成效也。知注并以奉悉。弟刘湘叩。寒。省秘渝。印。

④六月十二日电

刘主席甫澄兄：庄密。弟因关于今后河北及外交问题须向中央请示，于今日离平回京，分会事务由办公厅主任鲍文樾代拆代行。特闻。弟应钦。文。行秘。印。

《民国档案》1988 年第 2 期

察哈尔事件之始末

1935 年 8 月

陆俊

自 5 月 29 日以来，平津事件及察省事件相继勃发，中日关系史上突又增最可纪念之一页。平津事件，以我方之力顾大局而解决，已略志前期本栏。兹特将察省事变经过之概要，撮述如左：

先是6月5日，有无照日人四人，旅行至张北，当地驻军照例须查验护照，以四人均无护照，乃向张垣请示，旋奉电复放行，是殆一极普通事项，日方为此事初由松井向察省当局提出要求。数度谈判后，察方为宁人息事计，已允照办。关东军复于此事，加派土肥原为全权代表到津交涉。松井乃邀秦德纯赴津谈商。秦赴津之第二日，政府更换察主席之命令颁下，一方日方又发布伪丰宁县日伪员警在独石口附近被射击之消息，土肥原遂向秦提出要求，在津商谈无结果。秦德纯因宋离察，一度返察，土肥原亦于20晚由津偕松井来平，察事遂移平交涉。

日方始终认定此事，应作为地方问题，初拟与宋哲元交涉，既见宋氏去职，乃转而与代理察主席秦德纯交涉，6月23日晚秦德纯宅之谈判，为察事之正式谈判。我方出席者五人，为秦德纯、萧振瀛、程克、张允荣、陈觉生。日方三人，土肥原、松井、高桥。是晚会议亘二小时半之久，土肥原等态度颇谦和，惟对所提要求，意志则甚坚决。会谈结果，遂由秦德纯据以电中央请示，24日中央当局回训到平，着由军分会各委员与秦德纯就近斟酌办理，并略示中央方针之轮廓。

军分会各委先后开会议三次，秦德纯皆出席。在此数日中，日机每日飞平盘旋。24日独石口复发生便衣队100余名前进事件，26日古北口南天门日军4000复作大规模的实弹演习，平市谣诼亦多，形势骤呈紧张。土肥原复对秦德纯等表示至26晚为止，如察事不获解决，本人将离平返长。于是秦等于军分会会议结果，再度电中央请示，26晚11时，中央最后回训到平，问题急转直下。当日深夜通知日方约定于27日上午10时，双方在日使馆武官室会晤，完成察事交涉之最后手续。

27日上午10时，我方之雷寿荣、陈觉生，即首至日使馆，时土肥原、高桥，均已先到候晤。旋即由雷赴军分会迎秦偕来，在日使馆武官室，与土肥原、高桥会晤，当即举行最终会议，就张北问题，双方意见完全一致。11时35分互饮香槟，摄影散会。盖察省事件自6月5日发生,至 6 月 27 日完全解决,先后共历时二十有三日云。

交涉最后手续完成后,秦德纯、土肥原皆有谈话发表。秦之谈话:谓关于张北事件,关东军颇坚持其主张,本中央电令,秉承军分会进行交涉。经在平与土肥原间接数度确商,彼此开诚相见,最后决定:(一)处罚事件责任者,撤换一三二师参谋长及军法处长;(二)互相谅解以后不发生此项误会,交涉至此解决。其中经过,随时请示中央,完全依照中央回训办理,余惟负地方当局本分内所应尽之责任而已。土肥原谈话:则谓张北事件,现已告圆满解决,察省当局之诚意解决至感愉快,今后中日关系可信能有更进一步之提携。且称古北口日军即可撤退,独石口事件不成问题云。

平津事件及察省事件,表面虽属各别,实系首尾连贯。察省事件,既已于 6 月 27 日完全解决,天津驻屯军司令梅津,日本驻华大使有吉明,对于上述两件事,均曾于次日(即 6 月 28 日)发表声明,虽不免为彼一方之言,而以其为日方之正式表示,用特附录于下,借备参阅。

……

中日代表谈判经过

1935 年 7 月

张北事件,自上周在津商定由中日双方代表在平继续交涉解决,新任察省府主席秦德纯 23 日晨由张垣来平;继续与日军代表折冲。日军方面之土肥原、松井、高桥等曾于 22 日晨在北平扶桑馆会议,23 日晚 10 时半土肥原、松井、高桥等由程克陪访秦德纯,出席者计秦德纯、萧振瀛、张允荣、程克、陈觉生等五人,双方谈判达三小时之久,谈判内容由秦德纯、萧振瀛联名致电中央请示,据萧振瀛发表书面谈话云:

"察事交涉 23 日晚由日方负责者与我方正式见面,可谓已进入正式交涉之阶段,内容及步骤,均在请示中央中。余个人决以诚意从旁协助,以期事件从速了结,安定地方。秦代主席辞职,纯系表示与宋主席同进退,事势难处,亦为一因,中央对此尚未复电。察省军政秩序,安静如恒"云云。

又据日方土肥原 24 日发表谈话,云:"昨夜之会见,有决定者,亦有需要南京政府之训令者,并非完全解决,故交涉或须作第二第三次会合,亦未可知"云。

张北问题交涉,中央对平方中日初步谈判,于 24 日夜复训到平后,因训令中有令察省当局商承某负责方面就地解决。25 日负责当局,于当晚 9 时在居仁堂召开临时会,出席二十人,讨论至 10 时许散会。对日方提出之(一)热察边境防务改由保安队负责,(二)察省党务停止活动,某特种机关取消,(三)道歉,(四)停止鲁省向张北移民,(五)各项办法在商定后二周内实行。讨论结果,均有决定,会议记录,并由出席人员,一一亲自签字,以照郑重。当夜由察代主席秦德纯及萧振瀛两氏赴扶桑馆,再度晤土肥原,从事商洽。因发现枝节问题,当时未能解决,遂由秦氏等急电中央请示,并于 26 日晨派陈觉生访晤土肥原,加以解释磋商。土肥原氏原表示盼问题应仅 26 日一日内解决,伊欲于 26 日晚离平返长春,经陈氏解释磋商后,土氏允暂不离平,候我方接中央复电后进行解决。秦德纯氏因候中央二次训电,未再进行接洽。中央之最后训令,26 日深夜 11 时到平,其内容闻系令秦德纯照所指示之方针办理,对以前所商谈者,尚有一二点须加修正。秦当约集雷寿荣等在宅会商,斟酌文字,答复日方。因土肥原表示亟待解决,陈觉生当于 27 日晨 1 时往晤土肥原,双方约定 27 日上午 10 时在日使馆武官室,履行解决手续。中国代表出席者,计秦德纯、陈觉生、雷寿荣三人,日本出席者,计土肥原、高桥等二人,11 时 40 分,双方将书面手续办理完竣。中日代表共举香槟,并在武官室门前摄影留念,旋秦德纯氏与土肥原握别辞去。秦氏发表书面谈话云:

"关于张北事件,关东军坚持就地解决之旨,余奉中央电令,秉承军分会,进行交涉。经在平与土肥原少将直接间接数度磋商,彼此开诚相见,最后决定(一)处罚事件责任者,撤换一三二师参谋长、军法处长,(二)互相谅解,以后不发生此项误会。交涉至此,圆满解决,其中经过,随时请示中央完全依照中央回训办理。余惟尽地方当局本分内所应尽之责任而已,又余今晨往访土肥原少将,系为答拜 23 日之来访,高桥武官亦在座,彼此甚为融洽"云云。

　　土肥原于会散后,当在武官室接见中日新闻记者。据谈察事至今已圆满解决,察省当局此次诚意交涉,甚为快慰,余相信中日两国关系,当可更进一步,实现提携与亲善。至交涉内容,余个人无发表自由,恕难奉告。余前日访王代委员长克敏,独石口事件不致成为问题,古北口一带日军最近可撤,本人拟在平再留一二日返长春,向关东军复命云云。

《国闻周报》第 12 卷第 25 期,1935 年 7 月

土肥原·秦德纯协定(察哈尔协定)
1935 年 6 月 27 日

　　一、从日中亲善的角度,为了将来日本方面在察哈尔省内的合法行动不受阻挠,向察哈尔当局提出以下要求:

　　要求事项:

　　(一)撤退地区:

　　将驻于昌平和延庆一线的延长线之东,并经独石口之北、龙门西北和张家口之北,至张北之南这一线以北的宋(哲元)部队,调至其西南地区。

　　(二)解散排日机构。

　　(三)〔对日〕表示遗憾,并处罚负责人。

　　(四)从 6 月 23 日起,在两星期内完成以上各点。

　　(五)制止山东移民通过察哈尔省。

　　二、此外,作为要求事项的解释:

　　(一)必须承认日满的对蒙工作,援助特务机关的活动,并且停止移民,停止对蒙古人的压迫。

（二）对日满经济发展和交通开发工作予以协助，例如对张家口——多伦之间，以及其他满洲国——华北之间的汽车和铁路交通，加以援助。

（三）必须对日本人的旅行予以方便，并协助进行各种调查。

（四）〔从日本〕招聘军事及政治顾问。

（五）必须援助日本建立各种军事设备（如机场设备和无线电台的设置等）。

（六）中国军队撤退地区的治安，应根据停战区所使用的方法予以维持。

[日]《现代史资料》(8)日中战争(一)，第491页

选自《日本帝国主义对外侵略史料选编》(1931—1945)，第164—165页

日本外交文书选译
1935 年 6 月

邹念之　译
①华北交涉问题处理纲要

1935 年 6 月 7 日

方针

关于华北交涉问题之处理，根据华北停战协定，一任关东军及其友军即华北驻屯军以华北政权为对象，促其进行地方性交涉，以期迅速获得解决。另，关于在我国租界内发生的胡、白两人暗杀事件，我驻天津总领事业已提出抗议，为从侧面加以援助，我华北驻屯军将出严重取缔有关排日团体之要求。

要领

（甲）由华北驻屯军及我驻北平武官要求华北政权进行如下处理。但为适应现地情势，亦有可能另行采取其他对策（参照另电合字第422号）。

（一）要求事项

（1）宪兵第三团、军事委员会北平分会政治训练所、与事件有关的国民党党部以及其他排日团体应一律撤出平、津地区，并罢免各团体之负责人。

（2）罢免于学忠的河北省主席职务。

（二）要求中国方面对上列要求限期回答。但回答期限应视我华北驻屯军接替兵员的登陆日期而定。

（三）向中国方面提出下列希望事项，促其在回答上述要求事项的同时给予回答。

（1）将现驻平、津地区的第五十一军及中央直系军队撤至保定以南地区。

（2）在天津地区禁绝国民党党部、蓝衣社及其他秘密团体的一切反满抗日策动；并使其承认，今后如有上述策动之事实发生时，一经认定，日本军即将随时采取适宜措施。

（乙）希望我外务当局利用此次交涉之机会迫使中国当局就其全国性的排日行动进行反省，解散各种排日团体，并采取适当措施促使其彻底转变，以为日、中悬案之解决展开有利的前景。

（丙）驻中国各地的我国武官，应对此次交涉予以协助。

②关于何梅协定若杉参事官致广田外务大臣电

1935 年 6 月 10 日下午发自北平，东京于同日下午收到（第 180 号）

关于前发第 177 号电所述问题，3 日下午何应钦向我高桥辅佐官表明：根据中央训令已全部接受我军方要求，并回答如下：

一、关于撤出河北省内之党部机关，已于 10 日发令，即日实行。

二、关于第五十一军之换防问题，将自 11 日起用铁路运输开始实行，预定在 6 月 25 日前后完成。

三、已决定将中央军第二十五师及第二师调往河北省以外地区。

四、国民政府将下令全国，禁止排外排日行动。

另据高桥辅佐官告知，关于本件中国方面回答应候该辅佐官与天津军洽谈后方能发表,故望本电暂勿外宣。

　　③关于土肥原·秦德纯协定若杉参事官致广田外务大臣电

一

　　1935 年 6 月 24 日下午发自北平,东京于同日下午收到(第 204 号)

　　据悉,关于察哈尔问题之处理,现在北平之土肥原少将于本月 23 日夜偕同松井中佐及高桥武官与秦德纯会见,大致提出下列要求:

　　一、宋哲元所部军队须撤往停战协定线(昌平—延庆线)之延长线以西地区。

　　二、宪兵队、国民党党部及蓝衣社须撤出察哈尔省以外,并严禁排日行为。

　　三、上述两(须)〔项〕在两周内完成。

　　四、对于张北事件应行谢罪,并处罚其直接负责人。

　　对于上列各项要求,秦德纯已约定,待向中央请示后给予回答。

　　另据我军方表示,上列我方所提要求须绝对保守秘密。附陈,即希钩裁。

二

　　1935 年 6 月 27 日下午发自北平,东京于同日下午收到(第 114 号)

　　关于前发第 211 号电所述问题,秦德纯已于本月 27 日以书面回答土肥原少将。其内容大要如下:

　　一、关于张北事件,中国方面将表示遗憾之意,并罢免其负责人。

　　二、经确认为有碍中日邦交之机关,可撤出察哈尔省。

　　三、日本方面在察哈尔省内的正当行动,可予尊重。

　　四、宋哲元所部军队将撤出经昌平—延庆—大林堡至长城一线以东地区以及从独石口北侧沿长城经张家口北侧至张北县南侧一线以北之地区。

　　撤出后的当地治安,由保安队负责维持。

五、上述撤退工作，自 6 月 23 日开始实行，在两周以内完成。

另据我军方希望，上述中方回答内容必须绝对保守秘密。即希察照。

三

1935 年 6 月 28 日发自北平（第 220 号）

关于前发第 214 号电所述问题，据土肥原对职秘密谈称：关于中国方面承诺事项中之第三项（即日本方面在察哈尔省内的正当行动，可予尊重）究应如何解释的问题，土肥原与秦德纯之间已达成口头约定，中国方面承诺之要点如下：

一、准许日本方面在察哈尔省内设置飞机场及无线电通讯设施。

二、阻止山东、山西移民进入察哈尔省境内（以免此等移民入境后对蒙古人的产业带来压力）。

三、逐步设法限制张家口德化洋行的事业发展（以排除苏俄势力通过该洋行向该地区渗透）。

四、察哈尔省可聘任日本人为军事或政治顾问（在当前，已就暂时聘任松井中佐为不付薪俸的名誉军事顾问一事达成协议）。

五、我方在内蒙古方面对德王进行的工作。

另据土肥原言称，此次交涉中对于非武装地带的设定问题虽未做出明确规定，但我方意图是在察哈尔也设定一种与非武装地带相同的缓冲的和平地区。在此次交涉中，秦德纯与萧振瀛对关东军代表土肥原的态度极为恭顺，表示今后将逐步符合我方要求，望充分协作等等，土肥原对此态度似乎很为得意。

本电所述全系土肥原基于与本职间的个人友谊而透露的私下谈话，故望严守秘密，切勿外宣。

谨此报闻。

《日本外交年表并主要文书》（下），第 293—295 页

选自（中国近代史资料丛刊）《抗日战争》第一卷"从九一八到七七"，第 574—577 页

2. 日本策动华北自治运动与中方的应对

多田骏声明

1935 年 9 月 24 日

一、我军光明正大的方针,就是在根本上主张救济华北的中国民众,并增进其福利。这个方针,是贯彻始终的。为了摧毁不正不义,必须行使正当的威力。依靠华北民众力量,逐渐使华北明朗化,这是形成日满华共存的基础。但国民党和蒋政权企图予以阻挠,所以,为了把国民党和将政权从华北排除出去而行使威力,也是不得已的事情。

二、以此根本主张为根据,我军对华北态度有以下三点:

(一)把反满抗日分子彻底地驱逐出华北;

(二)华北经济圈独立(要救济华北的民众,只有使华北财政脱离南京政府的管辖);

(三)通过华北五省的军事合作,防止赤化。

三、为此,必须改变和树立华北政治机构;总之,必须对组织华北五省联合自治团体的工作予以指导。

《日中战争史》,第 56—57 页

选自《日本帝国主义对外侵略史料选编》(1931—1945),第 176—177 页

日本陆军省策划"华北自治"有关电报

天津编译中心　译

①陆军省次官古庄干部致关东军参谋长西尾寿造、

中国驻屯军参谋长酒井隆电

1935 年 11 月 22 日

陆满 647 号(绝密)

关于天电 829 号

(一)有关有吉大使就华北问题向南京政府提出的劝告及警告(陆满

655 号),系根据不久前大连会议协商结果要求外务省发出的。但为防止超出劝告及警告范围,陷入南京政府圈套,本日由外务省再次训令该大使。

(二)鉴于当地之实际情况,发出自治宣言之时间实属微妙问题,贵方意见正确。因此,应按照贵处实际情况适当予以决定。此外,对贵电 851 号关于自治之范围,无异议。

(三)土肥原少将等在华北之活动已被华北各军阀完全泄露于南京政府及外国。有鉴于此,此际尤应慎重行动,切不可贻误国策之贯彻执行,万望注意。

②陆军省次官致关东军、中国驻屯军参谋长、
驻北平、上海、南京武官电
1935 年 11 月 25 日

陆满 680 号(绝密)

有吉大使对南京政府之提议,正如陆满 655 号电所述,不超出对华北问题的警告及劝告(不是谈判)之范围。蒋介石已经对广田外务大臣要求承认三大原则做出答复,似有借以取消华北自治宣言作为交换条件之意图。因此,已由外务大臣向有吉大使发出必要之训令,其情况如陆满电 674 号所述,华北自治问题与三大原则之实施应按不同问题处理。以取消华北自治与三大原则做交换毫无道理。华北自治问题并非通过与南京政府谈判所能解决之问题。据考察现实情况,此时勿宁由派出机关进行适当指导以促进自治运动,并易于加深南京政府对华北之认识,在纠正其对日态度上将有一定作用(以上均已与外务、海军两省商定)。

此外,将来蒋介石若以三大原则要求缓和华北自治运动时,我方可以借机要求其在实质上贯彻三大原则。

③陆军省次官致关东军、中国驻屯军参谋长、
驻南京、北平、上海武官电
1935 年 11 月 26 日

陆满 684 号(绝密)

关于华北时局，今后应按以下要领处理

方针

关于今后对华北问题处理之指导方针应根据目前形势之发展，因势利导，扩大其成果，并且适应国内外各种实际情况，以期逐渐完成自治。

要领

（一）推进树立华北自治政权运动，务期达到预定之目的。至华北时局发生纠纷时，根据需要奏请派兵。

（二）华北自治政权之树立，首先以华北实力派为中心，逐渐扩展至确立以民众为中心之政治机构。其最终目的虽为承认南京政府对华北五省之宗主权，但在政治、外交、财政方面则使之脱离南京政府。尽管如此，在工作进程中不得急功近利，须适应当地形势，逐步达到上述目的。

（三）华北自治，表面上需要以中国方面之自发与自由意志为基础，因此军方之态度必须始终以幕后指导为主旨。为此，须随时掌握中国方面尽力使之不脱离我方意图。

（四）华北问题之处理为内外关注之目标，根据过去秘密工作从中国方面泄露之事例证明，在南京政府及各外国均有广播等事实，有鉴于此，应以秘密为宗旨，尽量避免暴露内容。

此外，对有外债担保之财源处理尤须慎重。

（五）当地主宰处理华北问题者，实为中国驻屯军。因此，驻屯军应秘密与中央联系，经常掌握形势之演变，及时将驻屯军之意图进行请示或通报，以使中央与派出机关之对策不致发生错误。

（六）为处理华北问题，关东军及驻上海、南京等其他各地武官要秘密与中国驻屯军联系并给予协助。

④陆军省次官致关东军参谋长、中国驻屯军参谋长、

驻济南、上海、南京武官电

1935 年 12 月 3 日

陆满 700 号（绝密）

关于天电 6 号、支电 949 号及南京电 577 号

（一）有吉大使与南京政府之接触对华北自治运动影响甚大，我方虽适当予以控制，但有迹象表明，何应钦等之北上，为宋哲元及萧振瀛数次向南京方面要求之结果。

此外，据情报称，宋哲元说要在 29 日夜发出公开通电，但至 30 日尚未付之实施。宋哲元对南京方面顾虑甚深，观其态度似尚犹豫不定。故应进行指导，在一定程度上压制南京方面，使之承认由北方实力人物自治，认为对决定宋哲元等人之态度将有效果。为此决定采取以下方针加以处理。

1）对宋哲元等之指导，应一如既往策动自治运动之进展。

2）对南京方面除强迫要求其实行三原则外，抓住其对华北要求之条款（支电 949 号，南京电 577 号），对之表示同意，从而使目前华北实力人物实行以上条款内容，导致南京政府承认华北自治。

以上工作暂由南京总领事（须磨弥吉郎）担任，南京武官（雨宫巽）予以协助，有吉大使赴宁事暂延至北方动向明朗再定。

3）须极力排斥何应钦等南京要人处理华北时局。日本官警自当回避与彼等要人之会见，同时亦须指导现华北军政权采取同一态度，从而迫使彼等要人放弃逗留华北之意图。

（二）有关宋哲元等人之行动，从日方之通讯事先多有暴露，由于上述各种关系不能令人满意，故应加以控制，不可过早发表。在华北各机关言论部门尤望加强指导。

以上已与外务、海军两省商定完毕。

　　⑤陆军省次官致关东军参谋长、天津军参谋长、
　　　驻北平、济南、上海、南京武官电
　　　1935 年 12 月 9 日

陆满 708 号（绝密）

关于华北自治政权事项（密码、绝密）

（一）由于各派出机关同心协力，以宋哲元为中心之自治政权即将

成立,南京政府亦即将对之承认,终于大致走上陆满第 700 号电所提出之轨道,对此自当同庆。今后更望驻华北、华中各机关相互配合,继续执行该电指示之措施,逐渐完成陆满第 684 号提出之目的。

(二)关于陆满第 700 号第一项之(2),虽以关电 463 及 464 电曾提出意见,但上述陆满电之宗旨在于促使宋哲元主动执行南京方面所要求之条款,使南京政府承认既成事实。因此本宗旨无更改必要。

(三)关于在华北新设之委员会应置于行政院外抑隶属于行政院下之问题,当然寄希望于前者。但切望不可舍本求末,导致苦心孤诣方得走上轨道之既成形势遭到破坏。应着重于完成预期之目的,采取顺应当地情况之措施适当处理。

⑥陆军省次官致中国驻屯军参谋长电

1936 年 1 月 20 日

陆满 23 号(绝密)

贵电第 109 号第七项关于冀察政权顾问一事,应按陆满第 16 号第三项处理。目前审议中仅限于紧急事项。在以上事项中,请区别贵地已有准备者及东京应做准备者,尤希注明担任之业务、官级、薪金等,希速报。

[日]《现代史资料》(8)日中战争(一),第 147—150 页

选自(中国近代史资料丛刊)《抗日战争》第一卷"从九一八到七七",第 731—735 页

华北自治运动的演变

1936 年 1 月 9 日

参谋本部

一　绪　言

去年 12 月 18 日,在北平外交大楼,成立了冀察政务委员会。委员长宋哲元以谈话形式发表,今后将处理二省二市的一般政务,华北自治运动到此告一段落。根据报纸或社会上散布的华北运动的印象来说,不无雷声大雨点小之感。但在混乱的政治漩涡中,该委员会的成立,虽

然还有些暧昧不明,而在明朗化方面总是进了一步,对此大体上应该表示满足的意思。

我们在这里认为最遗憾的是这样一种情况:自从华北自治运动表面化以来,我国一部分不明华北真相的人盲目相信为南京政府巧妙宣传的外国通讯,轻率地广播,说什么"自治运动只是我军部的工作","在经济上,华北不值一顾"等等,妨碍舆论的趋向,荒谬绝伦,令人吃惊。

纯粹严正的国策,固然不为这种不纯正的策动所左右。但这些广播立刻倒过来为南京政府所利用,使华北将领的决心犹豫起来,效果极大,这是不能否认的。

我们在这里研究一下华北自治运动的本质,对冀察委员会成立的经过作一概括的叙述,作为将来的参考。

二 华北自治运动的发展

自从"停战协定"签订以来,华北自治的政治思想有所抬头,更由于受到陕西省共匪的声势猖獗的威胁,以〔去年〕10 月 20 日河北省香河县爆发的民众运动为导火线,在各方面一贯沿着表面化的方向发展起来。本来,华北自治运动的基础不是一朝一夕形成的,南京政府过去十年来对华北的政策实际上可以用榨取一词来概括,该地居民的穷困疲敝已达于极点。这种榨取政策,本来是中国军阀的惯用手段,不足为奇,但眼看到满洲国日益发展,蒋介石政权逐步后退的倾向,在华北的有识之士的心底里产生出极愿华北自治的思想,不能不说,这是一种理所当然的演变。

向来对官方的威力柔顺如羊的中国民众,竟置弹压于不顾,开始发动象这次那样的激烈的运动,必须认识,其根源极深。由于对多年秕政的深刻的反抗意识,和依靠日满以打开困境的这种强烈要求,发生了作用。最近,帝国的态度始终严正不动;对于这个自治运动,虽然表明好意与同情,但在实质上没有给予任何援助;对一部分不纯的策动,则努力加以监视和抑制。华北的各个实力人物,虽然面临如上所述的形势,但是因为不仅以前的立场和利害关系各不相同,又缺乏独断独行的实力和决心,特别是因为有过以前反蒋运动的痛苦经验,如果没有日满援助的保证而轻举妄动,立刻会受到中央政府的压迫,徒然遭到垮台的危险。所以,没有一个能够作出英明的决断,首先出山,身当难局的人。刚巧在〔去年〕11 月 4 日南京政府突然发表了币制改革,各个实力人物才觉悟到已经遇到了这样的命运,不但在经济上,并且在政治上必须对南京屈服,于是,他们不得不研究采取什么对策。

三　华北各将领的态度

华北实力分子中的主要人物,有山西的阎锡山,山东的韩复榘,河北的商震、万福麟,以及在(本年)〔去年〕6 月因华北事件而导致中央军撤退后坐享其成、从察哈尔逐步进入河北省的宋哲元。

他曾经是冯玉祥的心腹,又是国民军的中坚。他在 1929 年参加冯(玉祥)的反蒋军队,进入河南,打败后,一度退到陕西。1930 年又与阎的反蒋战争相呼应,代冯指挥西北军,又遭到失败。以后历任张学良的东北第三军军长、中央军的第二十九军军长、察哈尔省主席等职。

就是说,他一方面属于反蒋的系统,一方面又是热河抗日战争和(本年)〔去年〕的察哈尔事件的当事人,是反日系统的突出的人物。可是,随着帝国堂堂正正的主张和满洲国的日益发展,在自己的背后感到了寂寞,他正处于这样的立场,将来不得不和日满提携,建立打开局面的策略。而他在一觉察华北形势的变化,就不失时机地就任平津卫成司令,同时收揽华北民心,企图扩大强化自己的势力。

其他各将领为了拥护将来的立场,内心也十分了解期待与帝国提携亲善的必要。但南京系对这方面的压迫牵制也很强烈,万一乘提携没有完成的时机,轻率地举起反对南京的旗帜,那末,被各个击破的可能性就很大。所以,各将领认为等待别人合流成功,慢慢出马,是一种明智的做法,就是采取所谓机会主义的做法,而只有宋哲元处于比较地可以免除南京的直接压力的立场,所以工作得以逐步展开。

四 〔去年〕11 月中旬的形势

〔去年〕11 月 11 日,宋哲元对正在南京召开的五全大会,提出了开放政权、集中人材的建议。13 日,韩复榘也发出了同一主旨的通电,以后,自殷汝耕以下,停战地区内的各机关、华北新闻公会、各大学有志之士都与之呼应,华北的形势有所进展。

当时宋哲元一派制订了计划,其要旨如下:

一、在华北建立亲日反苏政权,而鉴于南京政府的政策是反日的,为了摆脱它的约束,采取自治(半独立)形态。

二、地区以华北五省三市为范围。

三、虽然承认南京政府的宗主权,但在外交、内政、经济等方面,保持高度的自治。

当时,日本国内各报都发表了建立华北自治政权的报道,引起了国内外的注目,但事实上,以上工作还没有做到一半。他们一方面发表了通电和抽象的政策,试探国内外的意见,一方面又对南京秘密发出"我正受日本的压迫与强迫,应如何处理?"等的电报,努力从事表面上的敷衍,避免首当其冲。而另一方面,宋哲元的部下萧振瀛等竭力奔走,恳请帝国援助。我方则对此始终避免内部的政治干涉,而注视其情况的变化。

五 南京政府的离间工作

在此之前,南京政府一觉察华北的叛离的形势,就在召开六中全会之前,蒋介石亲自飞至山西省太原,说服阎锡山:"如果阎能够说服华北将领,使他们团结起来,那就以阎为华北政治分会的首领。为进行本工作所需要的经费由中央负担,并且,如果实现以阎为首领,更把外交、财政两权交给他。"阎也因为现在山西正在发生经济危机,暂时接受中央的扶阎政策,并非不利,就决心出席六中全会。参谋次长熊斌又秉承蒋介石的意旨而北上,对宋哲元、韩复榘说:"中央政府对华北的具体方案已经决定,如果为了局部的自治和独立运动而疯狂奔走,极为不利。"其他政府要人也对华北实力分子频繁地发出电报,努力加以羁縻。同时又调动部队,借口在南京附近进行特别大演习,集中了几个师,并且把其中的一部分沿陇海线北上佯动。又准备了许多军用列车,暗示万一奉到中央命令,立刻用武力加以镇压,没有忘记采用威胁的手段。

南京政府一面对上述华北将领采取直接的羁縻威胁手段,一面间接地动员公私的宣传机关,进行有组织的宣传:现在南京政府已经获得许多友邦的全面支援,政府正在竭尽全力,适当调节国民贫富的差距,这次币制改革是自力更生的第一步。企图由此增加国富、报复外侮;对国民暗中夸耀对日强硬政策,同时采用联苏政策,表示对我方挑战的傲慢态度。结果,在〔去年〕11 月 9 日上海发生了对日本海军陆战队水兵被枪击事件,接着,在 11 日又发生对上海南京路日比节洋行的暴行事件。在当时散布的传单上堂堂地写着:"中国由于日本的不断压迫,危机已达最高潮。与其坐而为亡国之民,不如奋然而起,向日本帝国主义挑战。"

以上情况,当然导源于南京政府所指导的内部工作,而南京政府对于我官方的抗议竭力辩解,实质上并无任何诚意。

蒋介石在五全大会上说:"国民政府的对日外交方针,仍以中日亲善为主旨。"上述对华北的直接和间接、表面和背后的离间工作,给华北将领以这样的印象:似乎南京政府有什么和日本妥协的方案。如果妥协时,也许完全(表)〔丧〕失了自己的立场,如果妥协谈不成,国民政府作为最后的手段,不惜采取决战方式,而此时,照目前日本的形势看来,是否能出头采取武力解决,还是疑问。

六　自治运动的软化

宋哲元一派的自治运动总算从〔去年〕11 月中旬以来,逐渐到达高潮,曾经有过在 20 日前后发表自治宣言的趋向。但韩复榘以下的其他将领怀疑宋哲元一派专断,不愿和他们合流。特别感到在形势完全成熟之前,有轻举妄动的危险。更由于南京方面的离间工作日甚一日,不容易有所举动,终于使宋哲元也感到在这种孤立的形势之下,要决心突

破有所困难。11月18日,他对南京政府发出电报:

由于日本方面的压迫,处于在11月20日至22日之间不得不发表自治宣言的苦境。

而在另一方面,他又对帝国派出的官方人员声称,于五全大会闭会后,即11月25日以后发表自治独立宣言,采取拖延的策略。他的态度已有显著的软化。

七　帝国的态度和有吉(明)大使访问南京

帝国根据既定方针,始终坚持严肃的态度,同时内阁有关各省已经取得密切的协调,对华北形势以很大的关心,加以注意,毫不松懈。而于此时,当力戒为局部的形势所迷惑,必须洞察大局,进行处理。对于这次自治运动,也要考察国际国内的影响,政府和舆论取得一致,运用有统制的国策,逐步采取必要的措施,才有希望。前一些时候,中国的中央军调动频繁,北伐的气氛很浓厚。关东军一觉察这种形势,不失时机地为达到保护在华北的我国侨民的目的,就在11月19日把大约一个旅团的兵力集中在满、中国界上;中国驻屯军也随机应变,为了达到上述目的,进行必要的部队调动,以防万一。对南京中央政府,又于11月20日,令有吉大使会见蒋介石,提出警告:此时,中国中央政府如果不迅速采取适应华北形势的态度,事态有日益恶化的危险;中国方面已经把一部分中央军集中在山东和河南省南部,如果想把这部分兵力开进华北,用武力来解决当前的事态,必将造成严重局势。

蒋介石对此表示这样的意思:恳请抑制华北的自治运动,作为交换条件,愿意实行外务省方面早已提出的三原则(一、具体实现亲日政策,二、根绝反满政策和在华北实行文化提携,三、共同防止赤化)。但是华北自治运动原来和实行三原则不是一个问题,因此,有吉大使一再希望南京政府改变对华北自治运动的认识。

八　冀东自治委员会的成立

当时正为华北的离间工作而疯狂奔走的南京政府,利用有吉大使对南京政府的访问,向宋哲元、韩复榘等发出虚电,声称:"中央政府对华北问题的处理办法,经与日本中央政府协商,结果得到圆满解决,近将见诸实行。"另一方面,又在广播中说:通过李滋罗斯的币制改革,"英国保证援华"。此外,还传播联苏工作已经告成的消息,努力使华北将领的决心发生动摇,宣传效果极大。这样,对自治运动的形势极为不利。在这样的形势下,11 月 23 日晚,战区督察专员殷汝耕(前上海市政府参事,上海事变时,曾代表上海市长吴铁城,和日本方面谈判。他虽属于蒋介石系统,但原毕业于早稻田大学政治经济科,娶了日本妻子,以精通日本情况著称)突然在天津召集各停战区保安总队长,决定在宋哲元的谅解之下发表停战地区的自治宣言;接着,25 日晚上在通州发表宣言,同时成立冀东防共自治委员会,其组织大纲如下:

一、自治实施区域,除停战地区外,包括延庆、龙门、赤城三县。

二、委员会以委员九名(即保安总队长五名、殷汝耕及其秘书三名)组成,以殷汝耕为委员长。

三、外交和军事由委员长负责。

四、一切行政,虽遵照中国现行法令,但必要时得公布单独法令。

五、管理一切国家收入。

六、设置法院。

七、设置建设委员会。

九　南京政府的对策

冀东自治宣言严重刺激了南京政府,该政府视殷汝耕为国贼,发布逮捕令。11 月 24 日,陈仪提出会见南京陆军武官(雨宫巽——原编者注)的要求。当时,日本向陈建议:"发表命令撤销北平军事委员会分会,并且,希望派遣负有全权和日本方面谈判的高级官员。"11 月 26 日,行政院又作出如下的决议:

一、废止北平军事委员会分会,其业务由南京军事委员会办理;

二、任命何应钦为行政院驻北平办事处长官;

三、任命宋哲元为冀察绥靖主任;

四、免殷汝耕职,予以逮捕。

关于处理华北问题,中国方面在 10 月 30 日曾经提出以下这些要点(即所谓《华北自治办法》):

一、实行共同防共;

二、关于币制改革,在华北方面加以适当的修改;

三、考虑关内外人民关系密切,对两者的经济关系予以方便;

四、在财政方面予以华北政权以相当的支配权力(有发行一亿几千万元公债的权力);

五、对以上政权,予以合理地就地解决对外悬案的权力;

六、根据民意,录用人才,实行理想的政治。

并且,附带说明,最近将派何应钦、陈仪、熊式辉、殷同四人到北方,和多田中国驻屯军司令官协商,然后接受日本方面对当地形势所提出的希望,开始处理华北问题。总之,南京政府现在已经感到不能对华北问题置之不理,似乎要亲自研究具体的措施,建立依然在南京政府威令之下的华北政权,设想建立一个象往年黄郛政权一类的政权。

十 何应钦等北上

对上述提议,我南京总领事(须磨弥吉郎——原编者注)根据既定方针,表示拒绝。12 月 1 日,天津市长程克向南京行政院发出电报:"现天津附近已面临一触即发的形势,职苦于无法掌管市政。观大势所趋,如不遵从舆论,难支狂澜于既倒,披沥衷心,不胜待命之至。"宋哲元也感到与其一个人冒断行自治的危险,不如始终稳当地在与南京政府妥协下进行工作较为明智。因此,再三发出电报:"等待何应钦北上。"于是,南京政府匆匆决定,命令何应钦北上。何就在 12 月 3 日到达北平,与宋哲元一派再三协商。到 12 月 5 日,宋哲元向何应钦提出辞呈后,就行踪不明。萧振瀛则又代表宋哲元,制订了自治方案,敷衍局面,如果这个方案不被接纳,就全部辞职。何应钦也觉察当地的形势毕竟不是他自己所能处理,就在 12 月 7 日向中央请训,承认在保持中央体面的范围内建立适合于地方环境的政治组织。南京也终于在 12

月 12 日发布命令,把商震调往河南省,任命宋哲元为河北省主席。另一方面,萧振瀛迅速地觉察到何应钦等的动向,竭力推动冀察政务委员会的筹建,开始选择委员。该委员会终于在 12 月 18 日宣告成立,略如上述。

十一　今后的冀察政权

关于冀察政权的内容,现在还不清楚,但总而言之,它的组织大纲是南京政府制定的,将来各种法规的草拟也必须取得国民政府的承认。

就宋哲元来说,他扬言:"不管用什么名义,总之,成立了冀察政务委员会。如果顾及南京方面和我的面子,今后的处置,由我来坚决实行,实质上应该脱离南京政府。"但是,知道他以往态度软弱的人不得不承认,在今后的形势下,总还会有变化的可能。

然而,事到如今,关于今天的新政权和宋哲元的本质的猜测,已经不合时宜。帝国只能始终站在静观监视的地位上,不为当前局部的现状所迷惑,敢于坚持自主的意识,希望加强促进新政权的机构及其工作,而向帝国不屈不挠的既定方针继续迈进。

如果宋哲元依然发挥旧军阀的老一套手法,只专心于扶植自己的势力,无视华北民众的幸福,而背离华北自治运动的本意,则其盛(衰)〔衰〕亦可料知。在此之前成立的冀东自治政府,不愿与冀察政权合流,其原因即在于此。

如果宋哲元现在能逐渐谅解帝国的真意,以后的措施也逐渐有可观之处,当引为欣幸,而今后更发奋一番,向实现理想的政治迈进,使华北明朗化成为现实。那末,这不仅是华北民众的幸福,阎、韩等也将和他合流,成为华北五省政治上脱离南京政府而独立的阶梯。

十二　结　论

以上对华北自治运动的演变作一概述。总之,帝国的态度,始终严然不动,不为局部的形势所迷惑,不玩弄姑息的手段。彼方在国内外各报记载中,对华北问题一喜一忧,逞其臆测,甚至散布"日本军部的华北工作已经失败"的谣言,真堪喷饭。如果不了解正义的真理和大势之所趋,俱不足以语此。

[日]《现代史资料》(8)日中战争(一),第128—134页

选自《日本帝国主义对外侵略史料选编》(1931—1945),第181—190页

冀察政务委员会成立的过程

1935年12月

河北时局

河北时局,近来特别严重。本栏齐稿时,以北平为中心的形势,正在紧张。

某方原来计划,为三省宣布自治,其后因韩(复榘)商(震)不来,遂改而为专盼宋司令(哲元)单独宣布,本星期的问题重心在此。但宋之立场,自然也不能那样模糊,所以先发生殷汝耕据战区为脱离中央的一幕。同时天津接连几日,有请愿的示威。最激烈的一幕,是占据东马路宣讲所,但当日已解散,这几天安静一点。

日本有吉(明)大使,有即日再入南京之讯。中央对河北时局下了几道命令,撤军分会,以宋为冀察主任,何部长(应钦)为驻平长官。但宋已电辞,何也不能即来,现时情形,日本一方对中央进行正式外交,而在华北之局部工作,依然继续着。就形势上看,在一星期内,一定要到达一种段落,我想日政府在伦敦海军会议开幕以前,想看见河北问题的决定。

关联而起的新事件,自然不少。如日方在天津东局子自筑飞机场,如在天津丰台检查车辆之类。土肥原,现时在北平,一切的一切,都象征着紧张。至于结果如何,据我们观察,问题的解决,毕竟看南京的交涉。天津这几天,大约还不会变动。

机微状态之河北局势

本周中日局势,在最机微状态中。自有吉大使谒蒋回沪后,传局势有缓和消息,东京方面得有吉报告后,决令有吉再与蒋晤面,务得中国

政府关于对日政策之具体表示,并须按照日方所提出之三原则处理。至于河北局势,蓟密区行政督察专员殷汝耕忽于 24 日在通县组织冀东防共自治委员会。行政院当决议特派何应钦为驻平长官,派宋哲元为冀察绥靖主任,并将殷汝耕免职拿办。蓟密、滦榆两区行政督察专员公署撤销,当由国府明令发表,天津市亦有人出面骚扰,旋即平息。惟日军忽在天津车站及丰台车站阻止火车南下,其意可知。宋哲元前周来津后,本周回平,并向中央恳辞新职,同时邀商震、韩复榘来平,会商河北局势,商一时不能去,韩复电亦不来。日方除在京沪与当局谈判外,同时日军方面仍在北平与宋哲元进行,截至齐稿时,尚无若何进展。一周来河北局势之紧张,匪特全国人人注意,即欧美亦在关切之中也。兹将各情分述于左:

1)中央处理河北办法

河北蓟密区行政专员殷汝耕突于 24 日发表宣言,24 日在通县成立冀东防共自治委员会,殷自称委员长。宋哲元、商震均电京请示办法;行政院于 24 日晨 10 时开会,决议如下:

①北平军分会应即撤销,其职务由军委会直接处理。

②特派何应钦为行政院驻平办事长官。

③特派宋哲元为冀察绥靖主任。

④令冀省府将滦榆区专员殷汝耕免职拿办。

⑤决议:滦榆、蓟密两区专员公署着即撤销,其职务由冀省府直接处理。

⑥决议:电令宋主任、商主席等负责维持地方治安。

国府即日明令发表,并下令缉拿殷汝耕,原令为:

殷逆汝耕,在通州组织伪自治会,宣布独立,背叛国家,罪大恶极,自绝人类,国府特于 26 日晚发表明令,着行政院迅饬冀省府,即予免职拿办,以遏乱萌。原令如下:

"现年以来,国家多难,忧患频仍,所恃全国人心一致团结,含辛茹苦,共济艰难,凡属血气之伦,无不深明此义,河北为形胜之区,关系尤重,各界人士,均能坚忍自持,力谋支柱,风声所树,动系安危,矧在公务人员,职有专属,更应如何激发天良,竭智效忠,共图捍卫。乃查有河北省滦榆区行政督察专员殷汝耕,于 25 日妄自宣言,组织冀东防共自治委员会,自为委员长,勾结奸徒,企图叛国,于国家危难之中,为乘机扰乱之举,丧心病狂,自绝人类,一至于此。该逆殷汝耕,着由行政院迅饬河北省政府,迅予免职,严行缉拿,依法惩办,所有滦榆、蓟密两区行政督察专员,着即撤销,其一切职务,由河北省政府直接处理,迅遏乱萌,以固群志。此令。"

自殷汝耕发表宣言后,监察院呈国府请采取有效方法紧急处置,沪市商会并电宋哲元、商震、程克,请以全力维持领土完整。关于平津治安,宋哲元已表示维持,惟对冀察绥靖主任一职已电京请辞,原电云:

"南京军政部部长何钧鉴:昨奉宥来电,承示中央任命宋哲元为冀察绥靖主任,闻命之下,曷胜惶悚,窃维樗栎之材,不足以当大任,平津两市,尚难策划安全,绥靖冀察,更恐不胜艰钜,伏乞钧座体念微忱,转请收回成命,以免遗误,重为公忧,是所企祷。宋哲元叩。感。"

何应钦于 28 日复电慰留。宋又电山东韩复榘、保定商震请来平商河北问题,韩复电谓中央已任命何部长为驻平长官,地方负责有人,本人暂缓来平,商震亦复电,因病不能赴平。至何应钦是否即行北来,据京电,尚未决定,惟当局连日集思于应付北方大局,用力安排,煞费苦心。因京沪间中国当局与日使之接洽,尚见良好,认为对北方尚有希望,但据萧振瀛于 28 日语往访新闻记者,谓何部长虽来电慰留宋司令,但宋仍无就职意。目前时局依然甚紧,某方催促颇急,中央电嘱继续苦撑,但无具体办法,宋之驻京代表戈定远谒孔代院长请示方针,亦无若何办法云云。中央现实除由张群、陈仪留沪与有吉接洽外,并电北平宋哲元继续撑持。

2)孔祥熙与须磨谈话

日总领事须磨 27 日午后 9 时访问财政部长孔祥熙,关于华北时局交换意见,席上孔部长称:华北之情势极为重大,一旦处置错误,中日两国之关系将有全盘发生纠纷之虞,希望日本政府慎重考虑。须麿总领事对于上项之请恳,阐明日本政府之立场如下:华北自治运动,乃系中国之内政问题,非日本政府所能干与。然而若国民政府采取无视舆论之手段,例如逮捕殷汝耕之行动,则日本政府将至不得已而出于何项之处置,事态将反陷于恶化。行政院会议之决定,与蒋委员长、有吉大使会见时蒋氏所提议者,有相当之距离,国民政府之态度既如此,即使何应钦北上,谋时局之安定,亦属困难云。次孔部长对于币制改革要求日本政府谅解,尤特恳请上海现银输出之缓和。须麿总领事对此诘难国民政府,并率直陈述对于币制改革案之实行,抱甚大之悬念。会谈达一小时。

3) 日使决再入京商谈

日使有吉自上周入京谒蒋委员长,23 日回沪后,当将与蒋晤谈情形电告外交部。22 日本内阁会议,以蒋氏与有吉谈话,虽赞成日方所提调整中日关系之方针,但无若何具体案提示,讨论结果,日政府决坚持四省会议之方针。据日本发表蒋委员长与有吉会见内容:

蒋委员长于 22 日与有吉大使会议席上,提议如左,22 日已有电到外务省:

①以取消华北自治运动,中止自治宣言为条件,全面的承认广田外相之对华三原则。

②国民政府则考虑包括该项三项原则之华北解决办法。

③因此最近将派遣有充分权限之人赴日本,以资披诚交换意见,以上请转达于贵国政府云云。

然而派遣之人物及交涉地点日期均未言及,且解决办法亦未提示,日方对此,将俟外务、陆军协议后,再训电有吉办理。(一)日方以华北如认为华北民众由于日本嗾使者,此诚错认,殊难期解决,此点更有明白之必要;(二)所谓承认包括广田三原则之华北问题解决,然华北与满洲国接壤,在共产党防止宣言之见地上,当然包含于三原则之主旨,且此为最初之具体表现,则殊无取缔华北自治运动之理由;(三)日本政府要不外认为华方拆开华北,故事态之迁延,实不能许,当要求其从速提示解决办法。

（东京新联社 22 日电）

日外相广田训令有吉再往谒蒋委员长,根据日政府所定方针交涉:

①日本政府对华根本政策,业经广田外相向蒋作宾大使说明,已通达南京政府。

②南京政府立于东亚安定维持之大业的见地,如全盘的承认日本对华根本政策,确信其必能提出提携之具体案。

③华北自治运动,诚属中国之国内问题,然而华北地带之特殊认识,当然为日本对华基本政策之一重要项目,日本政府对于南京政府行将采取之华北处理办法具体案,实可为对日诚意之一试验。

④南京政府对于有吉大使,除说明对日根本方针之具体政策外,对于华北现状,以此为中日满关系之调整及赤化共同防御而树立最适切有效之方策,以展开中日共存共荣之具体的事实为第一要义。

（东京新联社 23 日电）

至日本军方面对政府解决河北时局办法之态度,据东京 27 日新联电云:日本军部方面对此,因尚未接何项报告,故尚未至开陈意见之时期,将取审慎之态度,以静观事态之推移。关于华北重要新事态,在有吉与蒋会见时,该大使即严重警告,谓国府应一扫其对于华北事态之错误认识,出以适切妥当之解决手段,而再度唤起其注意,正确认识现实之事态,以善处其治安归于平静。然而国府此次决定之时局解决办法,仅为撤换从前之机关,代以外观整齐之新机关而已,苦徒持该种观望主义,以不彻底之方法,而使事态纠纷时,则事态更必恶化,对华北有密切关系之日本,实难默过云。

何应钦到北平后的河北局势

本周河北局势,自中央明令何应钦为北平办事长官后,何即由京偕熊式辉北上,先到保定晤冀省主席商震后即来平,连日与宋哲元等见面会商。同时陈仪由京过津赴平,陈在津曾访日本驻屯军司令官多田,到平后分访日方土肥原及高桥垣。何与宋哲元等晤商结果,宋表示绝对听命中央,而东京电称:日陆相川岛发表谈话,亦谓"最近或将见到一转换亦未可知",一时颇有乐观空气。至 5 日宋哲元忽赴西山休息,并发表书面谈话,谓此后一切困难问题,当悉听命何部长负责处理云云,同日下午忽有所谓自治请愿代表赴居仁堂请愿事件。兹分述如次:

1)宋哲元催示办法

宋哲元自奉冀察绥靖主任新命后,即电中央请辞,29 日又二次电中央辞职,并请指示办法。而日方催促甚紧,30 日为预定之第二次限期,宋 29 日晚与秦德纯、萧振瀛等会商后,决定再电蒋委员长,报告北平实情。原电为:

"南京委员长蒋钧鉴:密。忧患叠乘,情势危迫,屡经电陈,计邀钧察,刻下民情愈益愤昂,城乡市镇议论纷纭,倡导自治者有之,主张自决者有之,一一遏抑,既有所不能,徒欲苦撑,亦绝非空言所能奏效。哲元德薄能鲜,抚驭无方,综衡情势,似非因势利导,别有以慰民望定民心之有效办法,纵外患不计,亦内忧堪虞。哲元职司兹土,见闻较详,心所谓危,不敢不告,谨电披陈,不胜悚惶待命之至。职宋哲元叩。卅。"

天津市长程克、北平市长秦德纯、天津市商会等均致电中央,兹录程克、秦德纯电文如下:

2)程克电

"南京行政院钧鉴,近来北方危迫情形,业经宋绥靖主任电陈在案,默察天津附近,危机四伏,一触即发。克忝缀市政,处此危急存亡之秋,苦无抚驭之策,窃观大势所趋,恐非俯顺舆情无以挽狂澜于既倒,心所谓危,不敢缄默,谨以上陈,不胜惶恐待命之至。天津特别市市长程克叩。东。印。"

3)秦德纯电

"(衔略)国家多事,北方尤急,困厄情形,屡经电陈。自战区突变,津市惊扰,危疑震撼,民心动摇,自治自决,议论纷起,空言苦撑,难挽危局。德纯抚驭无方,因应已穷,切盼中央早定大计,因势利导,以奠北方,临电不胜惶悚待命之至。职秦德纯叩。东。"

④何应钦由京平来

何应钦奉中央新命后,30日晨谒蒋请示,即于晚动身由津浦专车北上,同行有赣主席熊式辉及随员等。1日,过徐转陇海路开封晤刘峙,1日晚由汴北上,2日晚8时30分抵保定。商震力疾出医院至车站欢迎,宋哲元并派代表门致中往迎,下车后同赴商宅休息。何发表书面谈话谓:本人奉命北来视察,此外并无任务,至就任行政院驻平长官一职,现尚未考虑及此。与何同行之熊式辉、何竞武等则于2日晚赴平。3日午何在商宅接迎日本新闻记者,何发表谈话云:

"本人奉中央命令,北上视察,就近与宋司令、商主席及各地负责当局协商处理一切临时发生之问题。至于行政院驻平办事长官一职,就否尚未考虑。现中日两大民族,不论就历史地理言,必须和平亲善,相互提携,本共存共荣之精神,以维持东亚及世界和平。此吾人所朝夕祝祷者,亦为两国国民所迫切盼望者,尤望新闻界本其天职,努力促成,注意东亚繁荣,使世界大同早日实现。"

旋答记者问,谓:

"宋司令来电迎余赴平,河北事件想不难解决。北平为重要都市,本人此来,抱有甚大决心,希望北平能为一和平之城市"云云。

何氏于午后2时乘专车来平,6时到平,赴居仁堂行辕。据传何氏此来,有代表中央解决河北时局问题之广泛的权限,当由京启行前,中央有具体训令,交付何氏。又陈仪亦由京北上,过津时曾赴日本驻屯军司令部与多田司令官晤谈,到平后并分访日方要人土肥原、高桥坦等。3日晚10时宋哲元、秦德纯、萧振瀛赴居仁堂谒何应钦氏,陈仪、熊式辉亦在座。宋氏对由察哈尔至北平交涉经过,详细报告后并表示三点:

①不屈服他人。

②绝对听命中央。

③对外无丝毫秘密协定。

　　何氏对宋之负责苦撑,甚表嘉许,直至夜深始散。熊、陈、秦、萧等四人 4 日晨再晤面商谈,研究解决时局方案。据宋哲元氏 4 日对记者谈话,华北时局于无办法中已有一些办法,何部长北来后,个人责任可减轻,本人绝对听命中央,本中央意旨做去。相信亡中国者中国人,救中国者亦中国人,将来如何部长能常驻北平负责处理一切,本人甚愿在何部长领导之下努力一些,绥靖主任亦可就任云云。

　　自何到平与宋哲元会商后,阴霾密布之北平局势忽有开展,据传北平将组织一机关,其名称或为政务委员会。5 日晨 8 时,宋哲元忽赴西山休息,并发表书面谈话如下:

　　"危疑震荡的华北大局,自何部长来平,统筹大计,已有转危为安的希望,且何部长与韩、商两主席均经晤面,对华北实际情形,既有真切的了解,当然可以得到真正的解决。本人卫戍平津以来,中央曾有令责成商主席负津市治安之责,本人则仅担任平市方面,而卫戍司令部,近又有令准备撤销,本人责任,从此当可减轻,此后一切困难问题,当悉听命何部长负责处理也。"

　　自宋离平赴西山后,何应钦于午间召集秦德纯、萧振瀛等会商一切,何氏表示,在未得具体办法以前,绝不离平。何到平以来,所商洽者,多系解决内部问题,对外尚未开始交涉。惟北平市因宋赴西山,谣言甚盛。5 日晚 7 时许,中南海门前突到自用汽车 12 辆,载来 30 余人,当在门前下车,当时守中南海之卫兵,即将门半闭,该代表等自称为北平市民众代表请愿团。当出一名单,内列代表 27 人,为朱哲子、潘树声、高星辅、田愚如等,要求晋谒何部长。谓请愿目的,因何来平后,尚未就行政院驻平长官职,现宋司令复表示辞职,北平市将无人负责,人民失去保障,兹为治安起见,请何部长早日就职,如今日无结果,明日即全体请愿云。卫兵当将名单送入居仁堂请示,至 8 时 45 分,何派参议侯成出见,答复允将意见转达,9 时代表等均退走。当时并传转赴武衣库宋司令宅,内四区即派警前往警备,直至 12 时并未见去。平市军警当局对彼等毫未加以干涉。请愿代表散去后,对何部长补上一呈文,长

千余言,呈中具名为"北平市各自治区民众代表",列举八点,请何于三日内实施:

1)实行民众自卫;2)自治自决;3)从民所好;4)勿空言支撑;5)断行自治;6)宋(哲元)商(震)万(福麟)三氏负华北重责,中央如以其不胜任,可另简贤能,或请何在平坐镇;7)请何速就驻平长官职;8)请何早向日方交涉,取消塘沽协定。

《国闻周报》第12卷第48期,1935年12月9日,《一周间国内外大事述要》

组织冀察政务委员会

1)国民政府命令

自何应钦到平后,迭与宋哲元、秦德纯、萧振瀛等商洽,上周末宋哲元赴西山休息,萧振瀛于6日晨来津,往晤日驻屯军司令官多田及参谋长酒井,晤谈甚融洽。萧当晚即返平,7日晨萧赴居仁堂谒何应钦,报告经过。何并邀秦德纯、陈仪、熊式辉商谈后,即决定解决方案,当电中央请示,中央即复电照准。秦德纯等赴颐和园和宋哲元举行最后协商,何应钦即赴汤山休息。熊式辉即于10日返京报告,国府遂于11日明令发表冀察政务委员会委员,原文如下:

国民政府11日令:特派宋哲元、万福麟、王揖唐、刘哲、李廷玉、贾德耀、胡毓坤、高凌霨、王克敏、萧振瀛、秦德纯、张自忠、程克、门致中、周作民、石敬亭、冷家骥为冀察政务委员会委员,并指定宋哲元为委员长。此令。

2)冀察两省政府改组

河北省政府主席商震及各委员,自河北时局解决后即电中央辞职,9日即由保赴平。兹将其辞职电录下:

商震电:

震以菲材,受命于艰难之际,数月以来,心力交疲,虽委曲求全,终鲜尺寸之效,国权日削,已救挽之无方,因循尸位,更深违乎素志,筹维再四,惟有仰企钧座,准予免去本兼各职,俾早卸仔肩,以让贤路,临电感激,不胜迫切待命之至。商震叩。齐。

各省委电：

南京国民政府主席,行政院院长钧鉴:培基等受命艰危,原冀群竭愚忱,勉图补救,讵意险象环生,变化益极,智尽能缺,成效难期。惟有恳请准予开去本兼各职,另简贤能,以免贻误,临电惶悚,伏候钧裁。委员兼民政厅长李培基,委员兼财政厅长李竟容,委员兼教育厅长何基鸿,委员兼建设厅长吕威,委员张荫梧、南桂馨、刘逸南、梁子青同叩。灰。

商震电辞冀主席后,即来谒何。12 日国府明令调商为河南省政府主席,原豫主席刘峙为豫皖绥靖主任,宋哲元继任河北省政府主席,代察主席张自忠改任主席,原主席萧振瀛调天津市长,原任津市长程克改任冀察政务委员。

3) 宋哲元畅谈时局

宋哲元(12 月)12 日在颐和园发表谈话云:

冀察政委会委员名单仅见报纸,尚未接到明令。余对委员长新任命,如何部长能就任行政院驻平长官,驻平负责,全在何部长领导下,当可勉任艰钜。余认为现在环境下,欲保存华北领土,政府应想办法,华北人民亦应想办法,共同进行,方有希望,其责任决非一二人所能负起。政委会委员人选余曾有三项意见:(1)无卖国嫌疑者;(2)在社会上未留有污点者;(3)有经验且品行端正者。过去委员人数本有 36 人,且有在职者不兼任委员之拟议,前数日余出城时,曾致函何部长,表示甚为恳切,凡余所能负起之责任,决担负之,负不起之责任,则决难勉强担任。余自民国 14 年任职,即抱定不争权不夺利之主张,在华北时局无办法时,无论好办法、坏办法,余总出而担任。今何部长毅然北来,余则望担负较小责任,冀察绥靖主任职与地方治安有关,如冀察政委会无问题,或何部长能在平,领导向前进行,余当可就职。

关于华北对外交涉问题,过去错误,多失败于秘密。余自 6 月 20 日交卸察省府主席职,至 9 月 20 日就任平津卫戍司令后,仅以拜会性质晤多田一次外,对外绝对无丝毫秘密协定。即将来中日交涉,余亦主张开诚公开讨论,解决一切,因虚伪足以亡国,余曾向何部长建议采择施行。

关于察东事件,对方要求将张北六县驻扎蒙古保安队,为时已有一年,过去东栅子事件均因此而起。宝昌因仅驻保安队100余,且城池不甚坚固,恐已失守。二台子方面已发现我方溃退部队,沽源驻保安队200余,相持达三昼夜之久,伪军现又增加,拟继续猛攻,另有伪军人数约一团,有前进康保模样,甚为危急。察省除冀省划入之各县外,张家口以外原有11县,除五县划入绥省,所余六县拟以驻蒙古保安队名义一并吞入,此则无异吞并察哈尔全省。且此事关系绥省者甚为重要,对方屡次要求,迄未允许。此六县原为特准游牧地,并非蒙地,亦均为汉人所居,旗名均为牛羊群、大马群等,前曾屡次要求改盟,因不合理由,迄未允准云云。

4)何应钦离平返京

军政部长何应钦,刻以任务终了,昨晚8时10分搭平汉专车离平转陇海路返京。宋哲元、秦德纯、萧振瀛、鲍文樾等200余人到站欢送,车站有卫戍部卫队宪兵警察等担任戒备。行前宋在武衣库设宴欢送,与何随行者有副官王国忠、陈楚雄等随员,随员10余人,沿途并不下车。据何之秘书叶国元对记者表示,何对驻平行政长官一职绝对请辞。据萧振瀛语记者,宋在月半可就任冀察政务委员会委员长职。又陈仪、殷同,昨晚8时专车返津,陈抵津下车与日武官团会晤后再返京。

《国闻周报》第12卷第49期,1935年12月16日

5)冀察政务委员会成立

冀察政务委员会原定16日正式宣告成立,因故改期。是日开谈话会议,北平外交部街一带,因学生请愿,戒备甚严,预备会议决定改定18日开成立会。18日晨8时在北平外交大楼宣告成立,同时委员长宋哲元及在平各委员等举行就职典礼。晨起,外交部街及东单牌楼一带,加紧戒备,军警林立,委员中除周作民、王克敏在沪未能北来,程克在德国医院卧病未能出席外,委员长宋哲元及委员万福麟、王揖唐、李廷玉、

胡毓坤、高凌霨、萧振瀛、秦德纯、张自忠、门致中、石敬亭、冷家骥等均出席，刘哲、贾德耀两委员前电中央请辞，业经复电慰留，辞意打消，亦准时到会。因开会时间，事前并未发表，开会时，仅到有少数来宾及该会职员与新闻记者等 30 余人。其余来宾则多于会后赶到，先后计到有何应钦代表严宽、冯玉祥代表李炘、韩复榘代表程希贤及军政各界等 70 余人。8 时 20 分行礼，仪式简单，委员来宾等入礼堂后即在主席台前环立，首先奏乐，继向党国旗行三鞠躬礼。礼毕，由委员长宋哲元致词，报告成立经过及今后内政外交之主张。词毕，由李廷玉代表全体委员致词，继由来宾代表邹泉荪致词。8 时 40 分礼成摄影散会，旋继续举行首次委员会议，到会各委员均出席。决议两项：

①推定秦德纯、刘哲、王揖唐等三人为常委。

②规定每星期五下午 4 时举行委员会议。

散会后，宋氏当即邀宴各委员及来宾等，至午始尽欢而散。

天津市长萧振瀛于 19 日就职，由孙润宇代表前市长交印。

《国闻周报》第 12 卷第 50 期，1935 年 12 月 23 日

蒋介石致陈济棠、李宗仁等电

1935 年 12 月 10 日

特急。广州陈总司令伯南兄、邕宁李总司令德邻兄、白副司令健生兄勋鉴：密。迭接两兄来电，指陈得失，咸切肯要，一片精诚，尤用佩慰，日人此次华北急进，原认对我中央无法妥协，乃向地方加紧策动，一面以大兵压境，一面挑唆各方，藉口西南有政务委员会，则华北有何不可创造类似组织，即可截留税收，委派官吏，形成半独立之状态，肆行威逼利诱，双管齐下，内外奸人勾结，事机紧急，致谍当局，本限期上月卅日宣布，幸宋明轩尚明大义，守正不移，韩、商更避不参加，日前为因应环境，釜底抽薪计，乃决定四项处理原则：（一）设立冀察政务委员会。（二）委员及组织由中央决定人选，以适宜于北方环境为标准，并任宋明轩为委员长。（三）一切军事、外交、政治、经济保持正常状态。（四）

绝对避免自治名目与独立状态。（如日人压迫,中央与地方一致行动）并命敬之兄于卅晚北上,依此运用相机处理,现经本上原则拟订该委员会暂行组织大纲,委员名额定为十七人至二十七人,就中除指定一委员长外,并指定三人之五人为常务委员,其人选均由国民政府特派。会内设秘书、政务、财务三处,各设处长一人。此项委员人选,现尚在斟酌华北情形,慎重考虑中,如此处理,先行稳定内部,然后再图打破对外实际之难关,或不失为解决目前纠纷之应急步骤,卓见所及,尚希随时详筹电告,为盼。中正。灰。秘京。

（录自总统府机要档案）

《中华民国重要史料初编——对日抗战时期》绪编（一）,第 736 页

蒋介石在中央政治会议报告处理华北事件之经过等

1935 年 12 月 12 日

本来所谓华北自治运动,酝酿已经很久,到上月底情势非常危急,至本月初,更是险恶万分,朝不保夕,如果不是中央派何部长迅速赶去,恐怕华北就在何部长赶到那一天已经宣布自治了。当华北情势危急的时候,因为中央执行委员会已经闭幕,而常务委员会和政治委员会又没有成立,所以为迅赴事机起见,只得邀请林主席和五院院长共同商酌处理。

照当时华北的情势看,本来已经很少挽救的希望,不过大家认定,无论如何,政府必得竭其所能尽到自己的职责,于是决定请何部长迅速北上,力图挽救,并且决定了处理华北问题的四个原则,请何部长到了华北之后,再斟酌情势,负责办理。这四个原则就是:

一、如情势许可,即就行政院驻平办事长官职。否则参酌西南政务委员会现状,设立冀察政务委员会。

二、冀察政务委员会组织以适合北方特殊情势为标准,其委员由中央委任,并以宋哲元为委员长。

三、冀察一切内政、外交、军事、财政必须保持正常状态,不得越出

中央法令范围以外。

四、绝对避免自治名义与独立状态。

当何部长领受上述意旨北上的时候，北方有许多人尤其是日本人当然不满意，想种种方法来阻止他，甚至已经到了半途，还有人来阻止他，不要他到北平去。但是我看当时情势不好，决心督促何部长无论有效无效，必须不顾一切直到北平，照原定方针积极处理，当然，何部长到了北平之后，处复杂险恶的环境当中，艰难奋斗，所受种种的痛苦，自不待言，一切情形，他每天都有电报来报告，现在已根据中央所定的四个原则，决定设立冀察政务委员会。所有委员人选，今天已由国民政府正式发表，所谓"华北自治运动"总算暂时打消。但是华北的形势，依然是很危险困难。

关于最近处理华北问题的经过情形，略如上述，现在再要附带将个人对于国事一点感想，也可以说是一点意见，向各位坦白的说一说。

我们革命从民国成立时算起，到现在整整二十四年不久就过去，现在真正到了我们国家存亡的关头，可说是我们革命另一个新阶段的开始。在这个紧要的时候，我们对于国家的情势，不可不加以检讨，对于今后革命的方针，不可不从新决定。……我们革命要成功，除了主义和组织以外，一个是靠实力，一个是策略，如果我们的实力够的话，当然立刻就要收回一切失地，取消一切不平等条约；但是事实上力量太不足，至今国家还没有立好基础，而且随时有被人家灭亡的危险，我们在这种情势之下，就全靠策略的运用得当，来补助力量之不足，而达到革命成功的目的。

讲到策略的运用，大家都知道有所谓"政略"即"国策"和"战略"两种。照通常的理论讲，战略一定要随政略为转移，才是正当的办法。"战略"必须与"政略"一致，然后可以得到最后的胜利，但是事实上的运用，我以为并不尽然。政略与战略二者实相互为用，两不可分。战略固须依据政略，政略尤须参酌战略。必须是在战略上可以行得通的政略才能实现。也必须是与政略和谐一致的战略才能成功。但这还是就一般情形而论,如果是在被侵略而且一切没有基础、随时有被人灭亡的危险之弱国,那末,政略之运用,必须以战略为主。这就是说,不仅战略不能随政略为转移,而且刚刚要反转来,政略必须依据战略来决定,现在照中国的情势而论,就必须如此。若是我们不顾国法,不计国力,妄自比于国基巩固、国力充实的国家。根据虚矫空洞的政略来决定战略,或战略与政略两相脱节,背道而驰,一面唱高调,一面无定力,则政略既不能行,战略亦将失败,最后国家必至灭亡,所以我们要救亡复兴,目前第一要紧的事,就是要依据合理的战略来决定稳健的政略,一方面以政略掩护战略上一切的准备,一方面以战略达到政略上最后的成功。……兄弟以为此次五全大会以后,亟应趁此中央机构一新的时候,检讨过去失败的经验,审度当前的情形,以战略为主,来重新确定我们整个的方针。大家一心一德,按照一定的步骤,坚忍奋斗,再不可如过去之散漫零乱,因循苟且,兄弟与中央政治委员会诸同志,一定能够共同一致,决定大计,负起救国的责任,我们大家应当坚定自己的信心,勇往迈进……

(录自总统府机要档案)

《中华民国重要史料初编——对日抗战时期》绪编(一),第739—741页

冀东防共自治委员会成立
1935 年 11 月 25 日

殷汝耕于昨(25 日)晨 8 时在通县蓟密专员公署召开冀东防共自治委员会成立会,到该会外交处处长霍实、民政处处长张仁蠡、财政处处长赵从义、保安处处长董凤翔、秘书处处长张仁蠡(兼)、教育处及建设处处长王厦才、委员张庆余、张砚田、李海天、赵雷、李允声、池宗墨、殷体新等。未举行仪式,由委员长殷汝耕主席首先报告宣布组织冀东防共自治委员会经过,由即日起开始办公。所有蓟密、滦榆两区行政专员公署同时停止办公,限月底结束完毕,并将蓟密专员公署牌额撤销,改换冀东防共自治委员会。旋议决:一、组设监理处,监理冀东 22 县之

交通事宜;二、组设冀东 22 县税款接受委员会,接收各县税收;三、在唐山设立冀东防共自治委员会办事处;四、派霍实赴北平日大使馆及武官室,殷体新赴天津日驻屯军部及领事馆,说明:(一)报告成立经过;(二)脱离中央党治,宣布自治,非脱离中国;(三)尽力维持地方治安;(四)负责保侨等四点。最后对冀东各县治安,详加讨论后,至 10 时许散会。霍、殷(体新)午间即分赴(天)〔平〕津,殷汝耕拟长期住通,主持一切。

殷于会后对中外记者发表谈(片)〔话〕如下:一、该会所属区域,未考虑易帜;二、所属 22 县税收,县方每年 280 余万,省方 300 余万,国方 500 万,该会特组接收委员会从事接收。惟对关、盐两税,因外交关系,不予过问;三、所属境内之币制,顷尚未研究,将来当有办法,各县之现银,于一星期以前,即分别封存;四、现有之警团力量,足维持地方治安;五、组铁路监理处,监督区内铁道事业,北宁路榆关塘沽间,即由该处派员监督。至于昌平县之平绥路及通县北平间之平通路,路线均短,决暂不派员监督;六、所属人口,据最近统计,共 467 万余;七、保境实力,现有保安队 1.4 万人,民团(常备团 1.2 万人、散在团十万人)共十余万人;八、该会为办公便利起见,在唐山设立办事处,派委员殷体新为处长;九、古北口、榆关间之日军,各有一个师团,因有停战协定规定,故日军在各口往返,无从限制;十、该会成立后对所属各县长并不更动;十一、滦蓟两区专员公署,前(23 日)即已停止办公,预定于本月底结束完竣;十二、该会设于通州之理由,一方〔面〕因与北平距离较近,另一方面因前专员公署即在通县设立;十三、塘沽停战协定之废除,顷尚谈不到;十四、各方对该会如不响应,该会决贯彻主张,不问其他;十五、该会经常费预算,因成立伊始,一切布置均忙,尚未讨论;十六、所属各机关,是否即延聘日籍顾问,顷未决定;十七、现驻通州之二十九军计有一团,前(24)又开到一部;十八、将来"满洲国"如派代表来所属境内,是否将予接待,开会决定之;十九、开滦煤矿,该会不准备干预;二十、该会对国际方面,暂无作表示必要云。

天津《益世报》1935 年 11 月 26 日

冀东防共自治委员会改称冀东防共自治政府

1935 年 12 月 25 日

伪冀东防共自治委员会,自去年 11 月 25 日成立以后,即强占各机关,霸夺北宁路新榆段路政,并截留关、盐各项税款。12 月 26 日忽又发表宣言,将"冀东防共自治委员会"改为"冀东防共自治政府"。26 日晨公布组织大纲 14 条。该伪政府设通县,辖滦东战区 22 县。设政务长官一人,殷逆汝耕自任长官,总揽军政。下设参政八人,为池宗墨、王厦材、张庆余、张砚田、赵雷、李海天、李允声、殷体新。并设秘书、保安、外交三处及民政、财政、教育、建设四厅,其人选为保安处长董凤祥,秘书兼外交处长池宗墨,民政厅长张仁蠡,财政厅长赵从懿,建设兼教育厅长王厦材。并将战区保安队改编为伪政府军队,换着正式军服及有伪组织字样肩章。张庆余、张砚田、李海天、赵雷、李允声部,皆改称为"冀东防共自治政府"第一、二、三、四、五师,张等五人,分充师长。

中外记者十余人,26 日晨赴通访殷汝耕。殷发表谈话云:本府决修明庶政,贯彻初衷,但不脱离中华民国,故不自制国旗,仅于 26 日通告各国,宣布成立,不要求他国承认,亦不拟承认他国;唯"满洲国"因接壤故,事实上不能不发生外交关系。本区军备仍为保安队,不加扩充。税收除关、盐正接洽接收外,余各税均已接收。为体恤商艰,统税暂缓征收。本府年需 400 余万,收支可抵。北宁监理处不能取销,惟为便利交通,暂不接收塘榆段,仅监视该段内各站收入,除该处开支外,未截留路款。近拟设冀东银行与冀东日报,正筹备中。中央法币,仅禁本区财政机关收用,人民仍可照常行使。本人一月来未离通,今后亦不他往。凡宗旨相合者,皆可无条件合作,否则无商洽余地。

《外交评论》第 6 卷第 1 期,1936 年 1 月

国民政府缉拿殷汝耕令

1935 年 11 月 26 日

(中央社南京二十六日电)殷逆汝耕,在通州组织伪自治会,宣布独

立,背叛国家,罪大恶极,自绝人类。国府特于二十六日晚发表明令,着行政院迅饬冀省府,即予免职拿办,以遏乱萌。原令如下:近年以来,国家多难,忧患频仍,所恃全国人心一致团结,含辛茹苦,共济艰难。凡属血气之伦无不深明此义。河北为形胜之区,关系尤重。各界人士,均能坚忍自恃,力谋支柱,风声所树,动系安危。矧在公务人员,职有专属,更宜如何激发天良,竭智效忠,共图捍卫。乃查有河北省滦榆区行政督察专员殷汝耕,于二十五日妄自宣言,组织冀东防共自治委员会,自为委员长,勾结奸徒,企图叛国。于国家危难之中,为乘机扰乱之举,丧心病狂。自绝人类,一至于此。该逆殷汝耕,着由行政院迅饬河北省政府,迅予免职,严行缉拿,依法惩办。所有滦榆、蓟密两区行政督察专员,着即撤销。其一切职务,由河北省政府直接处理,迅遏乱萌,以固群志。此令。

天津《大公报》1935 年 11 月 27 日

<h3 align="center">外交部为殷汝耕叛国致日本驻华使节照会</h3>
1935 年 11 月 29 日

为照会事,查河北省滦榆区行政督察专员殷汝耕企图判国,业经本国政府明令免职,拿办在案。所有该殷汝耕在河北省滦榆区与蓟密区督察专员任内之一切行为,其未经前行政院驻平政务整理委员会、前军事委员会北平分会暨河北省政府许可者,及其背叛后之一切行为,均应认为无效。相应照会贵大使、代办,即希查照为荷。须至照会者。

南京《中央日报》1935 年 11 月 30 日

3. "广田三原则"的谈判

<h3 align="center">蒋作宾致外交部电</h3>
1935 年 9 月 8 日

南京外交部,241 号,7 日。

极密呈阅。今日与广田第二次谈话历二小时之久,兹略陈之,详以书面报告。宾先以蒋、汪两公所指示大意,痛切申述,即日本应取之态度应有之诚意,言之极详。对于吾国党部须明了其历史及主义,不得置喙。且两国应以政府为对象,不得涉及国内各组织。其结论倘日本能履行前对王(宠惠)博士所允诺之三基本原则,即:(一)中日两国彼此尊重对方在国际法上之完全独立,即完全立于平等地位,如对于中国取消一切不平等条约是也。(二)中日两国彼此维持真正友谊,凡非真正友谊行为如破坏统一、扰乱治安或毁谤诬蔑等类之行为,不得施于对方。(三)今后中日两国间之一切事件及问题,均须以平和的外交手段从事解决。再,上海停战协定、塘沽停战协定以及华北事件等须一律撤销,恢复"九一八"以前状态。日本承认上述各条件,吾国设法停止排日排货,并置满洲问题不谈,中日两国经济在平等互惠贸易均衡原则下可商量提携,凡于两国有利者固当为之,于日本有利于中国无害者亦可商量。倘经济提携成绩良好,两国之民互不猜疑,并可商量军事。广田谓贵国此意见关系至为重要,当报告政府详细研究,再行奉答。但欲决定以上各条件时,须研究各具体办法,如满洲问题中国纵不能即时解决,然满洲与中国商务及其他各方面均有密切关系,亦须有切实妥当之办法,否则虽取消停战协定,亦难收圆满之效果。顷闻阁下所言,余深信贵国政府确有诚意,但今日报载贵国仍有联俄之议,对于英经济顾问来东特派两人来日欢迎,日人仍有怀疑中国以夷制夷之意。宾谓报载各节,请勿置信,广田又谓国民党前曾容共,日人仍不免猜疑,中日两国应极力发扬东方文化,消灭共产思想。宾谓吾国政府早已具此决心。以上所谈,相约互守秘密。宾。

(录自中央党史委员会库藏史料)

《中华民国重要史料初编——对日抗战时期》绪编(三),第640—641页

外务、陆军、海军三大臣关于对华政策的共同意见

1935 年 10 月 4 日

实现以我帝国为核心之日满华三国的提携互助关系,以确保东亚

的安定与发展,乃我国对外政策之核心,亦是我国对华政策之目的。

为达到这一目的,首先应按下列纲要,本乎大义名分,权衡轻重缓急,因地制宜,采取适宜措施(包括对中国中央以及地方政权),使其与我帝国及满洲国调整关系,为日满华三国间根本关系之确立创造条件。

(一)使中国方面彻底禁止排日言行,放弃依赖欧美的政策,采取并切实执行对日亲善友好政策,并进而在遇到具体问题时,与帝国协商合作。

(二)要使中国方面最终正式承认满洲国。但现阶段,要使其对满洲国的独立予以事实上的默认,至少须在与满洲毗连的华北地区同满洲国之间开展经济、文化的交融与协作。

(三)来自外蒙古方面的东北势力实为日满华三国共同威胁。有鉴于此,为排除此种威胁,中国方面须在外蒙古接壤地区对我方所希望之诸般设施予以协作。

上述纲要所列各项得到确实执行,足以认定中国方面确有与日满两国友好协作关系之诚意时,两国之间即可就全面树立友好协作关系进行的商谈,并进而签订必要的协议,以确定日满华三国间的新关系。

昭和 10 年 10 月 4 日

外务大臣

陆军大臣　各签押

海军大臣

《日本外交年表并主要文书》下卷,第 303—304 页

选自(中国近代史资料丛刊)《抗日战争》第一卷"从九一八到七七",第 578 页

蒋作宾致外交部电

1935 年 10 月 8 日

南京外交部。二五六号,八日。

呈阅。昨与广田谈多田事,后又及中日亲善问题,兹撮要电呈如下:广田谓月余来与各方商讨对华政策,并将贵国所提意见一并征询,

现已大致决定,对于贵国所提三大原则认为应当照办,惟实行顺序,贵国须先同意下列三点。第一点,中国须绝对放弃以夷制夷政策,不得再藉欧、美势力牵制日本,如仍旧阳与日亲善,阴结欧美以与日仇绝,无亲善之可能。第二点,中日满三国关系须常能保持圆满,始为中日亲善之根本前提,欲达此目的先须中日实行亲善,在日本方面中国能正式承认满洲,方认中国确有诚意,在中国方面或有种种关系有不能即时承认之苦,然无论如何对于满洲国事实的存在,必须加以尊重。(一)须设法使满洲国与其接近之华北地位不启争端。(二)须设法使满洲国与其接近之华北地位保持密切之经济联络。第三点,防止赤化,须中日共商一有效之方法。赤化运动发源某国,在中国北部边境一带有与日本协议防止赤化之必要。以上三点中国政府如能完全同意,日本对于贵国所提三大原则即逐渐商议实行。宾谓第一点请观以后事实不必怀疑,第二点关系复杂,当报告政府加以研究,第三点中国将来或不至绝无商量之意。广田又谓以上所谈系两国政府意见,今后须本此意见引导国民使之同意,此时希望勿向外公表,以免惹起实行上之障碍。宾又谓为实行两国亲善起见,在外官吏、人民所有言论行动,须切实注意,免惹起误会,致生障碍。广田又谓果能速解决若干问题,使两国人民均了解其诚意,则此误会自少。又请宾在归国前多谈数次云云,详当面陈。宾。

(录自中央党史委员会库藏史料)

《中华民国重要史料初编——对日抗战时期》绪编(三),第641—642页

蒋介石致汪精卫电
1935年10月13日

急。汪院长尊鉴:蒸电敬悉。蒋大使原电文至今尚未接到,如其为所传要求放弃以夷制夷之外交,尊重伪满与联盟防赤之三条,则形式似较减轻,而其内容即为脱退国联,承认伪国与联盟对俄之变相,亦即实施此内容之第一步也。故其意义深重,不得不郑重考虑,惟弟意我方应立对案之原则,无论施行何事,欲求其切实有效,必须尊重中国之主权

与不妨碍中国之统一,先使两国国民去其疑窦,恢复情感,方为根本之办法。故对方应先恢复外交之常轨,尤其对于华北之战时状态,更须首先解除,以立两国政府之信义,则事事当可讨论而期其有效也。未知兄意如何,请详加研究,弟定本日飞太原一行,约日内返豫,再定行期。弟中正叩。元午。机汴。

（录自总统府机要档案）

《中华民国重要史料初编——对日抗战时期》绪编（三）,第642—643页

蒋作宾向广田外相转达中国政府之答复照会
1935年10月20日

蒋大使对广田外相传达中国政府之回答

本年十月七日,承贵大臣阁下对于本年九月七日本大使所提诸条项中之日华亲善基本前提条件之三大原则,表示认为应当照办,至为欣慰。本大使所提之三大原则,兹再为申述:

一、中日两国彼此尊重对方国在国际法上之完全独立,即日本对于中国取消一切不平等条约,如租借地、租界、领事裁判权等,均应取消;军队、军舰等无对方国之许可,不得通过或停驻于对方国领地、领水之内。此外,凡国际法上之独立国家在国际法上应有之权利义务,中日两国,彼此均应享有及遵守。

一、中日两国今后须维持真正友谊,凡一切非友谊行为,如破坏统一、扰乱治安、诽谤或破坏对方国等类之行为,均不得施之于对方国。

一、今后中日邦交须回复正轨,今后中日两国间之一切事件及问题,均须以平和的外交手段从事解决,非外交机关之行动或任意的压迫手段,应即停止。

而贵大臣阁下十月七日对于中国提出下列三点要求同意:

一、中国今后须绝对抛弃以夷制夷之政策,不得再藉欧美势力牵制日本,如仍旧口头亲日,阴联欧美,则中日亲善无实现之可能。

二、中日满三国之关系,须常保持圆满,为中日亲善之根本前提。

欲达此目的,中日两国须先互相亲善,在日本方面,如中国正式承认满洲国,方认为中国确有诚意,而在中国〔方面〕之事情,或有不能即时正式承认之苦,然无论如何,中国对于该国之事实的存在,必须加以尊重。一、须设法使满洲国与其近接之华北地方不启争端。二、须设法使满洲国与其近接之华北地方保持密切之经济联络。此两层最关重要,希望中国即予赞同。

三、中国关于防止赤化,须与日本共商一有效之方法,赤化中国之运动,发源于某国,自北而南,故在中国北边一带之境界地方,有与日本协议防止赤化之必要。

本大使已将贵大臣阁下之意见,报告本国政府,今接得本国政府之回答如下:

如日本照中国所提中日亲善基本前提条件之三大原则,完全实行,则中国将对于日本表明下记之意思:

关于广田阁下所提第一点:中国本无以夷制夷之意,中日两国以前之纠纷,皆由未能建立亲善关系而起,今为实现亲善起见,中国与其他各国关系事件,绝不使中日关系受不良之影响,尤不使有消极的排除日本或积极的妨害日本之意义。日本与其他各国关系事件,亦须对于中国采取同样之方针。

关于广田阁下所提第二点:日本对于中国之不能承认满洲既已谅解,今后中国对于满洲虽不能为政府间之交涉,对于该处现状,绝不用和平以外之方法,以引起变端,且对于关内外人民之经济联络,设法保持。

关于广田阁下所提第三点:防止赤化,数年以来,中国已尽最大之努力,不惜以重大之牺牲,从事剿除,赤祸已不足为患,至于中国北边一带之境界地方,应如何防范,若日本照中国所提中日亲善基本前提条件之三大原则,业已完全实行,则中国在不妨碍中国主权独立原则下,拟与日本协议有效之方法。

此为对于广田阁下所提三点之答复,本年九月七日蒋大使代表中国政府向广田阁下所提一切之条项,日本必须实行,除满洲问题外,一切应回复九一八以前之状态,如上海停战协定、塘沽停战协定及本年六月间华北事变中日两国军人之商议,皆足使中国在其领土以内不能充分行使主权,致不能镇压随时发生之纷纠,徒伤中日两国之惬洽,切盼日本立即撤销,以谋中国地方秩序之安宁及中日关系之根本改善。

以上为中国政府关于实行中日亲善之意见,本大使有对贵大臣阁下传达之光荣。

(录自总统府机要档案)

《中华民国重要史料初编——对日抗战时期》绪编(三),第643—645页

蒋作宾与广田外务大臣会谈纪要——第四次会谈

1935年10月21日

首先,由蒋大使指令丁参赞宣读中国政府的回答,然后大臣就其回答中之第一项指出:回答中为何未提及停止排日、排斥日货并积极实现日中协作等问题? 对此蒋大使答称,此点日前会谈业已表示同意,故未另行言之。

其次,大臣就中国回答中之第二项提出如下质询:

(1)今后中国对满洲不能进行政府间的往来云云,是否与现实事情有何不同? 现时各外国虽尚未正式承认满洲国,但在通信及其他经济等方面已经签有各种约定,而且正在交往之中。此等问题中国方面是否亦无与满洲国交往之意?

(2)对于满洲国不采用和平以外之方法惹起变端云云,仿佛是在暗示,过去虽曾企图使用武力改变满洲国的现状或者加以破坏,将来或有可能采取和平方法收复所谓失地之意,真实意图究竟如何?

(3)保持关内、外人民的经济联络之措辞,是否含有仍视关外人民为中国人之意?

(4)上次会谈时,本大臣在经济联络之外还提到文化联络,不知中国方面对此有何考虑?

对于大臣的上列质问,蒋大使的回答如下:

(1)未作明确回答。

(2)并非此意,中国对满洲国的看法已较以往前进了一步。

(3)并无仍视关外人为中国人之意。

(4)表示出上次会谈时已经同意。

再次,大臣就中方回答之第三项言称:

业已屡屡言明,东亚和平是日本经常顾念的一件大事,并为保持和促进东亚和平而努力弗懈,从而对于搅乱和阻碍东亚和平发展的赤祸之防止,一向抱有重大关心,尤其对贵国西北边疆驻蒙古方面赤祸的威胁更为关注。然而贵国却认为目前赤祸的现状"已成为无足忧虑的状态",两国的态度大相径庭。

据现有情报传称,红军已逐渐被驱入陕西、甘肃乃至内蒙古方面,祸乱将波〔及〕山西省内。日本方面有些人疑虑这也许是蒋军要将红军驱入内外蒙古方面借以给满洲国造成甚大威胁之计策;更有消息传称,中国驻苏联颜大使与其他要人正在筹拟联合苏联对抗日本之计。事实果真如此,则贵我两国对于赤祸的观察实有云泥之差。

对此,蒋大使答称:阁下所述,全非事实。我中央军剿讨红军的战略方针原是包围歼灭,红军的一部分虽可能遁入青海方面,但绝无可能逃往北方对"满洲"造成威胁。至于说颜大使等企图联合苏联等等,更是毫无根据,纯属子虚。大臣随即言道:青海方面人畜稀少、衣食无着,红军大部队当不会向该地区逃遁;此外,关于在北部边疆一带防止赤祸的问题,中国方面的回答中夹有"——中国所提三大原则得到完全实行之后……"等语,中国所提三大原则其本身有许多问题尚需商讨,如需等到"完全实行"之后,则将等到何时,实不可知。中国方面的意图是否如此? 对此,蒋大使的回答十分暧昧。

最后,大臣又就下列两点提出质询:

(1)就此次贵方面回答总体来看,仿佛是以上次贵大使所提中日亲善基本条件三项原则的"完全实行"为条件,而后贵方才能对我方所提之三点予以应诺。果如此,则贵我双方的意见正相反对,而问题何时能得到解决,实难预测。究竟贵国打算以何种实际办法来解决问题呢?

对此,蒋大使答称:虽非以上次所提三大原则中所列各项之全部实行为条件,但其主旨则希望得到贵方认许,而后再与贵方所提之三点一并进行磋商。

(2)大臣继又提问:按贵方回答,希望即时废上海、塘沽两项协定。该两项协定废除之后,日、中两国关系又将如何?贵国方面是否以为该两项协定能够漫然废止?

对此,蒋大使答称:日本作为大国,如能主动废弃该两项协定以向中国表示友好,将使中国民心大为安定,加深对日依存之念。故望贵国果断废弃。

《日本外交年表并主要文书》下卷,第 305—306 页

选自《中国近代史资料丛刊》《抗日战争》第一卷"从九一八到七七",第 583—585 页

须麿关于蒋介石、有吉明就"广田三原则"会谈情况的报告

(一)

1935 年 11 月 21 日下午发自南京,东京同日下午收到第 1290 号(绝密,特急,密码)

代有吉大使发电:

关于尊电第 305 号所述问题,本职于 20 日来宁,当日下午即与蒋介石会见(我方有堀内、须麿、有野三人陪同,对方有张群、唐有壬两人在座),双方交谈内容如下:

(一)本职首先根据最近华北的情势以及堀内、须麿所提视察报告对情况妥作说明后言称:当此之际,贵国中央对于现时华北的特殊事态应有清醒认识,对民众不可采取妄加压迫之行动,切望顺应时势采取措施。蒋氏答称:关于华北情势,本国当地官员每日都有详细报告到来,毋庸惴惴不安,故请放心。

(二)本职继又言称:最近以来华北地区发生的自治运动,其内容

细节等虽尚未得确知,但此种运动之发生,原是由于贵国中央对华北地区的特殊事态及其历史演进缺乏明确认识所惹起,也是对于以往已有定约的各种案件一再拖延不予解决所造成的结果。倘若贵国中央对此强行压迫,或用武力采取镇压等类手段,势必引起事态纠纷和治安的破坏,并进而给与该地区具有紧密关系的日本和满洲国带来甚大影响,从而使以保全满洲国为己任的关东军不能漠然置之。为此,不得不就此点特别唤起贵方注意。(本职又附带言明:根据我方掌握的情报,中央军之一部已向山东省及河北省南部集结。事态如此,不得不特别提请贵方注意。)

(三)对此蒋氏言称:尊意业已了解,但就中国而言,凡有损国家主权之完整或有碍于行政统一之任何形式的自治制度,都绝不能容许。且据连日来华北当局以及各社会团体等所呈报告观之,当地绝无一人希望自治或独立,故尽可不必担心(语气极有自信)。纵令发生少许动摇情况,我中央政府亦无意于使用武力,也不准备出兵,相信当地将士俱能服从本人(蒋)命令,很有把握,不必挂心。(事实上蒋对中央军北上以及以此进行镇压等等,似乎并未作此考虑)接着,蒋氏话锋一转,言称:今日与贵大使会面,本拟就改善中日两国邦交问题进行商谈,讵料贵大使竟以属于中国内政的华北自治之类为话题而率先提出,不免令人遗憾。

(四)对此本职言称:华北自治运动因属贵国的内政问题,但视对策如何,很可能使华北治安遭到破坏,并进而惹起外交问题,故与该地区具有特殊关系之我国,不能漠不关心。对于自治运动的具体内容,本使虽尚未知其详,但却不能认为这就是破坏中国的所谓统一。今日本使亦预定就改善两国关系问题彼此交换意见,但因华北问题相当紧迫,如置其发展趋势于不顾而径就两国关系问题进行全面商谈,实恐无何意义。为此特作为紧急事项首先提出。此时在座的须磨总领事从旁插言:须磨首先概括说明了他与华北要人等会谈的结果以及彼辈对于自治的希望等等,然后说到:认为华北自治运动并非发自民意的看法,实属对现状认识不足。

（五）此时张群亦从旁插话说：质而言之，贵国政府（不）〔若〕能将土肥原少将召还，并制止多田司令官的济南之行，则自治运动等类策动定必即刻自行熄灭。据昨日自华北归来的人士谈称：华北当局已收到土肥原氏关于《华北协同防共（"共"原文为"赤"——译者）委员会章程》之原稿，同时收到推举土肥原为最高顾问之提案等等。对此，本职随插话：对于华北自治运动，当地日本人中有抱有同情或表赞成者自属难免，但若谓此种运动并非发自真正的民意而系有其他外力所促成，实属万无可能。故中国方面必须认清事态，采取良策，妥善处理。此点，本职已不惮反复阐述。

（六）蒋氏言称：对于特殊事态本人（蒋自称）亦有特殊认识。对处办法大约在两周以前业已商定。只（顺）〔因〕刻下正在召开五中全会，政务繁多，尚未付诸实施。现已决心在近期内撤销军事分会，另会简派能够负起责任与贵方应酬之要员前往该地，以寻求调整事态之良策。对此，本职言称：用和平手段寻求收拾事态之途径固然很好，但对现时事态的认识，贵我两方颇有歧异。本使认为现时事态已相当紧迫，如不妥善收拾将给两国邦交带来重大影响。忧念及此，故特提出，敦促贵方注意及之。蒋氏答称：业已了解。张群即时插话说，亦请贵国方面采取特别措施，以使贵方现地人员勿以强压手段进行逼迫。接着，蒋氏再三嘱告说，务望将中国方面收拾华北事态的办法详报贵国政府。本职答称：自然要报告，但恐为时已晚。

《日本外交年表并主要文书》下卷，第 310—311 页
选自（中国近代史资料丛刊）《抗日战争》第一卷"从九一八到七七"，第 587—588 页

（二）

1935 年 11 月 22 日上午发自南京　东京外务于同日上午收到

第 1291 号（绝密，特急）

遵有吉大使嘱代为发电：

（一）继前发第 1290 号所述双方应答之后，本职提出质询道：对于广田外务大臣就改善两国关系所提三项原则，不知阁下意向如何？蒋

氏以极其坦率的口吻答称:本人完全同意,亦无任何对案(据唐有壬解释,对案即条件之意),愿即刻听取贵方希望,进入具体商谈,并决心迅速实行。但在华北地区如再起事端,则本问题之商谈即将不能进行,故希望日本方面对华北现状加以慎重考虑。

(二)对此,本职继又提问道:按阁下尊意,是否以华北事态收拾情况如何为条件来决定是否执行三项原则?蒋氏答称:并无所谓什么条件,只因此次贵方所提三项原则与华北问题密切相关,倘若华北地区再起事端,则三项原则中之第二、第三两项自然无法实行。

(三)对此,本职随即言道:此点正是本职忧虑之处,故今日首行提出华北问题唤起贵方注意,希望得到妥善处理。事既如此,则三项原则问题可容日后继行商谈。随后本职提及银国有令的实施、借款风闻以及日中航空联络等问题,交谈情况已如另电所报。末后,本职又以最近在上海发生的水兵事件以及袭击日本商店等事件为例,要求对方对各地兴起的抗日气焰加以管束。同时言明,如果三项原则得能迅速实行,则日本方面的疑虑自可解消,从而对促进两国邦交大有裨益。

(四)蒋氏答称:抗日运动之类绝对不会发生。本人素不排日,且衷心希望两国和睦相处。凡真正爱国的中国人都不会搞什么排日之类的活动,故希放心。

本电已抄致北京,天津。

(三)

1935 年 11 月 22 日上午发,同日上午收到

第 1295 号(绝密,密码)

有吉大使发电:

关于前发第 1290 号电所述问题,兹再续报如下:

(一)本月 21 日唐有壬来访本职,唐在重申前电所述蒋介石谈话主旨后言称:刻下华北事态主要是由日本方面以强加唆使所促成,不但华北民众全无希望自治之意,当局要人如宋哲元、商震、韩复榘等人已俱向中央发来报告,声明誓死反对自治。萧振瀛亦有报告前来申明,谓

受土肥原少将之强迫,不得已曾一度表示赞成态度,但坚决不予实行。话锋到此,本职随即插言:然而这些华北要人却向日方表示,南京方面一贯反对容纳日方希望,每事必加梗阻,致使华北事态日趋恶化,为避免此种梗阻,增进华北福利,在华北政权内须有一个可能容纳日方希望之机构,等等。对于此种实情,南京方面亦应深加考虑。唐氏继续言称,吾人坚信,如无日本方面的强迫,自治运动之类事体万无可能发生。为此殷切希望贵国方面切勿凭借实力强迫自治活动。对此,本职宣称:就日本而言,自然不会行使实力来强迫华北自治,但如因上述实情(重复前面括弧内的一段话)而导致自治运动的自然兴起,则南京中央亦不可用实力加以镇压。

(二)根据上述谈话,本职认为,此次自治运动,如果真是自然发生,当然问题不大;倘若是我方凭借实力加以逼迫所促成,则恐惹起中国国民的普遍反对,届时蒋介石恐亦未必能如其所言而漠然置之,于是则两国关系之全面恶化,实恐势所难免。为此,切望我政府预先切实加以注意,至要,至要。

(三)此次自治运动,如无我方凭借实力加以强制逼迫是否能自然发生和发展?抑或如中方所言,毫无发生之可能和存立之余地?根据我方现时掌握的情报,实难作出明确判断。据本职愚见:如属前者,固不妨缓慢进行;倘属后者,则应从我国国策通盘考虑,在推行中讲求适宜方法,不可操之过急。一切贸然推动、强行进逼之类的举动,都应严加避免。

(四)关于前电所述蒋介石考虑的华北事态收拾方案,21日唐有壬来访时曾作如下补充说明:南京中央准备委派要员,授与充分之权限,以求华北事态之圆满解决(据唐氏谈话时的口气观察,除以往之悬案外,对于此次我方所提三项原则,亦有一并加以解决之意)。至于军方所主张之财政独立问题,南京中央考虑以华北收入之一部分作为偿还基金募集公债(内债或中日两国的公债),以为华北开发之资,等等。对此,本职仅以前电所述回答蒋介石的"此方案收拾时局,恐怕为时已晚"之一语给予回答。

综观时势,本职认为:现既有悲观性的观测存在,即应放缓节奏,促使中方明确宣示其提案内容,并探明对方有无执行的决意。如对方提案能使我方满足,即予采纳,谋求华北事态的和平解决,并以此为基础,按照前电第1291号所述蒋介石的声言,迅速开始两国关系的全面调整,实为得策;倘若对方提案不能使我方满意,再行推进自治,亦不为迟。随着北方情况日渐判明,想阁下亦正在筹思之中,用敢直陈管见,供请核夺,可否之处,希予电示。

《日本外交年表并主要文书》下卷,第310—314页

选自(中国近代史资料丛刊)《抗日战争》第一卷"从九一八到七七",第587—591页

张群、有吉会谈记录

1935年12月20日

部长会晤有吉大使谈话纪录

时间:民国廿四年十二月二十日下午五时卅分。

地点:部长会议室。

事由:调整中日关系。

寒暄毕。

部长:自"九一八"以来,迄今四年有余,中日问题始终未能圆满解决,究其原因,不外每遇一事辄为一时之解决,未作根本之打算,故迁延迄于今日。贵方未能认识我方之诚意,我方则感觉贵方要求无厌,太难应付。此后吾人如不求两国关系根本的调整,将所有纠纷告一段落,则中日前途不堪设想。此种意思本人历次以私人之资格,曾屡与阁下言之,想在洞悉。故今日欲以外交当局之立场向贵大使表示者有两点:(一)本人愿以最大之努力商讨中日间整个关系之调整;(二)用何种方式进行商谈亦愿交换意见。

有吉大使:两国关系现因许多小问题尚未解决,欲求整个问题之解决恐非易事。日政府所提三项原则,蒋委员长已于上月廿日会议时表

示无条件的赞同。贵部长之意见如何?

部长:蒋委员长言无对案,系对三原则之实施而言,绝非无条件的赞同。今年九月七日及同月十九日、十月七日及同月廿日,蒋大使与冈田首相及广田外相谈话纪录,余已阅悉。我政府之意见业由蒋大使转达,希望贵方提出更具体之意见,以便商谈。

有吉大使:大使答复广田外相之意见,本人认为甚属空泛,如第一原则所答,中国本无以夷制夷之政策等等皆太空。

部长:贵方对我方认为不满者,可更提出具体意见。简单言之,我方希望不外扫除一切障碍,恢复原状,以便进行真正亲善工作。至于讨论方式,或照重光次官与丁参事所谈之方式,或由双方各组代表团加以有关系之军事、经济等专门家会同商讨,均无不可。三原则与外交、军事、财政三者俱有关系也。

有吉大使:若举行此种会议,则非有准备工作不为功,否则,即开大规模之会议,弄成〔僵〕局不易挽救。

部长:总之,与其谈抽想之原则,不如谈具体之办法。贵方之希望可尽量说出,我方可以接受者,自予接受,其不能接受者,自不接受。即双方意见相差太远,亦不妨由讨论而求接近。

有吉大使:我人希望先决定原则,然后谈具体问题,若原则不决定,一谈具体问题必致发生冲突而无所成。前者,广田外相与蒋大使所谈之三原则保留之点仍多,今若骤谈具体问题,似非上策。

部长:我国所最希望者,中日问题有一根本解决之方法,藉使两国纠纷得以解决,经济提携得以实践,三原则自可继续商讨。如前之一波未平,一波又起,决非两国之福。换言之,解决中日之纠纷与调整中日之关系,为吾人之最大使命。

有吉大使:中日问题求一根本解决,在理论上自无反对之理,但事实上非常困难。若论根本解决,则满洲国之承认问题将包括在内,以中日关系之复杂,即费三年、五年工夫,恐亦难以解决耳。

部长:百年大计,固非一朝一夕所可解决,然最切要者,最低限度亦须使目前中日纠纷告一段落,若如今日之枝枝节节,决非两国之幸。此吾人之所以暂搁东北四省问题不谈,而先谋调整两国之关系也。

有吉大使:贵方是否有具体方案?

部长:目的既同,方案自不甚难。但在进行商讨解决中日双方问题时,日方在华北一切行动务须停止。否则,不良影响之所及,一切问题将无从解决。此点极盼贵大使明了,并特别注意。

有吉大使:本人名义上虽为特命全权大使,实非全权。贵部长所谈根本解决中日纠纷之意甚为赞同,当即转达广田外相。

部长:此点最为重要,希望共同努力,打开难局。

有吉大使:冀察自治委员会已告成立,未知贵方能授何部长之六项权限转授宋哲元氏,予以就地解决中日问题之全权?否则,北方问题或有再生枝节之可能。倘于《塘沽协定》签订后,中央方面即予黄委员长以较大之权限,则中日问题或不至于如今日之困难也。

部长:关于此事有四点务请注意:(一)给何部长之六项指示乃中央之方针,并非给何部长之权限。(二)六项中有大半关系内政问题者,其有关三项原则者,自应由此间作整个之商讨,焉可分割?(三)地方权限与中央权限不能相混。(四)此种方针系对中央驻平办事长官而发,现在何部长既因贵方关系不能到任,业已返京,情形自与从前不同。

有吉大使:不论是权限或方针,总之,此六项内容为解决华北问题所必备者,希望中央照旧授予宋委员长,以求华北问题得具体之解决。

部长:贵方认为华北问题之发展,因为我中央未肯负责接洽之故,现余既允与贵方开诚商讨一切,自无分别进行之必要,俟商谈有结果后,如须华北地方当局执行者,将来由中央命宋委员长执行可也。

有吉大使:学生运动逐渐扩大,殊堪忧虑,拟请注意。

部长:请阅今日王教育部长之谈话,可知政府十分注意。学生何以有此举动,应请贵方亦特别加以认识。

有吉大使:本人今晚有事返沪,当将尊意转达政府。本人不常在京,有时或嘱须磨前来商谈。

部长:此问题只限阁下与本人商谈,恕不与须磨接洽。

有吉大使:本人或因事不能来京。

部长:如此重大问题,须彼此共同努力方有成功之希望。总之,本人不愿与须磨或其他第三者谈判。

有吉大使:敬遵台命。

谈至此,遂兴辞而去。时已七时半。

张群、根本会谈记录
1936 年 1 月 7 日

部长会晤根本大佐谈话纪录

时间:民国二十五年一月七日下午三时卅分。

地点:部长会客室。

事由:以私人资格交换调整中日关系意见。

寒暄毕。

部长:两年不见,不料今日时局日趋严重,实属遗〔憾〕。

根本:时局之严重诚如阁下之言。一九三六年或为中日间最严重之一年,原来中日问题因彼此未谋根本解决,以致中国方面以为日本贪得无厌,日本方面以为中国毫无诚意。由是问题日趋复杂,以后非利用时机设法解决不可。

部长:本人对此完全同感,且此意去冬已与有吉大使言之。本人来长外交之最大使命即为调整中日之关系,但其中最重要者,莫如彼此开诚相见。譬如所谓中日间之三原则系贵国所提议,中国予以答复,而贵方谓中国之答复过于空泛,希望中国再提具体之方案,本人殊为惊异。因事实上中国人不能推测日本所提原则之真意何在? 包括哪种具体问题? 以本人观察,若论三原则之具体方案,应先由贵方提出,中国方面方可商量。

　　根本:诚然三原则自有其具体之内容,今日在座者皆系当局者,故敢以私人资格老实奉告,自中日使节升格问题发生后,日本军部与外务省之裂痕颇深。一日,外务省东亚局第一科科长守岛五郎来访,商谈外务、军部合作问题,于是始有三原则之出现。至每原则所包含之具体问题,当时亦曾决定。守岛前次来华可谓为传达此种意见而来,例如,放弃以夷制夷政策之意义,并非希望贵国与其他国家绝缘而专与日本合作,其出发点乃由日本方面预想之十年或十五〔年〕后国际间发生之变局所希望中国之要点。有吉大使非不知之,或因种种关系不便奉告,即本人亦甚详悉。今日部长阁下既已询及,容俟本月廿〔日〕左右返东京后,设法由今日在座之雨宫中佐另用别种方式奉告大略,以便贵方可以推测。

　　部长:甚善。盖原则既为贵方所提议,具体案亦应由贵方提示也。

　　根本:希望贵国对日本不必过于畏惧,例如航空问题,欧洲各国彼此通航乃极普通之事,未闻有通航而丧失国权者。但贵国之对外通商皆系战败之结果,此乃过去不幸历史上之教训,自属难怪,吾人颇为同情。去年孙中山先生十周年忌辰,当时中日两国有互相交换广播之计划,但结果以中日间未通电话为交换广播技术上所不许,不能实践。而日德间反可以交换广播,因日德两国已通电话,而中日两国如此邻近反未通电话,如此种种,皆值得吾人注意。总之,日本所希望者,无非为其国家本身安全之打算,决不作过分与不必要之要求。此点希望贵方加以明了之认识。

　　部长:中国因有过去不幸之历史,一般对〔日有〕畏惧之心理,此点确难否认。但吾人相信,双方若有诚意,亦自无不能解决之理。此余之所以欲用最大之努力来调整中日关系也。

　　谈至五时,兴辞而去。

张群、须麿会谈记录

1936 年 1 月 22 日

张部长会晤须麿秘书谈话记录

时间:民国廿五年一月廿二日下午三时卅分。

地点:部长会客室。

寒暄毕。

须麿:今晨方自敝国回任,因有数事须报告部长者,故来奉扰。本人此次返国时,曾遵命将贵部长调整中日问题之抱负转达敝国朝野,敝国人士甚为赞同。兹有一重大事件即须奉告者,即敝国驻华大使已定有田八郎氏。此次本人动身时,广田外务大臣特命本人于到达南京时,正式向贵部长征求同意,未悉阁下之意如何?

部长:有田系余旧友,个人甚表赞同,容报告政府决定后,再行奉告。敝国驻日大使亦已决定许世英氏,并亦已电令丁参事向贵政府征求同意,未悉贵总领事已闻知否?

须麿:在船上由无线电讯得此消(悉)〔息〕,抵沪后有吉大使亦曾谈及。关于有田大使之同意事,甚望贵部长早日决定通知,是所至盼。此次本人回国时,各界人士皆已晤及,即对军部亦曾交换意见。总括各方意见,皆认为制造良好之空气,实为中日调整会议前所必要之工作。例如上海、福冈间之联航问题,若能及早解决,裨益必非浅鲜。敝国故递信大臣床次对两国间联航问题非常注意,现递信大臣望月尤具热心,此次亦曾与本人谈到,甚盼此四年来中日之悬案早日解决云云。

部长:对有田大使同意事,俟政府决定后即行通知。上海、福冈间之联航问题,与华北贵国飞机之侵犯我国领空事件有连带关系,若贵国飞机在华北之不法举动不早解决,则上海、福冈间之联航问题殊难谈到。

须麿:华北方面近来闻似很安定。

部长:事实上仍危机四伏。

须麿:总合敝国各方面对贵国问题最关心者,为华北问题与财政问题。例如财政问题,此次李滋罗斯之来华,在本人虽甚明了,但敝国国民总觉得贵国对于财政金融只与英美商量,不与日本商谈。而日本之财政专家亦颇不乏人,若能约其前来谈谈,空气自然不同。总之,制造良好空气,实为要图。顷谈之上海、福冈间之联航问题,实以早日解决为好,此本人之所以不厌再言之。未卜贵部长之意若何?

部长:中日间之困难问题,在联航问题之上者甚多,若能根本解决,此事自非难办。不过,此事与华北侵犯领空问题有连带关系,若此刻即谈此问题,本人认为尚早。此点特请注意。中日贸易协会业已成立,倘能由双方专家多多交换意见,自有益处。

须磨:将来有田大使来华时,当常驻南京,上海办事处亦当搬到南京,房子现已觅到。关于中日会商事,广田外务大臣之意,希望事先多多交换意见,若有必要,即另组专门委员会亦无不可。不过,为避免各方误解及引人注意起见,似以勿取正式或特殊会议之方式为妥。未知贵方对此已有具体方案否?对于三原则问题,客冬有吉大使会晤蒋院长时,贵部长亦在座。蒋院长表示,原则完全赞同,但无对案。云云。

部长:蒋院长之所谓原则赞同,乃希望贵方提出具体之方案,因为该三原则实过于……

[原文至此下脱——(原)编者]

广田宏毅在第六十八次议会上的演说

1936 年 1 月 21 日

我能够在这里对帝国的外交问题说明最近的经过,并陈述我的见解,实为荣幸。

近来,帝国的国际地位越来越提高,其责任也越来越重大。幸而帝国想为确保真正的世界和平作出贡献的意图,逐渐贯彻到世界;特别是帝国为东亚的安定而专心努力,也为各国所认识;我国善邻关系的建立,也将逐渐实现。这的确是值得庆贺的。

首先,我国的盟邦满洲国一年一年地得到进步发展,这是很高兴的事情。不但如此,在和帝国的关系上,其密切程度更有所增加了。因此,帝国已将在该国的治外法权逐步撤销,随着就要把南满铁路附属地的行政权逐步调整,以求对满洲国的独立发展作出贡献。帝国与满洲国的紧密不可分的关系,除了以前在建国时建立的共同防卫等等之外,在经济方面,更考虑到两国当然要互相作出贡献,现在已经设立了日满经济共同委员会。这个新兴的满洲国的俨然存在和它的健全发展,真是东亚安定的前提条件。为了更完全达到这个目的,必须使该国的国际地位更加提高,并且,必须更加努力增进与相邻各国的善邻关系。换句话说,为了一方面调节日满华三国的关系,另一方面处理好日满苏三国的关系,必须作出最大的努力。

首先,就日满华三国的关系来说,已逐渐改善,但是还不能说已经恢复正常,由此痛感有必要使这三个国家的关系更进一步完全恢复正常,而使东亚安定的基础更加巩固。于是,帝国政府经过慎重审议,建立了确定的对华方针。这个方针,大体上是由下面三个原则构成的:

第一个原则,是根本调整日华两国的关系。即中国不论在任何形式上,都不采取以前那样的不友好的行为和政策,不但在消极的方面不采取这种行为和政策,并且,日华两国应进而积极合作,拿出亲善提携的成果。日华两国互相对立,当然是对双方不利的,并且,从东亚的大局来说,毕竟是不能忍受的事情。如果中国对帝国做出不友好的行动,或者徒然使出利用第三国的老一套手段,走与东亚的安定相反的道路,那真是非常遗憾。然而,如果中国对于这一点能够充分觉悟,帝国当然应有所准备,为中国的发展作出有形无形的支援。帝国一向从以上大局出发的观点,隐忍持重,促使中国方面重新考虑,并劝导它,使它自觉对东亚负有责任,以等待其对日政策的转变。中国方面也逐渐看清了这个大局,在大约一年之前,表示了要改善日华关系的意思。

帝国政府以前在第67届议会上阐明了对邻邦不威胁、不侵略的根本政策，更利用机会，努力使两国邦交恢复正常，并进而调整两国的关系。关于这一点，很遗憾，到今天为止还没有看到充分的成果。为了使日华关系完全恢复正常，当然要使中国和满洲国的关系走上正轨。其中，在与日满华三国的各种利害直接有关的华北方面，特别大大感到必要。然而，中国方面还没有承认与华北接境的满洲国，并由于北方长时期的地方性的特殊传统，华北方面一时出现了相当不稳的空气。可是，最近，如各位所知，在河北、察哈尔两省成立了冀察政务委员会，形势就大为缓和。如上所说，如果不调整日华的直接关系，不调整日满华三国的关系，无论如何难以得到安定。因此，我们方针的第二个原则，是为了达到这个目的，就是说为了完全调整日满华三国的关系。首先，如果中国不承认满洲国的存在，不和它建立邦交，不进而调和双方的利害，那就无法根本解决。因此，希望这个时机能够尽快地到来。然而，这个时期，在原则上有必要采取措施，不使华北方面因日满华三国的关系而发生恶化。

今天中国面临的最大困难，就是共产主义运动。而赤化运动正是乘东亚不安定的这个机会，在中国（其边境地区不用说了）内部的社会组织，也很受到威胁，中国赤化分子的跋扈出乎想象之外。本来，赤化运动的危险不限于东亚，但是现在在东亚范围内特别显得活跃。所以，我们为了东亚的安定，不，为了世界的安定，应该防止东亚的赤化运动，使中国免于遭到此种危险。这不仅是为邻邦中国，并且是各国共同的重大事情。这是此次决定的方针的第三个原则，这个原则就是帝国为了防止赤化，愿意和中国进行种种合作。

以上三个原则，是帝国政府所确定的方针。但是，在实际上并不是特别新颖的想法，不过是一心为了达到东亚安定的大目的，而形成的基本观念。因此，不妨说，它就是建国于东亚的共同方针。中国政府对于这一点已经充分谅解，对以上三原则表示了赞成的意思。到了最近，更进一步提议，根据以上三原则，举行日华亲善提携的谈判。帝国政府对此当然没有异议，但是，像最近在中国发生的学生排日运动，是直接违反上述原则的精神的，实在是遗憾的事情。然而，我们期待这些情况不久就会由于中国政府采取措施而得到纠正，在目前的良好的气氛下开始促成谈判，我们赞成中国方面的提议，正等待着中国政府通知我们，开始谈判的准备已经完毕。如果这次谈判能够逐渐进行下去，我们相信，这一次就可以形成根本调整日华关系的基础。

……

《日本外交年表并主要文书》下卷，第 324—329 页

选自《日本帝国主义对外侵略史料选编》(1931—1945)，第 193—196 页

南京外交部否认中国已同意"广田三原则"之声明

1936 年 1 月 22 日

外交部发言人关于日广田外相演说中三点之说明

路透电讯载称：日外务大臣广田在日本贵族院演说外交方针，叙及对华三原则，谓中国业已表示赞同云。其中一点且有包括承认伪国之意，记者以所称三点，各报所传，出入颇大。当访外部发言人，询明真相，据称：广田所谓对华三原则，当系指去年九月中广田外相对我蒋大使所提出之三点而言。缘我方鉴于中日关系，虽经双方之竭诚努力，而年来仍迭次发生纠纷，殊有一波未平一波又起之慨。故我政府于去年秋间，向日政府提出改善中日关系之基本办法。旋广田外相对蒋前大使表示，中国所提办法，原则上非不可行，惟须请中国先同意三点：第一，中国须绝对放弃以夷制夷政策。第二，中国对于"满洲国"事实的存在，必须加以尊重。第三，中国北边一带地方之防止赤化，中日须共商有效办法。我方以该三点措词过涉空泛，无从商讨。当要求日方揭示其具体内容，日方迄今尚未提出；而广田外相演说谓，中国业已同意，殊非事实。最近张部长接任后，即提议中日两国必须依正常办法，经由外交途径进行交涉，以期两国关系可得根本调整。现广田外相在其议会演词中，对此提议表示赞同。并重申对邻邦不威胁不侵略之根本政

策,努力冀求两国国交之常态化,进行两国利害之调整,此则与我方主张无二致。此后循此途径,进行交涉,两国关系,自可改善。

（录自总统府机要档案）

《中华民国重要史料初编——对日抗战时期》绪编(三),第646页

4. 中国币制改革的对日交涉

唐有壬与须磨会谈记录

1935年11月3日

唐次长会晤须磨秘书谈话记录

时间:民国廿四年十一月三日下午四时。

地点:本部。

事由:李滋罗斯借款事。

须磨:依本人在华北所闻,李滋罗斯氏对华借款努力奔走,期其必成,闻近已成立一千万镑借款。

唐次长:据本人所知,并无成立借款事。李氏仅从事调查中国经济状况,李氏自不能不顾及周围之环境,决不至贸然从事也。

须磨:如有此事,实与最近敝广田大臣对蒋大使所谈第一点有关。蒋大使曾答,中国决不采以夷制夷之政策,以后虽与他国间有所商洽,亦决不令其影响中日间之友好关系。今日之事,如系事实,显予日方以不利,前此已向阁下一再谈及矣。

唐次长:本人所知决无其事,李氏与中国所谈,决不至予日本以恶影响也。

须磨:此事敝国极重视,且据为中日是否可以接近之试金石,请弗以寻常事而忽视之。

唐次长:我方决不损及日本之利益。

《民国档案》1989年第2期

唐有壬与须麿会谈记录

1935 年 11 月 6 日

唐次长会晤须麿秘书谈话记录

时间：民国廿四年十一月六日下午四时。

地点：本部。

事由：关于改革币制紧急法令事。

须麿：此次贵国颁布币制紧急法令事，敝方事前毫未与闻，仅于二日张公权经理访有吉大使略行谈及，四日即以公布实行。此事敝方虽非完全反对，但余有几点意见：（一）如此重大改革币制事件，对于与中国贸易有重大关系之日本，竟毫不商谈，仅出以通知之方式行之，敝方实不能不引为遗憾。（二）再，事实上英国方面一致拥护，英政府并定有罚则。此非事前得有英国默契或谅解，不克臻此。闻对英已成立借款，此事我方亦将认其为以夷制夷之具体事件，中日关系将行逆转，华北问题亦将愈形纠纷。（三）欧美在华势力必日益膨胀，我方对此实不能看过也。

唐次长：阁下是否已与他方谈及此事？

须麿：昨曾访孔部长，孔部长曾向余说明，但余不能认为满意。

唐次长：此事可为阁下告者（一）币制之改革已成世界各国共通的趋势，非某一国之单独问题。中国早已有此计划，且亦成为公开的秘密。但实施须看适切之时机，因关系金银比价，比价之适合计划与否为偶然的，故实施之时期亦为骤然的。最近以金银比价已达预期之比率，故断然实行，且此事系我国内政，无庸与他国相商。（二）至此种改革，贵国商人亦无异议。高桥藏相谓，此亦一办法。倘阁下表示反对，将被人想象为系个人反对，或系外务省反对。盖既非贵国侨商之真意，尤于中国不利，实为阁下所不取。（三）至英国之所以赞成，以鄙人之观察，完全为其自身利害而为当然之表示。盖英国对于远东贸易关系重大，印度虽已改为用金之国，而香港纸币才达二亿元，因中国禁银出口，因准备金之关系，其纸币立于不利之地位，英国久思救济，但其港纸实以中国银元为依据,须中国施行后方能仿行。此次中国毅然改革,彼为其本国利益计,当然有拥护之表示,无可意外,故绝非中国与英方事先有何种特殊之默契或谅解。至阁下所称借款,确无其事,因此举无庸借款也。

须麿:阁下所答,余认为似有强辩之嫌,不知是否有补救办法。

唐次长:最好请日方依照我国办法表示拥护,如有借款,日方尽可首先提倡与英美合作。李滋罗斯过贵国时,亦与贵国当局谈及。依余之见,日本正可买我国之好感,对中国有利之意旨首先予以赞同,而对英美所赞同者,勿庸事事予以反对也。

须麿:总之,日方对贵方不事先与日方商谈,认为态度上不应如此也。

《民国档案》1989 年第 2 期

外交部情报司致财政部秘书处函
1935 年 11 月 9 日

行字第 1220 号

案查日本电通社稿载"英驻日大使对于中英借款成立说,确言事实无根";又载"中英借款真相已判明,日外务首脑部集议对策,主张暂取静观态度"等新闻各一则。又,日文报上海《每日新闻》本月七日登载"中国对英继续借款为正式的抗日政策"新闻一则,经分别抄录译汉呈阅后,均奉批:抄送蒋委员长、孔部长等因。除分函军事委员会办公厅转呈外,相应抄附原稿及译文共三件,函达查照,希即转呈为荷。此致

财政部秘书处

附件

外交部情报司启

十一月九日

(十,下午四时收到)

（一）英驻日大使对于中英借款成立说,确言事实无根

（东京七日电通电）

英驻日大使克莱武氏奉本国政府之命于六日下午四时,赴日外部访重光次官。确言中国之改革币制,英国无何等关系,且中英借款成立说,亦属事实无根,并阐明英国之态度,谓无日本之承诺,不欲单独对华借款。重光对此当答以谅解英国之说明,但不触及日本之态度。至下午五时半,会晤告终云。

（二）中英借款真象已判明,日外务首脑部集议对华主张暂取静观态度

（东京七日电通电）

昨日重光外次与克莱武大使会谈,已判明中英借款说之真相。因此,外务省即于当日下午五时半,参集广田外相、重光次官、桑岛欧亚局长三首脑熟议对策,结果意见一致。以为在问题之性质上,有听取大藏省及在华关系各银行之意见,以及中国银国有实施后之推移与充分视察英、美、法、意等国之动向之必要。故决暂取静观态度,以监视事态之成行云。

（三）中国对英继续借款为正式的抗日政策

（照译十一月七日上海《每日新闻》）

对于外间盛传之中英间成立之一千万镑借款,以作本月三日夜半突然公布实施的国府改革币制之资金一事,此次新通货政策断行之黑幕者罗斯氏,再行极力加以否定之辩明,兹据华方消息灵通者间流行之最可靠之报道,闻上海汇丰、麦加利、大通三大英美银行与中央银行,确实设立一千万镑之信用贷款。又,孔财政部长关于中英间借款问题,其在南京之答辩极其暧昧,并不肯定的说明与否,但传上记之借款系由在今后三十五年间之关税收入为担保,并永久保证全中国各地海关英国现在之绝对的支配地位之条件下而成立者。又如本报所载,英方为对于此次断行币制改革为中心的中国金融及经济的保证计,传有八千万镑继续借款契约成立之说。此乃英国对华誓约,将应情势有贷借至八

千万镑之用意,可谓为初次富于弹力性之契约。但闻其担保系以海关、铁路、盐业等等收入为主,此可谓为英国如实表示将以中国不可言喻之穷状为机会,独占中国全土交通网之远大计划。然此破坏华方常常坚持之独立保全,实现日方最警戒之中国国际共管。所以国府当局若以蔑视中国民众及日本最大关心之事,徒然依赖英国之力,即为违背民众,以夷制夷之策对抗日本。但国策以夷制夷政策之根本的清算,经十月中旬广田外相与蒋作宾大使在东京会谈时,以为国府方面之意见,业已言明,若国府当局蔑视对于日本政府之口约,忘却亚细亚自身建设亚细亚之理想,自行进至国际之地步,此种方策即为正式抗日之意,使中日关系尖锐化愈形深刻,极为重视云。

《民国档案》1989 年第 2 期

外交部情报司致财政部秘书处函
1935 年 11 月 13 日

行字第 1230 号

案查电通社稿载"关于对华共同借款问题,日外部之一般的态度"消息一则;又,大阪《每日新闻》本月七日登载"有吉大使之措置被人非难"新闻一则;又,上海《日日新闻》本月十一日登载"日本陆军当局发表极强硬之非正式声明,反对中国之银国有令"新闻一则,经分别抄录译汉呈阅后,均奉批:抄送蒋委员长、孔部长等因。除分致外,相应抄附是项原稿及译文共三件,函达查照,希即转呈为荷。此致

财政部秘书处

附件

外交部情报司启
十一月十三日

(一)关于对华共同借款问题,日外务部之一般的态度

(东京八日电通电)

外务省对于英政府屡次要请之对华共同借款案加以慎重的研究之

后,在可能范围之内,当于本月中与英政府以相当表示,但一般对于本问题之态度,据各方所确闻者如左:

一、对于英国政府之对华共同借款之要请,日当局对此正在研究中,不意南京政府突然断行币制改革。因此,关于此事而欲立即下妥当之判断,殊觉困难。

一、此次南京政府之币制改革命令,华北华南之实权者对此拒绝支持,致银国有问题形成中国财政的三分态度。故此次中国币制改革案之果能成功与否,在日本方面观之,尚属疑问。

一、中国币制结联英镑,如得以改善而确定财政基础,应为日本所热望之事。不过外国若予中国援助之时,恐有促成中国财政共同管理化之虞。故在国策上言之,实断不能承认者。

(二)有吉大使之措置被人非难,自慰之言辞无收获之会谈

(照译十一月七日大阪《每日新闻》)

关于中英间一千万镑之借款说,有吉大使曾于五日泄漏"该项借款已确悉尚未成立"之言辞,纵令借款尚未成立,当此币制改革实施之背后,中英间已成立信用设定之谅解者,乃明白之事实。有吉大使之此种言辞,可谓逃避责任之自慰,对此一般颇多非难,尤其与孔财政部长及李滋罗斯会见时,有吉大使关于此后中英间有否不求日本之谅解而应成立借款之意思一层,竟不获任何之言质,一般以为此种外交措置,实不充分云云。

(三)日本陆军当局发表极强硬之非正式声明,反对中国之银国有令

(照译上海《日日新闻》东京九日发联合)

日本陆军当局对于中国之银国有令抱有重大之关心,续行慎重之监视,九日发表非正式声明如下:

一、依据币制改革之银国有金融统制,在政府不为国民所信赖之现状下,结果必遭失败,反而招来银之私运与藏银之退减,新纸币迟早有化为废纸之虞。

一、从来中国金融界较好之事实，厥维金融权力并未集中于中央，所以一地方之破绽不至影响他地方。但此次政策遂行之结果，若中央错误一步，则使全中国蜂起，有陷于不可收拾事态之虞。

一、尤其对于与日"满"两国有密切关系之华北强要运送现银，使华北经济陷于困乱状态，使一般民众趋入于社会的、政治的困乱之状态，日本对此万难缄默。

一、要之，银国有案乃一如前奉天政权以奉票榨取人民之骨血之手段，使国民陷于涂炭，以饱南京政府一部分要人之私囊，并图以之充实军费，若是无非牺牲民众之幸福，而谋私利私欲，随之而似有搅乱远东之和平，日本断乎加以反对。

一、据报币制改革实行之际，南京政府事前似得英国方面之谅解。外传最近英国关于对华借款有要求日本协力之说，谨以一千万镑之借款，实不足救中国之穷境，将来必须有第二、第三次之借款。在此场合，中国民众之利益被其蹂躏，结果势必进至中国国际共管之境，以上自然的招来与日本之对立，远东安定力之日本断难承服云。

《民国档案》1989 年第 2 期

驻日大使馆关于日本对中国币制改革态度的报告

（一）

1935 年 12 月

中国自改革币制消息传至日本以来，其朝野上下之间莫不出以猜疑忿嫉之态度，或以为与英国有借款之秘约，或以为对彼为不利之准备，种种臆度，驯致一切悉不以善意对之，极尽其曲解、掣肘、破坏之能事。在中国政府宣布之后，其驻上海使馆附属武官矶谷少将既于 11 月 8 日表示，其驻华军部对于中国此次币制改革决然反对之理由，而其本国中央军部及外务省亦相继以非公式之宣言表示其不满。兹特分别详录于后，以资比较。

1. 矶谷声明

驻华军部对于国民政府此次币制改革决然反对，并非对于英国嫉妒或中国不顾日本意见等细微之问题，实以币制改革一事不啻为使中国四亿民众破灭之故。理由如左：

第一，此次改革之根本缺点为中国于事前无何等必要之准备，及此次实行并无可以信赖人物之点。若准备得人，并得日本及其他各国之谅解，日本政府自不吝予以援助。而国民政府乃为如此突然无谋之实行，日本为中国民众之福祉，实不能对之默视。

第二，在经济的向不统一之中国，处以强权为中央集权的币制改革，则华北以及长江流域并西南方面情事不同之地方经济情形，其途径将不外趋于自灭。

第三，中国此次之改革，为一部分政治家与财阀结托，完全蔑视全国民利益之举措，实为不能容许之错误。因中国之国民经济原与以政府为中心之经济俨然不同，此两种经济与政权之获取各有其自然之途径，而由此次之改革则使国民团体之经济生活直接与政权成为不可分之局面，设至南京政府政策发生破绽之时，其负担行将转嫁于全国四亿民众。

第四，则英国之对华援助能支持于何时，颇属疑问。若中国改革案内部发生破绽之时，恐英国不能完全继续援助，即使能继续，结局仍不外加重中国人民之负担。

第五，此案事前既缺乏准备，复缺乏实行人才，又未得各国谅解，恐早晚数个月之内必发生破绽，而国民政府此次之处置乃为最不得已之办法，其后决无收拾之道，已属甚明。日本实不忍默视邻邦民众陷入破灭之境，故余深信，日本政府表示反对此次改革之理由必将其态度明白宣示中外，以期改革案归于中止，实为救中国唯一之途径。至于具体的对策，则日本于上海及华北两方面将持以下两项方针。

甲、上海方面

（1）日商所有现银如有被要求交出之时，当明告理由加以拒绝，使无他隙可乘，决然出以一贯之方针。

（2）不仅借款，即外国之商社、银行有以种种之形式求为暧昧的援助，及国民政府与民间不得不求援助工作之时，须为中国民众于事前阻止之。

乙、华北方面

因现银集中上海，华北经济将陷于死灭之故，至少当使由国民政府统制下之华北银行加以保管，日本政府应本于此项方针加以指导，若华北实力无其能力之时，日本方面必以实力期其实行，不惜将此点宣告中外。

2. 中央军部非公式表示态度如左：

一、此次中国银国有令之强制实行，鉴于中国人民对于政府不信赖之现状，必致失败，造成奖励现银秘密输出及收藏之结果，恐纸币早晚不免化成纸片。

二、向来中国金融界之所以比较的强韧者，由于金融之权力并不集中于中央，因此一处发生破绽，不致累及其他地方。若照此次政策实行之结果，则恐中央一步错误，将有使中国全土陷入不可收拾之状态。

三、尤其应注重者为对于与日满有密切关系之华北，强行将现银送出，使华北经济陷于混乱，重苦民众，遂将迫入社会的、政治的混乱之境遇，为日本所不能默视。

四、反之，中国某派所有三四亿元之财富悉皆存款于英、美银行，若中国币价汇兑下落，则彼等财产价值将因此而增加，故对于银之输出税增加至五成七分，其存款换算价值亦随此而增加，自属当然。

五、要之，银国有案不过与旧东北政府以奉天票榨取人民膏血手段相同，使国民陷于涂炭之苦痛。如此政策之实行，实足扰害东洋之和平，日本所处地位不得不加以断然之排斥。

六、据报告，此次改革案之实行，南京政府有预先由李滋罗斯及贾德干大使得有英国方面支持、谅解之情事。最近，英国对于对华借款并有向日本要求协力之说，唯此种增加将来民众负担向外国借得之债务，既将以一部分流用于军费，一部分饱要人之私腹，为势之所必至，则一千万磅之少数必不足以救中国之穷境,将来且必有第二次、第三次之借款,其事尤明,如是则中国民众利益悉将滔滔流失,非至成为国际管理不止。

七、又如世间所传一千万磅借款为五千万磅以上借款之一部分,其担保为予英国有永久专任总税务司之权,及关税并全华铁道收入等等,设置财政顾问,华英联合委员,以资确实保管,似非虚语。如是,则南京政府为救一时之急,遂不啻将中国售与外国,而英国对于满洲事变以来所受日本之压迫,至今仍为报复,猛然逆袭而至。如是,则半(植)〔殖〕民地之中国行将成为决定的隶属于英国资本之下。同时,英国与日本对立之运命愈将暴露于表面矣。

以上所云,可谓极恶意推测之至。而其外务省当局与彼军部互相呼应,同时为非公式之声明则如左:

3. 外务省声明:

中国此次币制之改革,前途尚难见透,日本政府正在慎重注视其进行之中。

第一,此重要改革之决行,鉴于中日关系之重要,当然应先与日本充分协议,确得日本之协力而后可以实行。乃此次突然为此改革实行之声明,竟予前途以一种之不安,在日本方面实甚遗憾。

第二,与此币制改革相关联者,则为一般所传之对英国借款问题。原来向外国借款一事不特中国未向日本有如何之接洽,并且中国及英国双方均言对于英国之借款与此项币制改革均无何等之关系,是实为当然应有之事实。何则? 盖中国如欲为全盘的经济改革,中国自须有加以实行及其决意之必要,若向来之所为仅向外国借款以图经济的安定,不特到底难期成功,而且此项借款结局仅以增加中国国民将来之负担,愈使整理财政趋于困难而已。因此,日本对于此种借款常持反对之态度,乃此次正值中国声明谋以自力更生之际,而外国竟予借款,徒使其决意发生顿挫,是益足以使中国发生不良之结果,有不待言也。

此外,则其高桥藏相于 11 月 4 日阁议散后对人批评云:

　　中国改革币制问题虽尚未闻如何详细消息,唯此次英国既已发动,则中国或加入英磅集团之下亦未可知。英国为使其已往对华投资活动之故,势不能不尽力为对华之援助。此次若果对中国借给新款,则恐将为英国对华新经济政策之先驱。至中国为救济现在之混乱,改革币制,其为必要,自不待论。然其究如何能巧于实行,自非容易之事。中国经济界欲求真正之安定,非增进国民生活安定之程度,决不能为功。英国此次活动含有相当重大之意义,其对于新借款自必具有严重之条件,亦不待言。就日本而言,当深虑及欧洲政局一至安定之后,英国必认真伸其实力向东洋发展,是无可疑。此次之事不过为其先驱,殊不足引为深诧耳云云。

　　据此所述观之,其文武重要当局所怀意见,无论表示用语轻重之何如,而所最嫉视者,则为恐中国与英国经济为一种之结合。对于彼有所不利,是为其最重要之点。因此,其于一切亦悉以猜疑、嫉妒之眼光视之,破坏唯恐不至,反对唯恐不力。观于其所宣言固属至明,而证之中国改革币制发表以来,彼国所有种种对华之举措愈趋愈烈,则其事固可知也。

(二)

1936 年 1 月

　　吾国自去年 11 月宣布实行货币改革以来,迄今已数阅月矣。中间以政府当局及全体国民之努力,与诸友邦道德上之援助,国内物价既未见腾贵,而对外之法定汇价始终如一。斯种显著之成功,殊出一般人意料之外。即如东邻日本,其始对于吾国货币改革,军人之积极反对固无论矣,而财界巨子亦莫不持怀疑、观望之态度,迨至现在似已逐渐改变。如上海日系银行之存银,若再稍阅时日,且有全部交出之可能。又日本驻京总领事须磨氏归国时并扬言:"如中日间在政治上倘能互相谅解,日本对于中国货币之改革亦不惜作积极之援助"云云。日本与我国壤土相接,经济上之关系尤为密切,彼邦人士对我货币改革之态度固不容漠视,而其改变之缘由亦殊有研究之价值也。

我国货币改革案之要旨

一、停止民间使用现银　改中国银行为准备银行，收现银为国有，以集中准备。

二、安定汇价　维持国币，一元换英币一仙令二便士，有二分之一法定汇价。

为应付今日国际经济之变局，工商业先进之国家如英、美、日等莫不先后停止兑现，放弃其本位货币制度。我政府为谋国民经济之更生，施行停止使用现银以及安定汇价之币制改革案，实为经济自卫之必要手段，本无可疑异。唯我国境内外人之治外法权迄今尚未撤废，在推行上项法案时颇易牵及外交问题。如收现银为国有，我国政府已一再宣示，因外系银行立于我法治之外，我固无之何，而彼等是否（尊）〔遵〕行，全视乎其有无诚意对我作道德上之援助焉。且外人如英、美、日、法、德等与我之经济关系各不相同，其意见亦殊难一致，甚易由经济问题一变而为政治问题也。

再就安定汇价而言，吾国现时之国际收支每年不足之数约二亿元，虽吾国政府保有之现银不下三亿元，如充作汇价平衡资金足以应付而有余。然自外人尤其日人视之，中国如欲实行此空前之改革案，非仰给外资"借款契约"或"信用设定"不足以竟其全功。万一将来吾国与其他任何国间成立借款契约或信用设立，亦足以招致各国相互之猜疑、嫉忌，并为彼等改变对华态度之一枢纽，亦未可知也。

日本之态度

吾国宣布货币改革以后，日本对我国之空气顿见紧张，其时议论沸腾，甚至有主张采取有效之手段以制止吾国实行该项改革案者。综合当时之意见不外下列三项：

一、日本为具有安定远东政局力量之国家，中国如欲实行货币改革应先与日本详商，并请求其援助方为合理。乃中国计不出此，竟置日本于不顾，且事前反与英人磋商，殊属非是。

二、年来我国中央政府日见巩固，已招日本之忌。此项改革案成功,则政府之力量将愈为雄厚,而国内政治亦将日趋统一,此尤为日人所不愿闻者也。

三、日本一方虽无诚意与我国作经济上之提携,同时又唯恐我国与其他任何国合作,以致彼邦之经济蒙莫大之损失。当改革案宣布之时,日本即怀疑中英间"借款契约"至少"信用设立"或已成立。日人也深知"邻之厚即君之薄也"。英国在远东经济利益万一得以确保,则日本将无进一步发展之可能,故唯有反对而已。

以上三项意见,第一项系属于"面子"问题,后经我方与彼一再商谈,此种怀恨当可解消。若第二项除以破坏我国领土完整为能事之少数日本军人外,一般人士颇少兴趣。至于第三项,如中英间借款契约成立,或英国在远东之经济利益愈形确保,则殊非日本之愿,但经过长时间事实之证明,此种疑窦已无形解消矣。且日本人士亦逐渐觉悟以往对华否定政策之非是,甚至有主张与其反对中英间经济上之提携,促成彼等之联合阵线,不如与中英等国协调,共谋相互间经济之发展之为愈也。

现时国际间经济之关系莫不息息相通、休戚相共。中国为世界经济之一员,其繁荣与否实为左右世界经济之重要因素。证诸事实,如吾国银元与英磅联系,而日本货币亦与英磅联系,因中英汇价之安定,而中日汇价也随之安定。是则吾国货币改革成功,则不仅吾国经济上有更生之机会,而各国尤其日本对华之贸易亦将日臻频繁,宁非互利之事哉? 观乎此,益知日本现时态度之改变,盖有由也。

(三)国民政府转变对日政策与外交谈判

说明:1936 年初开始,特别是在"二二六"事变后上台的广田内阁时期,日本继续实行分裂中国华北及内蒙古地区的政策,为此陆续制订了多份有关处理华北问题的决策文书,企图实现华北五省分离的目标。下半年,又借口成都、北海两个事件的解决,迫使中国政府与之进行谈判,以实现其既定对华政策。

日本帝国主义自华北事变以来的侵华行径,再次激化了"九一八"事变后不断加剧的中日民族矛盾,使得"中华民族到了最危险的时候"。以蒋介石为首的国民党政府,在"五全大会"以后,逐步转变对日政策,在"最后关头"到来之前,一面进行举国抗战的准备,一面对日继续进行外交谈判、严重挫败其图谋,并最终在"七七"事变爆发后,走向了全面抗战。

以下主要来自日方的外交与军方资料,展示了日本的全面侵华政策及其外交企图;主要来自国民党中央及外交部的档案资料,则展现了国民政府转变对日政策、对日外交谈判的历史过程。

1. 日本继续分裂华北及内蒙古的政策

处理华北纲要[①]
1936 年 1 月 13 日

对中国驻屯军[②]司令官的指示

方针

处理中国的主要目标,在于援助完成以华北民众为中心的自治,使其安居乐业,并调整与日满两国的关系,增进相互的福利。为此,支持新的政治机构,加以指导扶助,以求加强和扩充它的机能。

纲要

---

　①　本文件原为日本陆军省的指示,但是日本政府也予以同意,故称为日本政府的决定,又因以后各件而被称为"第一次处理华北纲要"。

　②　根据 1901 年《辛丑条约》,日方派驻北平、天津、秦皇岛、山海关之间铁路沿线各要地的军队,约二千名,司令部设在天津。

一、自治的区域，以华北五省为目标，不能为扩大地区而操之过急。根据第二项以下的要点，先求逐步完成冀察两省及平津两市的自治，进而使其他三省自然地与之合流。对冀察政务委员会的指导，目前通过宋哲元来进行，并使其容纳态度公正、行动稳当的民众自治运动，逐步实现实质性的自治，确立华北五省自治的基础。

在冀察政务委员会的自治机能还未充分发挥时，支持冀东自治政府的独立性，如果冀察的自治到达大体上可以信任的时候，尽快使之合流。

二、自治的程度，尽量以获得广泛自由为宜，但当前的目标在于使南京政府毫无实行反对日满政策之余地，当以此为目标予以促进，其他则逐步进行。如希望赶快获得独立权限，则应力求避免。

三、我方的指导，重点放在财政经济（特别是金融）、军事和对一般民众的指导方面，并抓住大局。细节问题尽量委之于中国方面，使它自己担负实行的责任。

在这一次的指导中，不推行被人认为扶植"满洲国"之类的国家的政策，也不推行被人认为"满洲国"的延长之类的政策。因此，限于在（冀察）政务委员会及第二十九军范围内，只用少数的日本顾问。这些顾问以及其他公用事业和产业开发等所需要的人事财力的配备，除了不得已的情况以外，应求之于日本国内。对经济部门的扩展，以依靠私人资本自由渗入为原则，指导方式须体观共存共荣的原则。

四、对内蒙的工作，当然应该继续以往的精神为基础，但是为了加强冀察政务委员会的自治和扩大对山西绥远两省的自治，目前暂缓推行可能阻碍工作进展的措施。蒙古人势力的南进，应适当地加以限制。为此，对内蒙古工作的范围，大概限于长城一线以北，并且不使之波及绥远东部的四个蒙旗。

五、处理华北由中国驻屯军司令官负责，实施时，原则上直接以冀察、冀东两当局为对象，并且始终以内部指导为主旨。对于经济的扩展，关东军不采取主动的态度，而从侧面予以指导。但在当前，为领导冀察政务委员会,应在北平设立一个机关,使它接受中国驻屯军司令官的指挥(如指导自治机构和统辖顾问等等)。

关东军及在华北的各机关,应协助上述工作。其他在中国的各武官,应策应上述工作,特别是大使馆的武官和驻扎南京的武官,应适时地使南京政权理解华北自治的必要性,强迫它承认自治权限的六个项目,至少要抑制妨碍自治的阴谋活动。

六、实施本处理纲要时,上述各机关应适当地和外务省、海军省派在当地的官员秘密联系。

《日本外交年表并主要文书》下卷,第 322—323 页

选自《日本帝国主义对外侵略史料选编》(1931—1945),第 191—193 页

对中国实施的策略

1936 年 8 月 11 日

内阁有关各省决定

根据昭和十一年(一九三六年)八月七日决定的《帝国的外交方针》,关于对华政策,目前采取如下的措施:

一、对华北的措施

处理华北的重点,在于把该地区作为防共、亲日满的特殊地带,同时有利于获得国防资源和扩充交通设备,一方面防备苏联的侵入,另方面成为实现日满华三国合作互助的基础。

以上亲日满的地带,以华北五省为目标,如徒然为扩大地区,或者一举而完成理想的分治而操之过急,反而会增加纠纷,不仅不能达到目的,并且,其结果会与迅速形成有利于反苏阵势的想法相反。因此,先逐渐专心一意地完成冀察两省的分治,对于其他三省,特别是对于山东,则努力以防共、亲日和日满华经济合作为重点,进行各种工作。关于分治的形式,不管名义如何,着眼于掌握实质,也要考虑南京政权的面子,使该政权在其授权形式之下,实际上承认华北联省分治,这种办法,最为上策。(参照《第二次处理华北纲要》)

最重要的是:我方承认上述南京的授权,那是对南京政权的一种政治手法,借此在和南京政府的谈判上得到最大限度的讨价还价的资本,为此,在处理时,中央和驻外机关必须成为一个统一整体,采取缓急得宜的措施,始终保持严正的态度,万不可使中国方面有乘机玩弄所谓两重政策的余地。

二、对于南京政权的措施

对于南京政权,具体地设法促使该政权逐步采取反苏的态度,而接近帝国;特别应采取措施,使该政权不能不自行进一步努力改善关于华北的情况。在采取以上措施时,要考虑南京政权的面子,避免使该政权不得已在国民面前标榜抗日的行为;同时致力于经济工作,以中国民众为对象,在实际上体现共存共荣。另一方面,始终留心迅速实现前项规定的对华北措施,必要时给予一定利益,必须使南京政权不得不依靠我方。但是不能采取任何措施,让南京政权毫不修改其政策,反而加强其基础。

(一)签订防共军事协定

1.为了签订本协定,组织由两国军事专家组成的秘密专门委员会。

2.专门委员会对防共协定的内容、实施范围、为了达到目的而采取的手段等,进行协商。

(二)签订日华军事同盟

以签订反对第三国侵略的攻守同盟为目的,由日华两国派出同等人数的专门委员,组成秘密专门委员会。

(三)促进日华悬案的解决

1.聘用最高政治顾问

使国民政府聘用日本人担任最高级的政治顾问,参与国民政府的内政、外交等方面的机要工作。

2.聘用军事顾问

使[国民政府]聘用[日本人担任]军事顾问和军事教官。

3.开始建立日华航空联系

力求迅速实现日华航空方面的联系。为了达到以上目的,除了设立华北航空公司以外,利用台湾、福建之间的航空,上海、福冈之间的试航等方法,引导南京方面答应下来。

4. 签订日华互惠关税协定

根据内阁有关各省就废止冀东特殊贸易和降低排日高税率商妥的方针,力求迅速实现日华互惠税率协定。为此,如果需要,建议组织日华联合专门委员会。

(四)促进日华经济合作

进行经济合作,以中国民众为对象,在实际上实现日华共存共荣,力求形成一种日华不可分割的关系,不因中国政局的动向而受到影响。

本件对于南京政权的措施,不一定和前述对华北的措施同时解决;应根据缓急时宜,进行工作,力求分别解决。在施行该措施时,就南京政权和党部的机构及人事问题,加以必要的调整。

三、对于其他地方政权的措施

我方对地方政权的措施,采用使这些局部政权推行亲日政策,力求扩大我方的权益,同时主要目的在于由此使南京政权改变对日态度。因此,在援助地方政权时,不采取助长统一或分裂为目的的特别政策。

在上述方针下,对局部政权应该采取的实际措施如下:

(一)对华南的经济发展,例如,开发福建、广东、广西等省的资源,以及广汕铁路、日暹航空联络、福州台北之间的航空联络等。

(二)对边境的调查,对四川、甘肃、新疆、青海等派遣资源调查队,等等。

四、对内蒙方面,指导基本上亲日满的蒙古人建设蒙古,调整对苏联的阵势。而在工作时,尽量秘密地在内部进行,注意协调对苏政策和对华政策。

[日]《现代史资料》(8)日中战争(一),第 366—367 页

选自《日本帝国主义对外侵略史料选编》(1931—1945),第 201—204 页

第二次处理华北纲要

1936 年 8 月 11 日

一、处理华北的要点,在于援助完成以华北民众为主的分治政治,在该地区建设巩固的防共亲日满地带,同时有利于获得国防资源和扩充交通设备,以防备苏联的入侵,一切都为了建立日满华三国合作互助的基础。

二、为达到以上目的,采取这样的政策:对该地区政权采取从内部领导的方式;同时使南京政权确实承认华北的特殊性,对华北分治不采取牵制行动;进一步给予华北政权以一种特殊的而又总括性的自治权限。

纲要

一、自治政府的内容

分治的目标在于:以上述方针为基础,使华北政权在财政、产业、交通等方面行使实质性的权限,并在政治和经济方面以华北民众的安居乐业和日满华三国合作互助为目的的各项措施中,不受南京政权及其他排日工作的影响。必须严格避免这样的行为,即可以被解释成帝国的目的在于否认该地区的中国领土权,培植成为脱离南京政权的独立国家,或者具体地实现满洲国的延长。

二、自治政府的范围

分治的地区,最终以华北五省为目标。如果为扩大地区操之过急,反而不能达到我方所期待的目的。因此,首先全力以赴地进行冀察两省明朗化工作(即经济的开发和民心的安定),和分治的完成。对于其他三省,则根据第五项采取措施。

三、对冀察政权的指导

在指导冀察政权时,必须采用最公正的态度来对待,改善该政权的机构,设法在人事上进行肃清和改革。同时,特别是在财政、经济、军事等方面的种种措施,都应该竭力清算军阀的腐败政治,构成明朗的地区,收揽民心。

一方面进行上述内部领导,另一方面必须同时利用南京政权的策略,采取措施,使南京政权对帝国的处理华北政策抱合作态度,两者互相配合,竭力提高其成效。

四、对冀东自治政府的指导

在指导冀东自治政府时,必须特别努力改善它的内政,使该政权成为冀察政权的模范,同时,必须考虑冀东自治政府终究不能单独存在,不能采取有碍于形成华北五省分治的措施。

如冀察政权的分治机构能到达足以信任的地步,则使冀东地区与该政权合流,成为冀察政权下的一个特别地区。

五、对山东、山西及绥远的各个自治政权的领导

对于山东,如果勉强进行工作使之与冀察方面合流,反而在依靠日本方面会造成困难,甚至恐怕会危及它的存在。为此,必须谨慎,采用以防共、亲日和进行日满华经济合作为重点的各种工作,使之与帝国的联系更加密切。

关于山西及绥远,以上述规定为准。而对于这两个政权的领导,当然必须和内蒙古工作协调,同时,必须留意对华政策的顺利进行,不采取驱逐该省政权,并使之隶属于内蒙古政权的措施。

六、华北经济开发的目的,在于通过私人资本的自由参加,扩大我方权益,形成一种以日人和华人共同一致的经济利益为基础的日华不可分割的情况,以有利于华北无论在平时战时都能保持亲日态度;特别是在国防上必需的军需资源(如铁、煤、盐等等)的开发,以及与此有关的交通、电力等的设备方面。总之,必须用我方的资本,迅速求其实现。

在经济开发中,一面要使第三国尊重我方的特殊地位和特殊权益,一面也必须尊重第三国的既得权益,要利用这些国家的设备共同经营,也要利用它们的资本和材料等等,特别要留意和英美两国合作互助。

《日本外交年表并主要文书》下卷,第 347—348 页

选自《日本帝国主义对外侵略史料选编》(1931—1945),第 204—206 页

蒙古工作的经过和将来关东军的方针
1937 年 1 月

关东军参谋部

第一 蒙古工作的经过

关东军进行蒙古工作的目的,在于使多年来呻吟于汉民族压制之下的西部内蒙古民族,依靠日满方面,并阻止中国共产军和属于苏联势力圈的外蒙联系起来,以确保满洲国的治安,同时羁縻外蒙,以有助于完成我方对苏作战的准备。

为此,从昭和十年(一九三五年)四月前后起,逐渐活跃地进行工作;同年八月,改编了在多伦的谋略部队——李守信军,充实了它的内容,另一方面派特务机关到西苏尼特,努力控制当时蒙政会的中心人物德王;同年十二月,冀察政务委员会一成立,就签订了《土肥原·秦德纯协定》,把外长城以北的察哈尔省掌握于蒙政会之手;而到十一年(一九三六年)一月,成立了察哈尔盟,同年二月,又在西苏尼特成立蒙古军政府。

从十一年四月起,关东军决定积极设法充实内蒙古军,将军政府移至德化,同时,决定由关东军和满洲国每月补助约三十万元,编成约一万三千名的内蒙军队,到八月份大致编制完成。

对此,绥远方面则创设绥境蒙政会,阻止军政府势力的扩大,屡次威胁百灵庙蒙政会根据地。于是,内蒙古军政府为了排除此种障碍,同时确立其财政基础,企图将绥远省掌握于它的手中,即利用绥远省王英的潜势力,威胁傅作义政权,策划使之和平合流,但未成功;十一月初旬,使谋略部队——王英军进入其旧根据地五原,当时终于和进入前方的一部分傅作义军不期而遇,发生了遭遇战,于是军事行动就此开始。

中国方面对此声称,内蒙军的背后有日军,以配合牵制当时进行中的日中外交谈判,在全国范围内煽动排日声势,在内长城以北集中了大约十三万的军力。经过了大约一个月,在各处发生战斗,在一胜一败之后,由于西安事件爆发,终于停战。

第二　将来的方针

关东军鉴于西安事变后中央的指示,与此次事变的实际情况,暂缓举起以前企图纠合整个蒙古地区的蒙古民族,造成大同团结的泛蒙古运动的旗帜,决定以如下方针加强工作:

方针

在关东军和冀察政务委员会签订的《土肥原·秦德纯协定》的掩护下,整理改编内蒙古军,加以专门训练,以充实其实力,以此作为将来对内蒙政策的中心势力,同时使之成为日本军在日苏战争时的谋略部队。

紧急处理要领

一、内蒙古军自动停战,对绥远、山西、南京及其他中国方面政权,不进行特别工作。

二、中国方面如侵犯《察哈尔协定》,关东军为确保这个协定,坚决行使实力,予以排除。

关于本项,必要时预先使中国方面了解我军的态度。

三、王英、张复堂等的谋略部队大概至二月上旬为止予以解散。

四、谋略部队解散后,必要时使内蒙军政府发表和平宣言,使内蒙古军移驻于平时驻防地点。

五、最近期间,通过内部指导,使军政府改组,加强内容,以符合于以上的目的,完全投靠日满方面。

第三　为恢复到平时状态的工作

关于特务机关恢复到事变前状态的问题,要迅速求其实现。虽有困难,但希望一面适应整个中国的形势,逐步对绥远和宁夏地方政权进行工作,一面根据防共的观点,使其依靠日满,以求恢复到事变前的状态。

[日]《现代史资料》(8)日中战争(一),第612—613页

选自《日本帝国主义对外侵略史料选编》(1931—1945),第208—210页

第三次处理华北纲要

1937 年 2 月 20 日

外务省方案

一、处理华北的要点在于将该地区造成巩固的防共、亲日满地带，同时有利于获得国防资源和扩充交通设备，以防备苏联的入侵，一切为了建立日满华三国实现合作互助的基础。

二、为了达到这个目的，必须全力以赴，进行以华北民众为对象的经济工作。然而在进行以上工作时，除了对华北政权进行内部指导外，对南京政权采取措施，使该政权确认华北的特殊性，并进一步予以指导，使南京政权对日满华合作互助的各种措施进行合作。

纲要

一、处理华北的态度

我方对满洲的措施，往往使列国误解，以为帝国对于华北具有侵略的野心。为此，在今后的措施中，最重要的是力戒这种引起无谓误解的行动，同时专心一意完成对华北民众的文化工作。

在进行华北的经济开发时，一面必须欢迎私人资本参加，一面对冀东政权或南京政权的要求，经常采取表示谅解的态度。关于冀东地区的特殊贸易和在华北自由飞航等问题，大体根据既定方针，力求迅速加以解决。

二、对冀察政权的指导

在指导该政权时，必须采用公正的态度来对待，在财政、经济、军事等一切方面，都要清算军阀的腐败政治，竭力收揽民心。

三、对冀东政权的指导

在指导冀东自治政府时，努力改善内政，发展产业，使之真正成为没有军阀剥削和腐败政治的安居乐业的地区。

也要考虑冀东政权终究不能单独存在，不能采取有碍于指导冀察政权的措施。

四、对山东、山西、绥远各个政权的指导

要点在于进行以日满华合作为目的的文化、经济工作，使各个政权和帝国的联系更加紧密。

进行以防共、亲日满等为目的的政治工作,结果,恐怕反而造成激发中国民众的排日抗日感情,因此,必须严加注意。

五、关于经济开发的方针

华北的经济开发,欢迎私人资本参加。通过我方权益的扩大,形成日中之间的友好关系,更由于保持华北的平时战时的亲日态度,设法获取军需资源。

必须尊重第三国的既得权益,总之,要和这些国家联合经营,或利用其资本。

《日本外交年表并主要文书》下卷,第 356—357 页

选自《日本帝国主义对外侵略史料选编》(1931—1945),第 210—212 页

对中国实施的策略

1937 年 4 月 16 日

外务、大藏、陆军、海军四大臣决定

根据昭和十一年(一九三六)八月七日决定的《帝国的外交方针》,并参照昭和十一年八月十一日有关各省所决定的《对中国实施的策略》的实际成绩,和中国国内形势的趋向,目前关于对华政策采取措施如下:

一、对于南京政权的措施

对于南京政权和该政权所领导的中国统一运动,必须用公正的态度加以对待。同时采取以下指导方针:努力消除中国方面采取侮日态度的根本原因,设法具体地促使该政权逐渐抛弃容共和依靠欧美的政策,而和帝国接近,特别在华北方面,使其自动地对实现日满华提携互助的各种措施进行合作。

在对南京政权采取措施时,应考虑该政权的面子,避免使该政权在国民面前不得已采取标榜抗日的措施。同时,特别致力于文化工作和经济工作,以中国民众为对象,在实际上体现共存共荣,以有利于日华两国邦交的调整。并循着去年在南京进行的日华谈判的过程,同时考

虑以后中国政局的动向,利用机会,力求尽快地解决以下悬案:

（一）取缔排日言行;

（二）招聘日籍顾问;

（三）开始上海到福冈之间的航空联络;

（四）减低关税;

（五）逮捕、引渡不法朝鲜人;

（六）解决上海及其他地方的不幸事件。

二、对华北的措施

对华北措施的重点,在于使该地区实质上成为防共、亲日满的地带,同时有利于获得国防资源和扩充交通设备。一方面借此防备赤化势力的威胁,一方面借此成为实现日满华三国合作互助的基础。

为了达到以上目的,主要依靠促进经济方面的各种工作,不进行谋求华北分治,或者可能扰乱中国内政的政治工作。一面努力消除内外的疑虑和中国对日本的不安之感,一面加以指导,使中国方面进而对经济资源的开发、交通的发展、文化关系的提高等等进行合作。

三、对其他地方政权的措施

对地方政权采取措施的主要目的,在于设法和这些局部地区的政权取得实质性的合作,以求扩大我方的权益,同时由此酿成整个中国总的亲日倾向。因此,不采取助长统一或者策划分裂的援助地方政权的政策。

四、对内蒙的措施

对内蒙政策的重点,就是收揽蒙古人心。在采取措施时,虽然最终目的,在于指导建设以亲日满为基础的蒙古人的蒙古,调整其对苏联的态度,但目前应专心致志地加强以锡林郭勒盟和乌兰察布盟为范围的内蒙政权的内部。以上工作,应在内部进行,同时应该注意如可能与中国方面发生纠纷时,必须尽量用和平方式加以处理,以取得对苏、对华政策上的协调。

《日本外交年表并主要文书》下卷,第360—361页

选自《日本帝国主义对外侵略史料选编》（1931—1945）,第212—214页

指导华北的方针

1937 年 4 月 16 日

外务、大藏、陆军、海军四大臣决定

方针

一、指导华北的重点，在于使该地区实质上成为巩固的防共、亲日满地带，并有助于获取国防资源和扩充交通设备，由此防备赤化势力的威胁，成为实现日满华三国合作互助的基础。

二、为了达到以上目的，目前首先主要把力量倾注于以华北民众为对象的经济工作。然而，在进行上述工作时，必须这样进行指导：除了对华北政权进行内部指导外，对南京政权采取措施，使该政权实质上确认华北的特殊地位，并进而对日满华提携互助的各种措施进行合作。

纲要

一、关于指导华北的态度

我方对于华北的措施，由于该地区的地理特殊性，以前往往使中国和其他国家误解，以为帝国有扩张停战地区、扩大满洲国的国界，并使华北独立的企图。由此，今后对华北采取措施时，最紧要的是严戒发生这种无谓的误解。同时，首先专心致志于进行旨在使华北民众安居乐业的文化工作和经济工作，有利于达到我方所期待的目的。在进行华北的文化措施和经济开发时，应竭力采取开放的态度，一面谋求私人资本的自由参加，一面对于冀察政权或南京政权的要求中认为恰当而有关面子的，必须经常采取谅解的态度来对待。关于冀东地区的特殊贸易和华北自由飞航问题，应迅速设法解决。

二、对冀察政权的指导

在指导冀察政权时，必须以最公正的态度来对待，特别要清算财政、经济、军事等一切事项，即清算军阀的一切政治上的腐败，形成明朗的地区，竭力收揽民心。

三、对冀东自治政府的指导

在指导冀东自治政府时，特别要竭力改善其内政，彻底进行产业开发,使之真正成为没有军阀的剥削和腐败政治的、安居乐业的模范地区,竭力在事实上具体体现帝国对华北公正的真意。

在采取上述措施时,也应考虑冀东自治政府毕竟是不能单独存在的,不采取有碍于指导华北各政权的措施。

四、对山东、山西、绥远各政权的指导

对于这些政权,特别是对于山东的措施,重点在于逐步完成日满华的融合提携为目的的文化工作和经济工作,使它们和帝国的连带关系更加紧密起来。

在采取以上措施时,必须用最公正的态度来对待,避免徒然刺激民众感情、并会被中国方面作为排日抗日口实的政治工作。

五、关于经济开发的方针

华北经济开发的目的,在于一面使私人资本自由参加,以扩大我方权益,一面也诱致中国资本,形成以日人和华人共同一致的经济利益为基础的日华不可分割的情况,以有利于保持华北平时和战时的亲日态度。特别是在国防上必需的军需资源(铁、煤、盐等)的开发,以及与此有关的交通、电力等的设备方面,有需要时,应投入特殊资本力求其迅速实现。

在经济开发中,既要使第三国尊重我方在华北的特殊地位和权益,又必须尊重第三国的既得权益,有需要时,要利用这些国家的设备共同经营,并利用它们的资本和材料等等,和第三国、特别要和英美提携互助。

《日本外交年表并主要文书》下卷,第361—362 页

选自《日本帝国主义对外侵略史料选编》(1931—1945),第214—216 页

2. 国民政府转变对日政策

蒋介石在国民党五全大会演讲对外方针并提建议

1935 年 11 月 19 日

此次大会开幕,一切工作业已过半,连日诸同志开诚讨论各项提

案,一种精诚团结之精神,弥漫全会,实为国家前途最可庆幸之事。中正今日更愿借此全国代表聚首一堂之机会,对于年来吾国之对外关系,率直的有所披陈,幸诸同志悉心的加以检讨后,有切实的指示。

溯至九一八事变发生以还,继续不断的上海事件、华北事件接踵而来,全国上下均陷于极度烦闷苦痛之中。中正受全党同志付托之重,担任中央常委,实感觉责任最大、苦痛更深之一人。惟吾人经过长期间国难之结果、深信全国已达到一种深切的体认,体认维何? 即吾党三民主义之第一义,所谓民族运动,决非单纯的对外运动,盖民族运动应有内外两面,对外运动仅为民族运动之一部分,决不足以概民族运动之全,换言之,对外应向国际为吾民族求独立平等,对内应向民族为吾国家求自立自强。恭按总理遗教实早已昭示吾人,总理对外固主张为吾民族求自由平等,固主张废除一切不平等条约,但同时对内极力主张精神建设、物质建设,吾人每读《建国大纲》、《建国方略》等各种遗著,总理向我全民族要求共同奋斗,为国求自立自强之道,实随处皆是,而民族主义第五讲所以昭告吾人者,尤为明显。故吾人今日亟宜切实反省,十数年来,吾全国对一切精神建设、物质建设,所谓自立自强之道,究竟努力至何程度? 尤应了解民族运动之两面,必须同时平衡进展,方有成功之望。若仅着力于一面之突出,必遭意外之挫折,此必然之势,今日之所欲披陈者一也。

其次,国与国间之关系及个人与个人之关系完全不同,国家与国家间决无百年不解之仇,征诸欧洲各国相互间百年之外交历史,或合或离,即其明证。盖国与国间之关系事态复杂,范围广泛,决不若个人相互间之简单,每有就一事件某一方面观察,似甲乙两国决无可合之理,然更就另一事件另一方面观察,似甲乙两国又决无可离之道。此种情况,各国相互间实例甚多。故国际关系纯系比较的而非绝对的,易词言之,决定国际间离合友敌关系,应以整个的国家盛衰及整个的民族利害为对象,不应以一时的感情、局部的利害为对象,其间权衡缓急,比较轻重,以定决策,实为负责之政治家与革命党员应守之规范。吾人每遭横侮之来,惟有反躬自省,尝读民权主义第五章,总理所昭示吾人者,总括其意,以可以灭亡我中国者不止一国。此吾人不能不引为猛自警惕者也。因为此次空前之国难,自有其因果律,决非偶然发生的,孟子所说,人必自侮而后人侮之,国必自伐而后人伐之。总理亦每引此以告吾人,苟吾人自暴自弃,而不能自立自强,则今日之友邦成为明日之敌,反之,吾人果能自立自强,则今日之敌未始不可成为明日之友。古人所谓,自助人助,与自求多福者,皆此理也。吾人丁此国难之际,惟有努力于自助与自求而已,此今日所欲披陈者二也。

尤其是吾党"国民革命"之使命,尚未完全成功,凡一国在革命过程中一切对内对外之设施,多半与旧有之利害关系发生冲突或变化,故阻力之来,诽谤之兴,乃必然之势。吾人处此时会,应须注意者约有二点:其(一)应完成"国家中心之基础工作",为绝对的坚决的共同信条,不应斤斤于一时利害的冲突,孔子所谓小不忍则乱大谋者是也。盖非常时期之外交,决非普通国家所用之经常手续,可资应付。其(二)国际关系瞬息万变,机微莫测,每一事变发生,均有当机立断迅赴事机之必要,试观欧洲战后东西诸国在革命过程中,内外两面所发生之困难与阻力,大都与吾国最近十年间之政象相同,然卒因全国上下有坚决的共同信仰,负责当局有立断的应付权能,故均能转危为安,国基大定,此今日所欲披陈者三也。

吾民族占全世界人口四分之一,其盛衰兴亡影响于全世界之和平及全人类之福利者,至深且钜。各友邦之贤明政治家必能见及于此。而我东邻日本关于东亚之和平与彼此两国之福利,亦必关心更切也。吾人今日孳孳以求者,不过对本国求自存,对国际求共存而已,岂有他哉。诚能对国内为健全坚实之改进,对友邦为坦白诚挚之周旋,自信必有内外相谅之一日,吾人于此可下一结论如下:

基于上述三项意见,苟国际演变不斩绝我国家生存民族复兴之路,吾人应以整个的国家与民族之利害为主要对象。一切枝节问题当为最大之忍耐,复以不侵犯主权为限度,谋各友邦之政治协调,以互惠平等为原则,谋各友邦之经济合作,否则即当听命党国下最后之决心,中正既不敢自外,亦决不甘自逸,质言之,和平未到完全绝望之时,决不放弃和平,牺牲未到最后关头,亦决不轻言牺牲。以个人牺牲事小,国家之牺牲事大,个人之生命有限,民族之生命无穷故也。果能和平有和平之限度,牺牲有牺牲之决心,以抱定最后牺牲之决心,而为和平最大之努力。期达奠定国家复兴民族之目的,深信此必为本党建国唯一之大方针。

陈述至此,中正谨披肝沥胆向大会建议,大会如以上述方针为是,请大会授权政府在不违背方针之下,政府应有之进退伸缩之全权,以应此非常时期外交之需要,政府誓必竭诚尽能,对全党负完全责任,是否有当? 敢请大会公决。

主席宣告:大会如赞成蒋同志建议,请起立表示接受。全场一致起立接受。

（录自中央党史委员会库藏史料）

《中华民国重要史料初编——对日抗战时期》绪编(三),第 657—659 页

张群关于调整中日关系之演讲词
1936 年 5 月 25 日

中国之于邻国,愿以最大之努力辑睦邦交,乃势所必然。而中日两国间,以同种族同文化之关系,亟应互相提携,共谋发展,更不待言。乃自"九一八"以还,历史上罕见之国际风云,纷至沓来,致两国国民间之感情,渐形疏远,刺激愈多,而疑虑愈深,其情势错综复杂,往往不能衡之以常规。两国有识之士,莫不引为深忧,而亟欲设法恢复两国政府与人民间应有之情感。自日本广田前外务大臣于六十八届议会创导对邻国不侵略不威胁主义,年余以来,虽其实施改善之计划未见十分明确,实际上亦未收若何成效,而其维持和平之苦衷与努力,一般人士深为了解。月前广田大臣升任首相,驻华有田大使调任外相,日本对外政策似未有根本变更。最近有田外相在第六十九届议会揭橥之策略,乃欲确

保东亚之安定,以贡献于世界之和平,由国际信义之确立,以增进人类之福祉,不独为日本帝国之国策,亦为我东亚人民共同之愿望。

中日两国处于今日之情势,若不速谋国交之彻底调整,不独为两国本身之不利,即东亚和平亦将受其影响。故本人受任外交部长以来,即具有充分决心,主张由外交途径,调整中日关系,日本对此主张,似具有同样决心。惜乎调整之方法与调整之问题,两方迄未进行具体讨论。就中国方面言,任何问题,苟以增进两国福利,巩固东亚和平为目的者,均在设法调整之列;任何方法,苟以互惠平等互尊主权为基础者,均得认为调整之良策。总之,所谓调整,以地言不限一隅,以事言不限一事,以时言非为目前之苟安,而为双方万世子孙谋永久之共同生存。中日间纵不幸而有嫌怨,则世上无百年不解之仇,其间自有恢复和好之道。而解仇修好,其责任在于今日双方之具有远大眼光与富有毅力之实际政治家,深望双方负责当局,就大处远处着想,各用最大之努力,树立善意的谅解,祛除敌意的祸根。尤须相互明了其立场与困难,迅速经由正当途径,开诚协议。若仅指陈空泛原则,互相评论,或以威胁报复之手段,互相倾轧,于事必无裨益;不若就互有利益之具体问题,从长计议,以谋适当而公平之解决。

日本对外贸易之愿望,非欲打开现代所谓经济集团与经济武装而谋日本国民经济之发展乎? 日本既以发展自国国民经济为目的,则对于经济上唇齿相依之中国,遇有可以摧残其经济基础之情势,自必深感同情,而乐见此种情势之改善。譬如现在中国北部,因受大宗漏税货物输入之影响,中外正当商人无法从事贸易,致市场日渐衰落,经济基础为之动摇,而国库之重大损失,犹其余事。我国海关当局虽已尽其全力防止私运,而阻碍横生,未能收效。倘日本真欲与中国提携,则一转念之间,一举手之劳,此种情势,立可改善。

中国一部分地方受共匪之侵扰,日本常引为关心之事。以近代国交之密切,一国安宁之变动,其影响每及于邻国,是为我人所深切了解者。故数年以来,中国政府已竭其全力,从事剿共,现大部分共匪已告肃清,所余残匪为数无几。中国自信此项残匪,稍假时日,必可完全消灭。中国处于任何情形之下,决不能须臾放弃剿共政策,亦决不能容忍主义相反而欲以暴力推翻现有政体之任何组织,在国境内任何地方从事活动。

最近数年内,我国人之努力,亦惟于自救自助中,谋国家之更生与民族之发展而已。我人不谈合纵连横之说,不图远交近攻之策,在本国求自存,在国际求共存。我人不独欲以最大之努力谋自身之安全,并愿有关系各国共同努力,确保东亚之和平。

　　（录自总统府机要档案）

《中华民国重要史料初编——对日抗战时期》绪编（三）,第 668—670 页

张群在国民党五届二中全会的外交报告
1936 年 7 月 10 日

　　自去年十二月五全大会以后,兄弟奉命担任外交。半年以来秉承蒋院长意旨,厘定外交方策,所有工作经过,已详书面报告中,共分甲、乙、丙、丁、戊、己、庚、辛、壬九项,兹不具赘。惟关于对日交涉问题比较复杂,除书面报告外,兹将对日本半年来的外交动向与半年以前过去的情形,相互比较供各位作审查外交问题时的参考。自蒋委员兼行政院后,对外交悉采公开方针,故一切外交事件在原则上均可以公开方式出之。但外交总是与国际有关系的事件,性质上有时有相对的秘密性,所以本件无论书面报告或口头报告,仍请各位注意对外秘密,这一点是特别声明的。

　　自"九一八"事变以来,五年间的中日关系,始终在"不正常"的状态中。在事变之初,中国信赖国联,认国联能主持正义,对侵略国实施相当制裁,使中日问题得到国际公理的解决。所以我国当时主张避免直接交涉,如果日本不撤兵,我们是没有交涉可言的。后来"一·二八"淞沪战役,继续发生,我们虽然抱着抵抗态度,可是在国联方面,还是博得文字与舆论上的赞助,并没有实施军事或经济的制裁。这时候,

我们就感觉靠国联是没有希望的,同时日本方面的态度,也异常强硬,声称不愿接受任何第三国的调解意见。在这情形下我们靠国联既无办法,所以就决定采取一面抵抗一面交涉的策略。可是自长城作战到《塘沽协定》,感到这策略也做不通,所以政府毅然决然,采取自力更生的政策,确信攘外必先安内。故一面尽力剿匪,巩固统一;一面努力建设,增进国力。自此项政策确定后,救亡图存之大计,渐有成效,但日本对我压迫,仍是有加无已。至去年正月,日本广田外相在议会演说声明"愿以不侵略不威胁的精神进行邻国邦交",日本对华态度始稍有转变。在日本外交空气转变的时候,我们当然也很愿意进行改善两国的关系,使国交得上轨道。所以在去年二月间,王委员宠惠赴欧回任时,道经日本,中央曾托其转达具体意见于日政府;王委员到东京后,便向广田外相提出原则两点,希望日政府能够接受。这两个原则,已载书面报告中,就是:

第一,中日两国,互相尊重对方国际间之完全独立,故日本应首先取消对华一切不平等条约,尤应先取消在华领判权。

第二,凡一切非友谊行为,破坏统一治安及妨害人民卫生等,中日两国皆不得施之于对方;又中日外交方式应归正轨,绝对不应用和平手段以外之压迫或暴力。

这两个原则,广田当时对我光明正大之主张,虽则没有拒绝可也没有接受。其后王委员赴欧,这个问题就由驻日蒋公使继续交涉。广田又提出所谓三原则作对案,要我国先承认。这当然是我们做不到的,所以这交涉没有成功。虽然日本曾一度宣传我们接受三原则,其实我们的立场,始终未变。五月间,两国使馆升格,国交曾一度好转,但不幸六月间华北事件发生。

日本人要分离我们华北,使华北政权独立起来,这是去秋以来他们的积极方针。所以一方面以三原则要挟中央予以承认,一方面又行种种策动分离地方,不独华北为然,对两广也有同样的策动。

日本要控制中国,当然不仅对中国施行种种压迫与阻力,并且对于中国有关系各国在华的势力,莫不尽力排挤。其对两广的策动,一面是分割中国内政,一面是排除英国势力,进行华南的发展。这是去年十二月以前的情形,造成中日间最严重的形势。

当时日本在中国所以敢这样猛力进行侵略的,究竟有甚么凭借呢?我们研究起来,不外下列五个原因:

第一,因为我们剿匪军事逐渐向西进展,中央军队次第向四川、西康、青海、甘肃一带移动,剿匪工作功亏一篑之际,决无余力再来御侮,所以它便想乘虚而入。

第二,去年年底,我国因受到美国提高银价与世界经济衰落的影响,财政经济几遭破产,所以它可以在这个严重的时期,加紧压迫。

第三,自苏俄出售中东路于伪满政府以后,北满的俄人势力已完全退出。加之那时苏俄对日,事事取忍让态度,日本认为不足顾虑,所以对中国侵略益尤忌惮。

第四,意阿战争,去年年底时,形势十分严重。英国主张对意制裁,而法国态度依违,国联决议未能彻底实行,反使欧洲局势陷于混乱状态。各国自顾不暇,当然无暇东顾,日本乘这个机会为所欲为,自少顾虑。

第五,去年下半年,正是日本少壮军人气焰方张的时候,日本政府对外不得不采取积极态度,想在对外极度发展情势之下,维持他们自身的政权。所以,当我们五全大会开会时,日本对我的压迫,异常猛进,我们的外交途径,差不多已经绝望了。所以,那时五全大会决定通过对外政策,即和平未至绝望时期,决不放弃和平;牺牲未到最后关头,亦决不轻言牺牲。但和平有一定之限度,过此限度,即不惜牺牲。

在这个严重的时候,我们不幸发生了行政院院长汪先生被刺的事件,使中央政治顿陷于无人主持的状态,这是我们感到很痛心的。蒋先生在此政局严重的时候,出膺艰钜,就任行政院院长。本人也在这时候,辞不获已,来担任外交的责任。兄弟就任以后,看到我们的外交情形,异常困难。过去希望国联帮助,我们失望了;又希望一面交涉一面抵抗的办法来寻求出路,我们也没有达到目的;最后才觉悟到不得不反求诸己,埋头苦干,安内攘外,以求自力更生。而日本这时候又起了二重外交政策,一方面用武力来压迫我们,一方面却又高唱调整邦交。因此感到我们的应付方略,不能不有具体的改变。所谓具体的改变,就是不理枝枝节节的交涉,不采取地方交涉的办法,凡两国外交事件,概由两国外交官用外交方式办理。这是对于交涉方式的主张。在两国关系上,也有一种具体的主张,就是中日两国的关系,要有一个整个的调整,不能今天这个问题,明天又是那个问题,支离错综一无准绳。中日两国,应站在东亚和平基础之上,根本求出一个共同可行的办法,彼此本于平等的原则,互谅互助,求其实现。枝枝节节的交涉,为我们所根本反对的。

当去年十二月行政院改组开始的时候,日本对我们有种种非常的策动,后来因为我们始终抱定这个方针,不稍改变,并通知地方当局,把所有外交事件都推到中央来办。同时在军事上作积极的准备,做外交的后盾。所以这半年来的外交政策,一本五全大会决议的原则:一方面固为和平尽最大之努力,一方面亦不辞牺牲作积极之准备。

我们为求达到中日邦交调整的目的起见,在这半年来中间与日本驻华大使作过多次的谈话。但是在这半年中,日本大使更迭三次,其初是有吉明,其次是有田八郎,现在是川樾茂。当有田八郎来京就任之后,曾到外交部来谈过四次话,交换意见。这几次谈话事前经约定双方系依友谊的、非正式的、不作结论的谈话。经此四次谈话之后,形式上虽无结果可言,而有田对于我方实际情形,确有进一步的了解。所以当他回国就任外相之后在议会演说外交方针,已一改从前的口吻,对广田三原则,亦有不拘泥形式之说;对华北地方问题所持态度,也和以前不同。这可证明日本对华外交方针,已因对华了解之增进而确有转变了。新近川樾茂来华,虽然还没有正式谈话,但他的态度比较稳健;就是使馆武官的态度也和去年不同。

我们回想起去年日本对华外交,是要我们接受三原则,而自有田来华回国之后,已不坚持。其次华北问题,日人向来看作地方问题,向地方谈判,但是我们却认为这是国家的责任,不能由地方去办的。现在川樾来了,也预备与中央谈判。再以前日人对华北问题,只注意政治军事问题之解决,经济其次,现在是说要从经济问题入手。彼邦朝野,正在高呼中日经济提携,姑不问其内容如何,可见一般日人的态度也转变了。这个转变态度的结果如何,固难悬断;不过拿半年以前的情形来比较,现在已较为合理。或许可以走上外交的途径了。究竟日本近来对外交何以有这种转变呢,据我们看来,也有五个原因:

第一,半年以来我们对日政策很明白,一切交涉,都要取一定的外交方式,不作枝节谈判,同时在军事上,自己竭力准备。有田来时,我们和他说得很清楚,两国交涉途径,应怎样调整,怎样互谅,以及我们的决心和准备,都纤毫无隐的,和他说个明白,如果能够调整,固然是我们的希望,否则惟有一战以求解决。我们这种坚定明白的表示,或许是他们转变态度的一个原因。

第二,我们知道今年日本的二二(二)〔六〕事变,当然是军人干政的结果。这不但于日本对外政策转变有关系,即于日本内政前途也有很大的影响,这是值得我们注意的。在这个事变中,日本有一部分重臣元老牺牲了,但是后来广田弘毅的组阁,仍出于元老西园寺公的推荐,所以元老的势力,依然存在,因此形成对外政策的转变。在军部本身,一方面有"肃正军纪"、"强化统制"的口号;一方面对于外交,也有"统一国论"、"外交一元化"的运动。由这两种新情势的推动,对华政策也随之而转变了。

第三,是由于苏俄的关系,在去年苏俄对日差不多处处退让,以求避免冲突,不但中东路让了,其他种种问题无一不让。但是近数月来,苏俄的态度也转变了,如俄伪边境,在今年已发生了数十次的冲突,这种冲突,处处有引起重大纠纷的可能。在日本也知苏俄态度已和去年不同,处处加以忍耐,所以结果没有发出重大问题。同时苏俄与外蒙新订协定,由我国而言,却是苏俄违法侵权的行为,所以我们已向俄国提出抗议;但由日本人看来,便认为俄蒙向日本的威胁,形势紧张起来了。

第四,现在太平洋方面,有英美两个经济集团,与日本的经济利害冲突,一天一天的尖锐化。日本工业上所需的原料如棉花、羊毛、小麦、煤油及铁等等,每年仰给于印度、埃及及澳洲、美洲等地的总数达千万元以上,而工业产品,仍须向他们求市场。因此冲突的尖锐化,逼使日本只有向我国来求发展,而以维持和平来做达到这个目的的手段。

第五,日本自退出国联与退出伦敦海军会议之后,在国际间虽仍维持各国的外交关系,然已陷于孤立的形势。近来外间曾盛传日本与德国及意国订立协定之说,但迄无确实证据可资证明,所谓"个别进行"、"多角外交",终无实效。加之列强各国对日本利害冲突的尖锐化,在在足以促日本对华政策的转变。

现在作一简单的结论:就是我们推测日本对中国外交动向,半年以前和半年以后的今日不无改变。以后我们在外交方面,还是要尽我们的力量作适当的因应。现在华北方面,虽然仍继续在大规模的走私,与非必要的增兵,足以增加两国交涉的困难。但是和平一日不绝望,即外交尚不无运用的余地,这种观察是否有当? 略述梗概,藉供各位同志讨论之参考。

（录自中国国民党五届二中全会速记录）

《中华民国重要史料初编——对日抗战时期》绪编(三),第660—665页

蒋介石在国民党五届二中全会的演讲——御侮之限度
1936 年 7 月 13 日

今天大会所讨论几个提案,都很重要,尤其是西南方面。萧同志佛成等所提的"目前抗日救亡最低限度之方策"一案,格外重要。因为审查会经郑重考虑,认为无庸另有决议,现在议程已毕,兄弟代表主席团,对本案报告几句话。

驻留两广诸同志的提案,其内容所举各点,可以说很重要,我们全会对这案,也十分重视。不过中央自从去年举行第五次全国代表大会

以来,差不多没有一时一刻,不在救亡工作上用心,也没有一时一刻不在救亡工作上用力。今天大会对这案说毋庸另有决议之决议:一方面固然由于提案本身的手续没有完备;一方面也因为这几年来西南同志与中央太隔膜,完全不明白中央的情形,所以才有这个提案。现在乘这个机会来尽情说明一下。我们临到这个国难严重关头,应当不惜牺牲来御侮救亡,这不仅是我们中央委员抱这种心理,就是全国的小学生也都念念不忘这一句话,可以说凡是中国人,谁都知道要救亡,谁都知道要御侮。但是御侮救亡,应采取怎样的步骤,最重要在定一个明白的限度,以为决定国策的标准。这个最低限度,就是去年全国代表大会内决定的"和平未到完全绝望时期,决不放弃和平,牺牲未到最后关头,亦不轻言牺牲"这句话。这几句话,或者两广方面还没有明白,以为怎样才算是非放弃和平不可的最低限度,怎样才算是最后的关头。这是我们许多不来中央的同志们不明白中央方针的所在。现在我再把这几句决议的意思,就是所谓最低限度的解释,明白说明一下,希望各位同志,尤其是两广来的各位同志,特别注意。以便回去之后,承中央意思,传达中央对外交所抱的最低限度。就是保持领土主权的完整,任何国家要来侵扰我们领土主权,我们绝对不能容忍。我们绝对不订立任何侵害我们领土主权的协定,并绝对不容忍任何侵害我们领土主权的事实。再明白些说,假如有人强迫我们欲订承认伪国等损害领土主权的时候,就是我们不能容忍的时候,就是我们最后牺牲的时候,这是一点。其次,从去年十一月全国代表大会以后,我们如遇有领土主权再被人侵害,如果用尽政治外交方法而仍不能排除这个侵害,就是要危害到我们国家民族之根本的生存;这就是为我们不能容忍的时候。到这时候,我们一定作最后之牺牲,所谓我们的最低限度,就是如此。但是这半年来,外交的形势,大家相信并未到达和平绝望时期,与其说是和平绝望,反不如说是这半年来较之以前的形势,还有一线的希望。我敢说最近外交途径,并未达到最后关头,这是可为各位同志明白报告的。现在外交上的情势,更加复杂,记得在去年第五次全国代表大会开幕的时候,意阿战争,刚才发生,胜负未能悬断。世人当然同情于阿比西尼亚,不幸的结果,现在阿比西尼亚已经失败了!但是我们也不能说因为阿比西尼亚是失败了,我们不能做第二个阿比西尼亚。我们要挽救国家的危亡,维护民族的生存,我们决不怕做阿比西尼亚,我们虽则不怕做阿比西尼亚,我们也不是愿意做阿比西尼亚。假使全国同胞,全党同志,能够一律服从中央指挥,中国决不会做阿比西尼亚;我们在国家民族生死存亡的关头,一切处置决断,不能不特加慎重,我们决不能轻举妄动,致陷国家民族于万劫不复之地。现在阿比西尼亚是亡国了,我们一方面看到阿国的精神,固然很同情,但同时想到阿比西尼亚的人民,在空虚的国际评判之下,所受的侮辱,所受的痛苦,实在不堪闻问了。现在我们中国生死存亡的大权,可以说操在我们本党手上,尤其是全体中央委员,更要担负这个责任。我们是不是在此和平未到绝望之路,而自己偏要来走绝路呢? 国家可以不致灭亡的时候,而偏要使他灭亡呢? 我们是不是为了一时的意气,或希望个人的荣名随随便便的孤注一掷;把国家民族的前途,完全去葬送呢? 在这个时候,如果我们本党同志,真是公忠谋国的人,我想决不出此的。我们很知道在两广的同志,尤其是两广的武装同志,因为不明了外交和军事的关系,更没有了解中央的方针和准备,致有过去种种隔膜误解和错误的行动发生出来。今天主席团提出组织国防会议一案,主要的意义,就是希望各地方的军事当局,能够共同一致,来中央参加讨论,对于各项决议办法,大家可以彻底明了。一旦发生事变,也可以团结一致,共同负责来抵御外侮。所以现留两广各同志的提案,虽手续不完备及事实隔阂未能成立,而要是主席团的提案,已够对提案有相当表示,能够大家一致地去推行,也就可贯彻全国同胞同志的希望。这是本席在今天会议完毕时,对于主席团提案,及到会诸同志的苦心的一些说明。希望各位同志,尤其是两广来的各位同志,予以注意,并转达未到会的同志,一致了解。

(录自中央党史会库藏史料)

《中华民国重要史料初编——对日抗战时期》绪编(三),第 665—668 页

3. 对日外交谈判

"廿五年中日南京交涉案"节略

1936 年 9 月 15 日—11 月 10 日

（一）时间

廿五年九月十五〔日〕

事由概要：

川越以蓉案及北海事件均因我党政机关未能诚意取缔排日而发生，要求：①党部抗日行动由政府负责；②修改排日教科书；③解散一切抗日团体。部长答以中国之排日乃日本侵略行为所引起，我可自动办理，不能作为日本之要求。川樾更提出下列要求：①共同防共；②沪福联航；③成都开埠；④减低关税；⑤聘请日籍顾问；⑥捕逐反日韩人。

（二）时间

廿五年九月二十三日

事由概要：

川越仍不提蓉案条件。部长力言我方准备依照国际惯例先行解决蓉案，次就上次谈话时川越所提各问题逐一答复，相当容纳彼方意见，最后提出我方希望一并商谈之问题，如取消上海、塘沽两协定及冀东伪组织、停止非法飞行与走私、消灭察绥匪军等事。而川越坚持防共与经济合作应包括中国全部，对于我方提出之问题拒绝商谈。无结果而散。

（三）时间

廿五年十月十九日

事由概要：

此次会谈以防共问题为中心。关于防共区域，部长力主限于内蒙一带，并须以取消冀东伪组织及整理绥东现状为交换条件。川越仍要求交换公文、约定取缔共党、交换情报等。双方意见相差甚远。华北问题未详谈。

（四）时间

廿五年十月二十一日

事由概要：

此次谈话仍以防共问题为中心。日方意见除华北防共推及晋省，组织委员会商讨办法外，并要求我政府与日方另订一般共同防共办法。部长仍坚持防共区域应限于内蒙一带。双方意见未见接受，无结果而散。

（五）时间

廿五年十月二十六日

事由概要：

此次谈话仍侧重防共问题。关于边境防共一层，川越主西至雁门关，非至必要时不进驻军队，但与交通及通讯有关之事项，均在防共范围之内，至冀东问题拟暂不谈。部长仍主一并谈之，于是又无结果。

（六）时间

廿五年十一月十日

事由概要：

此次谈判焦点仍在防共问题。川越对一般防共问题表示可以缓谈，惟对于华北防共，则主无条件解决。最后仍无结果。

《民国档案》1988 年第 2 期

蒋介石有关对日交涉方针的电文

1936 年 9 月—11 月

蒋介石指示张群对日交涉方针电

1936 年 9 月 17 日

外交部张部长勋鉴：各电悉。前函所述乃为我最大让步之限度，如逾此限度，即具最后牺牲决心，望一本此意向前进行。此时外交应目无斗牛以视之，不可以蓉、北二案自馁其气，彼既不欲先解决蓉案，则我亦以应作无蓉案时方针与态度处之。须知其本题固不在蓉、北二案也。

中正。筱午。机粤。

蒋介石指示张群拒绝日方在粤直接解决北海案电
1936 年 9 月 18 日

急。南京张外交部长勋鉴：据厚甫部长电称：日本有派及川与中在粤直接解决消息，此事请斟酌应付。中意可由我外部间接通报川樾，如果及川要求在粤与中直接解决北海案，中必拒绝，以中国既有正式政府，决不允其有此例外之要求，望其不提为要。中正。巧酉。机粤。印。

蒋介石日记一则
1936 年 9 月 24 日

"倭使川樾与我外交部谈判形势，昨已等于决裂，彼只有片面要求，而我方所提之五条件，则概谓不得提出。是可忍，孰不可忍？……倭寇水兵在沪租界内又被击毙一名，倭必借此更加一番恫吓。察倭素性之横暴，决不能避免战争，而倭寇乃未料及启衅之后，决无谈和之时，非我亡，即彼亡，此亦理势之所当然也。"

蒋介石与日使川樾茂谈话纪要
1936 年 10 月 8 日

蒋委员长接见日本驻华大使川樾茂，告以"就东亚大局着眼，两国国交之根本调整，在今日实有必要，我方所要求者，重在领土之不受侵害，及主权与行政完整之尊重。故中日间一切问题，应根据绝对平等及互尊领土、主权与行政完整之原则，由外交途径，在和平友善空气中从容协商，则国交之调整必可有圆满之结果。"继之，并对在各地所发生之不幸事件表示："此等事件，虽因有些地区中国政府不能充分行使警察权，未便一概而论；但在中国领土内发生此等不幸事件，则不能不引为憾事。对于业经调查之成都与北海事件，中国政府准备依照国际惯例，即时解决。关于其他问题，仍应由外交部张部长与川樾大使继续商讨。张部长之意见，即系政府之意见。"临别，蒋委员长复郑重表明："华北之行政必须及早恢复完整。"

蒋介石接见中央社记者谈话
1936 年 10 月 8 日

今日与川樾大使接谈,所谈者虽均为中日两国之前途与东亚大局之关系,而未及交涉中之具体问题,但双方谈话精神完全立于平等基础之上,川樾大使之精神与态度,其诚挚坦白,实足欣佩。盖完全本于广田首相去年在彼国会议中所发表之方针——即在“不威胁、不侵略”之原则下,力谋调整国交之实现是也。以今日川樾大使所表现之精神推而言之,则中日两国间问题,皆可不采外交正当途径以外之方式,而依外交常轨以平等基础解决一切困难,一扫过去之纠纷与暗淡之阴霾。盖人类本富于感情,惟有精诚可以感召一切。如一方果能以精诚相示,则彼方必有以精诚相应之一日,深信余之抱负与期望,不难贯澈始终。

张群报告拟答复日使馆秘书须磨谈话内容电
1936 年 11 月 4 日

昨日须磨访晤高司长所述要点……兹拟命高司长答复须磨如下:(一)一般防共问题,务望日方撤回勿谈;(二)北部边境防共问题,须日方提出具体内容后,方可商讨。但冀东及察绥匪伪军问题,务须同时解决。若日方坚持冀东等问题,只能作为绅士协定。则我方对北部边境防共问题,亦只有俟日方履行此绅士协定时,再行商讨。并告以此系我政府之最后意见,下次川樾大使见张部长时,若能搁置防共问题不谈,而就其他问题续行商讨,则张部长随时可接见;倘仍如前数次之会议,以防共问题为中心,则我方对此问题之最后意见,既然如此,继续谈判,亦属无益等语。钧座对上述各节,有何指示,尚乞迅电祗遵。

附:须磨访晤高宗武司长谈话要点

日使馆秘书须磨访晤我外交部高宗武司长,传述日方强横无理之意见如下:“(一)一般防共问题,务望中国接受日方要求,此乃广田首相与有田外相之重要主张,若不能解决,则日本政府不能不重行考虑其对华之态度。(二)华北防共问题,如指定地区发生困难,则可先由双方各指定委员从长研究。此乃日方视为华方所谓国策变更之最低限度。至于冀东、绥东、察北等问题,仅能作为日方对华之绅士协定,不能作为解决本问题之交换条件,否则交涉只有破裂。(三)关于华北问题,华方对维持冀、察两省之现状既有困难,则此次交涉可勿谈及。但对晋、绥、鲁三省,希望中国中央政府遇有必要时,就事论事,指定各该省当局对日本予以经济合作之便利。(四)联航问题,希望华方无条件答应。但实行日期可以延长,以便在此时期中解决与此事有关之问题。其他如顾问问题、关税问题等与历次所谈者无异。并谓此乃日方最后之意思,总之,此次交涉现已达最后阶段,不容再事迁延"云云。

蒋介石致张群指示电

1936 年 11 月 5 日

张外交部长勋鉴:支电悉。一切请照来电之意进行,惟航空与关税等实行日期,必须待走私与自由飞行切实停止三个月后,另定实施日期,须事前订明,勿忌为盼。中正。微午。机洛。

蒋介石致张群灰电

1936 年 11 月 10 日

张外交部长勋鉴:破裂时,宣言须预拟定,望先行电商为要。其中应以完整华北行政主权为今日调整国交最低之限度,否则非特无调整诚意,且无外交可言。须知今日完整华北之主权,乃为中国生死存亡惟一之关键,故须准备一切,以期国交早日之调整,虽至任何牺牲,亦所不恤之意。须特详明,并可预告英使以此意也。中正。灰巳。机洛。

(录自总统府机要档案)

《中华民国重要史料初编——对日抗战时期》绪编(三),第 673—680 页

张群、川樾部分会谈记录

1936 年 9 月 15 日

张部长会晤川樾大使谈话纪录

高司长、邵科长、周专员、清水秘书、须磨秘书在座。

时间:民国廿五年九月十五日下午四时至六时四十分。

地点：本部。

事由：三、调整问题

川樾：如前所述，为真正调整中日邦交起见，敝方甚望贵国政府能自动的有所措置，此对大局最有裨益。

部长：余就任外部以来，即主张积极调整邦交。惟以双方均有种种内部关系，一时空气未能好转，致未能有积极之开展。我方一般空气，均以贵国自"九一八"以来，一切行动均系侵略，不知野心有无止境，对于贵国之态度，咸抱有绝大之疑虑与不安。此实为进行调整之最大障碍。余就任以来，即注意和缓空气，无非欲尽速进行调整工作耳。我方对于排日行动当经严厉加以取缔，惟方法最宜慎重，如措施不得其法，难免引起反动结果，反将阻碍调整工作之前途。贵方主张自动的措置，我方并不反对，但为避免引起反动起见，方法不得不十分慎重，现在我方已在积极设法之中。

川樾：得闻其详否？

部长：现在已向国内各方面发出通令，务使彻底明了政府之意思矣。

川樾：未见发表，恐不能使一般国民周知。

部长：已经公布，并已载入公报。

须磨：为使一般周知起见，似宜广登各种报纸。

高司长：法律上无此规定，但既由行政院布告全国，各省、各县、各村均有张贴。

部长：政府载入公报，地方政府更载入地方政府公报，既经通令各地，自可遍达全国。但我国地广人众，难免不能彻底。政府如认为有讲求方法之必要，自当注意也。

川樾：取缔排日为我方希望之一，敝方认为事件之根本原因一在排日。向来贵方取缔排日之命令未能使一般人民彻底周知，此点最关重要，甚冀贵方注意此点。又有进者，不仅消极的取缔排日，更望积极的指导舆论制造良好空气。苟能由国民政府表示调整邦交之具体的意向，自信最为有效。

部长：余以为与其徒事辩认，不如讲求实际的善后办法。我方指导言论机关不遗余力，事实可以证明，只要将前后之情形一比较之，便可知晓。我方甚愿早日调整邦交，迟则空气恶化，双方均属不利。

川樾：空气不好转，调整亦难有进展。故希望首先改善空气。

部长：尊意甚为明了，但欲改善空气，双方均须努力，尤须排除前途之障碍。

川樾：日方空气紧张，甚望贵方注意及之。

部长：余甚注意贵方空气，甚望贵大使亦注意我国之舆论。

川樾：成都空气现仍不佳，责任既在国府，则希望国府妥为改善之。依照形式而论，敝方当可提出十分公正之要求，但为敦睦邦交而促进调整关系起见，敝方甚愿考虑手段与方法。

部长：甚冀早日解决成都事件。

川樾：是否按照普通事件同样办理？

部长：然。

川樾：此层实难办到，日本一般情势实亦有所不容，尤其自北海事件发生以来，空气更形恶化，于是为缓和空气起见，贵方实亦有表示诚意之必要。对于排日问题，敝方甚重视国民党部之指导精神，在敝方政府有力人物之中竟有主张撤废党部之议论。但政府训令之中并未列入此项要求，仅设党部之行为应由国民政府自身负责，此对调整邦交前途关系非常重大。苟双方诚心欲调整邦交，则不得不涉及此项问题。

部长：其实党部并无指导排日之事，殊属误解。

川樾：日方均如此看法，个人亦不能不信。当然，贵方之努力，本人甚为知晓。关于排日教育问题，据闻，贵方已着手改订或改编排日教材。现况如何，愿闻其详。盖以中日调整邦交，须从高处远处着想，则势非涉及本问题不可。

部长：此事须磨君知之颇详，余与有田君亦曾谈及。据余调查所知，在"九一八"及"一·二八"事件当时发生后，刊物中反日文字确实不少。至教科书均由商务、中华等书局出版,并非政府发行,或亦有之。但其后教部实行审查,已经遵照政治会议决定方针,只许陈述事实,不得有煽动及谩骂等之言词。现用教科书经审查者皆无问题。坊间有无旧书本流传余固不得而知,但学校中所用之新教本,概已经遵此项审查矣。

川樾:教科书之种类多否?

部长:前甚复杂,今则书局之数既减,且对书版附有年限,故简单多矣,详容调查可也。

川樾:本人有一意见可供参考,窃以为教科书之统一化似最有益。

高司长:早经计划,拟由国家发行,惟一时未能实现耳。

川樾:既从高处远处设想,而决心为真正之邦交调整,则实不能仅以局部的事件为限,尤其排日团体务请早日撤销。

部长:政府早有明令禁止。

川樾:表面上或已不复存在,但秘密里似仍有存留,希望事实上亦不复存在。

部长:如有秘密集社,政府发现自必实行取缔,希望勿对于此类事以要求之方式提出。

川樾:不以要求之方式出此,但不得不要求。盖根本精神无非欲中日两国从高处远处着想,推诚提携故也。蒋委员长何日返京?

部长:一俟广西当局十六日宣誓就职及北海事件处理完毕后,谅可返京。

川樾:希将此根本精神代为转达蒋委员长。

部长:尊意均悉。

川樾:前经由须磨君向部长陈述之各项问题,在此重为一谈何如?

部长:甚善。可请须磨君一陈述之。

须磨:本人于本月八日与十日两次晋谒部长之际,曾谈及成都、北海两事件,以为不可延宕不决,对于自动的措置问题,宜迅速进行商谈。

川樾:对于贵国今后之态度,敝国甚抱疑虑与不安。所以,贵方苟能自动的有所措置,自能消除此种不安心理而增加对于贵国之信赖,裨益调整前途当非浅鲜。

须磨:前曾述及七项问题,其中一项,部长表示不能考虑。兹就其余各项问题开诚一谈何如?

部长:可以商谈。余以为华北问题最为重要,先就华北经济合作问题进行商谈何如? 贵方对于华北问题之意见何如? 愿闻其详。

须磨:前曾谈及防共设施为华北问题之重心,贵方希望由敝方提出具体方案。本人以为,贵方首宜决定意思,细目不妨另组委员会商定之。同时,并希望以去年十月何应钦氏赴北平时所拟定之六项目为商谈之基础,其他如航空问题、顾问问题、关税问题等,亦希望积极坦白地迅速进行商谈。

部长:余以为首宜尽速商谈华北问题。贵方对华北欲达到何项目的? 原则如何? 希望坦白见示。余以为,可以不必斤斤于六项目或八项目。贵方目的是否注重:(一)排除经济合作之障碍及(二)对俄备战之便利。请明有以告。

须磨:防共与废除经济合作之障碍问题确甚重要,但从不以六项目为基础方案,行政问题(包括财政金融在内)依然为问题之重要部分,何况所设六项目者,系由蒋委员长决定者乎。本人曾于去年十一月三十日目睹该六项目,且有抄件,当时唐有壬、殷同、雨宫等氏均在座。

部长:当时余未在京,不知有此事,嗣后调查亦无此决定,故不能作为商谈之根据。贵方意见如何,尽可提出重新商谈。总之,调整邦交一以不侵害我方领土主权及行政之完整为原则。至于日俄战争之际,贵方如希望我方能取善意之中立一层,我方当可加以考虑,务使贵国能在华北放心。故余以为,贵方实无斤斤于六项目之必要也。

须磨:此事在调整邦交上十分重要,最近报纸插画中排日思想日见浓厚,如南京朝报即其一例,务请注意。再者,航空问题,敝方甚望能迅速解决。

部长:航空问题虽已久悬未决,但在原则上可无问题,只要贵方决心解决华北自由飞行问题,一切当可迎刃而解也。

须磨:去年因此决裂,希望不要牵连自由飞行问题。

部长:甚冀贵方迅速解决自由飞行问题。

川樾:希望不要牵连自由飞行问题。

部长:容再商谈。开成都为商埠一项与我方废除不平等条约之方针相背驰,有违我国立国精神及国民政府政策,绝对不能考虑;顾问问题,我方并不反对,惟须待关系得着相当调整时机到来时方可办理,不能作为要求,况现在海军及华北方面已经聘有贵国顾问,是其明证。

须磨:贵方需要敝国顾问甚殷,此对贵国亦甚有利,务请设法解决。

部长:关税问题今晨已经与孔部长谈及,财部反对协定关税之方式,只允自动酌予调整,现已在计划之中。

须磨:曾与孔部长谈过数次,有两次允为考虑,视协定之品目如何,亦可避免最惠国条款之均沾,何况贵国对法属安南关于米、煤两项已有其例乎。

部长:不能商谈。朝鲜人问题较为简单,请与高司长谈可也。

须磨:已向高司长详述之矣。

川樾:关于北海事件,希望迅为设法,俾能早日进行调查。

部长:已命十九路军撤退矣。但以该军情形特殊,尚望贵方稍待。

川樾:中山水兵事件,敝方海军方面非常重视,务请尽力早谋解决。

部长:事属法律问题,余实无权干与,但外部甚为重视,能力所及,当请关系方面注意。

须磨:该案早可解决而故意延宕。

部长:如判决无罪,则将如之何? 不能早为判决者,正为慎重考虑也。

高司长:此案非常复杂,今日余愿以个人资格直率言之。本人曾为此事数往上海,与佐藤武官亦已详细谈过,我司法当局非常重视此案。本来我国法院对此类案件处理推事多仅一人,惟对本案则增为三名,其重视本案仅此一点已足以证明。据处理本案之某推事面称,工部局所提之证据,可以视为有罪之证据者不及十之一二,且本案之嫌疑犯,对在工部局所供之口供一律否认,任何国家之法官不能妄科人罪,但法院当局仍在努力审查中。

川樾:此种情形已与佐藤武官言之否?

高司长:已与在京之中原武官言之。总之,我国法官对本案之嫌疑犯,虽欲加之以罪,而苦无证据也。此中内情本不便奉告,但今日大使既已询及,又不能不详细言之。

川樾:下次会谈时期可否另约乎?

部长:当再奉约。

《民国档案》1988 年第 2 期

张群、川樾会谈纪要

1936 年 10 月 19 日

部长会晤川樾大使谈话撮要

时间:民国廿五年十月十九日下午三时至六时半。

地点:外交部长官舍。

1. 关于东亚大局论

张部长首先发言谓:我人彼此为东亚大局计,皆有远大之抱负,但彼此立场各有不同。换言之,两国外交官各为其国家意见,未免有不同之点,希望彼此努力折冲,以成有终之美。我人承认日本政府及广田首相与有田外相对调整中日邦交皆具热心,故甚愿日本政府努力使中日邦交调整可以成功。同时,我人亦希望日政府认识现在中国政府为调整中日邦交为最有诚意、最有力量之政府,此实双方难逢之机会,如此时不能达到调整之目的,则前途将更感困难。

川樾大使谓:现在日本政府力量比不到中国政府,因中国政府在蒋院长指导之下能主持一切,而日本政府目前虽无更动趋向,但明年之预算问题、行政机构改革问题、外交问题,处处有使政府为难者,而外交问题尤为重要。敢问贵部长对日方提案意见如何?

部长询以究谈何种问题,川樾答以先从防共问题谈起。

2. 关于防共问题者

川樾大使分作华北防共问题与一般防共问题,其对一般防共办法说明如左:

(一)有关赤化情报之交换,系普通的而非仅限于中日两国关系的;

(二)关于启发人民如何防止赤化之意见及其办法的交换;

(三)关于取缔、防压赤化运动之意见及办法的交换。

以上办法由两国订一协定,其执行机关可由上海市公安局与驻上海日本总领馆担任。

张部长对川樾大使之提案答复如左:

当兹中日间一切疑虑尚未冰释,彼此信用尚未恢复,而人民因仇日之故,倾向联俄容共之思想日见增高之时,如谈此项问题,必引起国民更大之疑惑,增加仇日之情绪,徒使我政府运用外交政策感到困难,而于中日邦交之调整亦无益处,且徒增加问题,易使问题之复杂化。故本人意见,此次交涉应先就上月二十三日所谈问题设法解决,此项问题请不必讨论,如将来事实上在上海有交换情报之必要时,再行研究可也。

川樾大使谓:日本政府所提办法,既不妨碍中国之主权,又不干涉中国之内政,且于中国有益。若连此种程度之事亦不能办,则中日间空气实无从明朗化。如虑中国人民对日本所提议之任何问题都有作用,则此项办法作为中国提议亦无不可,如认"协定"二字不大妥当,即易其他方式亦无不可。

张部长始终未予允诺。

关于华北防共问题,川樾大使发表意见如左:日本政府对华北之防共区域,原拟定者为五省,现已让至三省。此事若据驻在地之日军部意见,本想采自由行动,不愿外交交涉。我人今日之所以提出交涉者,一则使华北问题渐上轨道,此实于中国有利。如交涉无效,则驻在地之日军部将行其素志,结果必至徒增纠纷。至于办法内容,事属专门,俟委员会组织成功,一切由专门家进行商讨,自可圆满解决。至于冀东问题,原与防共无关,不能并提讨论。但个人认为,解决此事之方式,可有种种之考虑,改善现状,殊有必要,本人当尽力进行。第恐此事之解决,尚有待日本政府多大之努力。匪军问题,可由委员会讨论解决,如中国对于此事必须并为一谈,则谈判唯有破裂耳。

张部长答以防共地区,中国主张只有一线,而日本要求三省,此种问题均未商定,一旦贸然组织委员会讨论,则委员会亦将无所适从。日方如必须讨论此项问题,请提示内容计划,再行研究。

川樾谓:若照中国所提之线,日方认为无此必要。日方所提三省,其与内地较近之处,可不必包涵在内。军人意见,应延至雁门关方可以应付。

张部长谓:雁门关属于山西,如此谈法似有超出范围,更加困难。即仅就地区一事而言,彼此意见有如此之大出入,委员会焉能讨论。其他对中国之主权及行政如何尊重、防共目的属消极或积极、两国军队如何配置,在在均关重要,如不预先商定,委员会必无法进行。故我方主张,须先知日方意见之内容,然后再考虑委员会之组织。故此事唯有待日方意见明白提出之后,再行商讨。但冀东及察北、绥东杂军问题必须同时解决。

川樾大使谓:如中国坚持此项主张,谈判只有破裂。

张部长乃郑重声明谓:此为中国政府既定之方针,务请多加考虑。无论日方对我方所提问题如何看法,如何解释,于防共有关、无关,总希能于此次交涉并案解决。前提之《塘沽协定》、《上海协定》等,为调整两国邦交起见,中国亦甚盼能早日解决,若不如此,中国立场十分困难,无法商讨。

川樾大使谓:前谒蒋院长时,本人曾提及中国所提各点有待将来方可解决者,蒋院长亦示意赞同,请不必坚持。

张部长谓:未闻蒋院长曾作此表示。

川樾大使谓:可询院长或高司长。

张部长谓:亦未据高司长报告(期)〔其〕意。

嗣谈到联航问题。川樾谓,日方甚盼无条件解决。至于实行日期,可以延迟,在此时期解决与其他有关问题。高司长所提办法,日方未肯同意。

张部长又提出两事,请川樾大使注意:

甲、根据情报,近日察北、绥东之形势又见紧张,如再发生纠纷,则将影响全局,妨碍交涉,关系甚大。

乙、我人在此以外交途径谈判两国问题,但驻华北之日军部仍与地方当局谈经济合作及联航问题。中国国民皆视为日本仍继续其分化政策,连日一般空气因此等问题之反响而渐形紧张,此实妨碍两国外交谈判甚大。故请贵大使特别注意,并请报告贵政府。

川樾大使谓:此乃因南京交涉失败而产生之事实。

谈至此,双方意见不能一致而散。

《民国档案》1988 年第 2 期

张群、川樾会谈纪要
1936 年 10 月 21 日

张部长会晤川樾大使谈话撮要

十月二十一日下午三时至五时二十分,于部长官舍。

今日谈话仍以防共问题为中心。

川樾大使先询张部长有无新意见,并谓一般之防共办法实极简单,自属易行。

张部长答以我方并无新意见,并告以历次日方之所云,我方实尚未明了其真意之所在,请其再行说明。

川樾大使谓:一般共同防共内容系取缔共产思想、交换共产情报及如何启发人民与防压共产主义之意见。办法可由上海市政府会同日本驻沪领馆执行,双方订一协定,若嫌协定名义不妥,即不用协定方式亦无不可。

张部长告以无此必要，且徒使问题复杂化，尚以勿谈为妥。在此中日关系尚未好转之时，若再订此类不必要之协定，不但贻反对者之口实，且将因此引起纠纷，即于日本亦有不利。去年中央摄影场与日本《朝日新闻》社订一交换新闻影片之合同，嗣中国方面责难日本不肯上映，日本方面责难中国方面尚未上映。结果由本人勉强设法，始得在新都电影院试映，足见不自然之诺言在实际上无甚效果也。换言之，即今日我人皆认为作此类事件，将来徒增双方彼此之不满。故再三考虑，尚以勿谈此问题为妥。

川樾大使谓：关于华北之防共问题，先组织一委员会如何？

张部长谓：须先由我人商好内容，然后再谈办法，否则，争执必多。譬如，我方之华北防共线系自山海关至包头，日本则要求至雁门关，仅此一点，双方所见如此相差之远。

川樾大使谓：山海关至包头无防共必要，故军人主张至雁门关，此乃根据广田三原则而来。

张部长谓：所谓北境者，乃指外蒙而言，如何又延至雁门关？本人意思认为，在此线上主权之如何尊重、内政之如何不干涉、军队之如何配置，均须预先商定，然后再谈办法，否则即交专门家去办，专门家亦无办法。故请日方先详示内容，一面以便商量，一面以解中国对日方之猜疑心。

川樾大使对此表示可以先提大纲。

张部长谓：绥东问题前闻交委员会处理，冀东问题其将如何？

川樾大使谓：此问题与防共无关，不能提出讨论，若提则交涉决裂。

张部长谓：无论作条件或不作条件，此乃另一问题，但中国政府总期日政府容纳我政府之愿望，将此问题同时解决。

川樾大使谓：非正式交换意见时并未提及，现在则坚持此问题，是乃非法且无诚意。

张部长谓：非正式交换意见时已再三表示我方亦有要求，须磨亦已谅解。数日前，贵大使在沪时曾有高司长转请注意绥东问题。因此事有关大局,最近绥东局面闻又恶化,且有日本浪人在内,日方自难推为不知。此外,本部长与贵大使正在谈判中日问题时,而华北通航问题闻已与地方当局解决,此类举动诚足以增进中国政府之怀疑,使此交涉更感困难,请贵大使特别注意。

川樾大使谓:此实因与中央交涉不成功而发生之结果也。

张部长问:贵大使对此次交涉如何看法?

川樾大使答云:中国对防共原则既赞成,但冀东问题不能并为一谈。

张部长云:我人现在且作一结论,对防共问题留为后谈如何?

川樾大使谓:不可。此点关系重大,请考虑。

张部长谓:冀东及绥东、察北等问题务请同时解决。

川樾大使谓:此点实办不到,请考虑。

谈至此,双方意见不能一致,相约改期再谈。

《民国档案》1988 年第 2 期

张群、川樾会谈纪要

1936 年 10 月 26 日

张部长会晤川樾大使谈话撮要

十月廿六日下午四时至六时廿分,于部长官舍。

寒暄毕。

川樾大使谓:前据高司长面称,许大使曾奉部令往见有田大臣,未知已得报告否?

张部长谓:此次谈判之一切情形想贵大使必已一一报告政府。此次我政府之所以命许大使往晤有田大臣者,无非说明我政府对此次交涉所持之立场,使得贵国政府能彻底谅解我政府之立场,为此次交涉之一助。本人今日未接政府之新训令,故无新意见可以表示,甚盼贵大使多发表贵方之意见。同时,张部长将许大使报告约略告知川樾大使,并询以所谓交换情报之程度,若据中国解释,则仅限于交换情报,未知日本如何看法。

川樾大使谓：日方解释不仅限于此，所有取缔、启发、防压等办法均包括在情报之内，并谓有田大臣所谓可延迟实行之说，是乃大让步。

部长谓：日方何以一定要与中国共同防共？是否意在诱导中日两国之一致？

川樾大使谓：一因日本一向重视防共，若能与贵国共同防共，则有种种便利。二则因为在此调整两国邦交时，两国间应树立一共同之目标。

张部长谓：关于第一点本人无甚意见。关于第二点则中国方面决不如此看法。数年来中日关系欠佳，故反政府者皆欲借反日问题造成人民阵线，现在若强作此事，则徒刺激中国人民之情绪，于日本亦无甚益处。

川樾大使谓：中国政府一方面固须顾到中国人民对政府之疑虑，而另一方面亦须顾到，中国政府若连如此程度之事亦作不到，则亦将引起日本对中国之疑虑。若能作到此事，则中日间事得一共同之目标，将来两国关系自能好转。

张部长谓：彼此看法既然不同，故此事当以勿谈为妥。须磨屡次谈话既未及此点，即九月二十三日贵大使虽曾提及，亦未提出办法。故本人意见，在此次交涉中当以勿谈此问题为妥。

川樾大使谓：无论如何，总希望并为一谈。至于将来实施，可由日本外务省与中国外交部办理，不必交给军人去办。

张部长谓：请以勿谈此问题为妥。在贵大使初发表为驻华大使时，我朝野实不知日本意向如何，嗣见各报登载贵大使之谈话，似皆以经济合作问题为中心。故外交部所准备与贵大使商讨者，皆是经济问题，亚洲司研究室亦皆以此问题为中心而从事工作，不料贵方意见今竟相差如此之远。

川樾大使谓：此乃成都事件有以致之，在成都事件以前，两国间空气较好，今则不及从前矣。

张部长谓:蒋院长对中日邦交之调整颇具决心,但日方必须顾到我方立场,否则,即生困难。

川樾大使谓:余亦如此看法,但有骂余认识错误者。

张部长谓:贵大使此种认识并无错误。

川樾大使谓:华北防共问题,日方希望延至雁门关,委员会之任务在商讨交通与通信之联络事项。

张部长谓:延至雁门关一层决作不到。有田大臣曾报告许大使云,防共内容驻南京武官知之甚详,何妨详细说明。

川樾大使谓:本人不甚清楚,可否下次带雨宫武官来谈。

张部长谓:不必。

川樾大使谓:当命雨宫武官与高司长详谈。

张部长谓:冀东问题如何解决?

川樾大使谓:此事本人从头即说十分困难,此时仍难答应。

张部长谓:然则无法谈下去。

川樾大使谓:蒋院长对此点已有谅解,希望贵方不必坚持。

张部长谓:此事前曾询蒋院长及高司长,皆谓并未谈过。

川樾大使谓:不必查究,此事只望事件本身之解决。

张部长谓:须磨回去后,贵政府有无变更方针?

川樾大使谓:尚未接着报告。

张部长谓:希望贵大使多多努力。

川樾大使谓:希望贵部长亦多多努力。

谈至此时,双方相约再谈而别。

张群、川樾会谈摘要

1936 年 11 月 10 日

张部长会晤川樾大使谈话摘要

民国廿五年十一月十日下午三时至五时廿分

川樾大使晋谒张部长时,先询我方有无新意见,并询我方对此次交涉有无使其告一段落之意思。

张部长答以此则全视谈判之经过如何方能决定。

川樾大使谓:高司长与须磨之谈话情形,想贵部长必已知悉。对于一般防共问题,日本甚谅解中国之困难,答应将来有机会时再行缓谈,此乃日本之大让步。故中国方面亦须相当让步,对其他问题加以解决,不能再行坚持。例如华北防共问题,贵部长第一次与本人晤谈时即称,中国变更国策,与日本共同防共,此时想亦不致于变更也。

张部长云:迄今并未变更。关于防共问题,今年三月,本人曾向有田大使连谈三次,皆谓非满洲问题解决,则不能谈共同防共问题。故此次我方所提之变换条件,实最低限度之条件,亦即我方之最大让步。

川樾大使谓:贵方所得之变换条件中,察北尚有可说,冀东问题则与防共完全无关,自不能并为一谈。中日共同防共,乃互利之事。日本因对俄关系在远东责任非常重大,故对北境一带之共同防共甚为重视,此实根据广田之三原则而来。若中国连此问题亦不肯谈,则日本将发表中国业已答应变更国策,与日本共同防共之谈话内容。

张部长云:即发表亦无不可。若贵方发表,我方亦可将一切情形发表之,但此种举动于双方皆无益处。故想来想去,尚以勿谈为上策。

川樾大使谓:北部边境一带之防共问题,可先指定专家商讨,不必组共同委员会,冀东问题亦可于此委员会中提出讨论。

张部长云:贵大使熟悉中国情形,现在中国能否办理此事想亦明白。故本人想来想去,仍以留待将来再谈为妥。

川樾大使谓:中国意见本人十分明了,无非希望日本给点面子,但日本面子中国亦须顾到。

张部长云:日本有何困难?总之,防共问题以勿谈为好。日本常说中国没有让步,但蒋院长曾云,中国自知其国力,不合理之事决不会提。故对我方所提之最重要问题,如取消《塘沽停战协定》、《上海停战协定》两问题概都不谈,此可谓已经大让步矣。

川樾大使云:容高司长与须磨再谈一具体办法可也。

此时,川樾大使复提及关税、顾问、华北、上海—福冈间联航、取缔朝鲜人等五问题。张部长应付内容〔同〕与须磨所谈者无异。嗣川樾大使复要求将历次谈话作成文书,张部长即予拒绝,主张各自纪录最后结论。详细问题由高司长先与须磨商谈。

《民国档案》1988 年第 2 期

张群、川樾会谈记录

1936 年 12 月 3 日

部长会晤川樾大使谈话纪录

高司长、董科长、须磨秘书、清水秘书在座。

时间:民国廿五年十二月三日下午七时三十分至十时五分。

地点:本部。

事由:关于日海军陆战队在青岛登陆,以及其他不法行为事。

寒暄毕。

部长:因绥远问题发生,致调整国交问题发生阻碍,殊为遗憾。

川樾:绥远问题对于调整国交问题之进行似无关系。

部长:今日因青岛发生日本海军陆战队登陆事件,故请贵大使来部详谈。

川樾:今日请将我方所拟重要事件先行商谈。关于青岛日海军陆战队登陆事,今日实为第一次听到。

须磨:两星期前川樾大使已要求会晤贵部长。

部长:拟将青岛事件一谈,至其他问题,本部长因今晚尚拟赴沪一行,探视黄膺白先生,故不预备与贵大使详谈。顷接青岛地方官厅电称:该地日本纱厂工人,近因要求增加工资,一部分发生工潮,虽经当地官厅极力调解,一面将嫌疑分子予以逮捕,工潮有消弭可能,而怠工工人亦无越轨行动。乃日方突于二日将全部纱厂无故一律停闭,并于本日午前三时派海军陆战队七百余人登陆,全副武装,分途前往包围青岛市党部、铁路党部、胶济路警务处等处,任意入室搜查各项重要文件,并捕去公务员多人。此种不法行动,不独足以激动风潮,实属侵害我国主权。特要求贵大使迅速转电青岛日本海军当局,立将派驻各处陆战队撤退,恢复纱厂原状,即日分别释放送还不法逮捕之人员及擅取之文件,并保留将来我方合法之要求。至于劳资纠纷,应静(侯)〔候〕青岛地方官厅调处,持平解决。若不将陆战队即时撤退,任其迁延,恐将酿成两国重大事件。故今晚特招请贵大使来部面谈。

川樾:关于停闭日本纱厂事,驻青日领曾有来电报告谓,中国方面未曾以诚意取缔工潮,为自卫计,不得已乃命陆战队登陆保护日侨利益。今贵部长既将上述情形见告,当将要求各点报告政府。

部长:目下务必先使空气转好,恢复常态,实为紧要之事。关于绥远事件,据调查报告,匪伪军中确有日本军人、日本飞机以及日本各种新式武器,此事并已获得确凿证据。

川樾:(朗读其携来之所谓备忘录)①

川樾:(朗读完毕)再者,关于成都、北海、上海、汉口各事件,已由须磨总领事向高司长提出条件,要求早日解决。

部长:本部长今日不预备与贵大使商谈此种问题,前已言之,况贵大使刻所朗诵之文件,其内容与历次会谈情形显有不符之处,不特有为我方向未谈及之纪载,且对我方重要意见遗漏甚多。其中更有贵大使从未提及之事项,无论如何不能接受此种文件。总之,双方始终须以友好态度开诚会谈,实为必要条件。今贵方文件中毫未提及我方重要意见,如此,则可谓非友谊之态度,本部长万万不能接受。

川樾:并非提出公文。

部长:双方须互相尊重对方意见,以谋解决。

须磨:本人对川樾大所言略有数语补充,即关于防共问题,日方已表示大让步,华北问题,亦不主张组织委员会,仅谈经济合作,希望贵方

---

① 备忘录全文见下件——原编者注。

充分谅解。

部长：我方当然希望早日解决，但如川樾大使今日所谈，似不能谅解。总之，双方须顾到彼此立场，如《塘沽》、《上海》两协定之取消、冀东伪组织之取消、华北非法飞行之终止、察绥伪匪军之消灭以及走私之停止等等问题，系我方最低限度之要求，均应同时解决。

高司长：本人希望将此事与须磨总领事作成文书。

须磨：许大使对有田外相曾谓，除防共问题外，其余均无问题（云两次奉有部长训令）。所以对今日川樾大使所述各点，谅贵部长无不同意之处。

部长：川樾大使今日所言各点与历次会谈情形颇多出入。譬如，关于招聘顾问问题，本部长系谓其实行之期，俟两国空气好转时，由我方自动酌聘日籍专家数人充任技术顾问。关于取缔非法鲜人事，本部长主张，此事既无条约根据，又背国际惯例，纯系出于自动的友谊，不能认为永久的谅解或一种协定；日方如指明事实及确实地点，我方可协助缉捕，但此事应为互相取缔，即中国人犯逃至日本势力庇护下者，贵方亦应担任协缉。其在中国各地（尤其华北一带）之非法日籍人民（尤其是鲜人及台人），日方官宪尤须从严惩办。关于上海、福冈间之航空联运问题，本部长系谓中日两国须互为领空主权，并谓日方尤应先行停止一切华北非法飞行，俟此次会谈各问题获有相当结果后，开始实行。

贵大使今日如此作法，徒使问题复杂。故本部长今日不预备加以讨论。总而言之，双方向来以友好精神，苦心设法，使问题得以早日解决。自前次会谈后，迄今已有廿余日。其所以不晤谈者，实因发生绥远问题，形势异常恶化，已属无可奈何。现在又发生青岛问题，更增加困难。切望将障碍外交进行之状态早日消灭，仍转到原来友好态度，由正当途径进行合理之圆满解决。至于不必要之文字记载，徒使问题复杂，妨碍殊多，务请贵大使收回。本部长仍希望下次与贵大使从长讨论。

须磨：自成都事件发生以来，继续发生北海、上海、汉口等事件，日方已无可再忍，若不及早解决，恐将引起全面冲突。贵部长何不接受此文件?

部长:因其内容与历次会谈情形颇多出入,且对我方重要意见置之不提,前已详言之矣。所以该文件实无接受之可能,容俟将来继续会谈,今日务请贵大使原谅,不必勉强。

《民国档案》1988 年第 2 期

川樾致张群备忘录
1936 年 12 月 3 日

(一)

一、以成都事件为中心之此次中日交涉,自九月八日贵部长与须磨总领事间作初步交涉以来,迄至今日,贵部长与本大使间已有七次会议,又高亚洲司长与须磨总领事间亦已有十数次会谈,每次会谈皆在贵部长与本大使之谅解下行之。所以此等屡次会谈之结果,彼此意见谅均阐明无余,彼此间谅亦已明了双方意见之所在。即在日本方面认为,成都事件是在吾人正着手谋调整中日国交,同时,中日两国国民亦在诚恳的期待其成效之时所突然发生者,于中日双方俱为极不祥之事件,其责任当然须由国民政府负之。在贵方当然应迅速容纳日方之要求,谋圆满之解决。此种事件发生之最大根源,实为排日尚未根绝。是以希望国民政府对此点深切反省,自觉根本地并且具体地以诚意谋禁止排日之善后措置。又因成都事件之发生,其结果有悖华方调整国交之要望。故从大局着想,进行会谈,以期国民政府能自动的举出具体事项,以示调整国交之实效。右述日本方面之要望是极妥当,且为国交调整上之所绝对必要,想此当为贵方所充分谅解。

一、关于右述会谈对象之各事项,双方意见于会谈当初即已相当接近,在今日大体上已趋一致,更无别种不同之意见,不过为反复重述曾经商讨之事项而已。其所以反复重述者,实不外为关于彼此对于各个问题所怀之希望,而此等希望即使再重复之,在眼前是处于无可如何之状态。【原批】希望是否指我方提出之塘沽及上海两协定取消等而言?!

再者,交涉开始以来,于北海、上海、汉口等地继续发生日人被害事件,日本国论甚为硬化,谅所深知。我政府力持自重,努力指导国论,信赖贵方之诚意,期待贵方能自动的从速解决议题的全般。【原批】调整议题抑成都等事件议题?而最近贵方提出与本交涉无关系之事项,【原批】是否指绥远及各协定而言?!使会谈坠入无从进行之状态。诚如上述,再不能比今日为止所谈的更作进一步之谈商。然如此放任,荏苒时日,有给予外部以中日双方在对峙中,交涉陷于停顿之一种感触,实违反两国政府愿望调整国交之本旨,且使两国国民怀抱种种误解,使第三者又从而利用之为无聊之策动之余地,甚为悬念。因此,提议举行本日之会谈,希望将至今日止贵部长与本大使间及在吾人之谅解下高司长与须磨总领事间之意见,取其一致之点加以整理,使之明显,并且明白表示对本大使之态度。

一、兹将至今日止商谈之结果分题逐次朗读,并将所读者作成书册,依照外交惯例,以其抄本奉上。

一、(1)关于共同防共。本大使表明,以鉴于由外蒙及其西邻方面【原批】苏俄乎?而来赤化势力之传播,不仅对中国,即对东亚全般之安全亦受威胁。中日两国政府为协力防止起见,有决定共同方策之必要。因此希望中日两国渐次能达到军事同盟,并尽先组织中日共同委员会,使之协商华北方面之具体办法。贵外交部长认为,防止赤化势力之传播中国,中日两国有协同树立共同方策之必要,同时,并申述国民政府将变更从来之国策,决定与日本采取共同防共措置之原则。而蒋行政院长亦绝对排斥共产主义,断不与苏联提携云云。【原批】有无如此切实表示,待考。双方关于本案之会谈,尚未达到结论,今后应继续详加讨论。【原批】参看下段,则此段即系中日共同对俄矣。

关于防止赤化思想,本大使因鉴于共产国际(International)之活动,足以破坏及扰乱现在国家组织与社会制度,故认为中日两国为防卫起见,实有密切协力之必要。因欲对共产国际之活动彼此互相提供情报并对共产国际之启发及防止之办法,随时开诚交换意见。根据此种旨趣提议此时应缔结完全互惠平等之协定而公布之,使中日两国国民得以明了彼此共同利益及共同目标,借以增进两国之关系。贵外交部长对于本大使提议之旨趣,虽深加谅解,但答以即时缔结反共产主义协定一节,因中国目前内政上之错综情形,此时难以立即接受本大使之提议,一俟上项情形消灭后,再行协议等语。故时机一至,本大使仍望从事协议。

一、(2)关于华北问题。本大使鉴于有使华北五省中日间特殊关系更加紧密之必要,希望中日两国互相协力,努力期其实现。就中由于图谋该方面之交通及资源之开发等经济的发展,互相增进其福利以资改善两国关系一节,日本政府当尽力援助使之成功。国民政府应从速在华北五省创设彻底之特殊行政机构,例如特政会之类,对于是项组织赋予广泛之权限。万一中国方面有困难情形,应使现在该地方当局尽先与日本共同采取为完成上项目的【原批】何项目的? 必要上之各种处置,例如,对该地方当局授与必要之权限或采取在该方面调整财政金融之措置等等。贵方【原批】何人? 答以国民政府鉴于华北方面与日本关联紧密,【原批】承认中日在华北方面有特殊关系? 对上项希望允即为讲求必要之措置,使冀察两省能实现其顺利之发达。至与冀察毗连之邻省,其地方经济之开发,以中日协力为前提,其具体事项,今后当由国民政府随时训令关系地方当局指导等语。本大使表明,当本此旨,热心促成该方面之中日密切关系。此处特再申明。

一、(3)关于航空联运。本大使鉴于中日交通关系之紧密,希望仿照中国及欧亚两航空公司之例,设立中日合办航空会社。中国方面对于该会社除能经营中日航空联运外,并当许其得从事全中国航空路之开发,贵方【原批】何人? 当允可照去年十月廿三日所决定之合约草案中于本案中载明"明年五月一日施行"字样,即时签字,对于上述日期无条件履行。惟签字同时,贵方以该合约中关于无协定之航空当向日方提出异议,虽日方对此曾表示并无答复之意思,但本大使对于上项提议,根据贵方内部关系上之必要加以考虑,因将公文接受。特此声明。【原批】是否即承认中国提议停无协定之航空?

一、(4)关于设法改善中日两国国民经济关系一层,为两国计,增进中日两国通商经济关系极为重要。中国进口税率以对由日本输入之货物课以过重之负担为主。故希望中国政府同意减低进口税率,以轻日货负担而缔结互惠协定,【原批】协定税率?并组织以全中国中日经济合作为目的之投资团(Syndicate)。贵外交部长答以国民政府当参照九月廿一日日方提出之进口税率减低案,于可能范围内依照日方希望从事改订,并于三四个月以内实行云云。日方以此事之迅速实现于中日两国经济关系上极为重要,特再唤起国民政府之注意。

一、(5)关于不逞朝鲜人。本大使以国民政府庇护不逞朝鲜人一事影响中日国交甚大,要求从速改正。贵外交部长言明,国民政府对于此项要求在条约上虽无允议义务,但为对日本表示好意起见,对于有不逞行为或不稳计划之朝鲜人而现在居住于中国管辖区域以内者,国民政府此后不加以庇护,【原批】以前亦无庇护事实。倘经日本官宪告以实情,并当逮捕引渡之云云。因此,本大使信赖此种言词。再,此等不逞鲜人中并包含关于皇室罪之犯人,即在国民的感情上言之,帝国政府亦最着重于本项之实行。特再声明。

一、(6)关于日本人顾问。本大使鉴于中日两国关系之密切,希望国民政府于所聘之外国顾问中使有相当多数为日本人。贵外交部长表明,国民政府之行政院各部及现在聘有外国人顾问之各机关,设法聘请日本人顾问并无异议,明年三月以前当可实行等语。【原批】非事实。本大使希望国民政府关于聘请之各部及人数,在上述明年三月以前连同各种希望迅速通知日方。

一、此次事件之惹起极不祥结果者,完全由于贵国排日所致。故帝国政府关于此点认为有唤起国民政府之反省及自觉之必要。兹本大使请贵部长注意下列各事,采用适当有效方法,彻底取缔排日行动,并努力排除阻碍两国国交之根本原因,实为必要。【原批】所谓根本原因何在?关于此事,认为系国民政府自动的措置。今后(一)国民政府须尽心竭力彻底取缔一切排日行动。因此,(二)国民政府不问其为国民党部或其他任何团体,对于一切排日策动应负禁止责任。(三)国民政府今后之方针,应尽力指导中国民众,努力改善中日两国关系,但与以上有关具体的措置,除国民政府业于八月廿九日发表《睦邻令》,九月十日由行政院发表关于彻底实行该项之命令,以及九月十四日军事委员会委员长对于各军事当局所发之禁止排日命令,暨设立教科书审查委员会实行检查教科书外,拟于最近将来应采取后列之措置:

(一)彻底实施禁止排日命令

(甲)中央党部常务委员会副主席应在最近期内对各级党部(各地方党部、各海外党部、各职业特别党部、各军队特别党部及其他各党部机关)及党员发出禁止排日命令。

(乙)蒋介石氏应在最近期内,向国民声明禁止排日。

(二)改订排日教科书

现已有教育部当局设立委员会促进改订教科书,应于短期内将各学校所用之教材中凡带有排日色彩之课本一律删除。

(三)取缔排日言论

关于取缔报纸(包含小报)、杂志(包括儿童用)及其他出版物、意匠、绘画、映画、演剧等一切带有排日彩色者,应特别注意,同时应指导以增进中日关系为宗旨。

(四)向来为保护日本人民在中国内地旅行起见,常有束缚自由行动之嫌。故今后为确保日本人民旅行之自由与安全计,应对于中国民众严加取缔[?]。

因有此种提议,【原批】何人提议? 故本大使当予以谅解,并希望国民政府能开诚实行上述各项。

一、依上述之情形及本大使所述说之理由,结束至今日止之正式会谈。关于未达如会谈开始当初所预期之具体的结(束)〔果〕者,留待将来交涉。关于其他事项,【原批】何事项? 此后则为完成其必要的事务上的手续,遇必要时,本大使当亲自出面,大体上是由须磨总领事与贵方接洽,希望从速完成其手续。深信贵方对此必无任何异论之理。对于

已结束之事项,【原批】何事项? 大致是贵方所必须实行者,本大使期待
国民政府以诚意实行之,深信中日国交之调整,将因此更进一步。

　　一、关于取缔排日如屡次所申述,要之是以获得实绩为主眼,我方
对此点亦极重视,期待贵方对前记各项不断的注意,采取适当有效之措
置。我方为监视此等措置之实绩,特设常设的机关【原批】日方内部之组
织? 而彻底调查监视之,遇必要时得向贵国方面提出警告。若贵国方
面有不顾我方基于调查而发之警告回避其责任之场合,我方为自卫计,
不得已将采用必要的手段。兹为声明。

　　一、再者,成都事件以来,继有北海事件、上海事件、汉口事件等不
祥事件之发生,曾每次向贵方提议。再则,日前由须磨总领事对高司长
所提出之各个解决条件,本日兹再向贵部长提议,对此等事件应迅速解
决。为迅速解决此等事件计,希望继续进行交涉。乞为知照。

　　　　　　　　　　　　　　　　　　昭和十一年十二月三日

　　　　　　　　　　　　　　(二)

　　一、关于成都事件业已送交解决办法在案,贵国方面似无何等异
议,但对于四川省政府主席之谢罪,因为有困难之处,提议改为该主席
之处罚及将来之保障,本大使并无异议。其次,对于赔款金额谅亦无何
异议,故希望迅速采取解决本案之必要手续。为慎重计(解决案俟重
新整理后送交),【原批】即此一点可知,日方之所谓解决案从未预备齐全,其尚
待商讨,自不待言。在贵方此项手续完成后,依照贵方数次承认之声明
【原批】何时声明? 为何声明? 即刻进行成都总领事馆再开所必要之准备。

　　　　　　　　　　　　　　　　　　昭和十一年十二月三日

　　　　　　　　　　　　　　　《民国档案》1988年第2期

外交部关于解决成都事件之对策草案
1936年11月

　　一、责任问题
　　欲明本案之责任,必先探讨其原因。此次事件完全由于走私与设

领二事所激成，原因极为简单。换言之，即日方如不以私货运销入川及对成都设领不操切从事，则本案自无由发生。日方以此为排日思想之发动，实属倒果为因。盖自"九一八"以后，日方所加于我之暴行更仆难数。川中民气虽极激昂，从未闻有任何越轨行动，此足证明川民绝不至以一时意气之冲动而作无意识之排日行为也。讵本年春夏以来，私货大量输川，正当商业大受打击，纷纷倒闭，川民正临切肤之痛，日方复于此时有非法于蓉设领之举。成都既非商埠，又无日侨，不容设领自不待言。而日方又于此问题未经正式解决以前，贸然遣岩井赴蓉。川民经此刺激，情绪自更紧张也。其开会、游(历)〔行〕，要亦人民爱国应有之表示，不能认为不合理之行为。特以当局防范稍有未周，遂致反动分子乘机煽成暴动，为可憾耳。但此种突发事件根本不易预防。而在事变当时，当地官厅亦已尽弹压救护之力量，事后除缉凶法办外，在国际法上本不负任何责任。不过中日关系特殊，我方为辑睦邦交顾全友谊起见，对于日方正当办理之要求似亦不妨撇开责任问题酌予考虑。

二、事变真相

(一)事件非出于排日

川省民众对于走私、设领之反感虽烈，然行动颇有秩序，官厅亦采取防止越轨之措置。重庆市民本定八月十八日夜游行示威，经官厅劝阻而打销。所以，岩井留渝多日，曾未发生意外，成都民众运动秩序亦佳。渡边、深川、濑户、田中等四人由渝到蓉并无嫉视之者，该日人等二十四日上午漫游名胜，并沿途购物收债，倘民众有排日之意思，则在当时反对走私设领激昂情绪之下，该日人等历半日之时间游遍东、西、南三城，岂能无一人与之为难，发生纠纷？变前，民众代表经向濑户等询明，并与设领无关，即行退走，及是可以证明。民众之目标纯在合理的反对走私与设领，而非反对日人到蓉游历及含有排日之意义也。

(二)反动阴谋之论证

四川共匪虽渐就消灭，各处潜伏之反动分子仍在暗地活跃，进行破坏工作不遗余力。此次事件，初时民众代表经濑户等说明，业已退去，而反动分子却又鼓动民众再度前来滋事,在傍晚时高呼反动口号,扩大暴动,其目的在使中日关系恶化,陷政府于困境,以牵制剿匪工作之进行。至于交通公司等商店贩卖私货,民众知之甚稔。若以武力制裁之意,早已实行,固不必在事变当时发动。盖川省对防私工作已有严密布置,如有走私行为,不难依法处置。此种行为实系反动分子企图扩大暴动,分散军警力量,造成恐怖状态,嫁祸民众之毒辣阴谋也。

(三)党部政府指使说之无稽

我国对外方针政府与党部原属一致,向以增进中日两国亲善为主旨。去年以来,鉴于各地人民对于日人隔阂未能尽除,一再明令宣示敦睦邦交,所有稍涉反日性质之组织一律查禁。上年七月中央宣传委员会亦通电全国各级党部切实取缔排日运动,事实俱在,不难覆按。日方谓为政府或党部从中指使实属辱诬。中国当此多事之秋,力谋安内睦外之不遑,岂有反使构成事变以自窘之理。此就理论言之,亦所必无之事也。

(四)军警救护之努力

边渡等四日人由渝乘车到蓉时,警备司令部即派侦缉队干员刘榆先、曾春明到车站随护入城,公安局亦派有暗探数名跟随保护。及该日人下榻旅舍后,警备部复加派侦缉员邝丕承等十人,由刘、曾二人督率,会同公安局人员明密守护。二十四日下午五时事件发生之初,警备部立派王排长率兵一班前往大川饭店镇压,公安局长范崇实率同科长周植宗、会计主任赵福辉、国术教官冯恩和、司法队长王月明、侦缉队长孙岳军、督察长刘竭、分局长康振等警士三十人赶到。时已发生暴动,电线被断,电话不通,军警寡不敌众,因日人等已杂在混乱群众之中,投鼠忌器,不敢实弹制止,所以只放其枪示威。范局长亲身于激斗丛中,将日人田中武夫挟持出险,复率警贾治平等将濑户尚救出。嗣警备部得讯立令营长曹午堃率第五、第七两连武装兵跑步驰援。警备司令蒋尚朴亲率副官张子宜继至。而大川饭店业被捣毁,乃一面调派营长邓吉亨等率队制止暴动,一面督寻失踪两日人。是役,范局长左肩受伤,蒋司令汽车击坏,警士刘世清伤亡,其他军警员兵受伤不少,民众亦伤亡数人。军警当时救护之努力,可以想见。此种情形有田〔中〕亲笔所记,足以证明。濑户亦对军警之救护表示谢意。

三、日方要求条件

蓉案系突发事件,我方本不负法律上之责任,且在事变当时及事后,当地官厅亦已致其最大之努力。故若就事论事,充其量不过惩凶、抚恤,初非重大问题也。惟在中日目前情势之下,此事依常轨解决,恐绝不可能。照最(遭)〔糟〕情形观察,彼确有利用机会贯彻计划,解决各项重要问题之野心。如此,则超越本案范围,牵涉中日全部问题,复杂严重,似非迪盘考虑决定对策,不足以资应付。兹将报传日方要求条件签注如次:

(一)南京政府应彻底制止排日运动,并使将来不再发生类似事件

查取缔排口运动,应先明白排日之原因。日本一面不断的侵略中国,一面强(人)〔迫〕中国取缔排日,此与缘木求鱼何异。纵中国政府不惜对人民施行高压,然原因不除,压迫愈甚,则反感愈烈。其结果将与所期待者完全相反,危险实甚。此事关键完全操之日本,倘日方停止在华一切非法行动,使华人发生好感,则排日之风无须取缔,自归消灭。且中国政府对于此事亦已尽力消弭。上年六月十日颁发敦睦邦交明命,此次蓉案发生,复重申前令,并饬主管机关妥为处理,行政院于事件发生之第二日,亦经严令各省市政府切实保护外侨。日方如提出此项要求,似可照此坦白直言,促其反省。

(二)改编排日教科书,停止排日教育

查我国教科书系由教育部审定,内容并无排日意义,亦无所谓排日教育。惟历史上我国所受之外侮,关系国家史实,自应据事直书,不能抹煞。日方此项要求,干涉我国教育,应予拒绝。且此事势必引起教育界重大反响,发生种种风波,使政府陷于困境,影响全部问题不能解决。日本倘有调整中日关系之诚意,必须了解中国政府立场,撤回此项要求。否则,结果亦无所利于日本也。我方如为情势所迫,万不得已,似

可明令出版界,嗣后刊物遇有涉及国际关系者,务须以善邻为主,不可插入影响邦交之文字或图画。但须绝对避免为接受要求之办法也。

(三)禁止排日性质之集(合)〔会〕,解散排日团体

排日团体为反日会、抗日救国会等等,早经查禁,现已不复有此团体之存在。至关于民众集会结社,政府过去一秉《敦睦邦交令》取缔办理,不使有涉及排日之行为。现又重申前令,严厉执行,各地方长官自能切实遵办。

(四)地方党部之排日活动由南京政府负责

党部与政府方针原属一致,年来关于排日活动早经停止。中央宣传委员会在去年国府发布《敦睦邦交令》之后,亦经通令各省党部,饬遵照该令,转告各级党部同志,并随时劝导人民切实遵守,自不至有此种活动。惟日人不察,对于党部始终认为排日之根源,此项要求恐不易放松。应付之法,似不特再由中央党部训令各省市党部,切实告诫。至于此次成都事件,川省党部领导民众运动之无方,殊不能辞其咎。在交涉开始后,观察情形,如有必要,似亦可自动的将川省党部改组,以资应付,免演成类似河北之事实。

(五)停止一切足以阻碍日本驻成都领馆重开之行为

日本在成都设领,我方原则上已予同意,所争者仅岩井赴蓉迟早之问题耳。此层似可设法使其早日前往,以示成都方面已无阻力之存在。惟设领既经承认,则日人居住、营业诸问题必随之发生。而成都既非商埠,以后是否仍作为内地办理抑视同开放,此种畸形状态无例可援,似不能不预筹办法,使地方有所率循。

(六)南京政府正式道歉

蓉案既归中央交涉,此项似可酌予接受。

(七)惩办凶手以及负责者

本案凶犯苏德胜、刘成先业经拿获明正典刑,现仍搜捕余凶,务获归案。惩治处罚负责者一层,四川省政府对成都市政府、警备司令部、省会、公安局、华阳县政府已下令严加申斥,并以公安局长范崇实防范

未周,难辞其咎,着其应候查办。中央亦正查明失职轻重,分别惩戒。

(八)赔偿死伤者之损失

此项我方业经明白表示,在适当数目之下,自无问题。

《民国档案》1988 年第 2 期

外交部关于成都事件的节略

1936 年 12 月

(一)案由

民国二十五年,适当中日两国进行调整邦交之际,四川成都忽于八月二十四日发生殴毙日人事件,局势顿形紧张。后经数度交涉,始告解决。

(二)成都事件发生之原因

1. 私货运销。廿五年六、七月间,日本在我国各地强行走私,致成都市面亦为私货所充斥,正当商业大受影响。因此,商民皆怀恨在心。

2. 成都设领问题。成都本非商埠,但于民国七年日本曾派员赴蓉驻扎活动,后因"九一八"事变发生,日本特将该项活动暂停。洎廿五年夏又图恢复,并发表岩井英一为驻成都总领事,自八月二十日起,曾一再与本部部、次长商谈,我终未允。而日外务省竟贸然训令岩井入川,成都人民既苦于私货之运销,后又闻日本将非法在蓉设领,以致群情激昂。

(三)成都事件发生之经过

八月下旬,岩井入川之消息传出后,成都舆论激昂。八月二十三日下午,适有四日人田中武夫、深川经二、渡边洸三郎及濑户尚等由渝抵蓉,住大川饭店,当由警备司令部及省会公安局分派人员前往保护。廿四日,该四人遍游全城各处,不意下午六时即被乱民由大川饭店拥出,结果渡边、深川毙命,田中、濑户负伤。

(四)成都事件交涉概要

八月二十六日,日本大使馆秘书须磨特为成都事件进谒张部长提出交涉,张部长当表示歉意,并希望该事件勿影响正在进行中之中日调整问题,须磨亦表同感。

自九月八日以迄十二月三日,张部长与川越大使为成都事件会谈七次,高亚洲司长与须磨总领事间为此亦有十余次之交涉。日力主成都事件应与调整中日国交同时商讨,我方提议分别解决,经一再榷商,日方始提出成都事件解决办法,而告一段落。

(五)成都事件之解决办法

1.道歉:(1)张部长照会川越大使表示歉意;(2)刘主席致函岩井领事示歉,并保护将来。

2.处罚责任者。

3.严办犯人、关系者及煽动者。

4.赔偿。四人共计九万八千五百八十七元一角。

(六)北海、汉口、上海各案

1.北海事件(与蓉案同时解决)

(1)发生日期:二十五年九月三日。

(2)死亡日人姓名:中野顺三,在广东北海遇害。

(3)解决条件:

甲、道歉:(子)国民政府(外交部长致川越大使);(丑)广东省政府(主席黄慕松致中村总领事)。

乙、处罚责任者。

丙、赔偿抚慰金三万元。

2.汉口事件

(1)发生日期:廿五年九月十九日。

(2)死亡人姓名:汉口日本总领馆警察署署员吉冈廷二郎被害。

(3)解决条件:

甲、道歉:(子)国民政府道歉(外交部长致川越大使);(丑)湖北省政府道歉(代主席卢铸致三浦总领事)。

乙、处罚责任者。

丙、赔偿抚慰金二万元。

3. 上海各次事件

（1）发生日期及死亡负伤之日人姓名：廿四年十一月九日，日本特别陆战队水兵中山秀雄遇害；廿五年七月十日，日人萱生矿作被害；又廿五年九月二十三日，日本军舰"出云号"一等水兵田港朝光被害、八幡良胤及二等水兵出利叶我已重伤。

（2）解决条件：

甲、道歉：（子）国民政府道歉（外交部长致川樾大使）；（丑）上海市长道歉（吴市长致若杉总领事）。

乙、处罚责任者。

丙、赔偿：（子）中山及田港抚慰金各二万元；（丑）八幡及出利叶慰问金各四千元；（寅）萱生抚慰金二万七千元。

《民国档案》1988 年第 2 期

张群致行政院呈文
1936 年 12 月 14 日

案查此次中日交涉开始，我方主张先行解决成都事件，而后再谈邦交调整问题，日方力持异议。最近日方以各项问题经两月余之商讨，尚无结果，对于先解决成都、北海两案已表示同意。关于成都事件，几经磋商，日方最后让步如下：（一）道歉。由外交部长代表政府在本部去照内表示。（二）处分。除警备司令、公安局长免职外，其他关系人员任我方视情节之轻重而处分之，亦在去照内说明。（三）赔偿。要求给予死者渡边洸三郎财物损失一千八百元，抚恤金四万元；深川经二财物损失八百元，抚恤金三万六千元。给予伤者田中武夫医药费一千一百五十五元，财物损失五千八百五十二元；濑户尚医药费一百七十六元一角，停业损失一千二百元，财物损失一万一千六百零四元。死者、伤者合计九万八千五百八十七元一角。并约明商定后可俟青岛事件完全解决后，再行发表。按上述办法尚不（愈）〔逾〕越国际惯例范围，日方表示不能再有让步。究竟应否照此办理以资了结，理合具文呈请鉴核训示祗遵。再，北海事件日方要求与成都事件同时解决，本部拟俟成都事件商妥后与之继续商谈北海事件。敬祈一并核示，实为公便。谨呈

　　行政院

外交部部长　张　群

《民国档案》1988 年第 2 期

日使馆致外交部复照

1936 年 12 月 30 日

　　径启者：接准本年十二月三十日贵部长照会内开：关于本年八月二十四日日本人四名在成都遭遇变故，其中二名受伤，二名身死一事，本部长兹代表政府以诚恳态度，对贵国政府深致歉意。当事变时，地方当局曾弹压救护，但省会警备司令蒋尚朴及公安局长范崇实究属疏于防卫，中国政府已将该二员免职。又警备司令部营长曹午堃、连长刘尧古、公安局科长邓介雄、队长孙岳军、分局长康振等，亦均已分别予以处分。本事件之首犯刘成先、苏得胜业已处以死刑，其他凶犯岑群、王述清、彭定宅、刘子云等亦已分别处以徒刑。中国政府对于死者渡边洸三郎及深川经二之遗族各给予实在损失费及相当抚恤金，对于受伤者田中武夫及濑户尚二人各给予实在医药费及实在损失费，其数目另文通知。本事件既照上开办法予以处理，中国政府当认为业已解决，相应照达贵大使查照见复等因。业已阅悉。中国政府给付死者之遗族及伤者各费，合计中国国币玖万捌千伍百捌拾柒元壹角，亦已由本大使馆收到。现日本政府认为本事件已经解决。相应照达贵部长查照为荷。

　　本大使顺向贵部长重表敬意。

　　此致

中华民国外交部长张群阁下

昭和十一年十二月三十日

《民国档案》1988 年第 2 期

外交部关于中日外交问题节略

1936 年 12 月

查中日两国南京交涉调整邦交一案,实源于民国二十四年春王亮畴博士与日本广田外相之会晤。洎张部长岳军就任之后,亦深感中日国交有调整之必要,特于廿五年三月中与日本驻华大使有田氏剀切说明此意。有田返国升任外相之后,亦曾讨论及此,但终以日本未准备为彻底之调整,而未见效果。

八月(二十七)〔二十四〕日成都事件突然发生,日人死二伤二,我国政府即表示准备依照国际惯例予以解决之意。日本大使川越则于开始谈判之时,提出若干问题,要求先行解决一部,于是南京中日交涉乃于焉开始,本可从容谈判。不意十一月十六日绥东战事忽爆发,我乃于十一月十八日正式通知川越,告以日本如继续暗助匪伪扰乱绥远,则中日交涉势将无法继续进行,因之,交涉中断。

自九月十五日张部长首次会晤川越大使,以迄于十一月十日之会谈,历时约两阅月,晤商达七次之多,终因双方之意见相离甚远而难以接近,故结果对中日邦交并无若何改进。兹将此次交涉中我方之具体意见及态度略述之:

一、关于取缔排日运动

我方于交涉结束之后,拟自动履行下列两项:

(一)中央党部命令下级党部切实指导实行政府邦交敦睦令。

(二)由蒋院长发表促进两国邦交之演说或谈话。

二、其他具体问题

(一)共同防共问题

一般防共问题,无论如何希望日方勿谈。北部边境防共问题,须日方提出具体内容后方可商讨,但冀东及察绥区伪军问题,务须同时解决。

(二)华北问题

对冀察两省当时之状况,我方甚为不满,日方至少应设法逐渐改善。对晋、绥、鲁三省,中央政府遇有必要时,可酌量就事论事,指令各该省当局对日本予以经济上合作之便利。

(三)上海福冈间联航问题

我方可以答应签订合同,但实行日期须视华北日本自由飞行之能否停止而定。此项调解须经双方确认。

(四)减低关税问题

我政府愿自动调整关税,但日方九月二十一日所交之方案,只能作为参考之用。同时,日本须严厉取缔华北之走私,并不应妨碍我海关缉私之自由。

(五)顾问问题

我政府准备自动酌聘日本专家数人充任技术顾问。

(六)取缔朝鲜人问题

日方如指明不法事实及确实地址,我方可协助缉捕,但此事纯出于自动的友谊,不能认为永久的谅解或协定。

《民国档案》1988 年第 2 期

外交部发言人发表谈话说明调整中日关系之交涉经过

1936 年 12 月 7 日

中国政府曾迭次表示调整中日关系之愿望,而深信为维持东亚和平起见,中日两国必须以平等互惠与互尊领土主权完整之原则为基础,始可为真正之调整。此项原则,原为维持现代国际关系必不可少之因素。国际间舍此原则,即无以立信义,无以谋和平。中国以为国际间之所谓有无诚意,应以是否认识此不变之原则为断。日本对于中日邦交,既亦屡次表示有进行调整之必要,中国政府认为日本亦必同情于上述原则,并准备使其完全适用于中日关系。

张部长就任后,本年三月中,即与日本现任外务大臣前驻中国大使有田氏迭次会谈,剀切说明调整中日邦交之必要,其最正当之办法,应自东北问题谈起,庶中国领土之完整得以恢复。彼时有田大使认为东北问题之解决,尚非时机。张部长遂主张第一步至少限度,亦须先行设法消灭妨碍冀察、内蒙行政完整之状态。虽经一再讨论,终以日方并未准备为彻底之调整,未见效果。

近年来,中国人民情感,虽因种种事实日益激奋,中国政府为保持两国之和平,以期待发现正当的外交解决之途径,故力为诰诫取缔,幸得人民了解,相安无事。不意八月间,成都事件突然发生,中国政府当局即表示准备依照国际惯例,予以解决之意。日方则于开始谈判之时,提出若干问题,要求先解决其中一部分。中国固愿随时进行国交之调整,惟不欲徒有调整之名,而不能收调整之实,且恐转贻纠纷,更增困难。中国当局迭向日方说明各地发生之日侨不幸事件,政府当然引为遗憾。然自"九一八"以来,引起中国人民之不安与反感之事,不知凡几。中国政府处此情形,仍竭尽其力,以敦睦邦交,诰诫人民,并施以合法之取缔,且收得相当之效力,已如上述。但为正本清源计,深信中日两方必须努力恢复人民情感于自然,而恢复之道,首在铲除足以引起恶感之原因。否则,理智之士,虽欲修好睦邻而不得,且恐有人利用机会,以逞其私。中国政府此项见解,至今未变。

日方既提出若干问题要求解决,我方外交当局,始终以诚恳坦白精神,与之讨论,并对于各问题逐一说明中国之立场。而中国所处立场,始终以平等互惠互尊领主权土完整之原则,为其出发点。同时我方依据此同样原则,在最小而可能之范围内,亦曾提出若干事项,要求合理之解决。而日方看法未能尽同,双方交涉两月有余,各项问题中之数点意见,已比较接近。不幸张部长屡次谈话中提起日本政府应严重注意取缔之绥远事件发生,致障碍外交进行。截至今日,讨论中之各问题,未得结果,殊为可惜。本月三日张部长约川越大使晤谈时,张部长先以青岛日兵登陆搜捕事,向川越大使提出抗议;次述绥远事件之调查事实,请日本政府迅予制止日籍军民之参加策动。川越大使复提及交涉中之事项,诵读一预拟之备忘录,张部长当声明关于交涉事项,改日约谈,故是晚未加讨论。至川越大使之备忘录系叙述过去讨论情形,但非正确记录,外交部已函日使馆声明之。此自九月中旬起,因成都事件之起,张部长与川越大使折冲之大概情形也。

吾人所切望者,现时障碍外交进行之状态,早日消灭。深信一切问题,于中国不感受威胁之空气中,可由正当途径,进行合理之解决。且张部长对于川越大使为两国邦交诚恳努力之精神,非常钦佩,尤希望于最短期中,依川越大使之努力,得以消除障碍,顺利进行也。

《中华民国重要史料初编——对日抗战时期》绪编(三),第688—690页

中国国民党五届三中全会外交报告(中日关系部分)
1937年2月

1)张部长与日本川樾大使交涉之经过

政府鉴于近年来中日纠纷之复杂,与情形之严重,乃根据五全大会与二中全会先后决议,迭次表示调整两国国交之愿望。并认为中日两国,必须以平等互惠,与互尊领土主权完整之原则为基础,始可为真正之调整。外交部张部长依据此项政策,曾向前驻华有田大使提议,调整中日国交,应先以解决东北问题为始。乃日方认为解决东北问题,绝非其时,坚拒商谈。迨川樾茂继任驻华大使后,我方仍本此方针,继续进行。而日方不独未尝准备为彻底之调整,且辄以有利于彼方之问题,提请商讨,致无结果。8月间,成都事件突然发生,日方扩大宣传,两国关系,顿陷紧张。我方则处于镇静,表示准备依照国际惯例解决不幸事件。9月15日,川樾大使向张部长开始谈判,我方主张先谈蓉案。不与调整问题混为一谈。而彼则以为蓉案不难解决,但仅解决蓉案,仍不能缓和日方空气,须先解决若干政治问题,始可商谈蓉案,遂提出所谓:(1)取缔排日问题;(2)华北问题;(3)共同防共问题;(4)减低入口税问题;(5)上海福冈间民用航空联络问题;(6)聘用日籍顾问问题;(7)取缔鲜人问题等,要求即时一并解决,以表示中国方面之诚意。张部长经与政府商洽后,向川樾大使尽量阐述我国立场;对于日方要求之问题,并分别说明我方见解,其要点约略如下:

1. 取缔排日问题　在中国方面凡政府力之所及,原可引导人民之对日观感,借以增进中日人民之关系。惟情感发于自然,出自环境,为正本清源计,日方应一面消极地除去恶感,一面积极地树立新国交。消极方面,应即停止在华种种策动,废弃武力干涉与高压态度。积极方面,须表示尊重中国主权与行政统一之诚意,否则政府虽日发一令,仍不能改变人民之心理。

2. 华北问题　中国北部本无问题,惟因年来日方造成之种种特殊状态,遂有所谓华北问题。倘日方之真意,不在平等互惠之经济合作,而在华北之政治及财政方面,甚至欲造成独立或半独立之政权,则此种计划,显系破坏中国领土与主权之完整,绝无商讨之余地。

3. 共同防共问题　防共纯系内政问题,无待与任何第三者协商,且数载以来,中国政府竭尽全力剿灭共匪,目下残匪无多,不足为患。中国政府始终恃自力应付,毋庸外国之协助。

4. 减低入口税问题　入口税之改订,为我国内政上之事。政府所定关税,本可斟酌国家财政状态与商业情形,随时为适宜之调整,惟在研究关税之调整时,所有走私现状,自应首先予以考虑。

5. 上海福冈间中日民用航空联络问题　此事日方提议,原在"九一八"以前。民国 24 年,日本递信省曾与我交通部数度商议,本平等互惠之精神,拟有草约。嗣以日本飞机在我国各地,未经合法手续,任意飞行,影响我国领空主权甚大。我方认为在此种事态未终止以前,碍难实行沪福联航。

6. 聘用日籍顾问问题　中国政府聘用外国顾问,胥视政府需要与被聘人员之技能而定,初无国籍之分。中日邦交果已好转,中国自动酌聘日籍技术人员为专家,非不可行,但决非可由外国政府要求之事。

7. 取缔鲜人问题　关于取缔朝鲜人之非法行动,中国政府固不愿任何外国人在我领土内有何非法行为。惟同时朝鲜人、台湾人及其他日本国籍人民,在日本势力庇护之下为非法行为者,日方当局,自亦应加以取缔。

同时我方仍认为中日关系之调整,应合乎平等及互尊领土与主权完整之原则,若仅就有利于一方之问题进行商讨,是不得谓为国交之调整。因将我方认为最迫切之问题,提请日方切实答复,迅予解决。所提问题为:(一)取消塘沽、上海两协定;(二)取消冀东伪组织;(三)停止不法飞行;(四)停止走私并不得干涉缉私;(五)消灭察绥伪军及匪类。上开问题提出后,日方认为出乎意外,坚请撤回,态度强硬,谈判几濒破裂。嗣经赓续折冲,计前后商谈七次,历时两月有余,其间虽日方方案迭有变更,而双方所提各问题,始终未能获得结论。至11月间,张部长屡次谈话中提起日本政府应严重注意取缔之绥远局势,突然扩大,我方认为在此种局势之下,进行商讨,无补实际,交涉遂无形停顿。此为9月中旬起,因成都事件之起因,外交部张部长与日本川樾大使折冲之经过情形也。

2)成都、北海及各处突发事件

1. 成都事件 廿五年八月二十四日,成都因反对设领突然发生事故,日人田中、濑户二人身死,深川、渡边二人受伤,政府于事发后,立即表示严正之态度,主张依照国际惯例,持平解决。乃日方欲利用时机,故不商谈该事件之解决,而提出与日侨安全毫无关系之种种要求,时历数月始终未遂其愿,始转而谋本事件之解决。该案遂于十二月三十日经外交部张部长与日本川樾大使换文解决。内容为:(一)外交部向日本政府表示歉意;(二)中国政府给予死者遗族及伤者抚恤损失医药各费共计国币九万八千余元;(三)事变时当地负责人员分别予以处分;(四)凶犯依法惩办。川樾大使复文称:日本政府认为该案业已解决。

2. 北海事件 廿五年九月三日,广东之北海发生暴徒击杀日商中野事件。日方以保侨为名,调动海军,情形异常严重。嗣经外交部与日方多次之折冲,于十二月三十日,用解决成都事件之同样方式,换文解决。其内容为:(一)外交部向日本政府表示歉意;(二)当时该地负责人员,业经遣散或去职,无从另予处分;(三)凶犯依法惩办;(四)中国政府给予中野遗族抚恤金三万元。川樾大使复文称:日本政府认为该案业已解决。

3.其他突发事件　除成都、北海事件外,突发事件之重要者,尚有上海之中山、田港、萱生及汉口之吉冈各凶杀案。中山、田港、萱生等案逮捕之各犯,尚在法院审讯中,而吉冈案凶犯,则尚未就捕。上海各事件发生时,日本海军陆战队乘机武装出动闸北一带,往来梭巡,侵犯我警权,威胁地方,均经我方据理抗议。上述各事件,俱为普通杀人案,与成都、北海事件性质不同。且除萱生案外,均发生于我警权不及之地域,当地官厅已尽力协助缉凶,凶犯既已缉获,应由法院依法审讯。此外,我政府自不负其他责任也。

《中华民国重要史料初编——对日抗战时期》绪编(三),第690—692页

张群、川越谈话纪录
1937 年 4 月 19 日

专员周隆庠、日使馆秘书清水董三在座

时间:民国二十六年四月十九日下午四时至四时五十五分。

地点:部长室。

事由:调整中日邦交。

川越谓:此次奉召返国,拟于二三日内离京赴沪,在沪与日高参事官晤面后,月底或下月初即将由沪启程返日。日高参事官于本月二十七八日计可抵沪,在沪稍作勾留,即行来京代办敝使馆职务,届时务请贵部长多多照拂。

部长谓:日高参事官即可来京,甚好。未悉贵大使返国后何时可以返任?

川越谓:现尚未定。贵部长对于调整中日邦交问题,如有高见,本大使可为转达佐藤外务大臣。

部长谓:本人甚望中日双方能互相顾全对方之立场而努力开辟一具体共同之途径。于贵国无益而于我国有害之事,务请设法力避。对于华北问题与经济提携问题,宜同时加以全盘之研究,不必分前别后。

双方如能满意此项原则,则更能进行具体的商议,此点请代转达佐藤外务大臣。

川越问:贵部长有何更具体的办法否?

部长答:贵方如能同意此项原则,而后进行具体的商讨,本人相信不难寻觅一具体的办法。至若进行商谈之方法,本人以为尽可先行非正式交换意见,不取会议方式,俟意见接近,再提具体办法较为适当。

川越答:高见当为转达佐藤外务大臣。

部长谓:佐藤外务大臣对于中日邦交深具抱负,本人甚望佐藤外务大臣能贯彻初衷,以贡献东亚和平。

川越答:佐藤外务大臣信念坚强,本大使相信必能努力迈进,贯彻始终。

部长问:目前贵国正在进行总选举,情况如何?

川越答:本月三十日举行投票,投票之结果如何?下月二三日前后,即可分晓。至于国会之召集,则须延至七月。

部长问:据报载贵大使此次返国将有六项目之建议,未悉实情如何?

川越答:纯系朝日新闻社驻南京记者推测之词。

川越问:报端时见中苏通商条约之消息,未悉现情如何?

部长答:中苏通商条约商谈已久,但以意见不能一致,迄在停顿之中。

川越问:已有成案之条文否?

部长答:双方仅存草案,尚未成案。

川越问:双方意见未能一致之点,可否见告一二?

部长答:本人现尚未知其详。但其中如商品交换之种类及数量等等标准之规定,双方意见甚不一致。良以中、苏贸易均衡,苏联居出超地位,故为防止苏联商品之对华倾销起见,亦有明确规定之必要。此层对于我国市场方面,关系至钜。

川越谓:此层对于敝国,关系亦甚重大。

《中华民国重要史料初编——对日抗战时期》绪编(三),第694—696页

有田八郎①致川樾茂②电
1936年9月5日

外务省9月5日发

第223号

就成都事件交涉向中国政府提出之各项要求事宜

兹决定以附电第224号(该电之补充说明见去电第225号)为成都事件交涉要领,望贵使即刻赶赴宁与国民政府交涉。本电与附电共同转发至驻北平、驻华各总领事、厦门、重庆。

附电:有田外务大臣发驻中国川樾大使第224号电(1936年9月5日)

外务省9月5日发

第224号

甲

(一)帝国驻成都总领事馆向来无事,然七月下旬南京中央社突然报道反对我领馆再开,外交亦表示反对我驻蓉领馆再开,继而导致南京、上海各报齐声反对我驻蓉领馆再开。上述宣传渐次波及四川,终至发生今次之不祥事件。本次事件直接导火线为南京方面,实为无法掩盖之事实。

国民政府早已发布邦交敦睦令,且多次明言取缔排日,但仍煽动今次排日运动,最终引发鲜有之不祥事件。此乃政府践踏邦交敦睦令等文件之精神,且暴露国民政府对历来宣言之不诚恳,继而对两国国交调整之前途投下阴霾。

帝国政府为使国民政府自我反省对本案之重大责任,使其披沥诚

---

① 时任日本外务大臣。
② 时任日本驻华大使。

意一扫两国邦交之阴霾,提出以下要求各项。

(二)今次事件导火线在南京方面,各地排日运动依然激烈便是实证。因此,作为根本解决方法之一,应提出如下要求:

(1)国民政府取缔一切排日活动;(2)国民政府有责任禁止任何团体组织包括国民党党部策划排日活动。

乙

本案善后措施

(一)道歉:①国民政府;②四川省政府。

(二)处罚相关责任人:①成都公安局局长及成都警备司令;②其他相关人员。

(三)严惩案犯及相关煽动者。

(四)赔偿:①对亡者家属给予赔偿;②对伤者支付治疗费用及慰问金。

丙

国民政府有责任排除阻碍我驻蓉领馆开设之一切障碍。

《1936年张群与川樾茂谈判的日方史料》,《民国档案》2013年第4期

有田八郎致川樾茂电
1936年9月5日

外务省9月5日发

第225号

去电第224号交涉要领之补充事项

(一)

(1)同电①甲(一)项之主旨,在使其强烈意识到成都事件的责任全在南京政府的同时,力说南京政府若要扫除本案之阴霾,须断下决心,且须借具体事项之实行以示诚意,从而冰释南京政府所招致之疑

---

① 指第224号电文。

惑。可使其首先在原则上认可该主旨。

（2）表面上可允许中方自行研究披沥诚意的具体方法,然作为披沥诚意的具体方法应如下所示:

（a）即刻解决重要悬案（如上海—福冈联航、台湾—福州—广东联航、下调关税）。

（b）腹案:诱导中方商谈进一步解决华北问题（依照“对支实行策”）。

披沥诚意的具体方法不必拘泥于上述（a）（b）两项。总之,本项之主旨为借成都事件而开始日中国交调整之交涉。

（3）若以上述披沥诚意之具体办法作为要求条件,恐使交涉迟缓,故切勿特别言明“要求条件”。在实际交涉中,为证明前记甲（一）项所述之抽象原则,有必要要求对方示以具体性诚意。就原则性而言,视本项交涉之具体状况及其他因素,在适当之机,可停止对具休问题的相关交涉。

（4）就甲（一）项所言“抽象要求”,首先应提出与南京中央政府进行解决成都事件的交涉,随之提出上述抽象要求。尚无必要就前记具体问题进行交涉,故暂且不就具体问题进行交涉。甲（一）项之后,再开始甲（二）项之交涉,乃至乙、丙各项交涉。其间亦可择一适当时机,就前记具体事项进行交涉。

（二）

（1）今次事件之责任在于南京政府。如去电①甲（一）项所述,为根本解决本案以及保障将来,以“中方承诺根绝排日活动”的要求最为紧要,故我方进而提出甲（二）项要求。

（2）甲（二）项第（1）款之具体手段可由中方自行考究,但应以达成下述结果为原则:

①全面下达禁止排日命令;②取缔排日团体;③修订排日教科书;

---

① 指第 224 号电文。

④取缔排日言论(不应满足于消极的取缔排日言论,应立足于日中关系调整,使国民政府积极指导言论,此项最为紧要)。

若涉及上述具体事项,应与中方约定具体实行方法,是为腹案。

(3)我国侨民可自由旅行并且保障其安全(与其要求国民政府不得借保护名义阻碍我侨民自由行动,不如促使国民政府全力监管中国国民),逮捕并引渡不法朝鲜人,即刻解决中山、萱生事件[可以在就甲(一)项交涉之际,提出以上要求]等作为要求条件记录在案。就甲(二)项交涉之时,尤其要言明以上内容(本项不可作为要求条件,若作为条件,恐中方会以牵扯诸多方面为借口,最终减弱执行力)。

(4)国民党党部素来为策动排日活动之根源,最近各地党部对排日活动的策动愈发显著,因此并不认为提出解散国民党党部一项要求有任何不当之处。首先应明确国民政府对党部的策动行为负有责任。国民政府对国民党党部策动排日活动的行为负责,方能造成追究国民政府责任的前提,故我方提出本项要求。

(5)为表示我方之决心以及对甲(二)项第(1)及第(2)款之实行情况进行监督,应要求成立日中排日行为共同调查监视委员会,并作出如下声明,望在上述电文基础上妥善处理。

"为监视上述各项具体措施之真实实行情况,我方设立常设机关全面调查监视,如有必要可对中方发出警告。若中方无视我方在上述调查结果基础上的警告,并且回避前记约定之责任,为求自卫我方有必要行使必要手段。"

(三)

(1)就本案交涉,其根本解决之法应以甲项要求为重点,事件自身的解决条件为乙项要求,以上不容有失。

(2)道歉文书暂定为外交部长与四川省政府主席,且四川省政府的道歉内容应与南京中央政府协定;四川省政府主席向帝国驻重庆领事致歉,可由四川省政府主席直接呈递帝国驻重庆领事,亦可经由南京中央政府转递。

（3）责任者的处罚。暂定罢免成都公安局长及成都警备司令。

（4）其他责任者大多为成都公安局长及成都警备司令之部下，并非直接责任人，对其责任认定可委托中方处理。

（5）处罚案犯。我方难以调查本案，因此大体以中方表示诚意的程度即可。

（6）赔偿金额尚未决定。暂定亡者大约三四万元，负伤者的慰问金大约为亡者奠仪金之十分之一（治疗费、因伤停业、抢劫等损失金额另议）。

（四）

帝国驻成都总领事馆再开为我方应得之权利，因此无须要求中方再度承认我领馆。中方对我领馆再开事实上之一切障碍负有责任，故就本案应要求中方尽快排除所有障碍（本项与成都事件的交涉分开处理，且有必要尽快解决。因此，在允许的情况下可单独解决）。

《1936 年张群与川樾茂谈判的日方史料》，《民国档案》2013 年第 4 期

须麿弥吉郎①致有田八郎电
1936 年 9 月 9 日

南京 9 月 9 日午前发

外务省 9 月 9 日午前收

第 661 号（极密）

本官发中国电报第 681 号

关于去电第 675 号

因本月 8 日高宗武来访之际提出张群希望与本官会谈，故午后两小时有余与张进行会谈。内容如下（与会者有高宗武及周隆庠）：

一、张群首先非正式询问日本政府训令，同时提议大使来宁后再举行会谈。对张群的试探，本官答复："任何交涉均由大使负责，故训令

---

① 时任日本驻南京总领事。

为大使交涉时所用。此次事件是由于中方无法镇压日澎湃的反日气氛所致。若蒋介石为首的新政府成立以来所提倡之国交调整并非虚言，则中方理成无须待我方提出条件，而应主动向我方提出弥补此次损失。因此对贵部长询问训令一事，本官深感意外。尤其自张部长就任以来主张调整国交，个中情况毋须列举。由此观之，张部长对国交调整负有不可推卸之责任。现如今竟有本案之恶性事件发生，中央政府也不可推卸自身责任。因此鄙人主张，此时有必要先行就进一步国交调整达成一致，再就具体内容展开协商。"

二、张群的态度紧张而真挚，认为中方主动提出补偿损失是理所应当。但张又为自己辩解道："自民国十五年始，便与蒋介石一同为中日国交调整而奔走，正是出于对此事达成充满信心，方辞去湖北省主席一职。"接着张群又道："贵方提出首先调整国交，然外交部事务纷杂，此时应先期急速解决成都事件，之后再图国交调整之事。"作为事件的解决之法，张群提出道歉、处罚、赔偿等事项。

三、本官直言："中方不应以过往事件①为借口，从而使国交调整一事停滞不前。中方所提之解决办法乃是出自蒋介石对行政院的指示，我方不认为是有诚意的措施，对此失望之至。若本案无法合理解决，我方将以此视为中国官民的自暴自弃。"对于本官的警告，张群表示十分意外。本官进一步追问张群，中方到底有无诚意。

四、张群面色稍变，提出希望日方充分考虑到，中国民众之所以仇日情绪激烈是由于日方接连制造张北事件、冀东政府、内蒙问题、走私问题等一系列问题所致，不应单方面指责中方排日，亦应考虑其它原因，宽容对待。对此本官回答："由于中方的一系列行动，使得日中悬案日渐增多。希望中方在不逃避责任的前提下，尽可能考虑采取措施，向我方披沥诚意。在此之际，勇气与决心是不可或缺的。"本官毫不客气地指出，其做法无非是借讨价还价拖延时日，最终使问题不了了之。

---

① "过往事件"系指九一八事变、华北事变等一系列日本侵华行动。

张群对本官所言表示理解,并询问本官,日方认为如何作为较为合适。

五、本官对张群说:"若是如此,中方在得知我方想法后,应尽力设法实行。当下要完成的事项极多,但若为披沥诚意,至少应做到以下各项,如此再与川樾大使交涉更为适宜。"

(1)彻底贯彻华北自治制度。

(2)就防共设施一事,两国签订协定。

(3)日中合办航空公司,开通福冈、上海至四川的航线。

(4)各行政部门(包括军政机关)聘用日本顾问。

(5)为改善两国通商,应恢复日中关税协定并降低关税。

(6)成都开埠,并且在四川经济利权开发方面与日本确立合作制度。

(7)逮捕引渡政治犯,如金九、金元凤、李青天(在 7 月 26 日与张群的会见中,本官尤其强调本项,张群答应给予考虑)。

在听取了以上各项要求以及针对各项问题本官所作说明后,张群表示无论如何今日之会谈极为诚恳,对自己极为有益,并承诺将慎重考虑日方各项要求。

外务大臣、北平、驻华各总领事、厦门、重庆转电。

上海转报。

《1936 年张群与川樾茂谈判的日方史料》,《民国档案》2013 年第 4 期

须麿弥吉郎致有田八郎电

1936 年 9 月 10 日

南京 9 月 10 日午后发

外务省 9 月 11 日午前收

第 674 号(极秘)

本官发往中国之电报第 694 号(至急)

关于去电第 692 号

一、去电第 681 号第 5 条所提七项要求一事,中方在逐一考虑之

后，就其中第六项"基于本案的性质，成都应开为商埠"之要求，张群将其态度明确告知本官："当下处于'废约运动'之际，中方断无可能增开通商口岸。"同时就四川省内经济利权开发一事，张群表示该要求与本案无关，且该要求难免会使中方感到有旧时代侵略外交之意味。实际上，俟中日关系好转，中国将不局限于四川，在其他各省均可与日本开展合作，继而对此项要求加以拒绝。对于其它各项要求，张群希望可以可以在今后继续以诚恳的态度进行商谈。

二、对于七项要求中第一项"彻底贯彻华北自治制度"，张群表示，有关华北问题要视日方提案而定。总之，若是在下列三点前提下，中方便乐于与日方协商。

1. 不损害财政、金融之统一；

2. 不损害行政之统一；

3. 不损害中方主权。

现川樾大使主张双方建立机构组织以实现经济合作，中方欣然允诺。本官答道："中方希望我方直接提出议案，那么，若中方决定缔结就防共设施等相关之军事协定，我方愿与中方商讨。"张群提出，就缔结防共设施相关之军事协定一事，可与日方进行商讨。本官指出："如此含糊表态毫无益处。首先应明确缔结协定的意向，此后再由军事专家组成委员会，就协定细则进行商讨。我方想得知中方对缔结协定的态度。"张群回答："今天无法正式答复，但中方对此原则上并无异议。"张继而询问我方对华北政策之底线。本官回答："我方之最低限度，去年唐有壬所提'六权'①之外防共设施②一项，中方应予以实现。政策核心便是使华北地区成为'日满华'之特殊缓冲地带。"张群答道："所谓'六权'并非文书，更何况华北五省动一发则牵全身。"本官反驳道："去

---

① 该处原文为"六项目"，系指 1935 年 11 月，何应钦出任行政院驻平办事长官时，中央授予何之六大权限：华北防共、币制改革、关内外通航、经济提携、悬案解决、地方兴革。外交部常务次长唐有壬曾与日方就"六权"进行交涉，希望取得日方谅解，未果。

② 原文为"特别施设"，系指防共设施。

年 11 月,中国政府决定在华北实行'六权',蒋介石继而出任行政院长。若不执行'六权',便是中方食言。若中方确有调整中日国交之意,当初就应实现防共设施。"本官强调,全面建立"日满华"之间特殊地带的范例,勇气是不可或缺的。张群在听取本官意见之后,表示今后可继续商谈。

三、对于七项要求中第三项就航空的相关要求,张群表示,中日合办公司一事有待交通部进一步研究,得出结论前暂不作考虑。对我方以成都事件为借口,开通四川航线之要求,张群希望我方务必对福冈—上海航空悬案的解决有所让步,并表示欲以解决华北问题作为七项要求的着眼点。对张群的表态,本官反驳道,早前贵方就允诺将解决福冈—上海联航一事,但仅是外交部的空口承诺,且有拖延时日之目的,我方对此早已不堪愤懑。此番还望明确告知贵方之决定。尤其是有关华北问题,贵方一贯用假话敷衍,其手段如同欺诈。面对本官诘问,张群极为狼狈(可参照去电第 683 号)。

四、就七项要求中第四项"聘用日本顾问"一事,张群表示,在与有田大臣会谈之时早已言明,俟中日间空气转化,自会聘用日本顾问。本官反驳道,这只足中方的借口。南京市政府等机关中聘用日本顾问,与所谓空气并无任何关系。又或者可以说,正是为使两国空气转好,才有必要聘用日本顾问。总之,希望中方近期内表明对聘用日本顾问之态度。

五、对于七项要求中第五项"为改善两国通商,恢复关税协定"一事,张群提出,财政部对此反对甚为激烈,同时根据片面最惠待遇条款,便可利益均沾,且输入日本的中国商品并不多,故对此暂且不做计较。至于降低税率问题,可由外交部牵头,但会耗费时日,望日方理解。

六、对于七项要求中最末一项"引渡不法朝鲜人"之要求,张群表示在 27 日的会谈中已有提及。当时就已向军官学校等单位发出公文,勒令对双重国籍且身份不明者,在其入学前应与日方沟通。此外再无他法。而对我方其他提议,张群表示尚在考虑之中,但对引渡金九、金元凤、李青天等人并无异议(与会的高宗武提出,日方应尽快向中方提供前述朝鲜人的相关资料)。

上海转报。

大臣、北平、天津、青岛、济南、汉口、广东转电。

《1936年张群与川樾茂谈判的日方史料》,《民国档案》2013年第4期

川樾茂致有田八郎电

1936年9月24日

川樾大使发

第738号(至急、极秘)

有关去电第692号

中方对我方提案之答复及向我方提出五项要求之对案

本使于23日午后3时30分拜会张群,进行了三个半小时的会谈(与会者有须磨、清水、高宗武、邵毓麟)。张群首先陈述中方对前次商谈各项之研究结果,随后又取出文书,由邵作翻译,提出如附电第739号所列之若干要求。本大使作出如下表示:

一、本使以为今日会谈乃为前次会谈之继续,将在高司长与须磨先前所做商谈基础之上取得进一步发展,但今日之谈话毫无进展可言。对此,本使十分遗憾。

(1)中方表示赞成防共,乃为寻求国策之转换,并无大碍。但中方将防共区域加以限定,此举将使防共议案失去意义。有鉴于此,为全面防止赤化,应就两国在南京组成日中委员会一事达成协议。

(2)就华北问题,日方素来尊重中方之主权及领土,成立特别行政组织与主权领土并无任何冲突可言。须磨强调,防共与华北问题不应混为一谈,且若不将行政问题一并考虑,彻底解决华北问题便会遥遥无期。须磨向张群询问,此次中方是否会以"华北五省六权"为基础进行交涉,为何中方坚持将日中经济合作的企业联合组织(诸如辛迪加)之

活动限定在冀察两省范围内。张群只是一味诡辩,并未作出明确答复,双方争论甚为激烈。

接下来,须磨诘问张群,今日中方所提之废除塘沽、上海停战协定等五项要求为此次国交调整交涉条件抑或中方单纯的希望。张群回答:"五项要求应与日方所提方案一并讨论。"须磨正色道:"中方今日突然提出此等要求,我方极为惊讶。恐怕中方是想借此机会处理好华北问题吧。上述五项要求有违数日来之折冲,对张部长之食言,我方十分吃惊。而且就取缔排日一事,中方不仅一味辩解,甚至抱有责备我方之意。最终中方必然忘却对成都事件之责任,而两国邦交阴霾之扫除也无从谈起。说到底,中方意在利用此次机会为己方谋利,此外别无他解。鉴于此,我方实难认可中方之诚意。在今日之境况下尚且如此,我方颇感意外。中方所提五项要求,丝毫没有留给我方考虑余地。是否我方若不应允五项要求,中方便不会与我方作真诚之交涉。"张群回答,既然是国交调整,就希望在充分考虑中方立场的基础上,推进此次协商达成圆满。须磨回应道:"自成都事件发生已一月有余,此间亦有数起我邦人遭难事件发生,但我方一直隐忍不发,是因为大使抱有和平解决事件之苦心。今日会谈内容向东京报告后,中方要对将来产生的后果负责。"张群答道:"鄙人秉承政府训令,一己之力实难处理。"鉴于此,本使表示:"既然张部长奉政府训令不会撤回五项要求,那么今日会谈便无法继续进行。"言毕,结束此次会谈。

临行前,高司长数次搂住须磨,劝慰须磨平静下来,须磨丝毫不予理睬。

中国、北平、驻华各总领事、厦门转电。

由中国向上海转报。

附电:驻南京须磨总领事致有田外务大臣电(1936 年 9 月 24 日)

南京 9 月 24 日午前发

外务省 9 月 24 日午前收

第 739 号（至急、极秘）①

贵使来宁，除国交调整外，亦为解决成都事件。

一、首先，依据国际法，我国民政府对成都事件负有责任。因此我方愿道歉、逮捕惩处犯人、处罚相关责任人、赔付医疗抚恤费用，使本案不为两国邦交带来阻碍。

二、就取缔排日一事，若谈及我方之观点及实际情况，则：

（一）没有必要消极除去排日情感。原本我国国民并不憎恨日本人，然近年来国民认为其所受苦难乃是日本为之，悲愤之余便起反抗之心。当下两国关系正处于改善之中，国民此种情感愈发严重，政府固然可以出面制止其行动，但人之情感则无法阻止。因此，为消除此种恶感，日方应避免采取高压手段或武力干涉。

（二）为使对日感情能积极好转，有必要建立平等之邦交。即日本表示尊重我主权及行政之统一，如此方能使两国重归友好，消除对日之恶感，代之以好感。

（三）就排日问题，值得注意的是不要陷入反动派的奸计之中。反动派素来都会利用国家之艰难来危害国家，甚至妄图推翻政府，这是任何国家都有的事情。在中国，难保反动分子不会乘秩序混乱之机，加害外国友人，从而使政府限于窘地。若过于重视此案，则必将使事态日益扩大。此点还望日方加以考虑。

（四）就取缔排日一事，国民政府之现行政策及今后之方针如下所述：

（1）现行政策：去年发布邦交敦睦令，最近又再次将此令通令全国。所谓排日教育之说，我政府早已设立教科书审查委员会，奉政府之命审查教科书内容，禁止有侮辱他国、挑拨排外情绪等记述，只允记载事实。另一方面，教育部对日本教科书进行研究，其中侮辱我国之记述并不少见，还望日方亦加以取缔。

---

① 本电文为张群之陈述。

（2）日方认为邦交敦睦令等对我党部不产生作用，然事实并非如此。若日方希望，可由中央党部对地方党部下达遵守上述法令之命令。就党部参与排日活动一事，日方要求我政府对党部之排日活动负责，可由中央党部对各级党部及全体党员下达取缔排日活动之命令，但要当局对党员个人行为负责，实难办到；对要求蒋院长①向国民发表以取缔排日为主题的演讲一事，只能静待时机，且只能发表以中日亲善为主旨的演说。

三、就国交调整之具体问题，意见如下：

（一）华北问题

华北问题是由日方造成的特殊事态而产生的问题，日方之要求大体来讲有防共及经济合作两点，日方不应对其他政治问题加以要求。政治问题为内政问题，关系国家之主权及行政权之统一，无法与日方协商。尤其日方之华北问题解决方案，要求建立独立或半独立的自治政权，是对我主权、领土及行政权的破坏，我方断难认可，但就防共与经济提携可缔结适当协议。此时广田三原则中亦提及防共，但为我方反对。当下接受防共提议乃为谋求我国策之重要转变且向日方示以诚意，但防共范围应限制在山海关、古北口、张家口、绥远、包头以北的范围内，应以防御而非进攻为目的。

在尊重我主权及领土的原则下，中方极为重视今次事件，本人以为上述之协议可视为须磨此前所提"中日军事同盟"之发端。在平等互惠的立场下，我方素来乐于与日方进行无政治侵略色彩的经济合作，但应有下列两项限定：

（1）其范围应在冀、察两省范围内。

（2）具体实行方法：设立非行政性质的合作机构（如辛迪加等企业联合组织），日方资金为团匪赔偿金，具体实施方案由两国挑选专家拟具。

---

①　原文为"政府当局"，系指行政院长蒋介石。

（二）下调关税

我方现正就改订税则研究方案，预计三四个月后可以实行新税则。我等定会向相关部门转达日方之希望，亦会适当采纳日方意见，但改订税则一案望日方亦能顾及中国财政、与他国之关系以及国内产业问题等方面之情况。

（三）航空问题

上海—福冈联航一案，鉴于交通部与递信省已达成草案，双方可缔结协议。但希望日本大使馆向我外交部呈递公文，声明中日两国互相尊重彼此之领空权，未经一方许可，不得飞入另一方领空。中方亦会作出同样声明。且联航具体实行，需待此次交涉取得一定成果后进行。鉴于当下之空气，恐怕难以即刻实行。

（四）聘用顾问

我方预计此次交涉会圆满成功，三四个月后，待此次交涉告一段落，我方自会聘用日籍科学技术顾问，军事顾问则需延后办理。此项要求不可作为交涉本案的条件。

（五）朝鲜人取缔问题

至于不法朝鲜人及台湾人（张群表示此处不应包括台湾人），若证据属实，我方会协助逮捕。上述情况若违背国际法或国际惯例，日方要求本着友好精神，坚持缔结协定或取得永久性谅解，我方难以办到。同时，日方亦应协助逮捕滞留日本之我不法国民。我方将严厉取缔在华朝鲜人、台湾人等之不法行动。

四、就国交调整，中方提出如下要求：

（一）取消《塘沽协定》及《上海停战协定》。

上述协定具有暂时性，现如今已无存在之必要。且缔结华北防共协议之际，更无必要对中方加以此种军事束缚。而废除两协定，可使我国民消除对日本侵略威胁之疑惑。

（二）解散冀东伪政府组织。

无需赘言，冀东组织对中日两国有害而无益，为国交调整计，解散冀东伪政府势在必行。

（三）停止华北非法飞行。

不需再作说明，希望日方自发停止华北非法飞行。可借鉴前述上海—福冈联航一案，缔结协议。此项要求并不对事态合理化造成影响。

（四）停止走私并恢复中国行使取缔走私之权限。

日本商人亦认同走私有碍正当通商，且我方已考虑下调关税，日方理应本着公正之精神，停止走私。且应停止对我取缔走私之阻碍，恢复我取缔走私之权限。

（五）解散察东及绥远北部之伪军。

希望解散搅乱察哈尔及绥远一部之伪军。

由中国转报至上海。

中国及驻华各总领事、北平、厦门转电。

《1936 年张群与川樾茂谈判的日方史料》，《民国档案》2013 年第 4 期

川樾茂与蒋介石交涉之方策①
——10 月 2 日四相会议通过之决议
1936 年 10 月 2 日

一、国交调整问题

依去电第 224 号甲（一）之主旨，作为对国交调整之具体诚意，应要求中方作出下列之行动：

（1）共同防共

①23 日，中方提出公文中被称作"日中军事同盟之发端"的防共协定，其范围应以华北五省为限。若有万不得已之情况，当下可将其限定于中国北部边境地带。协定细则则须待委员会考究。若中方要求我方说明协定之具体内容，则以"其着眼点为对苏关系，具体比如允许日方

———————

① 该电文末注明"10 月 2 日有田外相将此方策作为第 182 号电文发予驻中国川樾大使"。

修建道路及飞机场、设置无线电台及特务机关等"告之。且本项协定为秘密协定。

②防共协定外,防止一般赤化亦是前项所提日中军事同盟实现之前提,即双方就实现日中军事同盟之具体措施缔结协议,同时亦应对共产党活动相关情报交换等事项缔结协议。上述协定可在川樾、张群二人之间进行交涉,达成一致意见后,即刻公开发表。

（2）华北问题

根据《第二次处理华北纲要》进行交涉。首先应使南京政府承认华北特殊性,赋予华北当局创设特别政治组织（如特政会）的权限。

若中国当局承认上述华北特殊制度,我方则可言明:我方并无使华北脱离南京政府而自成独立国家,抑或使其成为满洲国之延伸等意向。

（3）福冈—上海联航

福冈—上海联航与华北非法飞行及其他事项并无任何关联,应当即刻缔结协议并实行。

（4）下调关税

最迟两三个月内,实行我方之提案（我方将视提案之实行程度判断中方之诚意）。

（5）从第739号电报中方回答来看,其就南京来电第715号须磨所提"六权"之（二）及（四）①之要求可以满足。在与蒋会面时,不可作为要求事项而提出。若问及具体内容,则以"届时与中国当局协商"答之。

二、取缔排日问题

提出去电第224号甲（二）之两项要求,同时对于张群业已允诺之各项（1）党部常务委员会之命令,（2）蒋介石声明,（3）取缔排日之教科书、报纸、杂志,（4）禁止党部之排日活动,政府对党部之排日行动负

---

① 未见第715号电文。但就"六权"而言,其第二及第四项要求为"币制改革"、"经济提携"。

责,(5)确保我侨民有旅行之自由及其安全,要求其即刻实行去电第224号①之(二)(5)所提之声明亦包括在内。

中方就国交调整所提要求之对策:

(1)张群提出,中方五项要求应与日方提案一并商讨。若是两提案共同商讨,可按照2月22日附亚、一机密第24号预备性草案(三)之主旨,与其应酬。

(2)南京来电第739号中,除上述五项要求之外,中方之要求条件、见解、申述等,在不违反我方方针之前提下,可与其应酬。

《1936年张群与川樾茂谈判的日方史料》,《民国档案》2013年第4期

须麿弥吉郎致有田八郎电

1936 年 10 月 8 日

南京10月8日午后发

外务省10月8日午夜收

第810号(特急、极秘、交涉)

川樾大使发

本月8日上午10时,与蒋介石进行了两小时的会谈。其要旨如下(与会者清水、高宗武):

一、本使对蒋介石说:"前次会见之时,本使曾提出为实现日中国交调整,应寻找机会,双方充分交换意见。不想随后便发生了成都事件等一系列不祥事件,致使两国关系紧张。今日在此与阁下再会,实在无限感慨。时至今日,迫切需要调整两国国交,从而扫除今次事件带来之不良影响。两国政府仅仅口头宣传两国亲善难以收到实效,应在两国间树立共同目标,亦使国民深知两国共同努力之方向。而国际共产主义对两国的社会制度及国家组织均将造成破坏,因此将共同防共作为两国之共同目标,乃是当下最具意义之方法。具体实行应待专家商讨,

---

① 此处有误,应为去电第225号。

其主要内容为交换共产党相关情报及防共设施达成协议。两国协力之下，分别采取防共手段，本使以为此乃国交调整之根本意义。不知院长阁下如何看待？"蒋回答："防共事关两国共同利害，当局对中日共同防共素来无异议。但当下国内反对与苏联交恶之人绝非少数，甚至亦有人主张联共，故先期应改善国内论调。鄙人素来努力指导国民，使其认识苏联为我之敌人抑或友人。为实现空气之转换，还望得到贵国援助。贵使所提两国协力向共同目标前进，并不局限于防共，军事、行政、财政、经济等各方面亦是如此。两国唯有如此方能实现共存共荣。然两国关系之现状，距理想之实现依然遥远。如前所述，一般国民极为信赖苏联，甚至讴歌共党。近来知识分子中亦有人持中英提携之观点，鄙人亦十分惊讶。我国与苏联恢复邦交不过二三年，英国改变其对华政策不过五年而已，两国如此深得我国民之心，个中原因值得注意。鄙人坚信，若方法得当，中日两国会在更短的时间内回复到友好亲善的状态下。"

二、接下来本使谈道："就今次事件之交涉，鄙人奉帝国政府之训令已与张部长进行协商。相信院长阁下已了解其中具体经过。现鄙人向院长阁下转达帝国政府之意向，还望院长阁下加以考虑，从而圆满解决今次事件。在上述交涉中，就两国解决悬案之各项，与张部长之间已达成部分一致，但仍未得出最终结论。"本使向蒋转达了第 181 号电报之内容，本使指出："其中以防共问题及华北问题最为紧要，鉴于华北问题之特殊性，应在华北五省境内实现防共设施，且缔结在财政、交通、经济等各方面与日本协力之协定。同时，为便于上述方案实行，应赋予华北地方当局必要权限。"蒋介石回答："已听取张部长对交涉具体经过之报告，贵使应游说外交负责人张部长。就个人之愚见，只要两国以平等互助互利为原则进行商谈，鄙人相信无论何事都将得到解决。但贵使之提案，鄙人难以赞成。中方希望与日本互相提携，而且不仅局限于华北一隅而是全国，但应以不阻碍我主权独立及行政统一为前提。如今，我国民对日本在华北之设施心怀恐惧，为改善恶化的两国关系，有必要消除我国民对日本的猜疑心理。同时,中日两国在华北之合作务必在主权独立及行政统一范围内进行。"

三、蒋介石谈道:"中国政府极为期盼能融合两国国民感情、转换两国关系。对此,还望得到贵国援助。故而,通过外交手段实现两国国交调整为当下第一要务。两国国民同为东亚民族,均具有重感情、讲道理之性质,即便本国有若干困难不便,但基于道理与感情,并非难以解决。意识到当下两国关系中存在许多并不愉快的感情,希望今后能尊重彼此之利益与脸面,从而恢复两国国民彼此之信赖以及使国民感情转好。"对今次交涉,蒋提出以下几点:

(1)在义理范围内进行;

(2)本着互让平等的精神。

尤其就华北问题,蒋介石希望日方考虑到"华北事态之改善,关系到我国民对政府之信赖"。

对此,本使答道:"华北事态是由其特殊性所导致之必然结果,中方希望即时改变是不可能的。"蒋介石回答:"个人并不要求即时改变华北现状,对于其中特殊情况,希望将来空气改善再做处理。"

最后,蒋对成都事件及其他不祥事件的发生向帝国政府表达遗憾之情,同时表示舌望能尽快通过外交手段解决本案,并且承诺将来不会发生类似事件,其意在借此除去两国关系之阴影,蒋亦表示暂时会在南京停留,若有机会,将再次与本使进一步交换意见;蒋还表示,张群部长对日本抱有同情与理解之情,且又有本使的努力,蒋本人定会协力相助,以谋求国交调整之实现,蒋本人期待此次会谈或为两国国交调整之开端。言毕,结束此次会谈。

《1936年张群与川樾茂谈判的日方史料》,《民国档案》2013年第4期